U0519538

In Your Blossoming Flower Garden

Rabindranath Tagore & Victoria Ocampo

在你鲜花盛开的花园

泰戈尔和维多利亚·奥坎波

[英]凯塔姬·库萨里·黛森　著

一熙　译

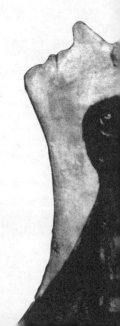

四川人民出版社

献给我的父亲

阿巴尼莫汉·库萨里

(1910—1986)

序言

　　这是一本奇异的书，它书写的是两位被神灵爱上的人，而他们自己，就是这样居于人性的奥林匹斯圣山上的神。他们彼此之间心心相印，彼此相爱着。他们有着无限而丰盈的缱绻柔情。他们如同热带雨林一般，苍莽浓密、浩荡无际。

　　我们知道，诗人泰戈尔出自近代印度最尊贵的名门望族，拥有传奇而卓越的一生，他思想深邃、雍容而博大，除了是一位伟大的宗教诗人与神秘主义者外，他还是一位深沉而热烈的世俗人文主义者；前者显露的是他圣者的面容、觉悟者的道袍，后者所呈现的，则是他入世的情怀，对两情相悦的无尽歌唱。

　　即便如此，熟悉《吉檀迦利》的读者还是容易忽略了后者，尤其是忽略了暮色苍茫的泰戈尔曾经于晚岁时光中呈现出来的那一抹青春不朽的光。此书就是这样一份罕见的全景式纪录。

　　对于爱情，泰戈尔早年有过如此迷人的醉辞："容我握起你那柔嫩如莲花蓓蕾一般的纤手，把花环轻轻地套在你的腕上；容我以无忧树花瓣上那红色的汁，染红你的脚趾，再用我的嘴唇，吻掉偶或滞留于你足底的那一星尘土。"

　　而如今，他迎面的女神维多利亚·奥坎波也非等闲之辈，她几乎是整个现代阿根廷文学教母级别的人物，是著名的《南方》文学杂志的创刊人，孕育了拉美世界无数的文化精英；据说，上帝赋予了她三重魔力：美貌、财富与智慧。在她最恰当的年龄，因为阅读《吉檀迦利》的法语本（纪德译）而情触肺腑、泪流满面，其人生从此焕然一新，恰如诗人的诗句所云："那时，我还没有为你的到来做好准备，我的国王；你就像一个平凡的陌生人，不请自来，主动地进到了我的心房。从此，在我生命流逝的无数时光里，盖上了你永恒的印记。"

　　最终，奥坎波与伟大的诗人演绎了这么一段奇妙的、整整慰藉了他17年孤独岁月的柏拉图式的跨国爱情。就像泰戈尔在独幕剧《齐德拉》中所吟唱的那样："我们的音乐出自同一根芦苇，用你我的双唇轮流吹奏——至于王冠，只需一个花冠戴在你的额头，然后扎在我的发端。撕开胸口的面纱，让我在地上铺好床；一个吻，一次安眠，就能填满我们狭小而无垠的世界。"

　　两人的国域虽是相距遥远，一个在亚洲，一个在南美，一辈子也只遇见两次，而且年龄又整整相差29岁，泰戈尔曾有诗说过，"我的头发花白了，那是微不足道的小事……我永远跟村子里最年轻的人一样年轻，跟最年迈的人一样年迈。我跟每一个人都是同年的，如果我的头发真的花白了，那又有什么关系呢？"

　　所以，我们不妨把该书看作：这是一位时间之外的永恒诗人，在谈着一份永恒的恋情，是他携带着全部的人性，与人世人生人情恋爱的重要证词，于是，有限的人生，便走在了无限的道路上，这是鲜活而真实的生命之路，它所凭借的，就是人间世的真爱。

故此，该书是神灵借着人世的肉躯，谈着世界的爱情，极纯粹，极畅美，具有了别处所无的罕见异彩与浪漫的光辉。

是为序！

闻　中

2018 年 10 月

目录

维多利亚·奥坎波在伟大的诗人泰戈尔生命的最后 17 年中，就如同遥远的缪斯女神。跟今天大多数爱恋红颜的男性艺术家一样，泰戈尔也需要超越普通友谊的女性，作为能够触发灵感的诱因。

泰戈尔是个非凡的人。他传奇的一生犹如一片苍莽浓密的热带雨林，无拘无束，恣意生长，无论以哪种标准，泰戈尔都成就非凡。

七 118

在泰戈尔和奥坎波之间，还有一个年轻的英国人，他是诗人信赖的秘书埃尔姆赫斯特，扮演了关键角色。对他来说，泰戈尔就像是一位父亲，两人结成一种牢不可破的亲情和友情，直到泰戈尔去世，延续一生。

八 139

没错，奥坎波熟悉泰戈尔的作品，但她并不了解他对筹建维斯瓦巴拉蒂大学的焦虑，也不知道多少印度政治局势。她没有去过印度，以后的一生奥坎波也从未踏上印度的土地。

九 171

泰戈尔天性优柔寡断，特别是他习惯沉醉于自己的想象世界，让奥坎波的神经更加紧绷，她一方面要款待客人，另一方面又要和他们保持距离。她绝望地想，诗人永远不会注意到她，接受她的景仰。

十 186

泰戈尔在桑伊斯德罗的生活细节，经奥坎波的笔端为读者熟知。他在清晨写作，去花园散步……每天下午，他通常坐在别墅前的一棵紫芯苏木树下，与赶来的崇拜者们交谈，奥坎波有时也参加讨论，担任口译。

十一 203

对泰戈尔而言，埃尔姆赫斯特口中所说的阿根廷奇遇就像一个大杂烩，一开始平淡无奇，要到后来，才被注入别处没有的浪漫光辉。在响应奥坎波爱慕之情的同时，他还有其他事情要考虑。

十二 228

泰戈尔离开阿根廷的日期临近。12月28日这天写的《森林主人》一诗，像一段含蓄的劝诫，希望能抚慰女主人哀怨的心情。托森林中一棵树之口，他似乎想说，她的爱让他难以承受，就像暴风雨裹着冰雹，摧残林间一棵树上发出的新芽。

十三 235

泰戈尔的喜怒无常人尽皆知，奥坎波的脾气也好不到哪儿去。处在他们之间，埃尔姆赫斯特一定是一种极其痛苦的体验。在阿根廷，奥坎波宛如一位女王，但步入法国的沙龙时，她却变成了一个外人。

十四 258

奥坎波收到泰戈尔题献给她的诗集。没错，她一个字也读不懂，但她知道，这本书是献给她的，里面有很多首诗都和她相关。

十五　275

泰戈尔从未接受过素描或油画的正规训练，但从童年时代
起，他就对画画感兴趣。他经常将渴望的眼神投向绘画艺
术的缪斯女神。奥坎波曾经打趣泰戈尔一边写诗一边涂鸦
的习惯："你得当心，你写诗写得越糟，越能从作画中找到
快乐。"

十六　290

泰戈尔写给奥坎波的第一封信就表明他感受到她的爱意。
长久以来，他一直希望能"配得上"这样的爱，这种爱能
减少一个男人内心的孤独感，让他在穿越沙漠的途中，有
"源源不断的泉水"解渴。

十七　316

泰戈尔有很多崇拜者，并非每个人都能像缪斯一样为他注
入灵感。泰戈尔也许心里怀着微弱的希望，想让阿根廷的
邂逅变成爱情旅途的起点，但他的梦想渐渐破灭。从他的
信中，无疑能读出幻灭的沮丧。

十八　341

1930 年泰戈尔与奥坎波在法国重逢，伺候他开始踏上未来
十年的人生归途，这是一次漫长而令人动容的道别，足以
告慰漫长而充实的人生。尘缘将尽，情丝已断。

前言

　　这本书脱胎于由位于圣地尼克坦的国际大学泰戈尔学院提议与布宜诺斯艾利斯的《南方》杂志方面合作的一个编辑项目。泰戈尔学院希望我编一本泰戈尔和奥坎波的通信集,附带详注和一篇简介。完成一系列研究工作之后,我突然发现,要把这些书信中蕴含的深意解释清楚,介绍的篇幅要比原来计划的长得多、详细得多。等我将手中的材料整理成型,所谓的"简介"居然变成一篇长文,分为20章。这些章节组成本书的第一部分,书信和电报为第二部分。阅读第一部分时,常需要参照第二部分的内容,其中包含我找到的60封信件。当我读完最后两封,也就是维多利亚·奥坎波致病中的诗人泰戈尔的那两封电报,我突然心有戚戚,觉得如此动人的爱情故事不应该就这样戛然而止。这个故事可以再往前延伸。于是,我斗胆为本书添了一个简短的尾声,收录了泰戈尔去世后,奥坎波与诗人的儿子罗悌德拉纳特·泰戈尔的几份往来信件。

除了现存于德文郡托特尼斯镇达丁顿庄园的埃尔姆赫斯特档案室里的奥坎波致泰戈尔的第一封信，其余奥坎波致泰戈尔（和他的儿子）的信件，都保存在泰戈尔学院档案室。泰戈尔（和他的儿子）寄给奥坎波的信件则存在布宜诺斯艾利斯，也就是说，我1985年在阿根廷时，这些信件就静静地躺在土库曼街667号的一间公寓里。不过，等这本书出版时，我也不能确定这些信藏于何处。几十年前由维多利亚·奥坎波创办的《南方》杂志以及其他文学团体，如今都遇上财务危机，举步维艰。我听说，《南方》杂志的两个编辑部即将面临资产清算的命运，只有《南方》杂志基金会得以保留。维多利亚·奥坎波的信件也许会出售给一所北美的大学。这么看来，本书中提到的泰戈尔写给奥坎波的信（和一些埃尔姆赫斯特写给奥坎波的信），很可能去了美国。

仔细考虑之后，我决定在提到孟加拉语和某些印度语姓名、词汇以及引用孟加拉语的片段时，不采用音译法，因为这种方式会用到复杂的变音符号，只有梵语学者才精通。音译法可以很好地用罗马字母还原梵文，其原因是梵文的发音和拼写很规则，但孟加拉语却不同，发音和拼写存在极大的差异。不会梵语的人，大多不熟悉音译法；除此之外，采用罗马字母的音译法经常弄巧成拙，某些姓名和词汇，拿孟加拉语念出来是一回事，拿罗马字母音译出来却是另外一回事，意义谬之千里。其实我个人很推崇音译法，文字转换时，在译入语中模拟原文的发音即可，我用孟加拉语处理源于其他语言的姓名、单词和短语时，就用的是这种方式。比如处理像"Rimbaud"这样的法国人的名字，我们会试图用孟加拉语还原其发音，而非拼写。从孟加拉语音译至罗马字母书写的语言时，我也习惯保留发音。严格地说，尽管都采用罗马字母书写，语言不同，转译的方法也不同。英语的语境，不一定适合法语或西班牙的语境，上述三种语言都采用罗马字母的书写方式，但同样的词，意义说不定大相径庭。刚开始与孟加拉人打交道时，英国人习惯用自己的语言来还原孟加拉语单词和姓名的发音，这种方式看来并不奏效，多年之后，英国人摸索着一种更正式的、注重拼写的意译方式来还原带有印度特色的单词和姓名。毫无疑问，这种方式更严谨，但只是一种权宜之计，仅仅适用于印度次大陆。我会将意译和音译结合起来，必要时，添加变音符号，以保留孟加拉语的音韵之感。当然，偶尔也会有例外，因为某些音译词由来已久、约定俗成，处理时稍微过了头，就难免有卖弄学问之嫌，或被人感觉迂腐。人嘛，该妥协时就要妥协。我本来想写"Shantiniketan"（"圣地尼克坦"），但印度人习惯写"Santiniketan"；我本来想写"Rabindra Bhavan"（"泰戈尔学院"），但"Rabindra Bhavana"这种写法更通行，所以我也采用。我一直避免使用变音符号，因为在印度次大陆，英语单词很少用这种符号。比如"Ravindranath"这个词，字母"i"上面从来都是一个小点，不是一条横线。在学术领域，比如研究梵语文学或古代印度哲学时，用音译法写出的梵文典籍，也很少用到变音符号，所以才有了我在书中引用的"*Ramayana*"（《罗摩衍那》）、"*Upanishads*"（《奥义书》）和"*Bhagavadgita*"（《薄伽梵歌》）。在印度的语境中，变音符号仅用于少数场合，比如注意某个单词的特定发音，引用的段落等。本书中多次出现的"th"字母组合（如"Thakur、Chithipatra"），孟加拉语字母"r"（我用字母"d"标注）。还有，孟加拉语不存在字母大写的情况，在音译孟加拉语写成的标题时，我只采用了首字母大写（如"Sonar tari"或"Shesh lekha"）。

变音符号在法语、西班牙语等语种中仍然保留，但地名几乎都采用英语写法（比如"Peru""秘鲁"或"Rio de la Plata""普拉塔的里约"），如果原作者或出版者未添加变音符号，我在引用时也保留原始拼法。

涉及孟加拉语书籍和刊物时，不可避免会用到孟加拉纪年历法。考虑到印度以外的读者，我要说的是，如果某个日期看上去错得离谱——比如相差好几百年——指的肯定是孟加拉纪年，而非公历。

除非事先声明，所有的孟加拉语、西班牙语或法语引文均由我转译为英文。

感谢 1982 年就任泰戈尔学院院长的希那拉扬·雷，是他的信任让我担当起撰写本书的重任，还有国际大学的副校长阿姆兰·达塔，最先提出建议。国际大学给我的访问学者奖学金，以及位于伦敦的英联邦基金会提供的旅费，让我 1983 年来到泰戈尔学院，度过两个月的美好时光。在泰戈尔学院，乌玛·达斯古普塔作为校方官员，对我关怀备至。图书馆馆长萨纳特·巴格奇和他的同事，图书管理员苏普利亚·雷和她的同事，在我需要帮助时施以援手。德薇普拉萨那·查特吉带着我游览校园中泰戈尔的家族宅院和花园。资料复印、翻拍工作，由音像部的阿吉特·珀达和他的同事萨米兰·南蒂、南达基舒尔·穆克吉提供。苏舒卜汗·阿迪卡里每天下午都带我们去欣赏泰戈尔的艺术作品，破解这些作品中的谜团让人兴致盎然。我要特别感谢苏舒卜汗，他为我展示了诸多泰戈尔的画作，这些画原本藏于保险库中，在本次专题研究之前，尘封了很久。苏舒卜汗在卡片上注明相关介绍，让我一眼就能找到，省力不少——至于我挑出的画作，萨米兰将其制作成彩色幻灯片。我与萨特依德兰纳齐·罗伊展开激烈讨论，他对泰戈尔生前交往的知识分子群体了如指掌；我向古吉拉特大学的博拉卜汗·帕特尔请教，他当时也在泰戈尔学院做访问学者，在很多问题上，他从一个非孟加拉印度人的角度，提出了富有建设性的见解。我住在普巴帕里招待所，但萨特依德兰纳齐·罗伊和他的妻子吉塔让我感到第二个家的温暖。在圣地尼克坦时，科什提斯·罗伊和科塔基·德·萨克尔也是我的消息来源；等我返回英格兰后，国际大学英文系的毕卡西·查克拉瓦蒂不辞辛劳地检查我的研究要点，回答编辑过程中遇到的问题。对他的帮助，我万分感激。总之，我要感谢所有人，是他们让我在圣地尼克坦度过的两个月愉快而永生难忘。

感谢联合国教科文组织阿根廷常驻代表团的劳拉·阿亚哲和贾维尔·费尔南德斯，他们对本书的写作计划表现出强烈的兴趣，愿意随时提供帮助，并让我阅读的书目增加不少；经他们牵线搭桥，我认识了卡洛斯·亚当，建议阅读的书变得更多；在英国很难买到的书刊，他们都帮我一一求得；1984 年在巴黎时，他们盛情款待我；巴黎之行的另一个收获是经他们引荐，与阿莲娜·凯卢瓦和布兰卡·阿斯图里亚斯会面并交谈甚欢；他们还让我在布宜诺斯艾利斯认识了各种朋友；我在阿根廷的旅费也蒙他们筹集。设在巴黎的国际教育规划研究所的毕卡西·桑亚尔也是个热心人，帮我联络劳拉·阿亚哲。

为我的阅读书目添砖加瓦的还有牛津大学圣安东尼学院的马尔科姆·迪亚斯和如今执教于华威大学的约翰·金。我要感谢约翰·金允许我引用他自己在牛津大学撰写的博士论文，用来在书中介绍几位布宜诺斯艾利斯的杰出的男女作家，我还要感谢正就读于加州大学伯克利分校的詹尼特·格林伯格，他的论文让我很受启发。牛津大学泰勒图书馆的工作人员给了我很多帮助。此外，我要感谢牛津大学的丹尼尔·瓦斯宾，他借给我一本珍贵的奥坎波《自传》（第四卷），我跑遍牛津所有的图书馆都没能找到这本书。还有住在牛津基德林顿的恰拉·巴拉勒，有了他帮忙，奥坎波的《自传》（第六卷）在阿根廷出版后还不到几周我就荣幸地买到，成为全牛津地区甚至整个英国第一个拥有这本书的人。另外一位借给我珍贵图书资料的是住在牛津的吉利安·斯托。

达丁顿庄园档案室保存的丰富资料，帮助我在1981至1982年间用孟加拉语写出《罗宾德拉纳特与维多利亚·奥坎波的友谊》一书。罗伯特·约翰逊（大家习惯称他"罗宾"）一直为我提供帮助，回答我的询问，寄给我相关文件的影印件，直到他1985年从埃尔姆赫斯特档案室退休。档案管理员兼图书馆馆长玛丽·布莱德·尼克尔森特许我在布宜诺斯艾利斯时，能寻找、研究所有与莱昂纳德·埃尔姆赫斯特相关的文献并做笔记。对这次合作，我深表感谢，因为收集到的与埃尔姆赫斯特相关的档案材料，对本书的撰写至关重要。

我 1985 年往返阿根廷的机票由设在新德里的印度文化关系委员友情赞助。我要特别感谢查克拉博迪，他是设在伦敦的印度高级使节团（文化教育处）的一等秘书，代表我与这个机构保持联络，并协调设在伦敦的英联邦基金会，帮我在 1983 年完成印度之行。

我会牢记 G. 贾甘纳汗，他是驻布宜诺斯艾利斯的印度大使馆的临时代办，1985 年，我来到布宜诺斯艾利斯时，一连两个月，他和妻子瓦珊塔以及两个可爱的女儿对我关怀备至，他们的公寓让我找到家的温馨感觉，地道的印度美食让人大快朵颐。贾甘纳汗先生和他在大使馆工作的同事代表我与阿根廷政府交涉，尽可能为我的研究提供便利。对他们，我难掩感激之情。

我衷心感谢玛利亚·热内·库拉和她的同事海蒂·思瑞托、安德拉·古勒斯·佛雷尔，他们为我开放位于土库曼街 677 号的档案室，让我有机会查阅相关文件。我知道由于经费短缺，档案室缩短了开放时间，但他们为我行方便，特意延长时间。我要感谢来机场接机的克劳迪奥·埃切维利和在我抵达布宜诺斯艾利斯的头一晚，带我游览老城区的安杰里斯·阿亚哲。应印度大使馆的请求，联合国教科文组织方面安排我访问"奥坎波别墅"。

感谢米拉尔利约的主人拉富恩特一家，特别是女主人格洛莉娅和她的女儿玛利亚娜，让我在米拉尔利约度过难忘的一天，当年，维多利亚·奥坎波安排客人泰戈尔和埃尔姆赫斯特住在这里。1924 年，奥坎波从格洛莉娅的公公里卡尔多·德·拉富恩特·马钦的手中租下这栋别墅。坐在款待泰戈尔和埃尔姆赫斯特的餐桌旁，凝望书房、卧室和那个著名的俯瞰河水的阳台，站在他们曾经小坐的紫心苏木树下，我有种朝圣的感觉。这次访问和与拉富恩特一家的交流，为本书增添了许多有用的信息。

经劳拉·阿亚哲、劳拉·于里安、约翰·金、詹尼特·格林伯格（我们在奥克兰见过面）、胡安·爱德华多·弗莱明（他任职于设在伦敦的巴西大使馆的阿根廷利益代表处）引荐，我在布宜诺斯艾利斯见到不少人，跟我分享他们记忆中的维多利亚·奥坎波。其中一位是西尔维娜·奥坎波，她是维多利亚·奥坎波唯一仍健在的妹妹，以及她的丈夫阿道夫·毕沃伊·卡萨里斯，还有恩里克·佩佐尼、胡安·何塞·赫尔南德斯、何塞·毕安科、爱德华多·帕兹·莱斯顿、爱内斯托·斯霍、比阿特里斯·撒罗、玛利亚·特里萨·格拉姆格里奥、弗朗西斯·科恩和恩里克·安德森·英姆波特。其中，爱德华多·帕兹·莱斯顿出力颇多，比如帮我联系上拉富恩特一家。劳拉·于里安为我安排跟西尔维娜·奥坎波和阿道夫·毕沃伊·卡萨里斯见面，因为西尔维娜刚刚出院，闭门谢客。受邀在布兰卡·米特尔家共进午餐时，我有幸结识奥克塔拉奥·帕兹和他的妻子，奥迪尔·巴伦·苏佩维列，以及其他人。一场午餐会下来，劳拉·于里安领我穿梭于众多宾朋之间，可惜，我现在已经记不全每个人的音容笑貌了。还有些人我没有见过面，只通过电话，比如奥坎波姐妹的侄女何塞芬娜·朵拉多和西耶斯伯爵夫人卡门·莫尔泰杜。跟上述各位的交流，厘清了研究过程中的诸多疑问，丰富了我对维多利亚·奥坎波的认识和了解。对他们的帮助，我深表感谢。

有一些人对我来说亦师亦友，他们是布宜诺斯艾利斯的两位研究印度哲学的专家——费尔南多·托拉和卡门·德拉戈内蒂·德·托拉。我造访过他们的研究所。我患上流感时，卡门亲自陪我去见医生。我还记得善良的朱迪斯·埃文斯，以及热心殷勤的招待所员工们。来布宜诺斯艾利斯的头三个晚上，我住招待所，地址在国家宪兵广场塔库里街 566 至 568 号，还碰巧在那里遇见诗人兼艺术家曼纽尔·阿索雷。我真希望自己能回忆起招待所那位年轻女员工的名字，来布宜诺斯艾利斯的头一个周日的清晨，她带我坐公交去贾甘纳汗夫妇家，甚至帮我付了车费，因为我忘记带零钱（当时阿根廷的通货膨胀很厉害，花掉她厚厚一叠纸币）。

感谢《民族报》允许我查阅编辑部的历史文档，国家图书馆和国会图书馆的工作人员协助我找到《民族报》的过刊。

经设在布宜诺斯艾利斯的印度大使馆安排，我得以访问建在马德普拉塔的"奥坎波别墅"，热烈欢迎我们的是苏珊娜·洛佩兹·莫里罗·德·奥特里诺、诗人拉斐尔·菲利普·奥特里诺、尼克·乔亚，以及其他致力于将"奥坎波别墅"打造成一个博物馆的人们。马德普拉塔政府为我们准备丰盛的欢迎午宴，并放映纪念维多利亚·奥坎波的纪录片。唯一让我失望的是，没能去距马德普拉塔不远的卡帕马拉兰参观，1924 年，泰戈尔和埃尔姆赫斯特在那里住过一段日子。

借此机会，我想对维多利亚·奥坎波的几处居所多做一些描绘，因为很多印度人对她的一生和她在文学上的造诣颇感兴趣，但对她故居的现状不甚了了，甚至被道听途说所误导，迫切希望我回答他们的疑问以正视听。我对此的了解止于1985年年中。的确，维多利亚·奥坎波将她的居所留给了联合国教科文组织，用于设立国际文化交流中心，接待从世界各地来的作家、学者和翻译家。（如果一切按她的计划实现，像我这样的研究者就有机会住在"奥坎波别墅"。）但显然联合国教科文组织在资金方面捉襟见肘，无力维护这些别墅，于是将位于马德普拉塔的别墅出售，以获取资金管理"奥坎波别墅"，当我1985年来阿根廷时，"奥坎波别墅"并没有成为文化中心。这里房门紧锁，只有家具在尽职尽责的看门人的擦拭下依然一尘不染，（维多利亚·奥坎波生前，这位看门人就是别墅仆人中的一员）花园也修剪得整齐。奥坎波的书几乎都在，但文件资料等搬到了土库曼街677号，其余的物件，不是送到土库曼街677号，就是送到布尔内斯街1730号的《南方》杂志编辑部。别墅需要部分修缮，浴室没有自来水。在印度，很多人猜想"奥坎波别墅"会空出一个房间，陈列与泰戈尔有关的纪念品，但事实并非如此。我也希望"奥坎波别墅"能在公众的支持下，早日成为一个国际文化中心，让维多利亚·奥坎波的愿望早日实现。

维多利亚别墅由马德普拉塔政府从联合国教科文组织手中购得。政府希望买下别墅内所有的家具，将其打造成一座博物馆。

政府原本指望联合国教科文组织能宽限一段时日，好筹措足够的资金将别墅和室内陈设整体买下，但这个计划落了空，家具后来被单独出售，散落在阿根廷全国各地。1985 年，我有幸遇见一群聚在别墅周围的男男女女，他们立志要拯救这栋老宅，为修复和修缮工作四处奔走。一位优秀的建筑师牵头负责重建事项。腐朽的木梁被换掉，房子重新漆成原来的颜色。一位当地的绅士从联合国教科文组织手中买下维多利亚睡过的床，然后捐给别墅。人们又找来几乎一模一样的卧室窗帘，这样的话，至少有一个房间恢复到了维多利亚生前居住时的样子。花园里举行过多场露天音乐会，以筹措资金。这些心怀梦想的人，为了让维多利亚·奥坎波的精神在人间永存，其壮举感人至深，我衷心希望马德普拉塔的维多利亚别墅能得到全阿根廷和全世界的支持和关注。

为了完成一项写作计划，研究工作浩如烟海，不得不向各个领域的专家讨教，麻烦世界各地的同路人。我衷心感谢所有向我伸出援手的人。他们中有马德里市的索勒达德·奥尔特加，如今住在挪威阿斯克市的菲利普·柏德曼，蒙彼利埃市档案馆的 L.瓦尔斯，蒙彼利埃市的米歇尔·马丁内斯，巴黎市的里昂·马斯里亚，布洛涅市 92100 号上塞纳省阿尔伯特·卡恩照片—影像档案室的克里斯蒂安·诺斯格诺，北约克郡瑟斯克的杰瑞米·贝比·阿尔斯顿，萨里郡法纳姆的露西·本达，彼得·哈克特和他在牛津坎皮恩学院的同事，加尔各答的普鲁舒塔姆·拉奥、山卡·格西和斯布那纳扬·雷，还有圣地尼克坦的苏西卜汗。我要特别感谢克里斯蒂安·诺斯格诺，他从阿尔伯特·卡恩的藏品中选出两张马丁角附近达纽尔别墅的老照片，1930 年时，泰戈尔曾住在那里。本书其余的珍贵照片来自布宜诺斯艾利斯的奥坎波档案室、圣地尼克坦的泰戈尔学院档案室和拉富恩特家族收藏。感谢上述人员和机构的参与。偶尔，我还要求人纠正我的法语和西班牙语，感谢牛津的斯塔·希尔和牛津基德林顿戈斯福德山学校的珍妮·雷丁、乔治·梅特卡夫，他们的耐心和大度让我感动。

几年来，我的这项写作计划遭遇的最大问题是经费严重紧缺，抛开数次出国收集相关资料不说，就算是以我牛津基德林顿的家为中心开展工作，也是一笔不小的开支。阅读、数据整理、写作，每一步都劳神费力。如果我需要上班赚钱支付寄来的账单，则根本无法完成研究工作，写完这本书。多亏我的丈夫罗伯特，他独自肩负家庭的重担，让我将全部时间和精力投入工作。其实，那几年对我们的家庭来说，正经历艰难时期，但他任劳任怨，并提供经济上的支持，细算下来，数额相当可观。英国之外，我并没有筹到太多项目资金，所以大大小小的开销都得自掏腰包，比如去图书馆的车费（基德林顿和牛津之间的公交）、购买参考书、复印费、胶片制作、文具、邮票、长途电话以及其他的后勤补给。1981 年，是他出钱送我去达丁顿庄园；1984 年，是他给我购买飞往巴黎的机票。除了鼓励我享受文字的神奇，他还提供技术上的支持。一开始，我将写好的章节存在电脑软盘，每完成一部分，罗伯特就将其复制存档，以供未来出版之需，虽然牺牲他的休息时间，耗费他的金钱，他却乐此不疲。感谢牛津的特里洛克希·

穆克吉在页面布局上提出的建议，感谢加尔各答阿南达私人出版有限公司的巴达尔·巴苏，他印出孟加拉语的泰戈尔诗句，而正是这句诗成就了这本书的书名。（有人也许会觉得，"鲜花盛开的花园"听上去有些重复，但我要告诉他们，这世上还有鲜花盛开的果园、植物园、菜园或野草园，在一年中的某些季节，花园里并没有鲜花盛开。泰戈尔经常提到盛开的杧果树，而我也效仿他，特意将这一句译成"鲜花盛开的花园"，忠实于他的原意。）说到这儿，我还要感谢我的儿子伊戈尔，他在简陋的条件下，一遍遍对照我的手写稿和软盘上的电子稿，完成校对工作。要不是全家人的齐心协力（尤其是我的丈夫罗伯特、女儿维吉尔、儿子伊戈尔），这本书无法写成。

历经千辛万苦，等到令人欣慰的收获之时，内心的喜悦溢于言表。我要感谢希那拉扬·雷和萨特依德兰纳齐·罗伊，是他们的鼓励让我不至于半途而废，希那拉扬·雷还拨冗通读了本书的第一稿。衷心感谢国际大学副校长尼玛侬萨德汗·博斯，他急切地盼望本书出版面世，并希望印度文学院加以关注。

感谢父亲，陪伴我在加尔各答度过童年时光，并且教会我法语。除了必修的学校课程，法语是我的课外活动之一，对懵懂的孩子来说，多学一门语言，不一定心甘情愿，但正是童年这段特殊的学习经历，帮助我成年后自学西班牙语。父亲告诉我，掌握多种语言很有好处，世界上任何国家的文化，都是人类共同拥有的珍贵遗产。本书所提到的方方面面，都源于父亲对我的教诲和早年的求学经历。我写的每一本书，父亲都是最热心的读者，遗憾的是，他无法等到这本书付印出版，但一想到他去世前，躺在病床上，通读了本书的第一稿，我又感到一丝欣慰。

最后，对于本书第四章中提出的观点，我还想多说几句，因为一旦开动印刷机，印成白纸黑字，就无法改动了，我只好在前言中添上补充说明。我之前提过，泰戈尔和西班牙诗人希梅内斯的诗意境相似，格拉谢拉·帕劳·德·内梅什也在《泰戈尔与希梅内斯：诗意的巧合》一文中写到前者对后者的影响，尤其是希梅内斯在 1916 年提出"无装饰诗歌（naked poetry）"的创作理念。结合刚出版的一本书，我发现在内梅什后来的评论文章中，坚决否认泰戈尔影响过希梅内斯。达斯和冈哥帕特雅读完内梅什 1961 年写的论文，也认为两位诗人之间与其说存在"影响"，倒不如说有"相似"之处。我觉得，这篇论文的结尾处提出的某些观点并不值得考虑，而且我还注意到，她说过两人之间也许存在一定影响："……有些……（两位作者的一些作品）体现出相仿的优点，说明这位印度作家也许影响到他的西班牙同行。"泰戈尔主张诗歌或歌曲要天然去除雕饰，希梅内斯则提出"无装饰诗歌"的理念。内梅什引用希梅内斯的原话"艺术最要紧的是富有感染力"，然后进一步指出："这就是希梅内斯和泰戈尔的作品之间的相似之处，一种感染力，一种心智的影响和交流，因为情绪会相互感染。"当然，他俩的真实想法，我们其实无从得之。艺术家们如果心灵契合，的确会彼此影响，这是再正常不过的事。这就像拨动心弦或者释放出一股电流。要是连"感染力"和"影响力"都不能解释的话，我不知道还有哪些术语能说明问题。"影响"难道不能带来"影响"？所幸达斯和冈哥帕特雅并未止步，开始着手研究泰戈尔对希梅内斯的影响，而我坚持的观点也将得到佐证。

凯塔姬·库萨里·黛森

牛津，基德林顿

1987 年 10 月

在你鲜花盛开的花园

一

　　1924 年 11 月 9 日，周日，布宜诺斯艾利斯最有影响力的日报《民族报》刊登了一条轰动一时的新闻：罗宾德拉纳特·泰戈尔，这位 3 天前刚抵达布宜诺斯艾利斯的诗人，同意为报纸定期提供稿件。《民族报》骄傲地表示，阿根廷的公众会对此感兴趣，因为泰戈尔不是一般人，他是"出类拔萃"的名人。没有哪位艺术家、没有哪位诗人的声望超得过他，他创作的诗歌在每个大洲传诵，唤起了所有人的好奇心。崇拜者们围绕在他身旁，但他并非只受学者精英们赏识。普通人爱读他的书，他让人们着迷。《民族报》有意抛出一个疑问，在这世上，能否找出一个城市，那里读不到泰戈尔的书，听不见他创作的动人的歌曲被众口传唱，人们不是迫不及待地想要了解他，不将他视为道德模范，不将他看作一位平易近人的思想家，不从阅读他的作品中享受无穷的快乐？《民族报》说，此时此刻，不知还有谁比他更博学、更著名。如果真想找到能与泰戈尔的声望比肩的人，我们不得不将目光投向 19

世纪那些最杰出的文学巨匠，比如雨果、托尔斯泰和左拉，泰戈尔与他们一样，赢得了读者的敬重。《民族报》一再强调，"他的一举一动都令我们感兴趣，他的思想火花让我们感同身受，正因为如此，他的稿件对这份报纸起到的作用绝对不容小觑"。

随后，新闻稿写到这位 63 岁的诗人患病的详情和医生的诊疗结果。同一天，这份报纸第三部分的周日文学副刊登出一篇小文章，表达这座城市对贵客的敬仰和欢迎。文章标题是"喜读泰戈尔"，作者叫维多利亚·奥坎波，一个 34 岁的女人，刚在本市的文学圈崭露头角。这是她在《民族报》发表的第四篇文章，前 3 篇写的是但丁、罗斯金和甘地。同时在遥远的马德里，她薄薄的一本名为《从弗朗西斯卡到比阿特丽斯》的评论《神曲》的处女作，正由西班牙杰出的学者何塞·奥特加·伊·加塞特赞助出版。之前，她还写过一部儿童短剧，但没有出版，故事采用寓言和象征手法，取材于佛陀的生平。两年后，这部叫《莲池》的散文体诗剧在马德里出版，童话中的主角是个叫"雪花"的男孩，他敏感细腻的性格，与泰戈尔戏剧《邮局》中的那个叫阿玛尔（Amal，意为"纯洁"）的男孩一模一样。

布景准备就绪，只待戏剧性的会面到来。

身为孟加拉人，我清楚，维多利亚·奥坎波在伟大的诗人泰戈尔生命的最后 17 年中，就如同遥远的缪斯女神。她是 1924 年在阿根廷接待泰戈尔的女主人，后者将 1925 年写成的《东方集》题献给她，称她为神秘的"维佳娅"（"Vijaya"，这是泰戈尔为奥

坎波取的孟加拉语名字，原意为"胜利"）①。70 年代时，我读到
《普拉塔河畔的泰戈尔》，这是奥坎波为《泰戈尔百年诞辰纪念文
集》写的文章，1961 年由印度文学院在新德里出版，但这篇长文
跟她在 1961 年由布宜诺斯艾利斯《南方》杂志社出版的《泰戈尔
在桑伊斯德罗峡谷》一书如出一辙，只是向我们简述了泰戈尔和
奥坎波难忘的会面，并没有，也无法告诉我们谁是作者维多利
亚·奥坎波。当我读到多丽丝·梅耶写的传记《维多利亚·奥坎
波：逆风逆潮的女人》时，奥坎波对拉美文学的贡献，她的作家、
编辑、出版者、文化商人和女权主义者的多重身份，和她在 20 世
纪的影响，首次展现在我眼前，为此我还在孟加拉语季刊《探索》
上写过一篇书评。我渐渐意识到，维多利亚·奥坎波在泰戈尔心
中，绝不仅仅是带有异域风情的缪斯女神那么简单，值得对她展
开更深入全面的研究。怀着这个念头，我踏上一段漫长的发现之
旅。我之前自学过一点西班牙语我一直很喜欢这门语言，如今正
好派上用场，带着我的决心、语法书和词典，我走进维多利亚·
奥坎波的生活。

　　我最大的收获，是能偶遇这么一位虽然已经离世，光芒四射
的精神却蕴含在她作品的字里行间，让后人无限追思的女人。我
认识到泰戈尔一生中遇到过许多既有才华，又有魅力的女人，但
维多利亚·奥坎波无疑是她们中的佼佼者。如果将她的生平和作

---

　　① 尹锡南译：《印度比较文学论文选译》，成都：巴蜀书社，2012 年，第
418 页。

品一并加以考虑，她的造诣与泰戈尔相比并不逊色。泰戈尔在1941年以80岁高龄去世时，奥坎波才51岁，事业有成，后来虽然动摇过、徘徊过，她仍然从真空般的环境中搏杀出一片天地，直到1979年去世。难怪泰戈尔需要这样一个女人。跟今天大多数爱恋红颜（heterosexual）的男性艺术家一样，泰戈尔也需要超越普通友谊的女性，作为能够触发灵感的诱因，找到一个能带来创造性的性力女神"沙克蒂（shakti）"。今天的现实世界中，很难想象还会有这么一对势均力敌的伴侣，尽管存在语言、文化和地域上的差距，年龄相差29岁，仍能维持和发展牢固的友谊。初次邂逅是良好的开端，预示了故事发展的走向，让我们忍不住感叹，要是他们之间没有这些差距，友谊是否会更牢固？

　　我对自己的西班牙语水平越来越有信心，于是尝试将几篇奥坎波描写泰戈尔的短文译成孟加拉语，第一篇译的是泰戈尔去世后奥坎波写的讣告，它于1981年发表在季刊《探索》上。随后我开始进一步研究泰戈尔与奥坎波。结合最初的研究成果和翻译的文字，我开始撰写《罗宾德拉纳特与维多利亚·奥坎波的友谊》一书，1982年写完，1985年在加尔各答出版，是一部情节生动的小说。我本打算继续用孟加拉语写现在这本书，将小说中的故事续完。不过给孟加拉人介绍家喻户晓的泰戈尔是个枯燥的任务。写泰戈尔，根本犯不上用孟加拉语。而且按照要求，书中泰戈尔和奥坎波的通信需要保留原始的语言，这位印度人和那位阿根廷人书信交流时用的是英语，所以为阅读方便，本书其他部分也用英语写成。这样做的好处是能吸引更多的读者，包括印度本国和印度之外，甚至拉美地区从事文化研究的人，我敢肯定，后者会对这本书感兴趣。我的首要任务是介绍两位主人公。只有将两人的履历（vitae）摆在一起，我们才明白他们的相见是多么意义非凡。

二

罗宾德拉纳特·泰戈尔（1861—1941）是个非凡的人。他传奇的一生犹如一片苍莽浓密的热带雨林，无拘无束，恣意生长，横亘于19世纪后半叶和20世纪上半叶。匆匆扫一眼在前文提到过的《泰戈尔百年诞辰纪念文集》的附录部分，截取按时间先后顺序编排的"大事记"的某个片段，就不难看出他的阅历有多么丰富。他的创造力无与伦比；他致力于弘扬本民族的文化历史，影响深远；他和他的作品，在印度反对英国殖民统治的大背景下，成功地帮助印度人重新找回身份认同感，激发他们顽强的斗志。习惯阅读英文作品的读者，如果想完整地了解泰戈尔的生平，不妨读一读克里希纳·克里帕拉尼的新版泰戈尔传记（加尔各答，国际大学出版社，1980年版），这本书的语言通俗易懂。其他泰戈尔研究的关键成果还包括普拉波哈特·穆科帕德亚用孟加拉语撰写的 4 卷本泰戈尔传记。接下来，我会从一幅色彩绚丽、构图考究的挂毯上抽出几根耀眼的丝线，对本书的主人公做一番简要介绍。

罗宾德拉纳特·泰戈尔，1861 年出生于加尔各答一户名门望族，家庭成员们个个天资聪颖。泰戈尔家族在印度当代史中留下过浓墨重彩的一笔。此前，1857 年爆发的印度民族起义遭到镇压；东印度公司丧失管理英属印度的权力，殖民地由英王直接统治；加尔各答变成王冠上的一枚宝石，是英国在印度的权力中心，在大英帝国中的重要性仅次于伦敦。泰戈尔家族——孟加拉语发音为"thakur（塔古尔）"，头一个字母是送气音"t"，英国人按自己习惯念成"Tagore（泰戈尔）"——向来积极参与印度的知识和文化启蒙运动，这场运动兴起于孟加拉地区，19 世纪末时蔓延到整个印度次大陆，直到进入 20 世纪，其影响力仍未消减。泰戈尔家族属于婆罗门种姓，但出于某些历史原因，被迫在复杂的种姓制度阶梯上往下迈出几步，成为婆罗门种姓中的一个次等种姓。泰戈尔家族与主流的婆罗门文化保持一定距离，只和门当户对的次等种姓家族通婚。思想开明，在传统和墨守成规的家族眼中，泰戈尔家族的成员们都是异端分子和好事者。

家族的财富源于 18 世纪时从欧洲远道而来的商船。伴随加尔各答兴起为主要的贸易中心，以及英国政府对殖民地采取的笼络政策，泰戈尔家族随之兴旺发达。到罗宾德拉纳特的祖父德瓦尔伽纳塔·泰戈尔（1794—1846）生活的时代，家族的事业发展达到顶峰。德瓦尔伽纳塔购置大量田产，建造起庞大的商业帝国，举行奢华的宴会款待从欧洲来的朋友，还以热衷于公共事业和乐善好施而闻名。他是罗姆摩汉·罗伊（英语常拼写为"Roy"）的密友，对方是印度首屈一指的思想家和印度启蒙运动的倡导者。德瓦尔伽纳塔积极投身于印度社会改革事业，并设立基金会，在加尔各答赞助成立文化和教育机构，如印度学院（后更名为院长学院，是当地知名的学术殿堂之一）和医学院。为破除正统的印度教徒对尸体解剖的成见，医学院学生们解剖尸体时，他亲临现场观看。他是孟加拉亚洲学会第一位印度裔成员，该学会由著名的东方学学者威廉·琼斯爵士创立，致力于人文和科学方面的研究。德瓦尔伽纳塔非正统的观念和生活方式让妻子迪肯伯·黛薇难以接受，疏远并离开了他。无视正统印度教的禁令，德瓦尔伽纳塔两次乘船赴欧，拜会维多利亚女王和她的朝臣，最后客死伦敦。他一手打造的商业帝国宣告破产倒闭，但留给儿孙的大片田产仍能让他们过得衣食无忧。

德瓦尔伽纳塔的大儿子代温德拉纳特（1817—1905）少年时代在豪华奢侈的生活中度过，但他很快成熟起来。他深爱自己的祖母，后者生活俭朴，是虔诚的教徒，在祖母临终的床前，年轻的代温德拉纳特第一次感受到精神的洗礼。多年后，他在《自传》中动情地描绘祖母去世的场景，而这本书也成为孟加拉语的经典之一。他让罗姆摩汉·罗伊创立的"梵社"恢复生机，发起成立印度教团体"知梵协会"，但他并不赞同罗姆摩汉社会改革的主张。跟19世纪印度激进的改革派相比，代温德拉纳特在种姓制度和女性地位问题上保持传统的态度。他一辈子最大的爱好是研读《奥义书》，书中的语句犹如神明的启示，令他豁然开朗，这段经历后来也录入他的《自传》。代温德拉纳特是个有趣的人，他既是精明的商人、有强烈责任感的教徒，又是15个孩子的家长和潜心于精神与心灵探索的人。责任感让他肩负起父亲遗留下的债务，虽然从法律上讲，债主无权没收死者亲属的股本，但他还是经过多年的惨淡经营和节俭生活，还清了所有的债务。他的节俭也许遗传于他的母亲，因为她对丈夫的现代派生活向来不满意。

代温德拉纳特的妻子夏勒达·黛薇也是个虔诚的教徒，她尽心侍奉圣人般的丈夫，将一大家人的生活打理得井井有条。她爱读孟加拉语宗教书籍。罗宾德拉纳特是她的第十四个孩子。本来还生了第十五个，没活下来，罗宾德拉纳特就成了家里最小的孩子。

罗宾德拉纳特的兄嫂大多留名于孟加拉的历史。大哥德维琼德拉纳特是个古怪的天才，热爱诗歌、哲学、数学和音乐。二哥萨特因德拉纳特是进入英属印度行政机构的第一个印度人，推崇妇女教育。在他的培养和鼓励下，萨特因德拉纳特的妻子贾纳娜达南蒂妮·黛薇是第一个打破印度妇女传统生活方式的人。（他们的女儿英迪拉受过良好的教育，后来嫁给现代印度杰出的孟加拉语小说家、文艺评论家、诗人钵剌摩阌·乔笃黎）。罗宾德拉纳特的四姐斯瓦尔纳库马莉是孟加拉第一位长篇小说家。五哥乔迪楞德拉纳特是一位富有激情的画家、音乐家和剧作家，他的妻子迦登帕莉·黛薇对现代孟加拉文学很感兴趣，经常组织家庭戏剧和音乐表演。泰戈尔家族的成员们组织自己的文学创作工坊，编杂志、当编剧、搞作曲。这个家族为印度贡献了两位杰出的现代艺术家——阿巴宁德拉纳特·泰戈尔和夏加宁德拉纳特·泰戈尔。

罗宾德拉纳特对他所属阶层的男孩们接受的英式学校教育相当抵触，他不愿去任何一所学校就读。在 1912 年写的《回忆录》（英译本出版于 1917 年）一书中，他提到自己讨厌清晨出门去上学。在他眼中，学校是恐怖的监狱。家里人倒不担心他在学校我行我素，为他请来家庭教师，连体操和解剖学都是必修课。他特别讨厌英文教学。后来，他撰文感谢早逝的三哥海明德拉纳特教会他使用孟加拉语。他不喜欢学习压力。五哥乔迪楞德拉纳特允许他自订计划，自行摸索。

17 岁时，罗宾德拉纳特陪二哥萨特因德拉纳特来到英格兰。胡乱读过几个学校后，18 岁的他选择在伦敦的大学学院就读，学习英语。3 个月后，在一位叫亨利·莫里的老师的循循善诱下，他对英国文学产生浓厚的兴趣。这段经历让他终生难忘。

青年罗宾德拉纳特利用出国旅行的机会，将自己磨炼成一位年轻的绅士，文质彬彬、风度潇洒。他观察英国社会、寄出一封封引人入胜的家信、欣赏音乐会、听首相格莱斯顿和政治家布莱特在议会关于爱尔兰自治的发言、参观大英博物馆。据说他"流露出的对英国女性的崇拜之情，令家中的长辈深感不安"，觉得让他独自待在伦敦不是一件明智的事。于是，等萨特因德拉纳特返回印度时，这个小弟弟也放弃未完成的学业，启程回国。

罗宾德拉纳特阅读广泛。他开明而有同情心的兄长们鼓励他自学，他通情达理的父亲教他热爱《奥义书》，希望他继承家产和文学传统。他熟读梵文经典、英国文学和大量欧洲文学作品的译本。他会一点法语，读过海涅作品和歌德的《浮士德》后，德语也大有长进。

罗宾德拉纳特身处的大家庭为他营造了一个融大学和艺术中心于一体的环境。在他的回忆文章中，他说正是这座充满文化气息的暖房孕育了他的天赋并成果丰硕。父亲在心灵上的指引和道德上的热忱，祖父的冒险精神和"生活的乐趣"（joie de vivre），加上他细腻的感受力，让一位天之骄子横空出世。

无论以哪种标准，罗宾德拉纳特·泰戈尔都成就非凡。他不单是一个伟大的作家、伟大的诗人、伟大的音乐家（他既能作曲也能作词）、伟大的短篇小说家、伟大的长篇小说家，还是一个剧作家（能写散文剧和诗剧）、一个随笔作家、一个文学评论家、一个写游记和传记的高手。他的书信写得出色。他是独一无二的儿童作家，也是经典教科书的编纂者。除了几本收录他游历各国时发表的演讲并以带有个人风格的优雅英语写成的书，除了他写给海外朋友（比如本书中寄给奥坎波的）或不会讲孟加拉语的印度人的信，泰戈尔的大部分作品都用孟加拉语写作而成。如今，只有生活在印度西部孟加拉邦和孟加拉国的人还能讲这种语言。泰戈尔的孟加拉语作品集共分30卷，未收录他的往来信件。泰戈尔的英语或孟加拉语书信也还没有收集整理出版。

对会讲孟加拉语的人来说，他的著作宛若一座巍峨的高山。他是一个永不疲倦的实验者和革新家，尝试并丰富每一种文学体裁。他在诗歌上的成就有目共睹。他是首屈一指的抒情诗人、自然诗人、爱情诗人与宗教诗人。（当然，这样分类并不严谨，因为有的诗兼具跨界特征）在诗的形式上，他也下足功夫。他写叙事诗、戏剧诗和滑稽诗。有的诗华丽而感人，有的诗萧瑟而简洁。他既写冥想式的长诗，恣意纵横、意境深远，也写惜字如金的短诗，风格近似日本的俳句。他的诗技炉火纯青。他为孟加拉语诗歌增添时兴的自由体，韵律自由。他写的散文诗独具特色。

他也是一位多产的作曲家，将朝气蓬勃的抒情性注入歌曲中。身为一个孟加拉人，我并不完全赞同泰戈尔作品英译者威廉·雷迪斯将他的诗歌与歌曲截然分开的方式。这种划分既不符合印度次大陆的艺术品位，也与各种文化的传统艺术审美相悖。对孟加拉人来说，写诗的泰戈尔和写歌的泰戈尔，经常是你中有我、我中有你。有些歌词听起来就像诗句，具备诗歌的所有特征。但他并非仅仅是个游吟诗人，恰恰相反，他写诗的技巧现代而精妙。在西方人眼中，他是个诗人，也是个作曲家；但他的家乡人才不计较这些抽象的概念，他是莎士比亚、舒伯特和鲍勃·迪伦的集合体，这种天赋根植于孟加拉的历史、地域和传统，让生于斯、长于斯的他茁壮成长。

泰戈尔还是优秀的散文家，孟加拉的散文能见证如今的辉煌，欠他一大笔人情债。文学的发展，跟文字的发展相辅相成。泰戈尔步入文坛时，孟加拉文学和孟加拉语正迈上飞跃之路，涌现出诗人默·图·苏登（1824—1873）和散文家班吉姆·钱德拉·查特吉（1838—1894）。到 1941 年泰戈尔去世时，孟加拉语已经成为一种优美而富于表现力的现代语言，积累起相当丰富的文学遗产。当然，泰戈尔本人的贡献最为巨大。

他在其他方面的成就也不小。他写剧本，还自编自导，甚至扮演剧中的角色。他写过大约两千首歌曲，有一副男高音的好嗓子。他写过无数诗篇，在听众面前声情并茂地朗诵。很多他的同时代人都表示，聆听他朗诵自己的诗作，就如同欣赏一场音乐会。语言的魅力感染了捷克著名的作曲家莱奥什·亚纳切克，也许还有人没听过这个故事，这里不妨重提。亚纳切克开展过一项特别的研究，内容是人类语言中的旋律性和节奏感，收获了一些成果。1921年，他在布拉格听到泰戈尔背诵自己的诗——用的是孟加拉语。亚纳切克被深深感动，打算在诗人的诗中"注入一段欢乐的合唱"。尽管他听不懂诗歌的内容，单从声音，就能"分辨和感受到痛彻心扉"。对此，亚纳切克后来写过两篇论文，等他终于拿到这首名为"流浪的疯人"（孟加拉语为"Parashpathar"）的诗，即为之谱曲。1922年，这首合唱作品成为现代捷克音乐的知名曲目。

泰戈尔创造了独树一帜的舞剧类型，融舞蹈、戏剧与歌唱于一体。当年过六旬，结识维多利亚·奥坎波后，他开始练习素描和油画。他绘制了相当数量的画作，是印度最重要的现代画家之一。

他是教育的开拓者。年少时，学校的正规教育叫人倒胃口，他决定另辟蹊径，将自己的教育理念贯彻于他在1901年创办的圣地尼克坦学校。毫无疑问，从某种程度上说，他这样做是想在复兴古印度求学问道的"静修林（tapovana）"的基础上，注入现代的新观念。他所强调的幼小心灵的"创造性自我表现"，如今已是老生常谈，但当时他想将其付诸实施时，人们都觉得是荒唐的想法。除了圣地尼克坦学校，1921 年，他创办国际大学。他希望这所大学成为各种思想的交汇之地，"让世界变成一个鸟巢"，并邀请东西方的学者和艺术家前来，以增长学生的见识。在他的资助下，圣地尼克坦成为佛学研究的中心和画家、音乐家们的天堂。正是在圣地尼克坦，印度人学会蜡染，并将其发展成一门本土艺术，之前，泰戈尔曾经去印度尼西亚访问，盛邀当地精于蜡染的艺术家来学校访问。

他经营家族田产，熟悉生活在乡村的穷人面临的根深蒂固的生存问题，于是在西莱达和柏依萨两地推行社区发展计划。在柏依萨，他开办农业银行，后来还将获得的诺贝尔奖奖金作为投资基金，这样可以满足两方面的需求——学校的年度收入以及农民的低息贷款。他派儿子罗悌德拉纳特去美国伊利诺伊州学农技，又在圣地尼克坦附近的许里尼克坦（原名苏鲁，意为"和平村"）修建一处农村重建所，协助他的是曾在康奈尔大学受过培训的英国农业专家莱昂纳德·K. 埃尔姆赫斯特。类似的项目，后来在印度的村镇设立不少。可以毫不夸张地说，圣地尼克坦和许里尼克坦是 20 世纪印度重要的文化机构。

泰戈尔的政治主张人尽皆知。在国内，他创作歌曲，反对印度总督寇松分裂孟加拉的图谋。阿姆利则惨案发生后，他像一位英勇的骑士撰文反击殖民地政府。他直言不讳地表达对革命派的不满，反对政治上的极端主义和恐怖主义。他批评非暴力不合作运动，与甘地展开对话和辩论。这些言行，使他成为印度独立岁月中一位家喻户晓的人物，赢得如印度总理贾瓦哈拉尔·尼赫鲁等伟人的赞誉。在国外，泰戈尔阐述对激进的民族主义的担忧，关注英国、美国和日本的局势。我觉得，威廉·雷迪斯应该将他新译的泰戈尔英译本题献给和平运动，因为泰戈尔是一个不折不扣的和平主义者，而只有在和平的大背景下，才有可能让西方的年轻一代熟悉并爱上泰戈尔的作品。二战时，泰戈尔的诗激励过英国的反战派。告别人世时，他的心头怀着无比的忧伤，因为欧洲文明正陷入自我毁灭的狂欢，然而他从未丧失对人类的信心。

泰戈尔并不是一个严格意义上的哲学家，但在世人眼中，"思想家"的头衔非他莫属。他敏锐地觉察到，人类必须在自然环境中和谐共处，而那些关注生态和环境问题的人，也将他视作最为亲近的"绿色思想家"。他坚持不懈地抨击殖民主义，同时又赞成国际合作，当然，是实打实的合作，而非某个国家打着合作的幌子对别国加以剥削。曾经，他一度怀念印度逝去的辉煌，但很快就跳出自怨自艾的民族主义窠臼。没有人比他更了解印度文化遗产的重要性，他知道哪些部分需要珍惜并发扬光大，但与此同时，不管英国是否参与，他并没有心怀在将来重建印度文化的幻想。他明白，政治上的独立远远不够，真正的工作要从基层做起——通过教育手段，改变乡村的面貌，让乡村重现生机与活力。他坚信，将传统与欧洲人文主义相结合，势必产生效果。他欢迎一切现代化的生活方式。

正是在自我完善的征途中，他成长为一个具有现代思想观念
的人。他天资聪颖，但父亲在世时，盛名如一道难以突破的魔咒
（代温德拉纳特 1905 年以 88 岁高龄去世），这就不难解释，为什
么他在某些方面如此保守。他是个时髦的、"去英格兰见过世面"
的小伙子，浪漫多情，桀骜不驯，但他又接受父母安排的包办婚
姻，跟一个年幼的少女成亲，还早早就把两个女儿马胡里拉塔
（贝拉）和雷努卡（米拉）嫁出去，好让老人家能亲眼看见孙女们
婚礼的盛况。但有趣的是，父亲去世后，他安排长子罗悌德拉纳
特迎娶一个年轻的寡妇帕勒蒂玛·黛薇，这在泰戈尔家族算是破
天荒第一次。他还鼓励儿子教导新娘识文断字、全面发展。帕勒
蒂玛在艺术上的天赋得到激发，后来成为一个称职的媳妇和旅伴，
陪着已是"超级巨星"的公公周游列国。

　　毫无疑问，泰戈尔是个性和自由的拥护者。在他的小说里，
经常塑造爱思考、有良知而且孤独的人，他们和愚蠢教条的群体
格格不入，遭受对方迫害，甚至被追杀欺凌致死。他对个人的看
法是"一分为二的……不同于传统印度人的观点，而是承认经验
主义跟实用主义之间存在冲突，既支持世俗阶层通过努力在社会
中赢得自由，又绝不允许精神层面上的自由与和谐受到玷污或漠
视"。他关注妇女受到的压迫，希望有朝一日女性能和男性平起平
坐。他坚决反对宗教教条主义。他骨子里是个人道主义者，每一
滴血、每一个细胞都迸发出顽强的斗志。而灾难降临时，他从画
笔中寻找慰藉，一笔一画都饱含深情。

　　前文中，我提及诺贝尔文学奖，1913 年，泰戈尔以英译本

《吉檀迦利》获此殊荣，而这本宗教抒情诗集也是他最重要的"成就"之一。我这样做，是因为诺贝尔奖由西方的文化机构颁布，对印度文学来说，意义并不大。只是机缘巧合，泰戈尔才被授予这个奖项，象征着在大英帝国的支持下，印度文学再度觉醒，之后，印度次大陆再也没有一位作家得奖。但这并不意味在1913年后，这块土地上没有出现过一流的作家。总之，出于文化政治的原因，运用现代语言创作的印度作家，大多未能走出国门，作品也没有译本进入西方市场。

不过，诺贝尔奖的确让泰戈尔闻名世界。他的更多作品被译成英语出版，其中，诗歌由他本人翻译，散文则由别的孟加拉译者代劳。英译本又被译成其他语种。接下来，就如同布宜诺斯艾利斯的《民族报》说的那样，他吸引了全球的读者。他收到各国寄来的邀请函，旅行、演讲、交朋友。他的声望让他有机会见到同时代的各路名流。正是诺贝尔奖，让泰戈尔结识奥坎波。旅途中，他在艺术和政治上的眼界也大为拓展。他在奥博阿默高村观看基督受难剧，在米兰斯卡拉歌剧院欣赏《茶花女》，在印度尼西亚观看舞剧，领略中国、日本和现代欧洲的艺术。一战后的欧洲满目疮痍（这令他感到痛心），而俄国的共产主义者在高喊口号发动群众（这让他感到震惊）。一次次的异国之行，让泰戈尔的世界观接受人文精神的洗礼，将他培养成一个坚定的反战主义者。他真切地意识到，印度亟需应对各种各样的社会问题，并与各国的知识精英加深合作。有人批评他，说他像一个向西方人传教的上师，此话不假，有时候，他说话的腔调跟《旧约》中愤怒的先知一模一样，但他的话都发自内心。愤怒的先知总是不讨人喜欢，因为他们爱讲真理，让我们无法自鸣得意。眼见他已经召集来全世界的听众，泰戈尔希望利用他的影响力为人类谋福祉。其实，他的做法跟今天的民歌手或流行歌手并无多大区别，不过是以艺术形式反对越战或者为非洲饥民募捐。他对当时社会问题的分析很彻底、很深入。他控诉暴力行为和商业贪婪，坚持认为个人之间、群体之间的合作，相比毫无节制的竞争是更为理性的途径。诺贝尔奖得主的身份在他的履历表上写下浓墨重彩的一笔，与其说是对他文学价值的肯定，倒不如说他从此有机会将生命投入更广阔的领域，在实现个人价值的道路上越走越远。

泰戈尔在孟加拉文化传统中的卓越地位难以撼动。如今，他在孟加拉仍然家喻户晓，是人们谈论和争辩的焦点。学者们正分析、研究和解读他。他在各个领域的贡献重新得到评估，他在各个问题上的看法引来各方评论，他的权威正遭遇前所未有的挑战，但这丝毫无损于他的声望。他像一块巨大的岩石，你能敲下一小块，甚至很多块，但他依然是与讲孟加拉语的人心心相印的那位长者。幸运的是，在孟加拉文学界，新一代的现代主义作家正成长起来，他们称自己是"后泰戈尔派（post-Tagoreans）"，30 年代，也就是泰戈尔去世之前就已经确立成熟的风格，从那以后，一直不缺少优秀的孟加拉语作家。正是从泰戈尔停下脚步的地方，这些后来人从前辈手中接过接力棒。他是很多领域的开拓者，也是绕不过去的参考标准。要是有人研究来、研究去，还是一无所获，通常都会返回起点，从泰戈尔那里寻求启示和灵感。即使他

一时无法为来人指明方向，至少也会提供一个有用的"出发点
（point de départ）"。他的出席，就是无声的支持。以纳萨尔派为
代表的极左革命派，排斥印度文艺复兴的领导人，自然也排斥泰
戈尔，但最终，他们并未赢得公众的同情。还有，很难将泰戈尔
归类为"资产阶级文化"的代表，因为他跟"这群人"并不像。
一方面，他的歌曲纵横交错地织在孟加拉人的心田，很难相信，
他会连根拔除自己对故园的依恋。这种依恋如此强烈，咽不下、
忘不掉、咳不出、扔不远，虽然如鲠在喉，泰戈尔仍然相信人们
应该各守其位、各尽本分，与他保持一种不稳定的休战状态。在
孟加拉的东部，泰戈尔帮助民众找寻身份认同。这块区域成为巴
基斯坦的一部分后，有人贬低泰戈尔，说他只属于印度教徒，不
属于穆斯林。这种狭隘的观点自然受到精英阶层抨击。这个阶层
正变得越来越世俗化，关注民生疾苦。在摆脱巴基斯坦的政治独
立运动中，他们从泰戈尔那里获得很多启发，成功地让人们团结
一心，以孟加拉人的全新身份，围绕在泰戈尔这个孟加拉人的象
征身旁。这种认同，体现在孟加拉国将泰戈尔创作的歌曲《金色
的孟加拉》（*Amar sonar bangla*）定为国歌。（巧的是，印度共和
国的国歌也由泰戈尔作词作曲。）

　　但泰戈尔并不仅仅属于孟加拉人或印度人。很多孟加拉的
"后泰戈尔派"跟他作对，觉得他缺乏西方风格中的"痛苦"和
"厌倦"，缺乏异国情调，悲剧的空虚感不足。他太泛泛而谈，太
阳光，不够收敛和矜持，爱得不病态或死去活来。于是，他们将
目光投向波德莱尔或兰波，普鲁斯特或卡夫卡，艾略特或布莱希

特。西方的新一代也让人刮目相看，他们欣然执着于恐怖、无趣、异样、绝望和怪诞，认为这才是西方的现代主义，而将怜悯和同情抛在脑后。一直以来被定义为"阴柔之气"的人性关怀，如今成为妇女解放运动的口号。面对这样的听众，泰戈尔不愠不怒，言语中充满慈爱之意，加上伟岸、睿智的外形，很快便征服听众的心。作为艺术家、思想家和一所富有开拓精神的教育机构的创办人，他具有全球性影响，然而当今世界并未意识到这一点。他的思想为我们指明前进的方向，时光流逝，而他的精神不灭。他属于全世界，为世界留下一笔文化遗产。阿根廷的维多利亚·奥坎波深知他的伟大之处。

告别这幅描绘泰戈尔生平和主要成就的速写画之前，我们需要选择他一生中几个特殊的时间节点，看他是如何成长为一位艺术家的。而且，性本能与艺术创作往往存在微妙的关联。他的生活中，也不乏类似的情况，比如他与某位女人的亲密关系。

少年时，泰戈尔形单影只，母亲怀过 15 个孩子，他是活下来的最小的一个。他在仆人的照看中长大，经常一连好几个小时自己打发时间，做白日梦，或者自娱自乐。这种孤独感在他的心头刻下难以磨灭的印记。母亲去世时，他才 14 岁，之后，是哥哥乔迪楞德拉纳特的妻子迦登帕莉·黛薇给予他母性的关怀。迦登帕莉嫁到泰戈尔家时，才 9 岁大，而小罗宾德拉纳特 7 岁，两人的关系更像是姐弟。前文提到过，迦登帕莉对当代孟加拉文学很感兴趣，经常参与家庭音乐会和戏剧表演。让处在青春期的罗宾德拉纳特心潮涌动的，有活泼、老成、"从英格兰回来的"马拉地姑娘，名叫安娜普尔纳·特尔克结。第一次跟随兄长乘船去英国前，他在孟买遇见这位俏丽的女教师，立刻迷上她，还为她起名纳莉妮；还有寄宿在伦敦时，司格特教授和太太一家热情的女儿们。当然，在罗宾德拉纳特步入成年的过程中，对塑造他的心智起到最重要作用的莫过于迦登帕莉·黛薇。对她们的依恋结出丰硕的成果，浪漫而痛苦的诗句如泉水般喷涌而出，歌曲也变成深情款款的告白。跟往常一样，合唱声响彻屋宇，但这一次是为了抒发悲伤：1884 年，迦登帕莉·黛薇自杀身亡，她才 25 岁。罗宾德拉纳特 23 岁，刚结婚 4 个月。鉴于新娘才 10 岁，这段婚姻能走向何方还是个未知数。

泰戈尔一家祥和宁静的表面之下，无疑隐藏着紧张的暗流。这种紧张伴随现代化的步伐而来，打破传统家庭的平衡，泰戈尔家族正是典型的例子。年轻人接受艺术方面的熏陶，性心理得到足够的刺激，加之又读过大量西方的浪漫主义文学作品，对儿女私情跃跃欲试，向往成双成对的美满姻缘。当一方已发育成熟，另一方却还是儿童新娘。他们能做的，是等待新娘长到青春期，而在这段时间，他们会和长兄们的妻子眉来眼去，因为她们的年龄跟丈夫的弟弟差不多，她们也在鼓励下接受教育、增长知识。文学和音乐是最便捷的途径，她们接受了教育，也培养了浪漫的爱情观。迦登帕莉有艺术天赋、敏感、尚未生育。她的丈夫比她大 10 岁，据说也喜欢守在他从英国回来的叫作贾纳娜达南蒂妮·黛薇的嫂子身旁。迦登帕莉一定感到伤心、孤独，每况愈下，吞噬了她活下去的念头，最终走上一条不归路。我的《罗宾德拉纳特与维多利亚·奥坎波的友谊》一书，专辟一章回顾这件逸事，借助现代精神病学，抑郁也许是导致迦登帕莉自杀的原因。这只是推断，真相也许永远无人知晓，但至少我们可以展开想象，在她做出这个悲剧性的决定之前，一定心有苦楚，孤独感也长久折磨着他这个年轻的嫂子。

泰戈尔的剧作《破碎的巢》（*Nashtanid*）描写了一段或许是以乔迪楞德拉纳特、迦登帕莉和他为原型的三角恋情。只是剧中没有自杀情节。后来，印度现实主义电影大师萨蒂亚吉特·雷伊将其改编并拍成电影《孤独的妻子》（*Charulata*）。很可能是迦登帕莉的自杀激发了泰戈尔的灵感，他写出几部戏剧，探讨妇女在传统印度家庭中的生活状况。

从泰戈尔的作品不难看出，自杀事件发生后，起初他很痛苦，随后渐渐恢复，这要归功于年轻人天然的疗伤和治愈能力。在他悲愤欲绝的时候，年幼的妻子并不能给他精神上的支持，但等到她步入青春期，这段婚姻还是像宾客们的祝福一样令人心满意足，孩子一个个呱呱坠地，第一个孩子出生时，妻子才13岁。

穆里娜莉妮·黛薇嫁给泰戈尔时，几乎是个文盲。丈夫肩负起教育她的任务，将她培养成一个贤惠的妻子与合格的母亲。她学过英语和梵文，丈夫还执意请来一位老师，指导她通读原文本的《罗摩衍那》，好让她写出孟加拉语节选本的《罗摩衍那》，给孩子们当课外书。可惜，这本未完成的书稿没有保存下来，据她的儿子罗悌德拉纳特回忆，他和弟妹们曾经兴致勃勃地读过这本书。她也曾登上舞台，在丈夫的一部剧中饰演角色。

她不漂亮，也不干练，但她是个模范的妻子和主妇。她温柔、善良，把身心奉献给丈夫和子女，做一手好菜，将家事打理得井井有条。可以这么说，她为罗宾德拉纳特编织了恬静的爱巢，让他潜心写作。她支持丈夫创办圣地尼克坦学校，变卖了自己的所有首饰，为丈夫筹措资金。罗宾德拉纳特寄给妻子的信有一些留了下来，是他在暂时与妻子分别的旅途中写的，从信的内容不难看出，夫妻俩的感情坚如磐石、相敬如宾，他渴望让妻子和孩子脱离大家庭的束缚，带他们去另外一个地方，跟他们分享小家庭的甜蜜和悠闲。无疑，穆里娜莉妮去世前，他的诗句散发着宁静的光辉，这都要归功于妻子营造的安定氛围。

圣地尼克坦学校（即国际大学——译者按）创办尚不满 1 年，1902 年，穆里娜莉妮病故，年仅 29 岁。她究竟死于何种疾病，医生给不出诊断意见。41 岁的泰戈尔守在病床前，不眠不休地照顾她，却没能挽救她的生命。后来，罗悌德拉纳特猜测母亲的死因也许是阑尾炎，那时候，人们还不熟悉这种急症和解救方法。

我相信，仔细读一读泰戈尔的诗歌，不难发现迦登帕莉·黛薇的自杀给他的心灵带来的创伤已经渐渐愈合，但妻子突然病故，又将伤口猛然撕开。两位至亲的离世，让他有深深的失落感，鬼魂出没于他的诗句，歌词中也饱含悲欣交集的思念和未实现的渴望，在我们孟加拉人眼中，这是他歌曲中最香醇的琼浆。

这之后，泰戈尔一直过着鳏夫的生活，像一个飘荡的畸零人。但生活总离不开女性的安抚，深层次的创作更需要艺术女神赋予灵感，于是隔三岔五、或多或少，他的身旁都有家里女人们的身影，其他美女也会被他的魅力和声誉所吸引,纷纷聚拢在他附近。在踏上南美之行的旅途前,他的灵感来源是一个年轻姑娘,叫拉努·穆克吉女士,后来是加尔各答知名的艺术赞助人。她是《红夹竹桃》(*Raktakarabi*)一剧中的女主角南蒂妮,也是泰戈尔 1884 年出版的《歌曲集》中的收信人。

1903 年,妻子去世 9 个月后,泰戈尔的二女儿拉妮死于肺结核。泰戈尔绝望地想留住她的性命,但无济于事。1907 年,他的小儿子舒米在度假时感染霍乱,不治身亡。1918 年,大女儿贝拉也死于肺结核。5 个儿女中,只剩下 2 个还在人世。接二连三的变故,让他将目光转向宗教,从宗教中寻找悲剧的答案。对爱情的留念,融合宗教的神秘主义,魔法般的等候就此掀开帷幕。不止是凡人等候上帝现身,上帝也急切地等候凡人的造访。泰戈尔从包括贝什纳卜派和鲍尔派在内的孟加拉神秘教派那里汲取创作灵感,但他成功地将作品刻上本人的烙印。他的宗教诗篇和歌曲并不局限于某个教派,而是如泣如诉的精神自传。即使被一再转译,从孟加拉语到英语,再到法语,还是能催人泪下。他的读者之一,是一个 24 岁的女人,她远在布宜诺斯艾利斯,正经历感情危机。接下来,我就向你们介绍她。

三

　　跟罗宾德拉纳特·泰戈尔一样，维多利亚·奥坎波 (1890—1979) 也出生于一个富有的贵族家庭，家族历史与阿根廷历史息息相关。无论在父亲还是母亲那儿，她听得最多的，是阿根廷从西班牙的一块殖民地发展演变成一个独立的南美国家的故事。这种休戚与共，让全家人引以为傲。

　　她在自传中写道，当她出生时，阿根廷还处在"成型过程中"。1890 年，她的出生地布宜诺斯艾利斯尚未建成一个繁华的大都市，而是被人戏称作"大村子（Gran Aldea）"，这个描述恰如其分。长久以来反抗西班牙的帝国统治、追求阿根廷解放事业的西班牙血统家庭牢牢地掌握了社会事务。她正是出生于这样的一户人家，但这并不意味着她仅仅属于这户人家。她属于紧密联结的家族，靠血缘、婚姻、友谊和仇恨、争吵、和解彼此联系在一起，还有就是构建新的阿根廷的共同信念。童年时，她听过出生前 80 年间发生的大事，她的同胞们开始像考虑家事一样，考虑国家的未来。"这些事儿就发生在我家，隔壁那家，或者对面那家，叫圣·马丁、布伊莱多、贝尔格拉诺、罗塞斯、乌尔基萨、萨缅托、迈特、罗卡、洛佩兹……都是亲戚或朋友。"

泰戈尔家族所属的社会阶层虽然代表本国精英，但仍然受英国殖民政府统治，政治上低人一等。奥坎波家则不同，属于当地的统治阶级，掌管政治和经济大权。不过，阿根廷与英国关系密切，阿根廷在 19 世纪后半叶和进入 20 世纪后的经济扩张，很大程度上归功于该国与英国的特殊关系。

英国大量购买南美大草原上的农产品，修铁路，拥有公共设施，投资大笔金钱。他们将成品或半成品出售给阿根廷，甚至修建许多英国人的社区，你可以在"哈罗德"商店购物，在"里士满"茶室品茶，或者在"马球总会"打马球。英国大使马尔科姆·罗伯特森 1929 年对年轻的作家博尔赫斯说："毋庸讳言，我的意思是，阿根廷必须看作大英帝国必不可少的一部分。"

牢记这一点很重要，因为正是与英国的这种渊源，让维多利亚·奥坎波能掌握英语这门语言，和泰戈尔展开深层次的交流。我会在后文详述。

曼纽尔·何塞·德·奥坎波·冈萨雷斯，维多利亚的曾祖父，是国家政治的积极参与者，被密友称作政治家和思想家。这位密友叫多明戈·福斯蒂诺·萨缅托，写过一本《法昆多：文明和野蛮》的书，1845年出版，讲述19世纪阿根廷历史，也为阿根廷的未来勾画蓝图。"野蛮充塞落后的内陆地区，军阀（caudillos）或强盗，还有牧人，都是落后的社会形态，是内向的民族主义。文明要发展，就得采用欧洲的模式，比如政治、社会和文化。"19世纪末的几十年间，萨缅托的梦想开始成型。而维多利亚正好出生在经历欧洲化、又踏上独立道路的阿根廷。她的父母第一次见面，是在1888年萨缅托的葬礼仪式上。

她的祖父曼纽尔·安塞尔莫·奥坎波是一个富裕的"牧场主（estanciero）"，尽管家里过着法国式生活，他仍然恪守"传统（criollo）"。在他广袤无垠的牧场上，奥坎波度过了无忧无虑的假期时光。她的父亲曼纽尔·西尔维奥·塞西里奥·奥坎波·雷盖拉（1860—1931）是一位土木工程师，靠着在阿根廷内陆修路修桥，尤其是为英国人投资的铁路修建桥梁发家致富。他"不算个文化人，但聪明绝顶"。她的母亲拉蒙娜·马克西玛·阿吉雷是一户传统家庭的女儿，祖先中有不少著名人物。她是"一个典型的'温柔'女性，能拉小提琴，笃信天主教，'不赞成女人过波西米亚式的艺术生活'"。

维多利亚是6个女儿中的老大，最小的妹妹西尔维娜比她小13岁，后来也成为著名作家，嫁给阿根廷作家阿道夫·毕奥伊·卡萨雷斯。幸运的是，维多利亚没有兄弟，因为在她出生和成长的社会环境中，女性争得任何一点成就都需要与男权"观念"展开不懈斗争，藐视积习旧俗。哪怕有一个哥哥或弟弟，都会为这场本来就激烈异常的障碍赛增加难度。上流社会的根基，是唇齿相依的教会和大家族，男性狂热地展示男子气概，而女性接受新式家庭教育。挣脱传统的枷锁，她们不再局限于灶台，而是能讲法语、英语或德语，朗诵诗歌或演奏乐器（当然，只能在家中的客厅）。生在阿根廷精英分子家庭的孩子，首选要学法语，其次是英语。维多利亚家也请来法语和英语女家教，还在很小的时候，她就能流利地讲这两种语言，广泛阅读法语和英语文学作品。后来，家教课又多了算术、钢琴、意大利语、西班牙语。再后来，还有声乐。跟反抗英语教育的泰戈尔不同，小维多利亚规规矩矩地学会了法语和英语，令她感到厌倦的反而是西班牙语，因为阅读材料枯燥，她对阿根廷的殖民史也提不起兴趣。事实上，她对阿根廷历史的态度向来模棱两可。一方面，如前所述，19世纪阿根廷历史与她的家族息息相关，但另一方面，她又很难对阿根廷遭受西班牙殖民统治表示同情。她看得出，征服者们为了攫取财富，贪得无厌、烧杀抢掠。但她眼见这些富有的绅士们被美洲印第安人生吞活剥，又不能漠视不管。在青春期的她想象中，美洲的殖民史跟法国或英国的历史相比，毫无"一样的性感意味"。她学会了法语、英语，而粗俗的西班牙语只配日常运用。简言之，殖民体系下所接受的教育对泰戈尔和维多利亚的影响各有不同。她对法语的亲近和在西班牙语水平上的欠缺，成为她文学创作之路上的障碍，但意志坚定的她逐渐克服了这个困难。我会在后文提到这一点。

维多利亚的童年过得很快乐，家人溺爱她，特别是未婚的姑婆们，对她万般宠爱。（其中，最疼她的那一个也叫维多利亚）对她这个阶层的孩子来说，去欧洲旅行是必不可少的教育方式。维多利亚6岁时，第一次踏上欧洲的土地。第二次是从18岁到20岁，在欧洲待了两年。她在监护人的陪伴下，去巴黎的索邦大学和法兰西学院参与演讲会，但无论是在国内还是国外，她都没有去大学修过固定课程。于是，我们又找到泰戈尔和奥坎波之间另一个有趣的共同点：他们都没有取得任何正式的文凭。泰戈尔频繁辍学，而奥坎波的家人禁止她上学就读。但在各自的国家，两人都创立了知名的文化机构。

维多利亚的青年时代过得和童年一样快乐。物质享受一应俱全，然而，她却是现代西方女权主义者们口中所说的"关在镀金笼子里的鸟儿"。结婚之前，她必须由男性监护人陪同，才能走在大街上，让妹妹或女性表亲陪伴都不成。在她成长的那个社会，要是一群姑娘跟兄弟和朋友的兄弟们去布宜诺斯艾利斯的巴勒莫花园骑马，会遭到神父的严词谴责。母亲告诉她，不知是祖母还是曾祖母珍藏着一个金手镯，刻着"因束缚而心安"的铭文。维多利亚问母亲："她这是疯了吗？"

总的来说，这个姑娘在传统拉美文化的熏陶下渐渐成长，后来她表示，这样的环境跟阿拉伯世界差不多，还多了一些条条框框。但在条条框框的间隙，新的思想钻进年轻人的头脑，维多利亚注定会是一个反叛者。她如饥似渴地阅读英语文学和法语文学，正是文学激发了她的叛逆精神。母亲不允许她读喜欢的书。有时，她不得不把书藏在床垫下。一次，在维多利亚第二次欧洲旅行途中，母亲在她的床垫下面发现奥斯卡·王尔德的《自深深处》，没收了书。维多利亚那时 19 岁。她威胁要从酒店窗户跳出去，还把半个身子探出窗口，表示说到做到。"克勒贝尔大街上的车夫们兴致勃勃地欣赏这一幕，像疯子一样笑得前仰后合。"

维多利亚想当演员。她有表演天赋，这方面的专业人士也建议过她好几次，但在当时，一个生在阿根廷贵族家庭的姑娘不允许从事这份职业。演员不是一份"体面"的职业。她只跟玛格丽特·莫雷诺上过几节发声课。莫雷诺是一位红遍巴黎的女演员，来布宜诺斯艾利斯巡演过一段时间，她的表演给维多利亚留下深刻印象。维多利亚距离实现表演梦最近的机会，是为奥涅格的清唱剧《大卫王》担任解说，1925 年由安塞美执棒，在布宜诺斯艾利斯上演。还有一次是为斯特拉文斯基的音乐剧《珀耳塞福涅》朗诵安德烈·纪德写的一首诗，由作曲家亲自指挥，30 年代时在布宜诺斯艾利斯、里约热内卢和佛罗伦萨相继上演。她喜欢这种大显身手的感觉，她表示，从"艺术实现"的角度看，没有什么比表演更能给她带来快乐。"这些演出，让我充分、彻底地展示自己。让我与世界展开'交流'。"

在养育维多利亚的男权社会，并无女性职业生涯一说，她们要做的是当好妻子、母亲和管家。维多利亚也嫁为人妇，但很快就摆脱了这个身份。她需要在一片真空中开辟属于自己的位置，但这并非一朝一夕的事。她踏上漫长的寻找之路，每一次进步都与朋友们的鼓励和支持不无关系。她的成长史，以轻松的语言体现在她去世后出版的自传中。她和泰戈尔的友谊是这段成长史的重要一环，接下来，我们要聊到她个人生活的某些方面，但在这之前，让我们先看一眼，这位了不起的女性取得过哪些主要成就。

故事得从《南方》说起。这本文学杂志是在南美作家瓦尔多·弗兰克的建议下，1931年由维多利亚·奥坎波创办的。她担任编辑、提供资金，定期出版至1970年，在她1979年初去世前，改为不定期出版。随后，杂志继续不定期出版并延续至今。起初，杂志刊登西班牙语和英语作品，将南美和北美紧紧联系在一起，最后在维多利亚·奥坎波的努力下，《南方》呈现国际风范，不仅出版阿根廷和其他拉美作家的作品，还为读者介绍欧洲和北美现代派作家作品的译本。《南方》的品位受到何塞·奥特加·伊·加塞特在马德里编辑出版的《西方评论》的影响，而且，正是奥特加选择"南方（Sur）"作为杂志名。但西方学者们也许不了解，奥坎波在某种程度上还受到泰戈尔创立的国际性大学的影响，"让世界变成一个鸟巢"——这两处文化机构是相似理念的产物。

奥坎波本人负责将前几期杂志汇总，对作品本身发表评论，评价翻译作为一种工具在文化借鉴中的作用。她得到文学圈内朋友的帮助，比如爱德华多·马列亚、豪尔赫·路易斯·博尔赫斯和玛利亚·罗萨·奥利弗。国外的好友则担任杂志的顾问。1938年，杂志设立"主编"，何塞·毕安科在60年代初因与奥坎波不和而辞职之前，一直担任杂志主编。正是毕安科将虚构类作品引入杂志，并将其打造为一大特色。《南方》后来的主编是玛利亚·路依萨·巴斯托斯和恩里克·佩佐尼。

《南方》创刊于阿根廷历史上的关键阶段，20年代的繁华和希望，让位于经济下滑、民主的侵蚀、军政权和法西斯主义的兴起。《南方》成为抵御野蛮主义侵袭的文明堡垒，是阿根廷，也是整个美洲西班牙语区的文化重镇。高雅杂志常常短命，但这份杂志数十年屹立不倒，靠的是创办人的坚定信心和旺盛精力，以及年复一年的亏损。拉美之外的读者，只要看一看该杂志在欧洲和北美的撰稿人的名字，就不难判断其水准。多丽丝·梅耶写的奥坎波传记中列过一个名单：托马斯·曼、雅克·马里坦、亨利·米勒、T. S. 艾略特、保罗·克洛岱尔、卡尔·雅斯贝斯、丹尼斯·德·鲁日蒙、奥尔德斯·赫胥黎、西蒙娜·韦伊、刘易斯·芒德福、安德烈·纪德、娜塔莉·萨洛特、马丁·海德格尔、埃兹拉·庞德、伊芙林·沃、劳伦斯·达雷尔、托马斯·默顿、让·皮亚杰和安德烈·布雷顿。稿件的非西班牙语译本，由身兼语言学家和作家于一身的译者完成。约翰·金认为，《南方》是过去半个世纪中阿根廷最重要的文学杂志，提供了"一种梳理20世纪阿根廷文化演变的方式"。他仔细研究过这本杂志，觉得读起来不仅像读一套文集，"还像是体会一个过程，有内在的历史和冲突，在特定的历史和文化背景下发展"。他还注意到，由于二战，杂志刊登的阿根廷文学呈现一派繁荣的景象。

……战争让从欧洲来的稿件减少，造成一种经济学家口中所说的文化"进口替代品"局面。数年间，博尔赫斯一跃成为阿根廷最优秀的作家，他的作品输出数量相当可观。当然，这归功于朋友们的烘托——毕沃伊·卡萨雷斯、西尔维娜·奥坎波、何塞·毕安科、胡安·维尔库克——他们用杂志搭建起一个论坛，施展他们在文学上的天才。

靠《南方》成名的阿根廷作家中，博尔赫斯是世界知名的一位。国际宣传通常受欧洲和北美的媒体所掌控，在当地挑选一位作家，赋予他明星的光环，而将其余应该一视同仁的作家排除在外。事实上，与杂志有关联的其余作家虽然在名气上差一些，不为拉美以外的读者熟悉，但在阿根廷国内仍然很有名。他们中除了刚才提到的，还包括马列亚、马丁内斯·艾斯特拉达、冈萨雷斯·拉努萨、穆列纳、阿尔贝托·吉里和胡安·何塞·赫尔南德斯等。

政治上，《南方》鼓吹自由和民主思想。30 年代兴起的法西斯主义一度迷惑许多人，阿根廷的民众也不例外，对法西斯分子的本性缺乏了解，但等到西班牙内战爆发，《南方》旗帜鲜明地支持左派共和党，积极援助西班牙的知识分子。他们中有的移居阿根廷，成为杂志的撰稿人。二战期间，《南方》公开支持盟国，出版专刊，奥坎波一边竭力帮助在欧洲受到威胁的作家和知识分子们来阿根廷避难，一边和志同道合的人创建"阿根廷行动"组织，监督和抵御法西斯主义对阿根廷的渗透。从 40 年代中期到 50 年代中期，《南方》成为拉美最有影响力的文学杂志。

贝隆主义盛行的年代，奥坎波为《南方》所捍卫的自由主义付出了代价。1953 年，在一次针对总统贝隆的炸弹袭击后，当局采取行动，她与其他人被捕入狱，坐了 26 天牢。国际知名人士联名向贝隆表示抗议，其中包括智利诗人、诺贝尔文学奖得主加夫列拉·米斯特拉尔和印度总理贾瓦哈拉尔·尼赫鲁。

约翰·金仔细分析过《南方》在后贝隆时代逐渐走向衰落的原因，下列因素值得一提。现代主义与流行主义、民族主义与国际主义之间的冲突变得越来越尖锐、难以调和。精英文化转变为大众文化，文化产品走向商业化，环境让读者更青睐像《首页》这样的周刊，话题涵盖政治和时尚，将作家和作品都当成刺激的新闻来写。

主要是访谈，让作家像聚光灯下的明星。作者的名字是品牌，代表高品质，这样才能把新产品卖出去，如："《百年孤独》作者加西亚·马尔克斯的新书。"《首页》上的书评能增加图书销量，作家访谈能帮科塔萨尔或加西亚·马尔克斯这样的作家打开销路。这不是贬低作品的质量——《首页》的文学性新闻向来高水准——但这显然不是《南方》熟悉的领域。

不管在西方，或是在第三世界，人们习惯将此类情形看作理性主义阴险的敌人。紧接着，知识的国际主义开始走下坡路，知识分子们也放弃跨越边界展开对话。不同国家的知识分子们都专注于本国遇到的棘手问题，对边疆之外的事务不再过问。在这种情况下，一份充当桥梁作用的杂志很难过上好日子。为了摆脱窘境，《南方》相继推出选集和专号，介绍不同国别的作家或思想家，比如加拿大、日本、德国和以色列。

还有一个重要因素与古巴有关。古巴革命成为新一代拉美作家的创作灵感，但《南方》却错误地估计了形势，在竞争中败给古巴的《美洲家》杂志。到 60 年代中期，奥坎波和创办《南方》的核心成员们都年事已高，面对海外的竞争对手，比如巴黎出版的、意在吸引新兴人才的拉美杂志《新世界》，已无还手之力。

多年来，《南方》是一份备受争议的杂志，被左翼和右翼分子猛烈抨击。但无论如何，研究过这份杂志曲折历史的专家，得出了这样的结论：

不管怎么看，《南方》是拉美文化生活最重要的成就之一。沿用瓦尔多·弗兰克的话，《南方》的创办人维多利亚·奥坎波"预见了阿根廷的未来"。

种种迹象表明，在现代阿根廷，在奥坎波去世后留下的真空中，像比阿特丽斯·萨洛和玛利亚·特蕾莎·格拉姆格里奥这样的批评家，正依托《观点》杂志，试图更客观公正地评价《南方》对阿根廷文坛的贡献。墨西哥、哥伦比亚和秘鲁的作家们也承认，《南方》引领他们走上创作之路，尤其是让他们领略到拉美以外的文学魅力。

1933 年，《南方》杂志增加了同名的出版社，除了出版西班牙语作品，还出版欧洲和北美现代派经典作品的西班牙语译本，包括奥尔德斯·赫胥黎、D. H. 劳伦斯、安德烈·马尔罗、C. C. 荣格、弗吉尼娅·伍尔芙、詹姆斯·乔伊斯、托马斯·曼、威廉·福克纳、让保罗·萨特、诺曼·梅勒、弗拉基米尔·纳博科夫等。奥坎波本人翻译了阿尔伯特·加缪、T. E. 劳伦斯、格雷厄姆·格林和狄兰·托马斯的作品。如今，这家出版社少人问津，但仍在运营。

通过她的杂志、她的出版社和她本人的作品，奥坎波的特别贡献之一是让拉美世界欣赏到丰富的英语文学。长久以来，在文学方面，对阿根廷影响最大的是法语，奥坎波自己也崇拜法国文学，并受其深刻影响。但奥坎波也是一个"崇英派"，《南方》杂志的同人同样如此，尤其是博尔赫斯。她写过不少文字表达自己对英国文学的热爱，写莎士比亚、艾米丽·勃朗特、查尔斯·狄更斯、弗吉尼娅·伍尔芙；她能跟任何学过英国文学的大学毕业生一样，熟练而自然地引用莎士比亚或雪莱或济慈的名句；她认识奥尔德斯·赫胥黎、弗吉尼娅·伍尔芙、维塔·萨克维尔—维斯特、T. S. 艾略特和格雷厄姆·格林；她的小书深入分析了从未谋面的 T. E. 劳伦斯，见解独到。多亏她对英国文学发自内心的热忱，她在向拉美读者传播英语文学方面贡献卓著。他们有机会认识另一种文学模式，了解意识流技巧，学习新的作品分析方法。这是一种更流畅、更坦诚的方法，能处理由于时代不同而导致的道德层面、知识层面、社会层面和创造性层面的误读。除了拉美国家与欧洲千丝万缕的联系，熟悉英语文学，也能加强拉美与北美的联系，从而巩固美洲人的身份认同。

奥坎波的富有、好人缘、对艺术的挚爱和决心，让她顺理成章成为一位艺术赞助人。她是古典音乐的拥趸，组织阿根廷人为布宜诺斯艾利斯的交响乐团筹集经费，并聘请瑞士音乐家欧内斯特·安塞美担任指挥。她邀请斯特拉文斯基来布宜诺斯艾利斯演出。她邀请勒·柯布西耶、凯泽林和德里厄·拉·罗谢勒来阿根廷讲学。她打算请谢尔盖·爱森斯坦拍一部描绘阿根廷的如诗如画的纪录片，却无法筹措到足够的资金。后来，她说是自己的同胞们辜负了这番美意。

她在文化交流领域的功劳，并不能掩盖她身为一位作家的文名。她匿名出版过用法语写成的诗歌，但成年后，她并没有再继续写诗。散文是她钟爱的地界，比如随笔、书信、回忆录。她写过 10 卷随笔集，6 卷去世后出版的《自传》，以及其他评论泰戈尔或弗吉尼娅·伍尔芙的书。她的文章散见于各种刊物，尚未结集成册，数量可观的书信也流散在世界各地。本书只收录了一小部分她的书信，要是研究者有心收集的话，数量应该会翻几倍。

奥坎波的文字读起来像一位幽默而真诚的老朋友。她拓展了书信体的特色——结构松散，对读者推心置腹，触动他或她的心弦。我在布宜诺斯艾利斯时，听见有人说她文字中的人格主义太过张扬，叫人不舒服。就我个人而言，这样的文字非常迷人。我猜，读者们的好恶，说到底是口味不同，这无可厚非。奥坎波将"我（I）"置于中心，直抒她的心绪——书籍、朋友、风景、回忆。正是"我"对各种话题的看法，将话题如藤蔓般展开，让不经意的闲聊显得字字珠玑。她一直坚持认为她并非是严格意义上的作家，而是"一个爱追求表达方式的普通人"。她承认，英语中"伸展（sprawling）"一词很符合她的性格。她的"谦虚（modesty）"和"伸展（sprawl）"让她更有吸引力，让她的作品吸引更多人。有人说，这种文体诞生于特权阶层，读者大多也属于这个阶层。这种说法太狭隘。如果真是如此，哪里还会存在不同文体的文学作品，被不同国家、不同阶层的读者所喜爱。抛开阶级背景不说，奥坎波的作品有庞大的读者群，来自各国、各阶层，因为语言中饱含的"人类情感"，打破了阶级和民族的藩篱。我坚信，如果她的作品能译成更多语言，会有更多国家的读者阅读。为什么她的同胞会以"人格主义"为借口批评她，我不得而知，但我想，这和奥坎波的作品本身无关，而是阿根廷文学批评界的传统。或许是因为跟英语或法语文学比起来，西班牙语文学缺少个人随笔作品？还是像乔安娜·露丝在《如何压制女性文学》一书中所说的，评论是另一种朝作家开火的重型武器？

另一个争论不休的话题是奥坎波的西班牙语水平。众所周知，她起初只用法语写作，靠别人把作品译成西班牙语。40 岁后，她完成创办《南方》杂志的任务，开始缓慢而艰难地尝试西班牙语写作，先写出法语草稿，然后自译为西班牙语。在经常引用的《佛朗塞斯卡的话》一文中（收录于 1931 年出版的《证词》第一卷），她追溯自己童年时沉浸于法语书籍，被动地和法语结下不解之缘。但这并不足以解释，为什么西班牙语没有成为她的第二外语。毕竟，优秀的双语写作能力在作家身上很常见。她承认，自己成长的环境歧视所有来自西班牙的东西，瞧不起西班牙语文学，觉得古板、装腔作势。直到 1916 年，她结识伟大的西班牙思想家何塞·奥特加·伊·加塞特，才意识到自己的看法有多么愚蠢。她开始发现，用西班牙语描绘的世界一点也不沉闷、虚伪和夸张。

她生活在一个复杂的语言环境中，复杂得连她自己都说不清。她通晓多种语言。我们必须要考虑在她的童年时代，英语对她的心智发展施加的影响。正因为如此，西班牙语才被排挤到文化交流方式的第三位。在刚才提过的《佛朗塞斯卡的话》一文中，她写道："没错，每次我打算写'unpack my heart with words（说出我的心里话）'时，总是先写法语。"我想，她说这番话时，大概没有体会到其中的讽刺意味。她本来想体现法语在她心目中的首要地位，但提起笔来，写出的却不是法语，而是英语！在《自传》里，她谈到生活中遇到危机时，会再次将目光投向但丁的伟大诗篇——"a releer*La Divna Comedia*（of all books！）…（所有的书中，看一看《神曲》）"——笔端流淌出一句英语插入语，引来她会心的微笑。看来，英语才是她运用娴熟的语言。

比阿特丽斯·萨洛研究过 4 种交叉的语言对这位女作家的心智造成的困扰：当她打算用西班牙语说明自己对法语的依赖时，不得不采用英语，而她的第一本书是有关意大利诗歌的评论。萨洛也提醒我们，奥坎波坚持将法语对她童年心理意识的影响放在首位，也许言过其实。因为只能接触到法语读物，毫无疑问，这种语言在幼年奥坎波的幻想世界中占据重要地位，但与此同时，还有另外一个她生活的日常世界，一个她在《自传》中仔细描写过的充满亲情、爱情和友情的世界，一个有姑母、仆人、身为牧场主人的祖父和农场工人的世界。从《自传》中不难看出，小维多利亚在这个世界过得快活自在，而如此和谐的场景，只有在西班牙语环境下、在布宜诺斯艾利斯古老的殖民家庭中才能见到。无论在文化、礼节、衣着等方面如何法国化，她永远无法在家里还原巴黎的沙龙。萨尔瓦多·德·马达里亚加指出，她也许在思想上是个"崇法派（afrancesada）"，骨子里却是拉美人。

无疑，在西班牙文化根基的作用下，奥坎波决定缓慢地恢复自己对西班牙语的感情，她勤勉地朝这个目标奋斗，并最终获得成功。她逐渐能胜任富有节奏感、诗意和音乐性的西班牙语写作，虽然还存在细微差别，遇上一些难以表达的术语不时受到法语和英语的影响，但她终于练就自己的风格，像笑声或摇摆的耳环一样，给人留下深刻印象。法语和西班牙语在她一生中争斗的情形，也许被夸大了，原因是当她想写西班牙语时，不能行云流水般地写出来，这让她有种挫折感。法语和西班牙语其实是姊妹语言，这种语言写的好文章能毫不费力地转换为另一种语言写的好文章，尤其当译者从年少时就处于两种语言的熏陶之下。所有的创作都涉及内在的翻译过程，多一个步骤并不一定会损伤最终的成品。

Al final de una primavera, cuando floreen las tipas, cuando cubren de amarillo las veredas del Paseo de Julio, como yema de huevo duro picada, creí que iba a tener un chico.

（＝At the end of one spring, when the *tipas* flower, when the pavements of the Paseo de Julio are covered with yellow, like the crumbled yolks of hard-boiled eggs, I thought I was going to have a child. 春日的尽头，当紫芯苏木树的花瓣和胡里奥街的人行道披上一片黄灿灿的光，像煮熟的鸡蛋碎掉的蛋黄，我想，是时候要个孩子了。）

这样的句子，无论译成哪一种语言，都让人动容，不管是法语、波兰语、中文或是孟加拉语。鉴于我的西班牙语也是自学而成，没有资格去挑剔奥坎波早期西班牙语作品中的语言或文法错误。我想说的是，她身为作家的伟大之处，在于其文字的严谨性和感染力，即使历经多次翻译转换，仍然毫发无损。成年后她的确没写过诗，但她的小品文读起来就像散文诗。她的确不是传统意义上的文学评论家，但她用热情的文字打动人，将我们引向滋养心灵的文学沃土。她的确没写过小说，但她的《自传》尤其是前4卷弥补了这个缺憾，有哪一部小说里虚构出来的爱情故事，能与第三卷中隐藏的恋情，或第五卷中从旧爱到新欢的心意相提并论？

要知道，她刚去世不久，身为作家的成就才刚刚开始得到公正评价。在奥坎波传记中，梅耶针对她的作家身份提过一些有趣的观点。阿尔巴·奥米尔的研究则着眼于奥坎波的语言和风格。我相信在不久的将来，阿根廷人会认识到，奥坎波的作品是一笔有价值的文学遗产。

奥坎波作品的另外一个重要内容是女权主义，这也是身为女性的她喊出的宣言。梅耶认为，奥坎波的女权主义思想体现在她的作品和个人奋斗中。她是争取妇女权利的先行者，也是1936年"阿根廷妇女联盟"的创始人之一。两年后，面对投机主义日渐盛行，左翼分子企图操纵联盟以谋求政治利益，她被迫辞去职务。至于为何许多女权主义者发现很难将女性斗争与阶级斗争结合起来，说来话长。我们只需知道，奥坎波从未停止为女性直言，是个坚定的女权主义者，而她的女权主义是人本主义的一部分，体现在她所有的作品和毕生的追求中。卡洛斯·阿尔贝托·厄罗就坚持认为，奥坎波的作品蕴含着女权主义。

奥坎波的女权主义思想主要来自弗吉尼娅·伍尔芙的启发。她很崇拜伍尔芙并与之通信，论述她的思想，还发表自己翻译的伍尔芙的作品。不过，她与伍尔芙的关系是单向的。伍尔芙并不真正了解南美或奥坎波的精神旨趣，她摆出一副英国上流社会的高傲姿态，错误理解了奥坎波信件中的本意，甚至利用奥坎波对她的崇拜，来激起维塔·萨克维尔－维斯特的嫉妒心。然而，奥坎波却从伍尔芙那里汲取力量，在她心目中，伍尔芙是现代女作家的典范，至少在盎格鲁－撒克逊世界，人们虽然有些不情愿，但还是容忍了一个女作家的存在，换作是拉美的话，简直不可想象。此外，奥坎波也在女权主义上走得更远，相比伍尔芙，她更像跟我生活在同时代的女权主义作家。众所周知，弗吉尼娅·伍尔芙在艺术上坚持"双性同体"的诗学，愤怒和痛苦不应该出现在艺术作品里，于是在她的创作中，女权主义的色彩逐渐消退。然而在今天，我们毫不担心在创作中引入女权主义的论战、愤怒和痛苦。维多利亚·奥坎波的作品没有创作与论战的界线——情感的宣泄如滔滔水流，从"我"的心底涌出——她坚持不管别人说好还是坏，都会"像女人一样"写作。她对自己的性别有一种坚定的认同感，这与伍尔芙口中的"双性同体"相去甚远，更符合当今时代的思想。1941 年，奥坎波在接受专访时表示，"女人和男人虽然行事方式不同，但创作能力一样"。她们会用新的艺术表达形式丰富人类文化。她们已经取得丰硕成果，而我相信，手握这块苍白的令牌，她们会在未来大有作为。奥坎波的女权主义，以女性身份为出发点，她并没有丧失"爱慕"男性或者显示性感的权利，而是改变一些陈旧的习俗。她的女权主义更有"激情"，"强度"令弗吉尼娅·伍尔芙或"布鲁姆斯伯里团体"的成员们难以承受。

当然，奥坎波的非凡成就之一还包括她的朋友圈。广泛的阅读、旅行和结交朋友让她在成长路上有了更多保障。约翰·金在书中讲到他在布宜诺斯艾利斯听来的故事，内容与法国作家罗伯一格里耶 1962 年对"奥坎波别墅"的评价有关，是真是假，没人说得清。据说，当有人问他如何看待那一处"贮藏文学记忆的宝库"时，他的回答是，那里让他联想到一家妓院。约翰·金评论道："这位受人尊敬的文学赞助人被打上文化'夫人'的标签，引来一片质疑之声。"而我觉得，罗伯一格里耶的话才应该受到质疑。这不过是一个从男性沙文主义者口中说出的黑色幽默，添上一点法式酱料，仅此而已。一个能结交何塞·奥特加·伊·加塞特、罗宾德拉纳特·泰戈尔、伊戈尔·斯特拉文斯基、欧内斯特·安塞美、里卡尔多·吉拉尔德斯、加夫列拉·米斯特拉尔、皮埃尔·德里厄·拉罗歇尔、罗杰·凯洛依斯、阿尔伯特·加缪、保罗·瓦莱里、安德烈·马尔罗、奥尔德斯·赫胥黎、格雷厄姆·格林、莱昂纳德·埃尔姆赫斯特、瓦尔多·弗兰克的女人，绝不仅仅是位"文化'夫人'"。

跟她办的杂志一样，奥坎波本人也是口诛笔伐的受害者，讨伐分别来自国内的极左派和右派民族主义者。左派不饶恕她，因为她没能公开与自己的阶级出身划清界限，也没有和他们断绝关

系；民族主义者则说她"崇洋媚外"。也许，最让人难以容忍的是
这个被讨伐对象富有、漂亮、家世显赫、聪慧、口才好，还是个
女人。如果不富有，奥坎波难以成为一个文化赞助人，为阿根廷
的文坛注入活力。既然任何人都有资格将继承来的财富用于社会
用途，她为什么不能。种种迹象表明，阿根廷左派的态度正在缓
和，在1975年写的一篇文章中，塞夫雷利对奥坎波的功劳称赞有
加，这表明，左派已经意识到她在各个领域的贡献，开始小心翼
翼地、公正地加以评价。至于"崇洋媚外"的帽子，奥坎波其实
和泰戈尔一样，怀着世界主义精神，她属于阿根廷，也属于全世
界。她扎根于故土，影响四周。她希望将世界带到同胞面前，让
他们开阔眼界，这实在是一种爱国行为。萨缅托是阿根廷的爱国
者，维多利亚·奥坎波也一样。正如爱内斯托·斯霍所指出的，
如果不是时代和环境所限，她会是穿着裙子的萨缅托；社会不允许
她这么做，但不管怎样，"本世纪，在文化方面，阿根廷没有谁比
她出的力更多，这是件费钱费力的事，幸运的是，努力没有白费"。

　　要了解维多利亚·奥坎波其人以及她的成就，最好的一本参
考书是名为《维多利亚·奥坎波证词》的文集，书中收录她为各
国的名人好友所写的文章，由一群她的朋友和崇拜者编撰，出版
于1962年，当时，她72岁。丹尼尔·科西奥·比列加斯说，争
议声之所以围绕在奥坎波身旁，主要原因是她的意识超前。这一
方面说明她眼光独到，另一方面反映出她生活的社会僵化落后。
她是一个先行者，开山辟路，在征途中让自己伤痕累累——只为
后来人能在一条康庄大道上悠然前行。伊齐基尔·马丁内斯·艾

斯特拉达坚持认为，奥坎波利用她的杂志和出版社推介的文化作品，在野蛮时代尤其受到人们的珍视；这些作品既是她一生的总结，也是绕不过去的历史事件。恩里克·安德森·英姆波特则总结了奥坎波毕生追求的自由主义的本质，认为这种自由主义是相对的、带有贵族色彩，根植于社会伦理规范，深藏于她的个性人格，帮助她练就强大的感知力和精神价值观，与志同道合的友人们心有灵犀，决心为自由不懈努力。他指出，尽管奥坎波反对保守主义，但正是身为统治阶层的身份，让她这个富有的阿根廷女人有了施展本事的机会，比如旅行、交友和参与各类文化活动。她的独特之处，就在于她虽然立足特权阶层，却敢于"按照自己的心意生活，这样做是对她所在的社会环境的挑战，对现行制度的宣战，和因为代表不被容忍的价值观，与保守势力展开的激战"。

去世前，维多利亚·奥坎波在国内外屡获殊荣。她在1977年当选阿根廷文学院院士，哈佛大学和国际大学授予她荣誉学位，大英帝国封她爵士头衔（她肯定要说，"真没想到!"）——如泰戈尔一样，她的地位不在于这些称号，而在于实实在在的成就和遗留给后人的文学记忆。要充分认识到女性在文化上的成就，各国还有很长一段路要走，希望从军队和独裁者阴影下走出来的阿根廷人，能抛开对她的成见，视她为民族的一分子，跟她一样，树立对国家的自信，踏上民主自由之路。只有这样，维多利亚·奥坎波才能获得应有的尊重。

论及奥坎波的成就，不难发现，这些成就大多相继出现在她与泰戈尔第一次相遇之后，或者确切地说，是她1930年在巴黎与泰戈尔第二次见面之后。时光倒转，领我们回到当时的现场。1924年，当泰戈尔见到奥坎波时，他已经是一个世界知名的明星，成就非凡，而奥坎波还只是一个除了阿根廷文学小圈子之外籍籍无名的年轻女人。她的出版生涯尚未开始，刚能自食其力，正忙着将乱成一团麻的感情生活理顺。结识泰戈尔，源于她的主动、坚持，甚至纠缠不休。这对她来说是一件要紧事，是对文豪的膜拜、精神的洗礼和个人的追求，正是在这个过程中，她找到自己真实的身份和职业取向，摆脱个人生活中的杂乱无章。现在，让我们将目光投向她的生活。

荣格曾经说过，他对个人自述的准确性表示怀疑，并提醒我们，自传中往往充满谎言和欺骗。然而，我们所能得到的维多利亚·奥坎波年轻时代的信息，都来自于她本人的记录。在更多的传记出版之前，我们别无选择，只能依靠她自己的文字重构这段青葱岁月。这些文字至少能让我们掌握她对自己的看法和她的生活态度，让往昔浮现在我们眼前。有些是她的隐秘心事，她一直以来守口如瓶，只告诉过最亲近的朋友，要不是她亲口说出，我们根本没有机会了解。所以，对于某些时候发生的某些事，我们只有相信她的回忆。

故事一开始，我们看到一个年轻女人，聪明、靠阅读文学作品接受教育、不可救药的浪漫。她的胸中怀着难以遏制的冲动和欲望，但又找不到释放的出口。她美丽、性感，但尽管外表迷人，却和生活在男权社会的其他女性一样，不允许表现得太过招摇。于是便使出种种花招，成为沉闷中独特的景致，比如在教堂跟年轻男人眉来眼去、守候在阳台、在屋顶挥舞手帕（直到被好事的邻居从望远镜里发现）、收到知己用隐形墨水写的信、在浴室打开第一封情书（我们也干过这种事儿吧!），诸如此类。她在寻找友情，还给一个叫德尔菲娜·邦奇的女人写过信，倾诉自己的疑问，得到一些安慰，但信中的话语还是勾画出一个心烦意乱的灵魂。

我时而感到绝望，时而感到"生活的乐趣"。你告诉我说，我这么痛苦是因为我需要爱情。没错! 只是，我已经发过誓，只爱一个人：艺术。好吧，随你怎么笑我。我知道，光有艺术是不够的。要爱一个人才行，我这是在折磨自己吗? 我丧失了提振精神的热情，我究竟是谁? 我摸索着想找到答案。

……

你问我，是否希望有另外1000种活法。可我已经有了呀，亲爱的。我不会为了一个人而活，我为1000个人而活。我感觉流淌在血管里的血液变得更烫，流得更快，比这个国家的脚步还快……为了满足自己，我要学会成长，靠自己的力量，像那些（聪明）人一样。我永远不会停歇。

当一个人下定决心做一件事时，滑稽的障碍只会让他的意志更加坚定，想方设法扫清障碍。有些方法行之有效。既然无法实现演员梦，维多利亚索性开始写作。她最早出版的作品是匿名用法语写的小诗。但她的信件，比如写给德尔菲娜·邦奇的信，虽然《自传》里只节选了几封，全集尚有待整理问世，仍然可算作

在你鲜花盛开的花园

是严肃作品。至于别的障碍，则需要她努力攀登去克服，哪怕遭遇灾难性的后果。由于被剥夺了自由恋爱的权利，她只好将性幻想投向风度翩翩的男性，直到一个晴朗的日子，她身披薄纱和橘色的花瓣，靠在看上去像阿拉伯长老的祖父身旁，走进那段麻烦不断的婚姻。

婚姻的好处是能够带来有限的自由，比如出门上街不再需要监护人的陪伴，读书和看戏也不担心有人审查。维多利亚已经决定，不会受旁人哪怕是爱人的约束，放弃自己的聪明才智和独立人格。尽管她清楚，要嫁的人不一定是个好脾气；尽管玛格丽特·莫雷诺曾警告过她，婚姻对一个聪慧过人的女性来说危险重重，她还是义无反顾地跨入婚姻的殿堂，梦想着能改变这个男人，让他成为一个支持她的好丈夫。

按照当时不成文的规矩，结婚典礼前，还举行了正式的求婚仪式。《自传》里描绘的求婚现场情景，与一个在乌拉圭的英国人见到的一模一样——"年轻姑娘们争抢着，挽住情郎（novio）"，都是"十多岁的年纪"，属于蒙得维地亚"上流社会"。（这方面，蒙得维地亚与布宜诺斯艾利斯的风俗差不多）少年郎游荡在人行道，女孩站在阳台，等待她的"龙"。"当他纵身一跃，被介绍给姑娘的父母认识，正式向他们行礼致意后，如果得到首肯的话，他就成为她的情郎，或者说未婚夫。就等着迎娶新娘了。"

1912年末，维多利亚和莫纳克·艾斯特拉达结婚，新郎是个跟她门当户对的年轻人。出于"社交礼节"的需要，他们动身前往欧洲度蜜月。很快，她就发现自己犯下灾难性的错误。丈夫爱嫉妒、占有欲强、好色、自私，让她感觉像一条被拴住的小狗。这样的生活让她难以适应。结婚4个月后，路过罗马时，嫉妒的丈夫看见全罗马上流社会的男人都被妻子迷住，眼中几乎要喷出火来。夫妻关系变得紧张，因为两人都我行我素，谁也不愿意让步。在维多利亚笔下，丈夫很聪明，但常常感情用事。"小心眼、专横、意志薄弱、保守、自私、天主教徒、反基督、难伺候、刻薄，他待我像一块被征服的土地，从来不信任我。"婚前，她并不熟悉他，只在脑海中勾勒过他的样貌，而现在，完美的形象轰然崩塌。她说如果上天再给她一次机会，更深入地了解他，她一定不会嫁给他。紧接着，她又补上一句，说她的失望并非是生理方面——与其说没有感觉，倒不如说缺乏关心。"从生理上说，我跟别的女人一样，渴望性爱的欢愉，我想就算是再糟糕的情人，也不会让我有挫折感。"然而，在其他场合，她又承认他们在各方面都错得离谱："我们不是一路人，说着不同的语言，无论在智慧上、情感上还是生理上。总之，就是一场灾难。"幻想破灭了。结婚5个月后，她遇见并无可救药地爱上了丈夫的表亲朱利安·马丁内斯。他们在罗马初次相见，然后在巴黎又遇上。当她身处巴黎的戏院，坐在兄弟俩中间，心不在焉地看着台上由尼金斯基和卡萨维娜表演的芭蕾舞剧《玫瑰精灵》时，她的注意力总是被某个人吸引过去。1914年，返回布宜诺斯艾利斯的几个月后，维多利亚与朱利安·马丁内斯开始了一段长久的秘密恋情。

在奥坎波的《自传》里，和她相遇时，马丁内斯正过着一种典型的阿根廷上流社会花花公子的生活。毫无疑问，维多利亚的笔下对他有所保留。此前，他与无数个女人有染，其中包括 1913年在欧洲时与可可·香奈儿的一段情缘。他还和一个年龄比他大的女人好过，生了一个儿子。但他其实并不爱她们中的任何一个，这恰好符合西班牙语境中的男子气概，是将西班牙、意大利和科里奥洛文化的男性观念融合的产物，尤其受到牧人生活方式的深刻影响。"传说中的牧人，虽然他尊敬自己的母亲，却将其他的女性都当作满足身体欲望的目标。投入感情或依恋，在男人的世界代表不可接受的软弱。"然而，马丁内斯的确爱上了维多利亚，对她百般呵护。对维多利亚来说，这是她向往已久的最完整的爱情，尽管她知道前路充满艰险。这是一段地下恋情：他们只能秘密会面，避开公众的视线。在盛行天主教的阿根廷，夫妇不能离婚，情人自然也难成眷属。维多利亚并不是一个天主教徒。严厉的母亲按天主教徒的要求将她抚养大，而她对摧残人性的教条非常排斥。但是，当马丁内斯提出公开同居的要求，她并没有勇气拿这种惊世骇俗的举动伤害父母的心。她家瞧不起马丁内斯一家。马丁内斯的弟弟爱上了维多利亚的妹妹安吉利卡。父母坚决反对两人交往。父亲说："宁愿眼睁睁看着女儿死掉，也不让她嫁给那个小子。"这让维多利亚意识到，如果她和马丁内斯住到一起，势必掀起轩然大波。她痛恨父母心胸狭窄，但又不敢忤逆他们的心意。她的世界沦为一片废墟，而她在断壁残垣间苟活，偶尔从情人的臂弯获得一点安慰。她很想为他生个孩子，但又担心背上非婚生子的恶名，只能埋怨上天不公，剥夺了她为所爱的男人生育的权利。他们爱得轰轰烈烈，嫉妒心日益增长，有段时间，他们生活在无休无止的拉锯战中，悲喜交加，直到危急关头，维多利亚试图跨越激情和真爱的桥梁。

他们有共同的兴趣爱好：音乐、歌剧、树木、花草。激情发展为温柔，"一种性感的温柔，有时是肉体上的，像用毛巾给沐浴后的孩子擦干身体后，亲吻他时，那种天真的快乐。多么脆弱的肉体！"然而，这种爱藏在内心，并没有进化成一种伟大的友谊，就像维多利亚跟父母的关系一样，也深藏心底，永远没有演化成亲情。有趣的是，由于家庭的原因，她结识了这个让她遭受痛苦的男人，而随着时间的流逝，他变得越来越像她的家人，被肉体所吸引束缚，得到无声的、只可意会的同情和关怀，但他俩的关系处境尴尬，必须对家人守口如瓶。没有子女作为纽带，他们渐渐越离越远，尤其是因为维多利亚需要追求个人的事业和结交更多的朋友。但这段感情无疑是她情感发育之门的一块拱顶石，是她后来衡量友情的一根标尺，按照她自己的说法，像是经受了"炮火的洗礼"，来得不快不慢、不早不晚，让她学有所成。

这段经历孕育出她第一篇发表在《民族报》上的文章和她的第一本书。如前所述，他们的关系时不时遭受激烈的嫉妒风暴的肆虐，让彼此痛苦异常。而每当遇到危机时，她都会重读一首最钟爱的诗歌——《神曲》，希望从诗句中找到解决个人情感问题的答案，让积郁的情绪得到抒发，"但丁的作品，对人们犯下的罪过有深刻的理解，也就是说，讲到人性中与生俱来的悲苦，并暗藏着抚慰、启示和疗伤的药膏"。她不仅是在阅读但丁的文字，她活在但丁的文字中。她写读书笔记，情人也鼓励她写下自己的见解。于是便有了她的第一篇文章《巴别塔》，1920 年发表在《民族报》，以及她的第一本书《从弗朗西斯卡到比阿特丽斯》，最初用法语写成，里卡尔多·巴埃萨将其译成西班牙语，由何塞·奥特加·伊·加塞特在马德里出版，奥特亲自撰写了结语。（这件事发生在奥坎波遇见泰戈尔的几个月前。）此前，维多利亚将部分手稿给保罗·鲁萨克看过，他是一位知名的法国作家，也是布宜诺斯艾利斯国家图书馆的馆长。他希望文字少一些"但丁式"的庄重，也不要用"迂腐"的主题：为什么不学学蒙田的风格，写写自己呢？就在举棋不定的时候，马丁内斯站出来全力支持她，鼓励她写下去。他清楚，爱人是个才女，浪费她的才华无异于犯罪。鲁萨克没有意识到，那时对她来说，最擅长的写作主题非《神曲》莫属。"我不知道，之前是否有人像这样读过这首伟大的诗篇，从诗中传来回声，为我们的痛苦和希望找到响应。"

就在维多利亚的心境从弗朗西斯卡变成比阿特丽斯的时候，她发现，自己的精神追求不是源于感官的消耗和倦怠，也不是对性欲的厌腻和迟钝，而是因为自己享受到感官生活的极乐，容光焕发。这是一段令人满意的爱情生活，无论在感官、性爱和柔情蜜意方面，都堪称完美。

与朱利安·马丁内斯的交往，也意味着她拒绝了何塞·奥特加·伊·加塞特的提议。整整 15 年，从蜜月结束返家的 1914 年初到 1928 年末，她没有再去欧洲，一直待在布宜诺斯艾利斯。1916 年，奥特加来布宜诺斯艾利斯巡回演讲，她才再次见到他。

她没有去听演讲，而是在演讲结束后跟他在社交场合相遇。她马上被他的博学所吸引，两人见过几次面，鸿雁传书（他那时仍在布宜诺斯艾利斯），但她婉拒了对方的示好。通过一个维多利亚的女性朋友，奥特加得知维多利亚有个情人，就在离开阿根廷之前，他犯下一个蹩脚的错误，懊恼地表示像维多利亚这样的女人，不应该将宝贵的时间耗在一个比她笨的男人身上。这番话深深伤害了维多利亚，也伤害了她对情人的温柔和她的自尊。46 年后，她在写给奥特加女儿索勒达德·奥特加的信中说：

> 因为，在内心深处，我对你的父亲怀有强烈的兴趣，但同时对 X 先生不忠（我非常的爱他），这让我感到有负罪感。我把你父亲的信撕碎，后来他再来信，我也不回。在我一生中，这是另一出戏。因为你的父亲引领我进入写作世界，为了实现我的愿望，我会竭尽所能。在我看来，有了他的帮助，我可以一往无前。但我不得不谢绝他的帮助，终止我们的友情，停止我和他的联络。

哪怕是从奥特加口中说出，维多利亚也无法接受自己深爱的男人受到任何贬低。没错，她的情人没有奥特加那样的天分，也没有他那样的文学造诣和口才。"但作为一个男人，他有与生俱来的吸引力，我认识的作家、思想家或哲学家，尽管都有出众的才华，都缺乏这样的吸引力。"（斜体部分原文为英语"an inborn power of attraction"。）虽然维多利亚拒绝和他往来，奥特加倒是对这位胸怀抱负的阿根廷作家表现出大度和宽容，在 1924 年和 1926 年，帮她出了两本书。维多利亚甚至没有来信表示感谢。两人的友谊中断了 12 年，直到 1928 年，奥特加第二次来阿根廷巡回演讲，才得以重续。后来，他们一直保持亲密的关系。

维多利亚一边和朱利安·马丁内斯继续地下恋情，一边继续和丈夫在同一个屋檐下生活了 8 年，不共枕、也不说话，只在出席社交仪式时装装样子。在旁观者包括她父母的眼中，这段婚姻早已名存实亡，但大家宁愿睁一只眼闭一只眼。莫纳克·艾斯特拉达是个严谨的天主教徒，对他来说，面子最重要。维多利亚的父母也这么觉得。在《自传》里，维多利亚写道："我们都需要睦邻般的爱。M 先生也需要。但那时的我感觉不到这种爱，无法给他，就如同现在的我能感觉到这种爱，能够给他，因为直到现在，我的快乐才摆脱了威胁。"1922 年，维多利亚终于无法忍受压抑气氛，离家出走——那其实是她本人的房产——搬进一间小公寓。法院判决他们合法分居（不是离婚）。30 年代，她和马丁内斯分道扬镳，但仍然彼此深爱着对方，直到他们走到生命的尽头。1933 年，艾斯特拉达去世，从法律上讲，维多利亚能够再婚，但她没有这么做。她有朋友和情人，却始终独居，过着单身生活，将大部分精力投入各种感兴趣的领域。

四

对朱利安·马丁内斯的爱在禁令和忍受中无法排解，终于让在 1914 年第一次读到《吉檀迦利》的维多利亚心绪难平、怆然泪下。幸运的是，她为我们留下了三次描述，提及这个重要发现，或者她口中所说的与泰戈尔的"初次邂逅"。第一次是 1941 年泰戈尔去世后她写的纪念文章，最初发表在《南方》杂志，后被收入《证词》第二卷。第二次是 50 年代初，她写的《自传》第四卷，生前并未出版。第三次是《泰戈尔在桑伊斯德罗峡谷》一书，写于 1958 年，出版于 1961 年，以纪念泰戈尔百年诞辰。

从这些描述，我们不难重构出一幅全景图，还原这个令维多利亚终生难忘的、宗教般神圣的事件。

那是 1914 年的冬天。当然，是南半球的冬天，北半球仍然夏日炎炎。奥坎波的《自传》第三卷里写得很明白，她刚开始跟朱利安·马丁内斯秘密见面。第一次约会时，白昼已经变短，胡里奥街（如今的莱昂纳多·阿勒姆街）的紫芯苏木树下铺满黄色花

瓣。之后，他们将碰头地点选在行人寥落的广场。瑟瑟寒风驱散
了人群，冷得连流浪汉都放弃蜷缩在公园长凳上。严寒是情人们
的保护神，帮他们躲开熟人，把他们的双手、双脚和鼻尖冻僵。
"这样的冒险没持续多久，我怕安达卢西亚来的车夫胡安尼洛看出
破绽来；万一车子不是停在商店门口，或女伴的家门外，别人难
道不会起疑心？"

　　这天下午或傍晚，碰巧奥坎波买了一本由伽利玛出版社出版、
安德烈·纪德用法语译的《吉檀迦利》，回到她在土库曼街 675 号
的家。声乐课即将开始。趁着等乐教师 R 夫人的机会，她读起
这本书。房间里的家具垫着灰白色的丝绸软垫。天色渐晚，房间
里光线暗淡。紧闭的窗户和拉上的窗帘阻隔了街道喧嚣的人声。
据 1941 年的文章描述，当时，她靠在钢琴旁读书。而另外两次的
描述是她靠在白色大理石的壁炉上。《自传》里提到，壁炉铺着蓝
印花布。谁能说得清，哪一个描述是准确的？也许都准确。她靠
过钢琴，也靠过壁炉，从一处走向另一处。等到撰写《自传》之
时，土库曼街 675 号的住宅已不复存在，但大理石壁炉被搬进了
"奥坎波别墅"。这栋位于桑伊斯德罗的乡间别墅是维多利亚的父
母过世后留给她的遗产。她在《自传》里也提到，初次读到《吉
檀迦利》的那个房间里的陈设大多已被毁弃，只有部分还留在她
的记忆中。幸存下来的大理石壁炉仿佛是一个祭坛，勾起了她对
钢琴的回忆。

　　在 1941 年的叙述中，奥坎波没有透露她在 1914 年的个人生
活。马丁内斯 1941 年时仍然健在。她只给过一点暗示，说她的

"青春"也在身旁，陪她一起站在钢琴旁边。但究竟是怎样的"青春"，会让她读到《吉檀迦利》中的诗句时泪如雨下？

她一边读、一边哭。根据她 1941 年的回忆，R 夫人走进房间，询问她发生了什么事，但奥坎波自己也解释不清为何会悲从中来。

要怎么向她解释呢？什么事都没有发生过。至于今天发生在我身上的一切，我也不能完全理解，说不定这种感觉会持续到明天。我似乎突然明白了什么，像一幅陌生的风景画被黑夜里一道闪电照亮。我来不及分辨，就被吸引过去。我的面前有危岩和一棵参天大树、一座高山，只有一条攀登的小径。

值得注意的是，这几句中并没有明确提及上帝的存在。

在《自传》里，奥坎波坦言，"东方"如一剂疗伤的药膏走进她的生活，《吉檀迦利》像晶莹的露珠滴淌到她 24 岁的、饱受痛苦折磨的心上，姗姗来迟！对她来说，像一股暖流，又像是世俗之爱，让人难以自控，绵绵不绝，无以复加，超出所有感官的想象。她正身处一条死胡同。她人生中的一场悲剧正在上演。有担心受到伤害的父母；有她希望远远逃开，好让自己不那么憎恨的丈夫；有她的爱人；现在又多了一个让她泪流满面的诗人。（等她开始写《自传》时，除了她，其余的人都已经离世）根据她的说法，她当时把书递给 R 夫人，告诉对方就是这本书让她哭泣。她说，情况就是这样，但也不全是这样，因为她生活在半真半假的世界里。R夫人注意到，这本书得过诺贝尔奖，随后，声乐课开始，跟往常一样，先是视唱练习，然后教福雷和德彪西的歌曲。

正是在《自传》里，奥坎波提到《吉檀迦利》的出现让她的个人信仰焕然新生。

我不相信上帝，尤其是那个苛刻、小气、无情、俗气的上帝，那个他们想硬塞给我的能力有限、怀着复仇之心的上帝。我缺乏对上帝的信仰，他在我的生活中无足轻重；但情况发生了变化，担忧、彷徨、悲伤、鲁莽的快乐，突然遇见令人心碎的"不存在中的存在"。这个"不存在"的我说："你只能向我袒露心事。你只能向我倾诉。没有我，你会迷失在孤寂中。你只能向我倾诉你污秽和神圣的爱。"

......

泰戈尔诗中谈到的爱，并非那种折磨我的或使我狂喜的爱，而是导向神灵的爱，可以向神灵倾诉我全部的情感①，这种情感洋溢在我的心田，这种情感就像是另一种爱的"形象和开端，主体和彩排"。是一种不受血管中血液控制的爱，血液曾让我们心情沉重、举步维艰。我是躲在角落的猎物，正被查尔斯·佩吉围猎，因为我被烂泥揉捏而成，我清楚自己身份卑微。这就

---

① 尹锡南译：《印度比较文学论文选译》，成都：巴蜀书社，2012年，第534—535页。

是为何读着《吉檀迦利》时，我会带着绝望和痛苦而流泪哭泣……①

……

泰戈尔的神啊，你能听见我吗？神啊，你能否赐我遮风避雨之地，当我离开你时，不介意我将你遗忘。你对我了如指掌！躲藏起来的神啊，你知道我在寻找你！神啊，你清楚只有踏上自由之路，我们才能走向你！

……

泰戈尔的神啊，谁又比我更懂得这离别之苦？还有我对爱情专一的渴望？要如何拨动竖琴般的心弦，才能奏响《吉檀迦利》撩人的乐音？

对这段往事的回忆，直到奥坎波去世后才出版。她细心地编写文字，将其收入《泰戈尔在桑伊斯德罗峡谷》一书中。她并未打算将偶遇《吉檀迦利》的前因后果和盘托出，但文中留下许多线索。比如提及她初次读到《吉檀迦利》的那一章，标题是"阳台（El balcon）"，文前还有两处引用，一处是威廉·勃特勒·叶芝为1912年英文版《吉檀迦利》写的介绍文字："等待中的情人们，会喃喃念出这些诗句，这种对神灵的爱，像神秘的港湾，荡漾着苦涩的激情，让人焕发青春。"她也指出，发现这本书对她来

①　尹锡南译：《印度比较文学论文选译》，成都：巴蜀书社，2012年，第535页。

说倍加珍贵，因为那时她正经历年轻人常遇到的感情危机，惶然不知所措。这几段我从《自传》里引用的文字，与她的原稿对照，很多地方都有微妙的改动，目的是掩藏她的隐私，强调这个事件的宗教本质。既然她喜欢将自己的文字称作"证词"，出于种种原因，她肯定会对同一个"证词"做不同的调整，以应付不同的场合。这种本事，小说家或剧作家最为擅长，他们会将生活里的原始素材转变成艺术作品；演员也是这方面的高手，他们能扮演不同的角色。要知道，奥坎波年轻时最大的梦想就是当一个女演员。我可以试举两例，从未出版的《自传》手稿中截取一些语句，看看微小的文字变动，会对文章的基调产生怎样的影响。《自传》里的"我因绝望和感动而哭泣（I wept with despair and tenderness）"，在《泰戈尔在桑伊斯德罗峡谷》里变成"我因喜悦和感动而哭泣（I wept with joy and tenderness）"。当然，绝望属于世俗的爱，喜悦属于神圣的爱。在《自传》里她写道："……谁又比我更懂得这离别之苦？还有我对爱情专一的渴望？（…who will have known the anguish of separation more than me? And that hunger for unity which is called love?）"而在写泰戈尔的书中，她说："……虽然不知道如何描述，但每个人都懂得离别之苦！那种对专一的渴望，无论西方还是东方，都称作爱情！（Who is there who does not know, sometimes without knowing how to give it a name, the anguish of separation! And that hunger for unity which in the West as in the East is love!）"问号变成了感叹号；潜台词也变得不像个人的倾诉，而注入了放之四海皆准的宗教虔诚。

若热·A. 派塔撰文分析过维多利亚·奥坎波的精神世界，尤其提到"窗户/阳台"意象对她的生活和写作的象征意义，并且留意到有关她第一次邂逅《吉檀迦利》的"证词"中，1941年的文章和后来写泰戈尔的书存在一些出入。他写的评论文章发表于1961年，《自传》尚未出版，我不知道他作为奥坎波的朋友是否有机会看到原稿。派塔将这些出入解读为奥坎波在宗教上走向成熟。显然，在奥坎波一生中，记忆也在经历转变的过程。我要说的是，这是一次情感体验在不断反省中走向精神升华的过程。起初，这种体验给人相当强烈的冲击，以至无法察觉其对精神层面造成的影响，但年复一年的回顾和反思，让人慢慢加深了理解。我敢肯定，叶芝所说的话，是当时这个年轻女人思想斗争的真实写照，而斗争的结果是奥坎波写出"阳台"一章：她发现，《吉檀迦利》中所提到的爱情，让她对爱慕的那个男人产生一种强烈的爱——类似的情况，任何学过神秘主义的人都不会感到陌生，因为姻缘前世注定。宗教诗歌中的情色神秘主义，可以追溯到《雅歌》、圣十字约翰和流传于印度的神爱侣黑天和拉达的故事。泰戈尔熟悉这些故事。孟加拉人也熟悉泰戈尔诗集《金帆船》里的诗句。他表示，我们给予神的，和我们给予爱人的，并没有分别；都源于凡间的爱——"我们让神成为爱人，让爱人成为神(debatare priyo kori, priyere debata)"。伴随一道划破黑暗的闪电，年轻的维多利亚·奥坎波窥见心中的爱人和神灵。这是人类爱情和神秘诗篇的集合体。毕竟，只有凡人之爱这面镜子，才能反射出神灵之爱。还有别的镜子吗？1941年，奥坎波在接受采访，被问到她从文学中得到什么，她为何对文学感兴趣时，她也提到只有依靠文学，才能实现"身为人的价值"。

自奥坎波初次读到《吉檀迦利》，已过去整整 10 年，这期间，她与马丁内斯的恋情仍在继续，还第一次结识了本书的作者。尽管《吉檀迦利》像露珠和药膏抚慰了她饱受折磨的心，但如果《自传》第三卷的描述属实，这本书并不能也没有为她的秘密恋情所导致的情感困扰提供任何解决方案。她情路坎坷，如火山般喷发出嫉妒情绪。他俩偷偷摸摸，也没有生育孩子，这渐渐耗尽了一个年轻女人的爱和激情：如果能照顾爱人的日常起居，抚养子女，倒是还好些。徒劳无功的爱情让她像炸弹一样爆炸一次又一次。她只得穿越地狱，与但丁为伴。煎熬中，弗朗西斯卡蜕变为比阿特丽斯，苦熬的日子还在前头。

1924 年初，她读到罗曼·罗兰出版于 1923 年的《甘地传》。跟读《吉檀迦利》一样，这本书也令她印象深刻。她开始不停地谈论甘地。像"自治（swaraj）""非暴力主义（ahimsa）""不合作主义（satyagraha）"和"印度产（swadeshi）"等单词进入她的词汇库。她的朋友、阿根廷作家里卡尔多·吉拉尔德斯早已对"瑜伽（yoga）"感兴趣，质疑甘地是否能被称为"圣雄（Mahatma）"：于是她打发他去读罗曼·罗兰的书。有从伦敦来的人说甘地是一个"狂热的搅拌器"，她特意写了篇文章发表在《民族报》上，为甘地打抱不平。

听说过几天泰戈尔会在阿根廷逗留，1924 年 11 月 2 日，她写出第一篇介绍泰戈尔的文章——《阅读罗宾德拉纳特·泰戈尔的快乐》，等他抵达后，发表于 1924 年 11 月 9 日的《民族报》。文中提到，在她追求心智成熟的过程中，熟读在西方流行的泰戈尔作品起到重要作用。本文的大致内容后来被用于她写泰戈尔的书的第一部分。（书中摘录的文字与《民族报》上有些出入，当然，这是她的习惯。）两篇文章的核心是她对普鲁斯特和泰戈尔的对比。阅读普鲁斯特是一种享受，但并不让人感到快乐。阅读泰戈尔是一种快乐，哲学家柏格森说过，这种快乐是我们寻找到不可避免的归宿时，大自然给我们发出的信号。读到《去斯万家那边》里主人公斯万的多情是一种沉闷的体验，如同尝试在水下呼吸。而从普鲁斯特的小说走出来，走进泰戈尔的诗歌世界，就像是穿越一片东方的沙漠后，筋疲力尽、灰头土脸，然后痛快地泡个澡；或者是跟陌生人打完一天交道后，坐在朋友家里，直抒我们的牢骚，享受体贴的服务。

到 1924 年时，奥坎波已经读过泰戈尔的《齐德拉》《人生论》《家国与世界》和《园丁集》。独幕剧《齐德拉》打动了她。（剧中也写到女性的成长之路，不太像是从弗朗西斯卡到比阿特丽斯，而更像是一位现代女性。）《人生论》让她联想到西方宗教遗产。她尤其推崇小说《家国与世界》："我经常想给我的朋友们讲述《家国与世界》，这是一篇以小说形式、用散文写成的动人诗篇，每次读它，神秘的'不可能'都会让我产生一个准确的想法。"至于《园丁集》，如果是个外行，肯定不知道它其实不是一本一次写就的书，而是从好几本诗集节选而来，里面的诗创作于不同时间，但她注意到一个重要特征："这本书比《吉檀迦利》早得多，却已经有了译本。一首首与情欲相关的歌曲，炽热、淳朴，将我们引向异国之境。"在《自传》第四卷，我们能找到应和的文字，用来描绘她对马丁内斯的爱，如前文所述："像一种饱含肉欲的激情，一种凡间之爱，但这种爱让人着迷，持久而无药可救，超出所有感官的想象。"生活和艺术达到水乳交融。泰戈尔的情诗帮助她加深对爱情的理解：帮我们弄清对自己的感情，是诗人从古至今的任务。在文章和讲泰戈尔的书中，她都引用了《园丁集》第二十八首"你的疑问的眼光是含愁的"，这首诗让她不禁想问，情人之间由于缺乏沟通，不免心情沮丧，但相似的场景怎么会出现在泰戈尔（而不是普鲁斯特）的笔下，因为泰戈尔的诗歌向来远离苦痛。"没有苦痛，只存无限的自信！没有悲伤，只存温柔的抚慰！"发表在《民族报》的文章，"温柔"一词之前增加了形容词"无限的"。

在亲眼见到泰戈尔之前，她对他的崇敬之情可以从发表于《民族报》的文章结尾看出来：

碧玛拉（《家国与世界》的女主人公）习惯在清晨安静地醒来，擦净丈夫尼克尔脚上的尘土。她觉得自己需要保持这样的卑微姿态。这样的举动对她来说很必要，因为跟她一样的人，视这种举动为真正的尊重。

碧玛拉的姿态也是我想要做出的姿态，唯有这样，才能表达我对罗宾德拉纳特·泰戈尔的敬意。

　　这种顶礼膜拜的姿态，这种不加掩饰的、类似传统印度妇女对丈夫的敬意，出于羞怯的原因，并没有在她 68 岁时所写的讲泰戈尔的书中提及，但在 1924 年南半球的那个春天，她的确怀着期待之情，等待泰戈尔来到她的祖国。

　　奥坎波对泰戈尔作品的喜爱，一方面出自她本人，另一方面也反映出当时泰戈尔在西方世界受热捧的程度。想要管窥当时读者的感受，可以读一读除本书外的其他文章，比如收录在印度文学院编撰《泰戈尔百年诞辰纪念文集》里皮埃尔·法伦神父的《泰戈尔在西方》一文。只有考虑到泰戈尔作品的影响力，我们才能理解奥坎波在当时当地的心情。比如，鉴于个人生活黯淡无光，她对《吉檀迦利》的推崇并非异想天开，也不叫人意外。《吉檀迦利》像一阵暴风，席卷了整个西方世界，在随后的日子里，泰戈尔"在他的一生中，在印度以外的国家，没有哪一位诗人得到过与他比肩的声望和成功"。

　　《吉檀迦利》由作者本人用英语译成，一直是泰戈尔最成功的翻译作品。跟原诗相比，英译本《吉檀迦利》丢失了很多音韵美和感染力，但仍然不失为一颗宝石，甚至是英语宗教诗歌的一颗宝石。将《吉檀迦利》从英文版译成其他欧洲语言的译者都是伟大的诗人，法文版和荷兰文版尤其优美，西班牙文版也很优美，上述译本的译者分别是鼎鼎有名的纪德、范·伊登和希梅内斯。《吉檀迦利》之所以能有好的译本，原因很多，如简洁的语句、所传递的情怀，以及柔和宁静的语气，都让译者能得心应手地将原诗译成各种语言，并保留可能会丢失的叙述或戏剧化内容。短短几年，《吉檀迦利》几乎在欧洲每个国家都有读者，仅仅是法文译本就出了 35 版，其他语种也再版多次。直到今天，西方人提到泰戈尔，首先会想到他是《吉檀迦利》的作者。

众所周知，泰戈尔在英语国家的热度并未在纷繁芜杂的文学圈持续太久，原因复杂多样，比如译本不尽人意、英美文学界变幻的文学风潮、国内外的政治气候等，再加上英国殖民地的背景和个人的、业内专家的嫉妒。对政治因素的考量可以参考绍林德拉·密特拉的巨著《幕后的萨蒂》，1977 年由阿南达出版社在加尔各答出版，几乎所有研究泰戈尔的西方学者，都以这本书为借鉴，研究泰戈尔作品中的政治文化元素。要知道，泰戈尔的英文版书籍畅销过很多年，拥有庞大的读者群，但其他语种的泰戈尔作品表现也不逊色。举例来说，他的书在两次大战之间的德国非常流行，这源于他对英语世界的质疑。很有可能，当时的德国人一边心怀对"元首的崇拜"，一边汗颜于战败国的羞耻地位，以一种热切的真诚从泰戈尔的诗歌中寻找精神上的安慰。另外一个受到泰戈尔诗歌影响的是讲西班牙语的地区，包括拉美国家。

泰戈尔作品的西班牙语译本由瑟诺比娅·康普露比从英语转译而来，她的丈夫胡安·拉蒙·希梅内斯最后定稿。据说，正是在翻译泰戈尔的过程中，两人渐生情愫，最终结为夫妻。泰戈尔和希梅内斯对诗歌的相似观点，以及前者对后者可能造成的影响，格拉谢拉·帕劳·德·内梅什曾撰文详述，文中最引人入胜的看法是希梅内斯也许受到泰戈尔的影响——例如英文版《吉檀迦利》的第七首诗，写到"我的诗歌卸去了她华丽的装扮（My song has put off her adornments）"——自1916年开始，希梅内斯也提出"无装饰诗歌（naked poetry）"的理念。1918年，何塞·奥特加·伊·加塞特对希梅内斯的译本发表评论，指出其中有难以避免的对原文的误解，但哪怕经过翻译的二次加工，仍然可以看出泰戈尔是"一位伟大的诗人"："我想说，一位伟大诗人的特征，是告诉我们别人没有讲过、而我们熟视无睹的事。"

至于泰戈尔对墨西哥作家和其他拉美作家的影响，没有谁比杰出的墨西哥诗人、评论家奥克塔拉奥·帕兹了解得更透彻：

……泰戈尔的影响，尤其是1920到1930年的鼎盛年代，不单在文学造诣，也不局限于他的人格魅力。对很多人来说，这是他们第一次认识东方世界，这之前，只有少数学者研究过东方。对其他人来说，这是印度觉醒的标志。而对我们所有人来说，这是对诗意的发掘，这些诗既陌生又熟悉，既新颖又传统，就像是在个人与世界、世界与万物之间展开古老的对话。

帕兹说，我们可以考虑拉美与孟加拉的"印度—东方风格"、果阿人、喀拉拉邦之间的相似之处，因为在某些地区，传统印度文化和西方文化相互交融，但如果要解释泰戈尔的吸引力，还有更多说法：

　　真正的原因在于他的诗歌包含磁石般的能量。年轻人读着他的诗，激动的心情不亚于他的祖父读到百年前那些伟大的浪漫主义诗人的诗歌。试举一例，足以让人体会到信徒们对他的狂热崇拜。大约是 1920 年，墨西哥现代教育的奠基人、作家何塞·巴斯孔塞洛斯决定免费出版一批公认的经典作品，除了柏拉图、但丁、塞万提斯、歌德、希腊戏剧和托尔斯泰，他还选了一本孟加拉诗人的文集。通过这些书，我们这一代墨西哥人发现伟大的诗人们虽然用各自的母语表达自己、检验不同的真理，却好像说的是一种语言。

　　诗歌的矛盾之处在于，它们一方面具有普遍性，另一方面却不可翻译。

　　智利人对泰戈尔的崇拜在 1915 到 1920 年间达到顶点，加夫列拉·米斯特拉尔是最主要的追随者。据说，《圣经》、但丁、泰戈尔和俄罗斯作家的作品对她起到了决定性的影响，从她的早期诗作中，能明显看到泰戈尔的影子。尽管跟他在纽约见面后，她在 1931 年 1 月为《民族报》写了一篇新闻体的小文章，流露出她偶像幻梦的破灭。另外一位在青年时代受泰戈尔影响的智利诗人是巴勃罗·聂鲁达，他出版于 1924 年的《二十首情诗和一首绝望的歌》无疑带有泰戈尔的风格，其中的第十六首"黄昏时在我的天空"，意译于泰戈尔的《园丁集》西班牙语版本中的一首——

"你是天上的云，在我的幻想中"（即《园丁集》第三十首，"你是一朵夜云，在我梦幻中的天空浮泛"，每个孟加拉人读到这句，都会哼唱起那首流行的《我已经准备好了》）。后来，这些诗人开辟了自己的创作之路，但这并不会改变他们在成长的关键阶段受过泰戈尔影响的事实。

维多利亚·奥坎波能阅读英语、法语和西班牙语版本的泰戈尔作品，她尤其喜欢纪德译的《吉檀迦利》法语版和希梅内斯夫妇译的《邮局》西班牙语版。之所以要这样排序，是考虑到她偏爱法语——不过毫无疑问，她阅读泰戈尔的热情依托拉美的西班牙语得到加强。而且从地理位置上讲，正是在普拉塔的海岸边，她发现他、认识他、欢迎他、为他着迷、与他交谈、跟他通信、庆祝他的百年诞辰。奥坎波对泰戈尔所有的评论，自然都以西班牙语发表。因此，从某种意义上说，她和泰戈尔的交往，的确属于大范围的西班牙语世界对泰戈尔的反应。[1]

---

[1]　尹锡南译：《印度比较文学论文选译》，成都：巴蜀书社，2012年，第550页。

五

当然，泰戈尔此行的目的地并非阿根廷。他只是路过阿根廷，前往秘鲁，去参加阿亚库乔战役百年纪念大会。靠这场战役，秘鲁人最终摆脱西班牙的殖民统治，获得独立。按照计划，离开秘鲁后，他会访问墨西哥。1924 年夏，他身在日本时，收到秘鲁寄来的参会邀请函。他对类似的邀请来者不拒，因为这让他有机会筹集在圣地尼克坦修建校舍的资金。至于本次南美之行能获得多少经济收益，内情只有他的英国朋友莱昂纳德·埃尔姆赫斯特才清楚。这一年的春夏，他陪泰戈尔去了中国和日本。以下为埃尔姆赫斯特从东京寄给诗人儿子的信：

秘鲁的部长说，他想他能提供 5 万美元的经费给南美之行，诗人一切都不用操心——但他并没把这事告诉其他人。不管怎样，他答应支付船费，一行 4 人从加尔各答到马赛，然后从巴塞罗那到秘鲁，9 月 7 号离开科伦坡。我想，秘鲁政府在加尔各答的代表会给你确切的消息……

我催促他们从加尔各答支付费用，不然他得在意大利和西班牙滞留两周。师尊必须在 12 月 7 号到 10 号前抵达秘鲁，这很重要，因为主办方想通过这次独立庆典，缓和共和派的嫉妒情绪。他们说师尊的出席能起到安抚人心的作用。

我希望你支持师尊。日本和中国要到 1925 年才派代表来，与此同时，我听说更多的经济援助会来自南美。

几天后，他又写道：

墨西哥和秘鲁都承诺分别提供不少于 10 万美元，资助师尊访问两国。但在我看来，师尊还是不要操心钱的问题为好。每个跟他打交道的人，都会被他提出的要价吓到——他们要我去劝劝，他们希望师尊放心，在钱的问题方面，他一点都不用担心。

顺便说一句，墨西哥其实最先发出邀请——秘鲁也送来，很迫切，请师尊去利马参加庆典，第二天秘鲁方面确认了这个消息——但两国在由谁出资、是谁首先邀请等问题上理不清。他们都很高兴，也很迫切能见到他。

刚结束中国之行，泰戈尔就决定访问秘鲁，这让受过英语教育的记者们联想到塞缪尔·约翰逊博士曾经说过的建议："让观察视野开阔，看一看从中国到秘鲁的风土人情。" 1924 年 9 月 12

日，加尔各答的《英国人报》上，忍不住引用了约翰逊的话，并发表评论：

> 罗宾德拉纳特·泰戈尔博士明显是听从了约翰逊博士的建议。我们想知道，还有哪一位旅行家，会在去过中国后，马上选择秘鲁为下一个访问的地方；这位伟大诗人的决定是出自本心，还是潜意识里想到了那位伟大的词典编纂者的名言。

1924 年 9 月 24 日，泰戈尔从科伦坡出发前往欧洲，陪伴他的是儿子、媳妇和另外两人。不过，他们中没有人陪他去南美。任务落在埃尔姆赫斯特肩上。他既是泰戈尔的秘书，又是旅伴。埃尔姆赫斯特从英国出发，在欧洲与泰戈尔会合，10 月 18 日，他们一起登上安第斯号，前往布宜诺斯艾利斯。

等候泰戈尔造访的布宜诺斯艾利斯是一座繁华的大都市，商业和艺术蓬勃兴旺。这里有巍峨奢华的建筑、迷人的街道和漂亮的花园。棕榈和白杨枝繁叶茂，别有情调。移民们正涌进这座城市，意大利的王储刚结束访问，而在接下来的 1925 年，来这里的名人有阿尔伯特·爱因斯坦、威尔士亲王和卡普塔拉邦的王公。街道挤满轿车、巴士、出租和电车，甚至还有地铁。这是一个富庶之地，购物天堂，到处是商铺、酒店和咖啡馆。当然，跟其他大城市一样，乞丐、娼妓和骗子也不缺，只是不愿让尊贵的访客们看见。

那时，阿根廷是一个独立国家，也是拉美艺术和文学中心。

首都布宜诺斯艾利斯被誉为"南美或南半球文化的麦加圣地"。科隆剧院能容纳 3500 人，吸引了来自欧洲的艺术家，让布宜诺斯艾利斯"在歌剧、芭蕾和音乐会方面比肩米兰、伦敦和柏林"。新闻业发展迅猛，本地报纸就有多家。公众能读到欧洲和北美出版的书籍。艺术活动涵盖绘画、雕塑和建筑。窈窕淑女们紧跟巴黎时尚。快速浏览一下发行量最大的《民族报》的周日文学副刊，就能看出布宜诺斯艾利斯蓬勃的文化气氛。知名的欧洲作家和拉美作家为报纸撰稿，跟欧洲比起来，这里丝毫不缺人才、见解和知识的活力。

泰戈尔本人尚未做好准备迎接这样的布宜诺斯艾利斯。他对布宜诺斯艾利斯、阿根廷和南美的浅显认识来自于他钟爱的、生于南美的英国自然主义派作家 W. H. 哈德森，作品包括《绿厦：热带丛林罗曼史》《巴塔哥尼亚悠闲时光》和《遥远的地方和悠久的过去：我的早期岁月》。哈德森的书吸引泰戈尔，在于书中狂野而自然的场景，以及作者对城镇和机器时代的叛逆精神。高尔斯华绥如此评价哈德森："从他的作品里，我们感到他比其他人更贴近自然，却也更像个文明人。"这无疑打动了泰戈尔。《遥远的地方和悠久的过去：我的早期岁月》第八章的标题是"我初访布宜诺斯艾利斯"，描绘了一个泰戈尔 1924 年到达时已不复存在的城市，要是泰戈尔以此作为他对布宜诺斯艾利斯的印象，等船靠岸时，他肯定会迷失方向。

布宜诺斯艾利斯的报纸除了《民族报》，还有《新闻报》《原因报》《先锋报》《阿根廷报》《西语杂志报》和英文版的《标准报》。泰戈尔的访问让阿根廷人兴奋异常。他们组织了一个接待委员会，负责人是学者里卡尔多·罗贾斯。据报道，泰戈尔在里约热内卢下船，吃午餐、散步。按照计划，11月6日晚些时候，安第斯号会在布宜诺斯艾利斯靠岸。11月6日，《标准报》迫不及待地在报道中再次提到约翰逊博士的话：

今天，我们的新闻主人公是印度的骄傲，亲临阿根廷的罗宾德拉纳特·泰戈尔爵士，他将才华和精力投入教育事业，他的事迹，我们已在1周前的专栏报道过。那时，我们问过，能为他的来访做些什么？我们高兴地发现，阿根廷政府已经积极行动起来，组织和安排了一系列接待事宜，让贵客心情愉快，因为他圣人般的品行和样貌值得我们抒发敬意。罗宾德拉纳特爵士只是途径阿根廷，前往秘鲁首都，他接受邀请，去参加阿亚库乔战役胜利的百年纪念庆典。从中国到秘鲁，相隔万里，但从孟加拉到利马，如今只有一步之遥。我们怀着崇敬之心，欢迎这位印度的诗人和爱国者。

《民族报》派了一位代表，去蒙得维的亚同诗人见面。他得知诗人从里约热内卢出发，一直卧病在床，在蒙得维的亚，虽然乌拉圭的记者将他乘坐的船团团围住，他却不接受采访。有些记者觉得泰戈尔的病情不过是个托词，让他免受打扰。他们跟其他乘客打听，想知道情况是否属实：

"没错",一位乘客说,"三天来,他都没出现在走廊上,而且夜幕降临时,我们也没见他在甲板上散步,穿着他白色的上装,像一个精灵。我们已经习惯看他这样子,总是独自徜徉,若有所思,我们不敢打扰他,尽管他看起来如此平易近人。他说话时,声音像音乐一样美妙。"

船行至最后一程,从蒙得维的亚到布宜诺斯艾利斯,《民族报》派去的记者没有被失败打倒,询问埃尔姆赫斯特是否有机会对诗人进行一次简短采访。"不可能"一词从秘书口中脱口而出,因为诗人已经三天三夜没有合眼,但埃尔姆赫斯特表示,要是病人情况好转,仍有希望接受采访。当天晚些时候,他微笑着向记者宣布,泰戈尔听说《民族报》派人来蒙得维的亚欢迎他,很感动,同意了记者的请求。于是,泰戈尔躺在船舱角落的床上,头靠着大枕头,接受了采访。

熟悉维多利亚·奥坎波的读者都知道,她在《自传》第四卷和写泰戈尔的书中,对1924年时泰戈尔的俊美外表有过生动描述。毫无疑问,她是泰戈尔的崇拜者。身为女性,她肯定控制不住激动的心情,但《民族报》的男记者看样子也很欣赏泰戈尔沉静、带有贵族气息、富有表现力的外貌。事实上,这位无名记者在稿件里的描写,很可能影响了奥坎波在《自传》第四卷和《泰戈尔在桑伊斯德罗峡谷》里对诗人外貌的描写。(两处都很相似)1925年11月15日发表于《民族报》的《罗宾德拉纳特·泰戈尔二三事》一文,是她在"艺术朋友"协会的谈话录,她承认尽管和诗人相处了近两个月，却没记下他的只言片语。她享受诗人在场时的兴奋和激动，将文字记录工作推迟到第二天，然后又是第二天，"明日复明日，万事成蹉跎"。在1941年的文章中，她只写了一句话描绘他印象深刻的外表："63岁的泰戈尔，白发，两眼炯炯有神，威严，步态缓慢、坚实，永远不变的沉静和慈祥，构成了他光彩夺目的（外表）。"然而，在《自传》和《泰戈尔在桑伊斯德罗峡谷》里，她写出整整一页。记忆会叫人言之不尽，但奥坎波晚年的描述，只是天真烂漫的遐想。阿尔巴·奥米尔夸奖过奥坎波在《泰戈尔在桑伊斯德罗峡谷》里娴熟的写作手法，她这样写，是有意识地为读者展现一个成熟作家的功力，向质疑者们交上一份合格的答卷。为此，她查询过存档的报纸，想看看在那段时间，记者们围绕泰戈尔的健康状况写过哪些报道。她在《自传》第四卷里坦言，除开泰戈尔的外貌描绘，其余的细节也有待落实。尽管当初和诗人初次见面时，这些特征给她留下过深刻印象。这么看来，《民族报》记者对泰戈尔的第一印象，也许镌刻在她心里，增强了她的记忆。以下段落选自那位无名记者的报道：

我们走进船舱。他身上盖着一件厚外套，躺在床上，毛毯搭住他的脚。他那颗不可思议的头，那颗肖像画家都无须美化的头，靠着一个大枕头。他倚在船舱一角。白色胡须，白色头发，卷曲得像朵朵浪花，勾勒出高贵庄严的脸庞。黑色眼睛流露出的慈祥，让人一眼不忘。温柔的眼神，目光深邃、沉静。他的神态也很沉静，脸上看不到一道皱纹。他的额头宽阔、光滑，在白色鬓发的掩映下，像一处岩壁。简言之，他的脸似乎释放着光芒。

如果说"文如其人"，那么罗宾德拉纳特·泰戈尔诗歌中的文字，与他本人一样恬静如水。从童年时代开始，他不停地描写夜晚、和平、宁静和神奇的抒情花朵的样子，而现在，这些幻象似乎就萦绕在这个船舱角落、枕头上的人影附近。

这个人影开口说话，美妙音乐般的声音令那位不知名的乘客念念不忘，每说一句，都像是在吟诵如歌的诗篇，让听众不由自主地心灵震颤。诗人泰戈尔，远渡重洋，为我们带来了整整 1000 年的东方文明。

如果将上述几段文字，与奥坎波在《自传》第四卷和《泰戈尔在桑伊斯德罗峡谷》里描述的她与泰戈尔在广场酒店第一次相见的情景做比较，就不难发现，后者才是她本人的回忆：比如，她遇见他时，他恰好走进酒店房间，而记者的说法是看见他躺下来，事实的差距给读者留下不同的印象。她注意到的其他细节还包括他的沉默、距离和不可接近，他"在房间和不在房间"，他像美洲鸵一样的高傲，以及让人联想到盘踞在自己"领地"的动物对旁观者的"蔑视"。这些惟妙惟肖的叙述都源于她女性的敏锐视角，在《泰戈尔在桑伊斯德罗峡谷》一书中，她写过"困兽般的温柔"，也评价过他的鼻子、脸颊和额头"美得不能再美"，覆盖"紧绷的皮肤"。她对美很敏感，比如面部的骨结构，尤其是颧骨（朱利安·马丁内斯和弗吉尼娅·伍尔芙都长有漂亮的颧骨）。她喜欢观察格格不入的特征如何在同一个对象身上和谐共存，然后做出辩证的评价，这是她独有的方式，是她对艺术美感的理解。她评价过泰戈尔的外表，也说过马丁内斯"苦行僧般的脸"与"性感温柔的"嘴唇相当般配。然而，她说泰戈尔的额头没有一丝皱纹，他波浪般的头发如同一个书童，这两处也许借鉴了《民族报》记者的描写。旧报纸也许能帮她回忆起有关 63 岁诗人的某些细节，但最终的、完整的肖像都出自她高明的手笔，她想起跟他的初次相见和随后的会面，仔细地、默默地将一张张泛黄的老照片变成了深情的文字。

　　让我们回到现场。泰戈尔从安第斯号船舱的床铺上撑起身子，同时，烟囱喷着白烟的船朝布宜诺斯艾利斯驶去，而《民族报》的记者已准备好铅笔和记事簿，随时记录从他口中说出的睿智的乐句。"心怀崇敬之情"的记者抛给泰戈尔的第一个问题与西方文明的衰亡有关，毫无疑问，很多自讨苦吃的西方记者也喜欢拿这个问题向他发难："西方文明是不是正在走下坡路？"泰戈尔的回答很长，谈到西方文明骨子里的双重性，他说得轻描淡写，但入木三分，仍然有现实意义。他的观点是物质繁荣本身，或者说财富的增加，并非真正的进步，而是在原地转圈子，对文明毫无半点贡献；跟其他地方一样，欧洲就像是一只长着"一对翅膀"的鸟，"物质"是一只翅膀，"精神"是另一只翅膀；因为只靠一只翅膀飞翔，它已经失去平衡；我们不得不等待它重新获得平衡。当然，他对拉美寄予厚望：拉美继承了欧洲的文化遗产，同时保留了自己的资源；也许这些新兴国家可以避免步欧洲的后尘，伸展开一双翅膀，自在地翱翔。

随后，泰戈尔也向采访者发问，他关心的话题是阿根廷公众的艺术接受能力，以及这个国家能否"理解外国的事物，充分利用资源，不抄袭，也不模仿"。不出所料，记者骄傲地告诉他，"在阿根廷，人们对新鲜的东西有强烈的好奇心"。听到这里，"泰戈尔高兴地笑了"，并表示希望能在布宜诺斯艾利斯组织一场艺术展，介绍孟加拉的绘画和雕塑。他本来打算把展出地点选在巴黎，但既然布宜诺斯艾利斯的观众这么有兴趣，为什么不在这里布展呢？

接下来是另一个主题：泰戈尔对阿根廷在现代化进程中所取得的工业和经济成就并不感兴趣，他想知道的是传统的、真正的阿根廷，比如代表国家精神的习俗、牧场、农场、土风舞和流行歌曲，尤其是流行于阿根廷田野、村镇和山区的哀怨情歌。简言之，他想了解的不是和其他国家相似的共同点，而是该国的国粹。聆听泰戈尔谈论牧场和情歌的见识，感受他对踏上阿根廷土地的热切向往，触摸这片土地的灵魂，实在是一种精神享受。很自然，现在又轮到泰戈尔回答，他从哪里学到如此多的有关阿根廷的知识。是的，从哈德森那里，这位自然主义作家熟悉这片国土的自然淳朴和诗意山水。

是的，哈德森为我揭示了阿根廷的样子。

一片沉默。泰戈尔的眼里带着笑意，似乎想起了哈德森在书中勾勒的莽莽旷野。

偏离了一阵主题后，泰戈尔开始谈起他和甘地的分歧，解释他们为何分道扬镳，尤其是 3 年前，两人在某些问题上的意见不合。当时泰戈尔正在欧洲旅行，每到一处，他都在演讲中将甘地描绘成印度精神的光辉代表。返回印度途中，他收到一个令人震惊的消息。印度民众在甘地的鼓动下，正在焚毁任何代表欧洲、与欧洲有关的物品，他们受暴力驱使。"甘地是暴力的代名词，而我认为只有爱和团结才适合全人类。"（我读过这句话好几次；我想此处并没有印刷错误；负责记录的记者只不过用了一种极端的、公式化的、简单的语言）泰戈尔回忆起他跟甘地的谈话，他问甘地，是精神还是暴力更有力量。甘地表示，他坚信有必要摧毁所有与欧洲相关的东西，比如欧洲的风俗，欧洲的科学，任何西方的东西都要毁弃。一场漫长而悲伤的交谈后，泰戈尔希望甘地继续他的政治抱负，自己不再参与。泰戈尔并不是一个政治家，他是一位诗人和教育家。他很快着手创办一所学校，用博爱与西方世界达成和解。他也在公开演讲中阐述跟甘地的分歧，引来一阵"致命的沉默"。被孤独和抛弃的感觉围绕，他返回学校，继续教学，并计划创办国际大学，最终寻求东西方的和谐相处。

我用了相当篇幅引用新闻报道，不仅因为报道中的采访记录本身生动翔实，而且因为其深深的反讽意味。1924 年 11 月 7 日的《民族报》提到了他的病情和他抵达布宜诺斯艾利斯的消息，而 1924 年 11 月 6 日报纸微头条的内容是他的思想，当时他正驶向未知的目的地，浑然不知有什么样的命运等在前方。这些描述让我们了解他的期望，他如何严肃地看待自己的公众角色，他是一个教师、一个制造和平的人、一个主办人、一个国与国之间文化桥梁的建设者。这样我们才不难理解，当他成为维多利亚·奥坎波的座上宾，修养康复期间，会感觉自己像一个囚徒，而人们络绎不绝地求见，想听他的智慧箴言。我们才能理解，有时他表现得像个反叛的孩子，被专横的母亲训斥，放弃所有的梦想和渴望。当奥坎波翻阅旧报纸，重读泰戈尔和甘地的分歧，她也许有所触动，在她的书中，在《证词》收录的文章中，她满怀激情和执着，谈论两位伟人的差异，以及泰戈尔身为艺术家和公众人物的身份冲突，同时，她也承认，在1924年时，她对上述领域知之甚少。

六

11月6日，周四，晚8时，安第斯号终于朝布宜诺斯艾利斯码头抛去缆绳。数百人守在岸边，迎接这艘船的到来，因为船上载了"很多大人物"。"外交官和贵族们都从城里赶来，聚在码头。"除了泰戈尔和他的秘书，乘客中还包括英国驻阿根廷全权公使贝尔利·艾思顿爵士夫妇和女儿、拉尔夫·戈尔爵士夫妇以及马丁内斯·德·胡斯夫人。在阿根廷逗留期间，泰戈尔和埃尔姆赫斯特同他们中某些人见过面，埃尔姆赫斯特遗留的日志记载了详情。维多利亚·奥坎波认识艾思顿太太。泰戈尔、埃尔姆赫斯特和奥坎波会在马丁内斯·德·胡斯家族位于卡帕马拉兰的乡间别墅住1周。我有幸结识一位同泰戈尔一起搭乘安第斯号航行的乘客：露西·本达太太，艾思顿爵士的女儿，现居萨里郡法纳姆，当时才17岁，在她的回忆中，那是一段特殊的航程。

1924年11月7日的《阿根廷报》信心满满地宣布，访问布宜诺斯艾利斯的外国名流中，没有哪一位像泰戈尔激起公众如此强烈的兴趣。船刚靠岸，就有记者冲上舷梯，希望能采访到这位特殊的乘客。他们聚拢又散开，每个人都热切地希望能听到他说的第一句话。泰戈尔终于出现在甲板，"庄严得像印度的先知"，虽然看起来病怏怏的，他的眼中"表现出友好"，他"苍白的脸庞"酷似"一个饱受忧愁困扰的灵魂"。写出上述文字的记者，并没有将泰戈尔憔悴的脸色与疾病联系起来：他认为这是精神"焦虑"的表征，他猜想，泰戈尔的体内一定承载了太多的人类过错。还没等这名记者站稳，他关注的对象已经被其他记者围得水泄不通。埃尔姆赫斯特给他们解释，为什么泰戈尔无法接受采访。之前的航程一直很顺利，但离开里约热内卢后，泰戈尔开始觉得不舒服，失眠、哮喘。（多半是患上了流感）尽管他现在感觉好多了，但仍然很疲倦。然而，埃尔姆赫斯特的努力无济于事。记者们纠缠不休，泰戈尔只好强打精神回答几个问题。他表示会在布宜诺斯艾利斯逗留20天，可能的话，做几次演讲，介绍圣地尼克坦学校。他想从秘鲁前往墨西哥，他希望了解这些新兴国家，尤其想研究印加文明和阿兹特克文明。他告诉《新闻报》记者，离开南美后，他打算去西班牙和意大利。根据《民族报》的报道，他当时发着烧，接待委员会负责人里卡尔多·罗贾斯接到他和他的秘书，一行人匆匆赶往花园酒店。一位医生会在第二天早上为诗人诊治病情。

在阿根廷时，埃尔姆赫斯特利用"零星的空闲"坚持写日记，后来，他将日记内容摘录到另一个练习本上。原始日记没有保留下来，但摘录部分保存至今，尽管日期也许"不太准确"。这份文件以"阿根廷奇遇记"命名，存于德文郡托特尼斯镇达丁顿庄园的埃尔姆赫斯特档案室。那里还存有报纸和一张便条，我相信这张便条是奥坎波写给泰戈尔的第一封信，信的具体内容，你将在本书的书信集中读到。再加上埃尔姆赫斯特和奥坎波后来的回忆文字，让我们得以管窥泰戈尔抵达布宜诺斯艾利斯头几天的忙碌行程。

埃尔姆赫斯特在《阿根廷奇遇记》里写到，他和泰戈尔到阿根廷后，并没有收到设在布宜诺斯艾利斯的秘鲁大使馆的音讯。据《民族报》11月8日周六版的报道，整个周五，从早到晚，川流不息的人群跑到广场酒店，向泰戈尔致敬，但他无法接见任何人。酒店还收到一堆贺卡，女士们献上花束，向他表示敬意。周五，卡斯特斯医生和贝雷特维德医生登门为泰戈尔看病。他们认为诗人在海上航行途中患上流感，身体很疲惫。他们要他静养到周一，到那时，他应该能接待访客了。"整整一周时间"，泰戈尔有望待在阿根廷首都，去布宜诺斯艾利斯大学演讲。

维多利亚·奥坎波和她的朋友阿德里亚·阿塞维多去广场酒店的时间不是11月7日周五，就是11月8日周六，也许后一个日期更准确。她们打算去采访泰戈尔。（奥坎波写在便条上的字迹是"周六"，跟花束放在一起，便条极有可能写于她第一次与泰戈尔见面后）埃尔姆赫斯特在酒店大厅接待她们，谈到他的担忧：泰戈尔的心脏不太好，医生为他做过检查，会诊意见是他无法（乘坐火车跨越建在高海拔地区的安第斯铁路）翻越安第斯山脉。计划的访问需要取消，秘鲁总统会收到电报。泰戈尔应该去乡间疗养，情况好转后方可离开阿根廷。维多利亚·奥坎波立刻提出建议，她能在城外找一栋"乡村别墅"供诗人和他的秘书居住。她想也没想，也不知道能否实现，就提出这个建议。她根本没有什么乡村别墅，也不知道父母是否会把他们的别墅借给她。但她决心"想方设法"去找"一处舒适而宁静的庇护所"，献给她心目中的英雄。随后，两个女人爬上酒店楼梯，走向泰戈尔的房间，与伟人见面。当这个和她"心心相印"的男人真实地出现在眼前，维多利亚羞怯得一言不发，虽然她曾经仔细读过他的作品。阿德里亚跟他交谈，但她说的都无关紧要，同奥坎波本人想说的话一点不沾边，这让奥坎波更加懊恼。怀揣着找来一栋别墅接待泰戈尔的梦想，她提前结束了访问，这让阿德里亚很诧异，因为她知道，维多利亚迫切地期待这次会面。

维多利亚，一个34岁的女人，建议给泰戈尔找一栋别墅。阿

100

尔巴·奥米尔认为这是一种"青春期的冲动"。维多利亚先是跑到父母家，问他们是否愿意借出"奥坎波别墅"。被断然拒绝。但身为阿根廷的贵族阶层，找到一栋别墅易如反掌：她的亲戚伸出援手。里卡尔多·德·拉富恩特·马钦，维多利亚表姐的丈夫，答应借给她一栋刚修好的别墅。"米拉尔利约"（意为"河景"）离"奥坎波别墅"只有几个街区，能饱览普拉塔河的风景。维多利亚跑回花园酒店，告诉埃尔姆赫斯特，几天之内，泰戈尔就能住进别墅。

11月9日，周日，《民族报》发布了我在本书开头提到的公告，并刊登奥坎波第一篇写泰戈尔的报道。同一天，根据埃尔姆赫斯特的日志，他和泰戈尔乘车前往巴勒莫花园，同行的有维多利亚·奥坎波、阿德里亚·阿塞维多和何塞·马丁内斯·德·胡斯。显然，泰戈尔"第一次享受到了广场酒店外自由自在的气息"。这篇报道与奥坎波《泰戈尔在桑伊斯德罗峡谷》的内容有出入。她在书中写到，去酒店与泰戈尔见第一面，和接他去米拉尔利约小住，这期间，她没有再跟泰戈尔见面。相比之下，我更相信埃尔姆赫斯特日志的准确性，因为11月10日周一的《民族报》确认，经卡斯特斯、贝雷特维德两位医生检查，泰戈尔已经好转，建议他多呼吸新鲜空气。于是，正午前，他乘车去了巴勒莫花园。

也是在11月9日，《西语杂志报》声称，罗宾德拉纳特·泰戈尔对"这座文化首都的文化人们"来说，是难得一见的名人，希望布宜诺斯艾利斯懂得珍惜与他相处的每一分钟。《标准报》也刊登公告：

诗人昨天已稍微康复，之前他患上流感，抵达阿根廷时，身体状况不佳。他希望去大学出席官方的欢迎仪式（时间待定），然后他也许会在大学发表演讲，主题不定、自由发挥。（如果得到医生同意，）泰戈尔博士希望尽可能少出席官方集会，多见见布宜诺斯艾利斯各社会团体的代表。健康允许的话，他打算几天后动身去蒙得维的亚。泰戈尔原计划 11 月 19 日离开布宜诺斯艾利斯，取道跨安第斯铁路，前往瓦尔帕莱索，26 日从智利港起航，去卡亚俄和利马。尚不清楚他会在智利首都逗留多久，诗人接到邀请，先访问秘鲁，再访问墨西哥……诗人希望通过《标准报》的专栏，感谢所有在他最近身体抱恙时，寄来信件和送来鲜花的读者。

11 月 10 日，周一，《民族报》登出一首致罗宾德拉纳特·泰戈尔的 14 行诗，作者是一位叫卡门·拉迪诺的女士。看样子，在布宜诺斯艾利斯，维多利亚·奥坎波并非唯一一个被泰戈尔来访弄得心情纷扰的人。诗的最后 6 行是：

我曾以为你遥不可及，如今你却跨洋而来
深邃的双眸，满是温柔的神采……
然后，当你远去，我将沉默不言

善心播撒过奇妙情绪装满心怀。
虽然我敬献的祭品与你擦身而过，不入你的法眼，

然而你的沉静，已让我涕泪感慨

　　这首诗让我想起泰戈尔《渡口集》中的一首诗，描述一个女人站在窗前，等待王子经过。她将宝石项链扔到路上，却被他的马车碾成粉末。王子从不知晓她送的礼物，但她必须这么做。幸运的是，维多利亚·奥坎波的心意比诗中的女主人公或卡门·拉迪诺更坚决，否则我就不必写这本书了。

　　卡门·拉迪诺不是唯一献诗给泰戈尔的人。11 月 16 日的《民族报》登出玛格丽塔·阿贝拉·卡普里莱写的一首诗，欢迎这位"从未知世界来的不知疲倦的朝圣者"，他的名字"像诗句，让人梦到闪烁的星辰"。溢于言表的敬慕，并不专属于阿根廷的女士们。一位叫拉斐尔·鲁伊斯·洛佩兹的绅士在 11 月 10 至 16 日的《电台文化》杂志上撰文，激动的心情难以控制。试想一下，阿根廷共和国的土地正庇护着"一个如此伟大的人，一颗如此完美的心，一片如此清晰的想象，一笔如此耀眼的财富，让人沐浴在神秘莫测的柔光中"！有谁念他的名字时"不心怀颤抖的崇敬"？世上还有谁比他"更能对人们的心灵产生决定性影响"？他相信，这位伟人来访，是因为阿根廷有一种"奇妙的引力"，这种引力源于阿根廷人对诗人"深沉的爱"。是的，诗人的到来，代表阿根廷人"燃烧的渴望"获得了"神奇的胜利"。通过罗宾德拉纳特·泰戈尔，阿根廷开始了解并爱上印度。他们怀着"神圣的嫉妒"，嫉妒圣地尼克坦学校"幸运的孩子们"能聆听这样一位上师的教诲。大师准备将很多道理告诉阿根廷人，因为这群"闹哄哄的西方人"

为了"追求最粗俗的理想，将生活拖入平淡而陈旧的境地"。希望他的访问像一股"净化的气息"，帮助这里可怜的人们"理解生活的真谛"，变得"更高尚、更优秀"。"大师！祝您收获一段愉快的旅程，也希望您的造访给我们带来快乐。"回忆起泰戈尔的阿根廷之行在当地掀起的这场狂潮，我们不难理解维多利亚·奥坎波对泰戈尔的崇拜，以及随之而来的情绪波澜，这一切都是特定的历史和社会心理的产物。人们对泰戈尔顶礼膜拜，不单单由于他作品里的宗教因素。《电台文化》杂志在文章标题和正文间插入了《园丁集》第二十四首的西班牙语译文，这首题为"不要把你心底的秘密藏起，我的朋友"的情歌，歌词缠绵、甜美，与西班牙传统文化中的情歌风格如出一辙，甚至流传至今，比如流行歌星胡里奥·伊格莱西亚斯演唱的歌曲，就令拉美听众如痴如醉。希梅内斯夫妇的译本让西班牙语读者在泰戈尔诗歌中读到似曾相识的感觉。依然柔美，但更精练、直击人心。这是一种神圣的柔美，也是泰戈尔作品能感动拉美世界的秘诀。

还是回到我们的故事。埃尔姆赫斯特在 11 月 10 日写的寥寥数语表明，卡斯特斯医生当天并没有为泰戈尔检查身体，而是来请泰戈尔第二天参加午宴，尽管他的健康状况不一定允许，但医生作为东道主，已经邀请到其他客人出席。显然，埃尔姆赫斯特"努力"让医生命令泰戈尔和奥坎波一起出去散散心，因为他知道有"阿塞维多小姐和她的朋友奥坎波小姐"陪伴，泰戈尔会很高兴。同时，埃尔姆赫斯特正"忙着跟秘鲁方面联系上，应付无穷无尽的欢迎人群"。

根据埃尔姆赫斯特 11 月 11 日的日志和《民族报》11 月 12 日的报道，卡斯特斯医生的午宴在 11 月 11 日周二如期举行。按照埃尔姆赫斯特的说法，客人包括之前提到过的贝尔利·艾思顿爵士，他是英国驻阿根廷全权公使，与泰戈尔同船抵达布宜诺斯艾利斯。医生的妻子还在宴会上大声讲美国的坏话（因为埃尔姆赫斯特本人刚刚和一个美国女人订婚，他肯定对女主人的话印象深刻），并"搬来一本本书求签名"，埃尔姆赫斯特只好让维多利亚·奥坎波等候 20 分钟，以免打扰宴会。最后，他和泰戈尔终于脱身，出门跟维多利亚去"看她的新房子"："师尊完整无恙地熬过午宴，快乐地逃走了。"泰戈尔是去了米拉尔利约吗？

但如果《民族报》11 月 12 日报道属实，好吧，根据报道内容，11 月 11 日周二在马里亚诺. R. 卡斯特斯医生家举行的午宴后，下午，诗人遵循医嘱，出了城，住进一处郊外的别墅，并计划在那里住到下周三。如果他的健康允许，他会在那天离开阿根廷，取道智利前往秘鲁。他还希望在离开阿根廷之前能去布宜诺斯艾利斯大学发表演讲，时间也是在出发前的周一或周二。

然而，根据奥坎波在《泰戈尔在桑伊斯德罗峡谷》一书中的描述，11 月 12 日，大约下午 3 点，等泰戈尔和城里的重要人物吃完午饭，她接他并带他去了桑伊斯德罗，途中还遇上一场暴风雨。我觉得此处奥坎波记错了日期。之前我说过，泰戈尔逗留阿根廷期间，她并没有记录日期，书中提到的所有日期都是她多年后从旧报纸上得来的。我们会注意到，泰戈尔到桑伊斯德罗的具体日期既没出现在她 1941 年的文章中，也没在她的《自传》中：

她在文章和《自传》中都提到那场暴风雨，但卡斯特斯家的午宴只在《自传》中提到。

整件事因为埃尔姆赫斯特《阿根廷奇遇记》里的记录而变得更加扑朔迷离。相关段落引述如下（方括号内为埃尔姆赫斯特本人所写）：

11月12日周三（出发去桑伊斯德罗的米拉尔利约）［地址已画掉，但也许没记错，因为这是 V. O. 的乡村别墅，我们前一天去看过，师尊已同意把这个好地方作为静养之地。他讨厌布宜诺斯艾利斯市中心广场酒店附近的噪声。］

我收到卡斯特斯的诊断书，鉴于泰戈尔的健康状况，他说无法去秘鲁，以免出现难以控制的危险后果。阿塞维多小姐和V（维多利亚）也在。然后去见了罗卡斯，他表示小心为妙，因为秘鲁正招致不满。秘鲁等着有人出面解决与智利的争端，两国都想听阿根廷的意见。但阿根廷也不愿让自己的话成为开战的借口。在哈罗德商店吃午餐，有 V. O., 她妹妹和我。

"罗卡斯"是埃尔姆赫斯特用英语语音拼写出的"罗贾斯"，他是接待委员会的负责人。秘鲁的问题暂且不提，先让我们将注意力集中在日期上。很遗憾，埃尔姆赫斯特日记的原本没有保存下来，不过，在我看来，埃尔姆赫斯特记不清他和泰戈尔出发去米拉尔利约的具体日期，也许跟奥坎波本人犯的错误一样。人的记忆对日期比较模糊，但如果那天刚好发生过什么特殊的事，就不容易忘掉。要是奥坎波从城里接到赴完午宴的泰戈尔，带他驱车前往桑伊斯德罗，途中"穿越一场暴风雨"，灰尘漫天飞扬，树叶从枝头坠落，那么，当天的"这件事"怎么可能会想不起来。"暴风雨"出现在1941年的文章、《自传》第四卷和《泰戈尔在桑伊斯德罗峡谷》中，所以，泰戈尔去米拉尔利约那天下午，也许真的下过一场暴风雨。我还发现，在1941年的文章和《泰戈尔在桑伊斯德罗峡谷》中，泰戈尔在这一天之前并没有去过米拉尔利约，阳台与河水，都是"当天"指给他看的：河畔美景让他惊讶不已，而他自然也配得上这处景色。医生肯定不会让他出门亲自打探。他肯定是结束卡斯特斯医生的午宴后，和他的行李一起，坐车去的米拉尔利约。那就是在11月11日，周二。在埃尔姆赫斯特的日志里，卡斯特斯医生家的午宴的确是11月11日，周二，随后，他、泰戈尔和奥坎波就驱车前往他以为的奥坎波的新居。（奥坎波肯定没告诉他，别墅是从一个亲戚那里借的）1924年11月12日的《民族报》刊登了泰戈尔的第一篇来稿，是一篇阐述他教育理念的随笔，题为"学校的老师"。同一天，报纸还报道了昨日要闻：昨日，泰戈尔到马里亚诺·R.卡斯特斯医生家参加午宴，当天下午早些时候，他出了城，遵照医嘱，住进一栋位于联邦首都郊外的乡村别墅，他计划在那里住到下周三。在我看来，他到桑伊斯德罗的日期，跟他抵达布宜诺斯艾利斯的日期一样，是后来被奥坎波从报纸和书上挑选出来的。她肯定犯了个错，11月12日那期报道的一件事，其实发生在前一天。事实上，她提到的日期经常不准，比如《自传》第四卷里，泰戈尔写给她的第一封

信，和他写给她的第一首诗：1924 年 10 月，这不可能，因为泰
戈尔 11 月 6 日才来到阿根廷，但《泰戈尔在桑伊斯德罗峡谷》
中就是这么写的。一开始，我猜这是编辑的错误，因为《自传》
都出版于奥坎波去世后，但查阅保存在布宜诺斯艾利斯的《自
传》第四卷法文打字稿后，我确信是奥坎波本人的错，因为书稿
出自她手。

我们不知道埃尔姆赫斯特是在什么时候将他日记上的内容抄
写到练习本上，并命名为"阿根廷奇遇记"的。应该是 50 年代
末，他准备写篇文章纪念泰戈尔百年诞辰的时候。1956 年 11 月 3
日至 5 日，奥坎波住在达丁顿庄园，来宾签名簿上有她的名字，
根据《泰戈尔在桑伊斯德罗峡谷》的描述，她和埃尔姆赫斯特一
起回忆了他们共同的朋友泰戈尔，以及在桑伊斯德罗度过的昔日
时光。这之后，他们分别为《泰戈尔百年诞辰纪念文集》撰文，
奥坎波的西班牙语文章于 1958 年写成。埃尔姆赫斯特很可能在出
版前读过这篇文章的英文版，让他也开始怀疑自己记忆有误。根
据日志，卡斯特斯医生家的午宴是 11 月 11 日，11 月 12 日，他在
城里与罗贾斯见面，在哈罗德商店吃午饭，有维多利亚和她的妹
妹（安吉利卡，没错）。这些叙述貌似都很真实。很有可能，11
月 11 日到米拉尔利约后，泰戈尔终于感到安定下来，舒心地留在
11 月 12 日的午宴现场，而埃尔姆赫斯特、维多利亚与安吉利卡
驱车去卡斯特斯医生手中拿到诊断书，与罗贾斯见面讨论秘鲁的
事，然后在哈罗德商店吃午餐。如果真有谁事先去米拉尔利约打
探过，看那里是否适合泰戈尔居住，那肯定是埃尔姆赫斯特。毕

竟泰戈尔有病在身，只有埃尔姆赫斯特，作为泰戈尔的秘书，必须打理这些琐碎的细节。实地探访也许是在 11 月 10 日，周一。

当然，这些细节对研究泰戈尔《东方集》的学子们来说很重要，因为这样我们才能确定诗人创作的时间和背景，一首写于 11 月 10 日，两首写于 11 月 11 日，还有一首写于 11 月 12 日。11 月 10 日的诗写到冬天的风和春回大地，也许是 11 月 9 日乘车经过巴勒莫莫花园，第一次来到布宜诺斯艾利斯城外，触动了诗人的心弦：春天快来了，如今已是南半球冬天的尾声。如果埃尔姆赫斯特的记录准确，维多利亚和阿德里亚也在车上。11 月 11 日的两首诗语气欢快，与诗人逃离广场酒店相关，也许是期盼未来，或者是庆祝逃出牢笼。只需将写于 11 月 11 日的两首诗与写于 11 月 6 日和 7 日的三首诗做个比较，就不难看出诗人的心情已经发生微妙变化，从难以描述的悲伤变成明显的希望和"振作"。日复一日，诗人的情绪总是受来自外界的大小事件影响。最出名的一首，写给"异国的花"，写于 11 月 12 日，我们认为写在他到米拉尔利约那一天，但看上去更像是他到那里后的第二天，当他清晨漫步在花园，处处花影绰约。我要说的是，虽然诗人在构思和创作时，脑海中也许闪过维多利亚·奥坎波的身影，但这首诗的确是写给异国的花——写给一朵花，而不是一个女人，《南方》杂志 1980 年第 346 期上曾刊登这首诗的西班牙语译本，作为对维多利亚·奥坎波的敬意。这首创作于 1924 年 11 月 12 日的诗，诗人附加的献词是"致维佳娅"。后人对诗人的意图多有误读，因为这样的描述实在模棱两可、令人费解，也许这只是当时诗人的脑海闪过的一个名字，但从二人的交往看，11 月 12 日时，维多利亚还没有成为诗人心中的"维佳娅"，这首诗也一定不是献给她的。

泰戈尔没能前往秘鲁。11 月 13 日，周四，埃尔姆赫斯特和奥坎波进了城，又一次在哈罗德商店吃午餐，同行的有阿德里亚·阿塞维多和西班牙驻布宜诺斯艾利斯公使丹维拉。埃尔姆赫斯特手握卡斯特斯医生的诊断书，在下午 1 点 30 分与一个叫苏亚雷斯的人见面，然后去蒙得维的亚大街奥坎波的公寓，再次与苏亚雷斯见面，然后"去见秘鲁公使，对方很了解泰戈尔的情况"。显然，秘鲁外交官"很和气，坚决不要我们退还余下的旅费"。完成让人精疲力竭的外交任务后，埃尔姆赫斯特返回奥坎波的公寓，信手写好一首诗，递给她看。他们在维多利亚父母城里的住处喝茶，随后，埃尔姆赫斯特在丹维拉的帮助下，起草了一份供媒体发表的新闻公报。

11 月 14 日，周五，《民族报》发布消息：

> 罗宾德拉纳特·泰戈尔的秘书刚刚通知我们如下详情。
>
> 罗宾德拉纳特·泰戈尔很遗憾地表示，遵照马里亚诺·R.卡斯特斯医生的医嘱，他不得不推迟访问秘鲁的行程，无限期拖延。
>
> 现在，他正在位于桑伊斯德罗的一栋别墅休养，别墅由好心的里卡尔多·德·拉富恩特·马钦先生提供。
>
> 最后，遵照医嘱，他不便接待访客，也不参加任何社交活动，直到健康状况好转为止。

11 月 15 日，周六，埃尔姆赫斯特草拟了一封电报发给秘鲁政府，告知对方访问无限期推迟的消息。丹维拉将埃尔姆赫斯特的英语电文译成外交用西班牙语，奥坎波润色文字，让电文听起来带有诗人的口吻。一连好几天，泰戈尔并没有彻底放弃去秘鲁的希望。在他看来，访问只是推迟，而不是取消。11 月 19 日，周三，埃尔姆赫斯特告诉奥坎波，"诗人最晚在本月底要出发，不能再拖"。阿根廷不希望秘鲁认为是阿根廷一方从中作梗，阻碍泰戈尔前往秘鲁。为避免外交上的尴尬，阿根廷政府给泰戈尔在无畏号军舰上安排了舱位，这艘军舰会被派去参加秘鲁的独立庆典，这样的话，诗人就能走海路，绕过合恩角，而不用搭乘跨越安第斯山脉的火车。泰戈尔 1924 年 12 月 3 日寄给女儿米拉·黛薇的信也证明了这一点，虽然他不能参加秘鲁的庆典，仍然希望能在月底访问这个国家——先在海上航行 6 天，然后坐火车——最后从秘鲁去墨西哥。秘鲁已经花了不少钱，他内心过意不去。取消访问，太没有礼貌。那天下午，他等医生来再做一次身体检查，确认访问能否成行。然而，很快他便给女儿写了另一封信，告诉她医生来检查过，不同意他继续前往秘鲁。他只能等到 1 月 3 日，直接出发去欧洲了。我推测，正是在去秘鲁的计划成为泡影后，泰戈尔同意去普拉塔河畔的卡帕马拉兰住一个星期，《东方集》里的 3 首诗在那里写成。

事实上，做出放弃秘鲁之行的决定，原因有很多，如健康状况、政治博弈和个人意愿。但健康原因最实在。在抗生素还没有诞生的时代，流感对一个 60 多岁的老人来说是场重病。在一封未标明日期、从桑伊斯德罗寄给儿媳妇帕勒蒂玛的信中，泰戈尔表示希望 12 月 29 日出发去秘鲁——从海路，由女主人陪伴——他说已经服用过洋地黄毒苷片，以缓解心脏的不适。在随后的信中，他告诉她，医生不同意他乘船或乘坐行驶在高海拔山区的火车去秘鲁。他的状况会突然恶化。他需要静养。

这个决定也有政治上的考虑。他们在布宜诺斯艾利斯下船之时，泰戈尔和埃尔姆赫斯特就发现驻阿根廷秘鲁公使馆对他们计划中的秘鲁之行一无所知，也没有接到从利马方面的任何指示。虽说这是南美人行事一贯的懒散作风，但对于接待像泰戈尔这样的大人物，这样的态度未免太随意了些。情况虽然后来有所改观，但新的麻烦又出现。罗曼·罗兰、C. E. 安德鲁斯等泰戈尔的朋友们向他发出警告，劝他远离"秘鲁可能的危险和政治纷争"。山卡·高希在他的《泰戈尔在桑伊斯德罗峡谷》译本的注释里，引用了大量资料，说明泰戈尔秘鲁之行的政治意义。泰戈尔的孟加拉语传记作者普拉波哈特·穆科帕德亚曾推测，是否存在英国方面的外交活动，让泰戈尔的秘鲁之行搁浅（毕竟，庆典大会是为了纪念殖民统治在秘鲁的终结）。但也许罗曼·罗兰发表在印度媒体上的文章片段，从泰戈尔的角度，指出了危险的真正本质：秘鲁政府被虚伪的共和派把持，专制独裁，压制人权，共和派希望泰戈尔出席在利马举行的独立庆典，能安抚国内外民众的情绪。泰戈尔的现身，为专制政府披上合法的外衣。与此同时，阿根廷政府急于和邻国维持良好的关系，也不希望被视作阻拦泰戈尔前往秘鲁的绊脚石。

　　1924 年 11 月 7 日，阿尔贝托·萨巴地和赫克托·冈萨雷斯·阿雷奥萨写信给泰戈尔，他们是"学生中心（Centro de estudiantes）"的秘书和主席，该中心是位于蒙得维的亚大街的一处"沙龙（Ariel)"。信上，他们提醒泰戈尔访问秘鲁会遇到的政治风险：

尊敬的诗人：

　　得知您接受邀请，要去参加在秘鲁举行的阿亚库乔战役胜利百年庆典。看来，您尚未意识到该国现实中的政局，我们觉得有义务向您告知如下重要事实。无疑，了解真实的情况能让您不受伪善者和弄虚作假者的蒙蔽。

　　您的朋友和同事罗曼·罗兰，本着崇高的理由和动机，希望我们帮助您免遭政治骗局。

　　莱吉亚总统关押和放逐学生，因为他们提出政治自由和社会公正的主张，反对教会的特权，并揭露政府将国家沦为美国式资本主义的奴隶的企图。1923 年 5 月，劳工和学生的联合集会被残酷而血腥地镇压，很多人遭到屠杀。

　　我们的同事哈亚·德·拉·托里和曼纽尔·赛瓦内，学联的两位前任主席，都被起诉、关押和放逐。独裁者莱吉亚宣布并在秘鲁实行最严酷的国家主义。

　　美洲上下已经团结起来，从被捕和放逐的年轻人口中发出呼声。年轻一代宣称，秘鲁和智利两国在塔克纳和阿里卡地区的争端，必须在保持美洲永久团结的基础上得到解决。

我们感觉有必要向怀着仁爱之心的您透露这些要点。

我们尊敬您，我们永远是您的崇拜者。

……

1924 年 12 月 15 日，《民族报》登出一封信，是秘鲁驻布宜诺斯艾利斯公使曼努尔·德·弗雷尔·伊·桑坦德寄来的，他在信中为秘鲁辩护，声称秘鲁人民未被剥夺公民自由，也不存在什么独裁政府压制民众的正义呼声。（跟秘鲁政府比起来，统治印度的英国殖民政府在道德层面是否更高尚些，这是一个有趣的话题）

我们要记住的是，无论泰戈尔，抑或埃尔姆赫斯特，都不熟悉南美的政治环境，这里的复杂局势让他们摸不着头脑。再者说，这些没有预见到的问题，只要引发一丁点麻烦事，都可能对泰戈尔的健康不利，尤其是他的心脏。医生禁止泰戈尔出发去秘鲁的忠告将再次回荡在人们耳畔。显然，只要医生流露出一丝犹豫不决，埃尔姆赫斯特或奥坎波都不能或不会同意泰戈尔离开桑伊斯德罗，他们对他可谓全心全意。

事实上，埃尔姆赫斯特和奥坎波也处在一个复杂、微妙的境地。埃尔姆赫斯特的任务是尽心尽力地照顾泰戈尔。在他心中，诗人的健康是第一要务，要是泰戈尔在南美之行的任何地方稍有闪失，或遭遇尴尬，他都不能原谅自己，诗人在孟加拉的同胞也不会宽恕他。除此之外还有其他的麻烦事。有证据表明，他对奥坎波产生了兴趣（她也如此），但他决不能让人发现自己招蜂引蝶，让师尊的声望受损：他是个品行高尚的人，不能做这种苟且之事。住在桑伊斯德罗时，他满脑子都是这个迷人的阿根廷女人，她的魅力让人难以抗拒。当然，他更清楚的是泰戈尔在资金筹集方面遇到的麻烦，取消秘鲁之行，意味着国际大学损失了一大笔钱。但如果，如果他觉得这位孤独的诗人在桑伊斯德罗多住几天能有所收获，如果大师本人需要女主人当她的缪斯，他当然会想方设法帮他留在阿根廷。与此同时，如果取消秘鲁的访问，他们两人如何离开南美？谁来支付他们去欧洲的船费？这位漂亮而不易相处的阿根廷贵妇是否会像魔法师一样，顷刻间变出米拉尔利约供人避难，再向他们伸出援手？也许她是唯一的希望。这样的话，谁敢去玩弄她的感情？

至于奥坎波，她饱受内心的折磨。她曾为这个异国诗人的诗落泪，在诗句中，她感受到自己的深情，她愿意像传统印度妇女一样，将她的头埋在诗人的脚背，拭去上面的灰尘，她崇拜她心目中的英雄，但方式跟今天的青少年崇拜流行偶像不同，终于，她的偶像活生生出现在面前，像神灵的化身，一举一动都带着摄人的力量。机缘巧合，甚至要感谢他在安第斯号上患的流感，让他成为她的客人，或者被她的爱"绑架"的受害者。他是她的客人，没错，但她身为女主人，却不住在米拉尔利约。她派去自己的仆人，其中包括法妮，从奥坎波的童年时代，法妮就开始照顾她。她把城里公寓的炉子、平底锅、刀叉和陶罐都送去米拉尔利约，她自己却在几个街区外的父母的"奥坎波别墅"住了几个星期。但她几乎每天都去看他，陪他吃午餐、晚餐或喝茶。她想，仆人们真幸运，能比她多看他几眼。她只有靠和他们聊天，来安抚自己的心情。每次从他身旁经过，距离如此之近，伸手可及，但她总是"浪费大好机会，怅然若失"：她感觉自己像是中了彩票，却无法兑现奖金。如果她能够睡在他的卧房门外，睡在地板上，像一条小狗，她肯定愿意，但一切都只是设想。从某种程度上来说，不留在米拉尔利约过夜，对她来说是一种牺牲。这是亲眼见到米拉尔利约时，我的脑海中产生的想法。楼上有四间卧室，俯瞰普拉塔河的两间，分给了泰戈尔和埃尔姆赫斯特。奥坎波能在剩下的两间任意选择，但旁人会怎么想呢：她的父母、仆人、她的情人？法妮会怎么想？当她婚姻破裂后，法妮像一条巨龙守护在年轻的女主人身旁，满脸狐疑地目送她在固定时间坐上车，跟车夫一起消失在神秘的远方。奥坎波刚开始独自生活；她正在学习如何成为一个独立女性；这段时间，她仍然很胆小，就连她的情人在布宜诺斯艾利斯的贝尔格拉诺区修了一处宅邸，这样他们就能住在一起，她也不敢留在那里过夜，生怕父母晚上打电话找她，或者母亲大清早来看她，那样的话，女儿夜里不睡在自己家，而是跑到别的地方过夜的丑事就会暴露无遗。这种情况只出现过一次，那是在 20 年代末（也许是 1928 年），她在情人家里过了一晚，但她吓得够呛，连床笫之欢都不成功。所以，虽然对她来说，不在米拉尔利约过夜是种损失，但就算她留下来，又能做什么呢？难道自己扑进泰戈尔的怀抱？她做不到。她是一头羞涩而野性的动物，尚未被他驯服。他仍然是一个远渡重洋而来的神秘陌生人，一个跟她父亲年岁相仿的男人，看上去遥不可及，又让人难以抗拒。她只想让他有家的感觉，像住在自己家一样，她的频繁出现也许会让他心烦意乱。显然，他们需要时间来熟悉对方。她在内心深处感谢那场恰到好处的疾病，"如及时雨般的流感"，但她同时又责怪自己的自私。要是她的客人继续保持这种缓慢的恢复状态，又没有真正的危险就好了，他安然地休息，而她来当管家、秘书和护士，当很长、很长时间。但她又不愿全世界的人认为是她阻碍诗人去秘鲁，认为她想把诗人占为己有，不让他在秘鲁的崇拜者们接近他。对于像她这样高傲的女人来说，那样的指责难以承受。

本质上，这是个外交问题：如何让他留下，又不让全世界认为是她逼他留下来的。这的确是个棘手的外交问题，因为她是一个女人，也是他的崇拜者。除非她让他早日离开，否则不管她怎么说、怎么做，人们会一直认为她握住他不放，不让他去秘鲁。这真叫人沮丧，因为正是秘鲁的邀请，他才来到此地。但利马那里有人读过他的作品，像她一样熟悉他的作品吗？他们知道他既是艺术家，又是思想家的真实身份吗？谁会在那儿照顾他？谁会照顾你，为你而活？（Quien te cuidará, vivirápor ti?）这句西班牙语歌词唱出奥坎波的心声。接下来，还有卑鄙的政治，这根本与他无关。他为什么要浪费时间卷入南美的政治纷争，向秘鲁人民发表和平与和解的演讲呢？他不过是一个诗人。为什么不留在桑伊斯德罗，更多地了解她，写写诗，养养身体？这样的良机，难道不是所有的诗人渴望，或应该得到的吗？当然，能邀请泰戈尔踏上南美大陆的土地，秘鲁政府已完成使命。为什么要干涉他的生活呢？秘鲁人应该放开他。

　　但财务问题依然存在。遇见泰戈尔之前，她并不知道他对募集大学资金一事忧心忡忡，但埃尔姆赫斯特很快告诉了她实情。奥坎波该做些什么，才能补偿他未能亲赴秘鲁而遭受的经济损失？她能筹集资金吗？除了当个女主人和护士之外，她还能为他做什么？尽管她是一个富有的女人，但她并没有富有到那种程度。她也许能在欧洲买下一栋别墅，方便泰戈尔去欧洲时能有落脚之地，但她并不具备资助建设一所大学的实力。

　　有足够多的文献证明，出于奔放、稳重的天性，奥坎波饱受激烈的情感波动的折磨，因为一连串棘手的问题萦绕在她的脑海，突然四处蔓延，让她无法直面她心目中的英雄。首先，她如何为他提供一处远离尘嚣的乡间别院？其次，安顿好他之后，如何能让他住得更久一点？如何让他遵循医嘱，得到足够的休息？如何避免他接待过多的访客？同时，她如何才能更接近他，让他注意到她，让他明白她有多么熟悉他，她读他的作品读得多仔细？她如何才能委婉地表达心意，而不至于让他觉得她是习惯委身于人的轻浮女子？她如何才能和他直接交流，而无须考虑到那个与她年龄相仿、相貌俊俏的英国信徒？这个英国人守护着他的上师，就像法妮守护她一样，他的出现叫人分心，而他似乎也被她弄得心神不宁。泰戈尔不可能永远住在桑伊斯德罗，而她也不会搬去圣地尼克坦，那么他们会在何种情况、在哪个地方重逢呢？会是在欧洲吗，那里距南美和印度次大陆一样遥远，能避开阿根廷人和印度人的窥视？她如何能隐藏自己不愿离开布宜诺斯艾利斯的真实原因？因为她有一个情人，每个人都知道她有过一段破碎的婚姻，正独自生活。她如何帮他摆脱事业上的财务负担，为他孕育艺术灵感？她如何让他珍视最宝贵的艺术天赋？这些难以对付的问题，像一片汹涌的海浪，泰戈尔住在桑伊斯德罗的整个期间，以及随后的一段时间，她都忙于劈波斩浪。正如她在书中的描述，当她写第一篇与泰戈尔有关的文章时，还以为身处梦境，根本不敢相信能如此走运，请泰戈尔到桑伊斯德罗做客，但梦想一旦成真，一切又变得自然，而她"又开始为别的理由操心"。

确实，对泰戈尔、埃尔姆赫斯特和奥坎波来说，在桑伊斯德罗的几周过得麻烦不断，每个人都身处独特的环境，心怀独特的苦衷。

七

致 V. O.
穿越酷热的正午，
穿越肆虐的雨珠，
穿越人类的争斗，

我来到，

恬静的家，徒增爱慕。

不，这不是泰戈尔写的诗，而是保存在布宜诺斯艾利斯奥坎波档案室，据说是莱昂纳德·埃尔姆赫斯特写的一首诗的第一个诗节。打印而成，用铅笔签着"LKE/1924"字样。至于"爱慕"的对象，从第二节开始，看起来是位男性，貌似基督或某位天神，但在诗的末尾，这个铁石心肠的人显然对他的崇拜者冷冰冰，令后者感到比雪还要冷的寒意，灵魂都冷得打战。虽然蒙上一层比喻的面纱，这首诗的意境和泰戈尔的"异国的花"截然相反，而且标题明确注明，是献给维多利亚·奥坎波（To V. O.）。我偶尔也写几句小诗，姑且猜测，第一节中提到的，便是他们驱车去米拉尔利约途中遇上的那场暴风雨。

在我的《罗宾德拉纳特与维多利亚·奥坎波的友谊》一书中，我希望读者们留意，在这位孟加拉诗人和他的阿根廷女友人之间，还有一个年轻的英国人，他是诗人信赖的秘书，扮演了关键角色。正是埃尔姆赫斯特说服泰戈尔前往米拉尔利约休养，正是他在米拉尔利约见证了诗人与他的崇拜者与日俱增的友谊。埃尔姆赫斯特对泰戈尔忠心耿耿，对他来说，泰戈尔就像是一位父亲，他负责照顾诗人，推动诗人的事业。泰戈尔也信任他，两人结成一种牢不可破的亲情和友情。奥坎波崇拜泰戈尔，而泰戈尔一向对崇拜者来者不拒。同时，奥坎波和埃尔姆赫斯特也发展出一段友谊，从 30 年代到泰戈尔去世，延续一生。奥坎波的《泰戈尔在桑伊斯

德罗峡谷》一书正是题献给埃尔姆赫斯特的。对故事的三位主角来说，另外两人都分别扮演了重要角色。任何想要深入研究泰戈尔与奥坎波交往的人，任何想弄清在桑伊斯德罗时两人究竟发生过什么事的人，都必须考虑到"埃尔姆赫斯特因素"。这段往事迷雾重重，绝非一两句话能说清，现实情况常像是一座迷宫，将我们困在其中。我们必须知道这段"三角关系"给当事人带来的麻烦，找到蛛丝马迹。在达丁顿庄园的埃尔姆赫斯特档案室，我的发现让我意识到这个"因素"的重要性，但留给我更多费解的问题，随后，在布宜诺斯艾利斯的奥坎波档案室的调查，很大程度上还原了事件原貌。

在 1939 年 2 月写给奥坎波的信中——她当时在巴黎——刚从印度回到欧洲的埃尔姆赫斯特告诉了她与诗人相关的"所有消息"，他回忆自己曾对泰戈尔说，如果有谁打算为泰戈尔写一本传记，肯定是个笨蛋。泰戈尔后来问他，是否还坚持这种想法。"那当然。"他回答道。"你说得没错，"诗人表示，"有太多的事儿，他们不敢往里面放。"泰戈尔指的一定是在桑伊斯德罗时，三人剪不断理还乱的故事，他的本意是："有太多的事儿，他们不敢往里面放，因为有太多的事儿，他们永远不知道。"他是不是以为，未来的研究者们也无法翻出真相？我希望《罗宾德拉纳特与维多利亚·奥坎波的友谊》的内容，加上现在提供的附加信息，算是对"深究"工作的一点微薄贡献，让泰戈尔传记的作者能添上一些细微但意义重大的小事，让描述变得与众不同。当然，同样的方式也适用于撰写奥坎波和埃尔姆赫斯特的传记。我相信传记的价值和真实性。但我也相信，除了传记，还有别的体裁能将传记主人，无论是男是女，栩栩如生地刻画出来。正是怀着这样的念头，我开始撰写这本书。

埃尔姆赫斯特写自己和泰戈尔的文字，包括"对泰戈尔的个人回忆"（本文收录于 1961 年出版的《泰戈尔诞辰百年纪念文集》）和《罗宾德拉纳特·泰戈尔：教育先驱》（1961 年由国际大学出版社出版）。如果想简单了解他的生平，我推荐迈克·杨的《达丁顿庄园的埃尔姆赫斯特夫妇：乌托邦社区的创建者》一书（与安提雅·威廉姆斯、罗宾·约翰逊合著，1982 年在伦敦出版），不过，对阿根廷之行的描述难免存在谬误。下文中，我只引用了部分准确信息。

身为一位约克郡牧师和地主的二儿子，莱昂纳德·K. 埃尔姆赫斯特（1893－1974）先后在莱普顿中学和剑桥大学接受教育，一战时报名参军。1917 年因伤从美索不达米亚退役后，他在印度待过一段时间，并开始研究印度农业和农村生活。

我非常想回去，找点事做，不是为大英帝国效力，也不像一个传教士，而是跟印度人一起，跟像泰戈尔一样的人一起，去一个印度村庄。那时候，我不知道自己为什么想完成这个目标，或如何让我被他注意到，他是个伟人，我读过他作品的英译本，崇拜得五体投地。我还记得 6 年前第一次读到《吉檀迦利》时内心受到的震动，那时我刚好在剑桥拿到历史学的学位。

他去康奈尔学习农业，正是在美国期间，泰戈尔遇见他，邀请他到圣地尼克坦附近的一个村庄。埃尔姆赫斯特把原来的苏鲁村建设成许里尼克坦（意为"和平村"），他又陪泰戈尔在1924年初踏上前往中国和日本的行程。南美之行，他是泰戈尔忠实的秘书。离开阿根廷4个月后，埃尔姆赫斯特迎娶了多萝西·惠特尼·司戴德，一个美国富商的女继承人，她是维拉德·司戴德的遗孀，也是纽约大商人威廉·惠特尼的女儿，从父亲和前夫那里，她获得大笔遗产。婚后，莱昂纳德和多萝西购买并翻修了位于德文郡托特尼斯的达丁顿庄园，设立研究中心。在泰戈尔的鼓励下，埃尔姆赫斯特最终遗留给后人举世闻名的圣地尼克坦和许里尼克坦。

埃尔姆赫斯特和印度结下一生的不解之缘。1944年，他担任孟加拉政府的农业顾问，参与创建莫德尔山谷公司，治理连年泛滥的莫德尔河。根据他的传记，从1949年到1961年，埃尔姆赫斯特几乎每两年都会去一次印度，担任农业顾问。多萝西·埃尔姆赫斯特虽然对泰戈尔和印度态度矛盾，仍然为许里尼克坦的建设慷慨提供资金支持。

如果说泰戈尔和埃尔姆赫斯特穿越一场暴风雨，乘车去了米拉尔利约，那么另外一场场暴风雨，情感的暴风雨，会在接下来的几周笼罩在他们头顶。最初的几团乌云，在11月13日周四，就已经清晰可见。这一天，埃尔姆赫斯特告知驻布宜诺斯艾利斯的秘鲁使节，泰戈尔访问秘鲁的行程会无限期拖延，并写好一篇公报，准备在媒体公布。

这一天，埃尔姆赫斯特和奥坎波驱车进了城，但在动身前，他收到她递来的一张便条：

周四，晨

亲爱的埃尔姆赫斯特先生（这是不是英语信函的开头方式？如果不是，请原谅……）：

我派车来，而不是我开车来接你，是因为我总觉得自己是个擅闯的人，不敢离泰戈尔先生太近。这种感觉让我很伤心，几乎难以承受。

我不介意被拍到和泰戈尔先生在一起，或者求他为我在他的一本书上签名……我想要的很难得到。我想要他知道，我有多么爱读他的作品！但同时，我相信这不太可能，因为我说一口蹩脚的英语，因为他不能用法语或西班牙语为我读诗。我的理解和我的爱对他来说无足轻重……唯一能让我开心的事，是我无力办到的事。我写这些给你，让自己心里好受些，因为我希望你能明白我的真心实意。

罗贾斯博士已经安排你1点半见苏亚雷斯。我想你最好上午11点或11点半出发去布宜诺斯艾利斯。我派来我的老护工，因为我猜想泰戈尔先生会跟她合得来，我希望他过得舒适，得到很好的照料。她比我胆子大。

静候你的回音。

维·奥坎波

苏亚雷斯先生的地址是巴托罗梅，米特尔，2021号。

在手稿里，"我希望你能明白"中的"你"字下面加了下划线，手稿保存于埃尔姆赫斯特档案室。老护工是法妮，虽然她和泰戈尔语言不通，却建立起"友善的谅解"。还是同一天，如果我们记忆犹新的话，埃尔姆赫斯特来到奥坎波城里的公寓，写了一首诗。我猜就是下面这首，一份保存在布宜诺斯艾利斯的打字稿，有铅笔"LKE/1924"字迹。

在异国

"陌生人"，他说。

他全然不知。

将视线错过

玫瑰伸出的花刺，

头顶一片蔚蓝天空，

花架借着风势

卷起几束忍冬。

"外国人"，他说。

嗯，我想他大错特错；

因为，不管是与否

都是篱雀唱出的欢歌。

是的，蝗虫成祸，

一株翁布树高大巍峨，

但为了谁

阳光洒得最多？

今日，那时，我黯然心牵

陌生人是我，

但等到明天，

你将不再错愕

因为主人们令我释然

用他们的笑颜。

为我唱一首欢歌

唱给他们的翁部树。

布宜诺斯艾利斯

1924 年 11 月

看来，有人安慰过泰戈尔，不要因为到了一个新的国度，就被陌生的感觉吓倒。对他来说也许很陌生，但他的秘书却毫无惧色。埃尔姆赫斯特打算半路上去见见好客的主人。

11 月 13 日的结束，在埃尔姆赫斯特的《阿根廷奇遇记》里被称作"冰山之夜"。为什么会显得冷飕飕，他没有说明，但我们可以猜测，是奥坎波和泰戈尔之间的交流失败所致。第二天，11月 14 日，周五，埃尔姆赫斯特带着"（R. T. 的）一封道歉信"去见奥坎波。这肯定就是泰戈尔写给奥坎波的第一封信。当天晚些时候，埃尔姆赫斯特再次见到奥坎波。

维多利亚很高兴，看不出之前生气的迹象。她开车送我去邮局取信。去米切尔书店拿给 R. T. 的书，我以为她会扔下我，但她放慢车速，一直告诉我她的婚姻。她 20 到 30 岁之间，家里安排她嫁了人，丈夫很聪明，但无情——就像一辆车，她这样描述他，虽然引擎在不停地转，但离合器却不受控制。

他带她去巴黎，但反感她的笑声，反感她四处频送秋波（除了送给他）。她越胆大，他就越怀疑。他们已经分居 1 年，两天前，他看见我和维多利亚一起在哈罗德商店吃午餐。

奥坎波结婚时还不满 23 岁，这段婚姻并非严格意义上的包办婚姻，但上文提到的细节，与《自传》第三卷里的内容相互印证。从米切尔家拿的也许是泰戈尔喜欢的 W. H. 哈德森的作品。1983 年，我在圣地尼克坦为写这本书收集资料时，看到过一本哈德森的《普拉塔河的自然主义者》（1922 年在伦敦出版），我推断这是泰戈尔的私人书籍，书上有枚小书签，看起来像书商的标签，"MITCH" 这 5 个字母依然可见，但其他字母被捆书的带子磨得模糊不清。

《阿根廷奇遇记》里，1924 年 11 月 24 日这一天晚些时候的内容戛然而止，时间顺序变得凌乱。

她给我介绍她写的剧，师尊告诉了我们《红色夹竹桃》一剧后他打算写些什么。两人谈得很投机。我们坐在车里，聊到 1 点半。

我还记得 1982 年写《罗宾德拉纳特与维多利亚·奥坎波的友

谊》一书时，被这三个句子折磨的情景。我只能猜想埃尔姆赫斯特在将原始日记上的内容片段誊抄到练习本上时，出了一些错，但我同时怀疑，有些细节被忽略了，有些秘不示人的真相说不定还藏在埃尔姆赫斯特档案室的文件里。现在，如同一缕拨开迷雾的阳光，我在奥坎波《自传》第四卷的法语版草稿上发现了一段话，这一页打字稿保留了她亲笔校改的痕迹，现存于布宜诺斯艾利斯的奥坎波档案室。她回忆起自己坐在车里，与埃尔姆赫斯特交谈的那个夜晚：

……我们从布宜诺斯艾利斯回来，我们去那儿买了泰戈尔要的哈德森的书。莱昂纳德一直亲切地赞赏我。我们谈得很合拍。突然，莱昂纳德拉住我的手。我以为他只是想表示友好，也许还有一点爱慕。但他把我的手贴在他的性器官上，一瞬间，我感受到那个东西的存在。我想说的是，我当时震惊得几乎来不及做出反应。我愤怒地跳下车，猛地关上车门，车门咣的一声响，方圆几公里的人都能听见。莱昂纳德是个年轻的英国人，一向温文尔雅。我不明白，今晚在冲动之下，他为何会松开欲望的缰绳。后来，他给我写了一封谦卑的道歉信。但我想他会怨恨我好长时间，因为从那天以后，他开始曲解我所做的事。这让我很伤心。比如，他说我对泰戈尔的爱就像是垒一个基座，这样有朝一日，我能把他供在那里，说我太自负，太自私。自私？我自私吗？也许吧。但并不过分。

我认为，埃尔姆赫斯特 1924 年 11 月 14 日的日记和奥坎波的《自传》手稿片段所指的是同一件事：他们买到泰戈尔要的哈德森的书后，开车从布宜诺斯艾利斯返回桑伊斯德罗。奥坎波亲自开车，显然车上没有别的司机。但还有别的乘客吗？我们猜，就他们两人，埃尔姆赫斯特坐在司机座位的旁边，要不然，难道奥坎波记录下的事发生在她与后座的某个乘客身上？应该不会。在段落开头，奥坎波用的是第一人称复数——"那一晚，我们和莱昂纳德开着车，我们去书店买了泰戈尔要的书，从布宜诺斯艾利斯返回。"——但我知道，对法国人来说，"我们和莱昂纳德"是一种常见的口语表达法，类似"我们聊着天，莱昂纳德和我"，将复数用于单数，就如同英语里"给我们一个吻"，意思等于"给我一个吻"。当然，还有可能是言外之意没有点明，也许之前在城里时，车上除了他们还有其他人，又或许是在返程的路上，在这场"暴风雨"来临之前，其他人刚好下了车。埃尔姆赫斯特所提到的坐在车里，聊天聊到 1 点半，他指的是凌晨，而不是下午。至于奥坎波向埃尔姆赫斯特介绍她写的剧，和泰戈尔告诉他们"继《红色夹竹桃》一剧后，他打算写些什么"，上述事件的时间和地点均不明确。奥坎波也许在车上聊过她的剧，但泰戈尔并不在座位上，很有可能是在当天早些时候提到过"红色夹竹桃"。总之很难相信，他们三人会在凌晨 1 点半促膝长谈。有证据表明，那天他们的晚餐吃得很晚——详情我会在后面提到——但考虑到泰戈尔正从病中康复，他绝不会熬夜。埃尔姆赫斯特返回时，他也许已经入睡。

这件事听上去似乎真实可信，事件发生时，车很可能停在路旁，奥坎波刚刚给埃尔姆赫斯特讲完她破碎的婚姻。有趣的是，正如埃尔姆赫斯特没有把这件事写入《阿根廷奇遇记》，奥坎波也略去了她向埃尔姆赫斯特讲述婚姻危机的情节。细节隐瞒后，故事听起来更像是埃尔姆赫斯特突然挑逗她，这个可怜的年轻人被她迷住，两人越走越近。她看上去很孤独，经历过一段失败的婚姻，正需要同情和关心，而他的举动虽然带着孩子气，也不恰当——几个月后，埃尔姆赫斯特娶妻成家，才终于告别处男之身——但他想表达的是："听着，别在意你那个不解风情的丈夫，我喜欢你，觉得你很迷人，需要我为你做这事吗？你要我做吗？你会让我做吗？"奥坎波承认，埃尔姆赫斯特经常表现出对她的呵护和赞美。显然，她优雅地接受了这些恭维话。他们聊得很开心，推心置腹，虽然她跟他袒露了破碎的婚姻和可憎的丈夫，却隐瞒了她有个情人的重要事实，难怪对方误认为她孤独寂寞，渴望一段新的恋情。她摔门离去的场景也很可信，因为她有生气时摔门的习惯，她本人在《证词》中写法妮的文章里也提到过。如果我们将所有的细节串联起来——她乐滋滋地接受一个比她小 3 岁的英俊年轻人的恭维，她大胆地与一位陌生人分享自己个人生活的隐秘，才认识一周，他们就深更半夜、孤男寡女躲在一辆车上，把想说的话倾泻而出，对某些禁忌缄口不语，迸发的怒火、兴奋、惶恐和贞洁般的退缩，然而事实是，她已经有一段持续 10 年的地下情——这些画面和我们心目中的奥坎波相符，设身处地，她一定会做出类似的举动。她羞怯而大胆，再加上拉美的成长环境，女性既要卖弄风情，又要显得清纯高雅。埃尔姆赫斯特并不是唯一犯错的人：奥尔特加、凯泽林和泰戈尔都或多或少犯过错。文件表明，英国人埃尔姆赫斯特虽然伤得不轻，但意志还算顽强，就像流行于约克郡的俗话说的那样，牧师家长大的孩子"生来强悍"。他从战火中幸存，成家立业，投身于建设工作，维持并发展与奥坎波的友谊。而诗人泰戈尔，他用艺术来安放内心的伤痛——起初用文字，晚年时转为素描和油画——从与奥坎波的交往中获得很多创作灵感。西班牙人奥尔特加一开始难以释怀，但后来和奥坎波关系密切，展开一段文字缘。凯泽林伤得最深，也伤害奥坎波，将他的遭遇向荣格讲述，隐蔽或公开地撰文诋毁她和南美，也不听她的辩解。

埃尔姆赫斯特肯定心情低落，但仔细研究保存下来的资料文献后，我不认为他是故意曲解了奥坎波的举动。相反，他努力让自己举止得体，这在本书后面的描述中也有体现。不管怎么说，奥坎波的举动令人费解。根据现存的记载，埃尔姆赫斯特是在某一天晚上说奥坎波自负，详情后文会提到。

保存在埃尔姆赫斯特档案室的这张便条，可能写于当天晚上。作者怀着痛苦的心情。（为什么会跑去英国，而没有留在布宜诺斯艾利斯？去布宜诺斯艾利斯前，我猜想这只是一份书信草稿，但我并没有找到另外一份誊写稿或修改稿。奥坎波究竟有没有读过这封信？这封唯一的信，她读完后又还给他了吗？或者这只是一份草稿，她毁掉了收到的那一封？这些问题都无法找到答案）

维多利亚：

我真希望自己知道该做些什么，知道该如何更好地帮你。但我不知道。友谊对我来说，意味着相互给予却无须回报，如果为了回报，倒是可以表达一点谢意。我尝试尽我所能，虽然微不足道，仅仅是精神上的支持，而非实际的东西，至于回报，我感觉我已经收获了弥足珍贵的东西，也知道未来会发生些什么，然而，不管我们如何误解对方，我们都应该记住过去的美好时光，我们曾分享彼此的友情，相互信任。我无法忍受出现一些不和谐的因素，影响这段友情，无论如何，你知道，我会随时提供帮助，或者派上用场，要是你还需要我的话。到那时候，我会觉得自己从砖墙旁挣扎而起。你瞧，我开始卖弄我的知识，忽视自己的情感，但当你要我用文绉绉的方式表达我的情感时，我总是说不出来、言不达意。

我承认，语言是个可怕的障碍，还有国籍，但我们有很多共同点，能帮助我们克服这些困难，之前，我们已经克服了许多困难。但是，当我们一起谈论到师尊时，我感觉你不再信任我——我看得出，你在一张巨大的网中挣扎，我每天都注意到，每个小时都注意到，网越收越紧，这是一张误解的网——你总是问他的意见——他的意见能起什么作用——我真切地感受到是哪里出了错，推测为什么会犯错，要是我不够敏感的话，就无法做到未卜先知，就不能陪伴他。看得出，你经常对他的心情视而不见，你的感官变得模糊、迟钝，你也觉察到了，将迷惑的心情向我倾诉。虽然在我看来，这是再明白不过的事，你却拒绝听我的解释，拒绝跟我畅谈，怀疑我有不良的动机，每次我们的友谊基础受到威胁时，你都拒绝交流——相互信任和同情很重要。除非你能相信，我希望你得到真正的快乐，为此不惜牺牲彼此的好感，我愿意放弃一切（除了原则性），我还没这么坦诚过，因为坦诚对友谊来说，既是契机，又是风险。

　　我坚持的原则之一，是如果抓不住友情，至少要以礼相待。除非生活变得一团糟。我想你大概没有看出师尊和我的微妙处境——我们是阿根廷的客人，受到热烈欢迎——我们来到南美的土地，结识你，我们每个人都像是一位大使，虽然我们没有意识到，也没有官方的头衔，但我们代表了印度和英格兰——或兼而有之。我们无法摆脱这个身份，也不能放弃自己的使命。我知道，你说这仆人们拿钱就得做事，但他们是为你服务，而不是为我。我是他们的客人，我必须善待他们，不管他们待我如一位客人或者外人，甚至嫌弃我。不管他们收了多少钱，多么有干劲，都不是针对我，要是事情出了错，他们就会责怪我，尤其当对方觉得我喜欢他们，这并非实情，我也只是一个支领薪水的仆人，一个秘书——他们不清楚我的职责所在，也不明白该由谁来为某些荒唐的行为负责。你也许会说，仆人们怎么会介意？——但我面对他们，我是住在这里的客人，房子不是我的，或你的，或我们的女主人的，尽管你不怕流言蜚语，但你的家人和其他人已经用怀疑的眼光看我——所以我知道，我们的友情注定会遇上风险——但冒险很值得。阿德里亚今晚很不安，当然，她肯定会责怪我，她是对的，我太冒险了，但我想她会理解——虽然她宽恕了我，我还是觉得不该把她牵扯进来，不必要的冒险值得吗？还有，法妮会怎么说——如果你来过，就会看得出——因为她没有将抽屉清理干净，她在慌乱中把东西扔得到处都是。如果你觉得这种情况难以避免，我并不介意仆人的怠慢，但是，记得吗，要不是你让他们等那么久，我又和你在一起，我要对他们负责，如果晚餐由于同样的原因推迟的话，我会挨骂。

我希望你能理解，我很想为你做些事，希望你意识到，你面临的困难因素。我想成为你真正的朋友，就像哥哥保护妹妹，为此，我宁愿给你或别人留下不好的印象——现在，为了做到这一点，我给包括师尊和阿德里亚在内的每个人都留下印象，觉得我对你怀着青涩的爱恋之情，像一个疯狂的爱人紧跟在你身后——你也许会说，这些都是无稽之谈，但不幸的是，我过于敏锐的观察力加上十足的敏感，让我知道了太多隐情，不要逃避，去问问他们吧，事实上，他们只是不敢告诉你真相——他们太害怕——对此我并不惊讶，我想每个真心待你的人，都不忍心告诉你真相反倒是聊点别的容易多了。完美的爱情赶走恐惧，完美的爱情属于人类，恐惧属于动物。每次你发脾气，都像是一头受伤的动物，让人害怕——我也怕。告诉你实情，因为说了的话，你就会立马变成一头动物，所以无论我多么爱你，都感到无能为力，只能等待你恢复理智，与此同时，因为我不愿冒险惹你再次发火，选择躲到一旁。在我读书的地方，只有一两个男孩胆子足够大，敢跟校长提意见，因为对方往往会脸色难看，变得恐怖。这就是为什么我说，很难触摸到你水面下的心思。我试过，也偶尔成功过，这与心情、感情和精神有关——但你的话，和你的怒气，让我没有机会辩解。当你对我说"你不明白"时，你就关上了心门，当你怒气冲冲时，再次关上门——我不知道接下来会发生什么，但我有种感觉，你的内心深处有对爱和同情的渴望，只是你很少得到。不要觉得我会责怪你，或将你看作一个布道者，因为你周围的环境一直在施加压力，侮辱你的心灵和精神，同情和友情变得残缺不全。

反正，我觉得你很绝望——我来信的目的是维持我们的友谊，并希望带来同情和友情，我不要回报，除了获得你的允许，帮助你，让我有用武之地。必要的话，我会默默地支持你，在精神层面上——因为你是个聪明的女人，你的脾气又太坏，让我手足无措。请原谅我缺乏耐心，缺乏了解——我已经狠狠地当了一回好人，以后，我只能扮演恶人的角色了。

我说完了，也许说得太多，我将我们的友谊置于险境——以我讨厌的书信形式——如果你不想见我的话，但至少能一边流着冰冷的血，一边读我的信——要是你永远不想再跟我说话，我也能理解。但是，如果躲避不了的话，请不要问我有没有对别人做过如此无情和轻率的事。

晚安

莱昂纳德

请不要责怪法妮，因为一切都是我们的错。她是个忠诚的仆人，不像我，是我们给她留下那种印象。

信中有几处让我不太明白。比如，埃尔姆赫斯特说："……我面对他们，我是住在这里的客人，房子不是我的，或你的，或我们的女主人的。"他所指的是否为米拉尔利约？这样的话，"我们的女主人"难道是奥坎波的女仆法妮，因为她负责照顾客人的日常起居？假设埃尔姆赫斯特提到的是 1924 年 11 月 14 日夜里发生的事，阿德里亚扮演了什么角色？"阿德里亚今晚很不安。"当晚，她和他们待过一段时间吗？奥坎波是否临时改变计划，丢下阿德里亚，跟埃尔姆赫斯特驱车离开？有没有可能，阿德里亚一直守在米拉尔利约，等他们回来吃晚餐，等到凌晨 1 点半？看样子仆人们都很恼怒，因为他们不得不等待埃尔姆赫斯特返回，在他们心里，痛骂的是埃尔姆赫斯特一个人。还有，看样子法妮趁埃尔姆赫斯特出门，翻找过他的抽屉。埃尔姆赫斯特给她取了个谐音的英语名，叫"芳妮"（原文"Fanny"与英文"Funny"谐音，此处为打趣——译者注）她是不是想找出埃尔姆赫斯特同她的女主人神秘消失的证据？读过奥坎波《自传》第三卷的人，都清楚法妮最擅长调查断案。

不管如何回答这些问题，有一点很明确：埃尔姆赫斯特怀着极度痛苦的心情，真诚地写了一封信。他身陷尴尬的处境，被职责撕扯得身心俱疲：一边是师尊，他对他忠心耿耿，另一边是刚结识的朋友，他想为这个优雅的女人提供力所能及的帮助。她是真正的女主人，一个"坚强的女人"。此外还有她的朋友，好心的阿德里亚·阿塞维多，还有仆人，他们耐着性子接待客人，不能对他们无礼苛责。

对奥坎波的家人和仆人来说，埃尔姆赫斯特的身份确实诡异。他们可以容忍奥坎波对东方圣人的热情崇拜，但埃尔姆赫斯特是谁？尤其是仆人们，弄不清楚他和泰戈尔的关系。他们觉得他是一个雇来的秘书，是像他们一样的仆人。无法理解他是一位值得信赖的朋友，一个信徒，一个有身份的秘书。泰戈尔的年纪和奥坎波父亲相仿，是个来自异国、值得尊敬、白髯飘飘的人。他身穿一袭长袍，在外人眼里，他绝不会心怀诱拐年轻女主人的企图。但埃尔姆赫斯特完全不同。他是个欧洲人，跟奥坎波差不多大。两人因机缘巧合走到一起，显然，他们意气相投。他怎么可能不心怀叵测？

埃尔姆赫斯特像一块夹心三明治。他要保护泰戈尔的隐私，避免不必要的骚扰，这样才对得起"秘书"这个职务。而奥坎波则想方设法接近她心目中的英雄。要是她不满意、不接受他所传达的泰戈尔的心意和感受，他又感到不快和沮丧。同样，相比之下，她更亲近这个能陪她去哈罗德商店共进午餐的英国年轻人，而那位跟她父亲差不多岁数的亚洲诗人，遥远得像一只美洲驼。但奥坎波只是想利用埃尔姆赫斯特接近泰戈尔吗？等到她目标达成，就会随手将他推到一边吗？他是个无名小卒，没地位，没感觉？那他来阿根廷做什么？

　　我和熟悉维多利亚·奥坎波的人聊过，也认真读过她的《自传》，不得不佩服埃尔姆赫斯特对她的个性理解透彻。这封信列出她所有的性格特点，这些特点在她与泰戈尔直接交往的最初、最困难的数天里一一展现。我们知道，童年时，她深受叔祖母的溺爱，她像一个封建时代的小姐，仆人们对她毕恭毕敬。在压抑的环境中，她出落成一个年轻女人，再加上她糟糕的婚姻，据埃尔姆赫斯特的诊断，让她在精神上受到创伤。还有她的婚外情，虽然埃尔姆赫斯特并不知道，既让她幸福，也是给她带来痛苦的源泉。所有这些因素相加，让她缺乏自控能力，容易发火，凡事爱占上风，做事果断。她设定目标，并为之努力谋划，对任何挡在路上的人都不留情面。多年后，西尔维娜·奥坎波，比维多利亚小13岁的妹妹，曾写过一首诗调侃她这个姐姐，这首诗收录在《维多利亚·奥坎波的证词》一书里。诗中有两句，西尔维娜曾经听奥坎波口中念过，足以概括维多利亚行事的动机：

　　我得不到的东西是我想要的。

　　我得到的东西却是我不想要的。

　　维多利亚是否受了泰戈尔《奉献集》西班牙语译本中"幻影（Marichaka）"一诗的影响？孟加拉语诗句直译过来的意思是"我想要的都是错误，我得到的却不想要"。英文版《园丁集》第十五首里，这两句是"我寻求那得不到的东西，我得到我所没有寻求的东西"。到了西班牙语版本，诗句变成："我想寻求我得不到的，我得到我不想要的"。西班牙语版本的这两句，与西尔维娜·奥坎波的表达惊人地相似。奥尔特加在评论希梅内斯译的泰戈尔作品时，也引用了这首诗。孟加拉语中，诗的开头是一头麝鹿，被自己身上的香味迷住，狂乱地在森林里飞奔。这个意象，在维多利亚·奥坎波踏上文学之路前，也许并不是一个恰当的比喻。但有趣的是，她后来却把早年的自己描绘成"如一头奔跑的野马，不知道目标，只有压抑不住的冲动"。泰戈尔和埃尔姆赫斯特要相处的，正是这样一个女人。她被个人生活折磨得遍体鳞伤，需要疗伤。她也知道这一点，所以才喜欢研究但丁、泰戈尔和甘地。但疗伤是个长期的过程，相比阅读，个性的成熟更为重要。与此同时，她与马丁内斯有段地下恋情，但也许因为这段像婚姻一样的恋情没有任何发展的可能，她仍然孤独，渴望友情、同情和理解。埃尔姆赫斯特听过她对破碎婚姻的倾诉，心生怜悯，于是冒险做出某些举动，结果遭遇断然拒绝。如前文引用的那封信所述，他决心吞下这枚苦果，帮她帮到底。

八

一定是在 11 月 14 日周五深夜，或者在 11 月 15 日周六清晨，心烦意乱的维多利亚·奥坎波给埃尔姆赫斯特写了一封道歉信：

"……开战前，让我可以看清楚，我将与谁厮杀。"（《薄伽梵歌》）

亲爱的 L.

我想我对你的态度不好，今晚，这让我感到不舒服。你很疲惫，我却没说给你打气的话。我很抱歉，我也累得够呛。

如果你遇到麻烦，请随时来找我。我知道在异国他乡时，孤独和悲伤的感受。如果我能帮点忙，我会很开心。

你的朋友，

V. 奥坎波

周六清晨

我一直在读《红色夹竹桃》，我读懂了。里面的内容无论对我的眼和我的心，都不算陌生，但它的美打动了我，就像一个人不停地被爱人的脸庞打动，甚至铭记在心（我喜欢英语和法语中用来表达记忆力的词：心）。拉比·巴布所说的、所写的晦涩的人生，就像是发生在我身上。这就是为什么他不能避开我的原因，不管他如何无视我的存在。我对他的爱难以放弃，只有他才有力量剥夺我爱他的权利。他可以用很多种方式伤害我，我心知肚明。但他无法夺走我的灵魂。让我气恼的是惹人吸引的是我的外在。

英语很难……我想要解释的，甚至用法语也难以解释。

你记得《奥赛罗》最后说的话吗？（可惜这本书不在我的手边）"你们应当说我是一个在恋爱上不智而过于深情的人……"要爱得明智，就要做好忍受痛苦的准备。只有生活能教会这个道理！这个道理让我们甚至能从淌血的心中抽取一丝欢乐。没尝试过炼金术，你是不会相信的。我猜你知道很多这样的例子。但也许你不会怀疑我。你可以开始着手。

以《薄伽梵歌》中的一句开头，用《奥赛罗》的尾声结束，将《红色夹竹桃》充当沟通的桥梁，这封信充分展示了奥坎波擅用典故、注释和辩驳清晰的写作风格，除了英语写得有点磕磕碰碰。这也许是她摔车门留下的后遗症！她模仿埃尔姆赫斯特轻快的口吻，按孟加拉人的方式称泰戈尔为"拉比·巴布"，让自己扮演女主角，这样的做法在今天被认为是一种"可爱"的姿态。《红色夹竹桃》（孟加拉语为"*Raktakarabi*"）当时还没有推出单行本，是题献给埃尔姆赫斯特的，1924 年 9 月刊登在《维斯瓦巴拉蒂季刊》秋季号上，精妙绝伦的插图由乔迪楞德拉纳特绘制。泰戈尔和埃尔姆赫斯特的行李中带了几本，奥坎波 1924 年 11 月 15 日读到的肯定就是这个版本。也许是印制精美的小册子让她喜欢上这部剧，帮她缓解了疲惫和内疚感。值得注意的是，《红色夹竹桃》出版单行本后，在英语读者中并未产生多大反响，但对维多利亚·奥坎波这个热情的阿根廷人来说，理解本剧的象征手法毫不吃力。她发自内心地读懂了这部剧，就像她发自内心地读懂了《奥赛罗》里暴风雨般的嫉妒。《红色夹竹桃》的女主人公是美丽而坚毅的南蒂妮，以她的爱情故事为主线，表现爱情最终战胜暴政（国王亚克沙普里和他的强权国家），但胜利也要付出代价（南蒂妮的情人伦扬为爱殉难）。11 月 14 日，泰戈尔给埃尔姆赫斯特和奥坎波聊过这部剧，奥坎波一定熟悉剧作家本人对剧情的解读。

主题是一位年迈的独裁者突然爱上了一个年轻的姑娘，而姑娘跟某个热心推动社会改革的男青年彼此相爱。最后，激进分子失去生命，独裁者幡然醒悟，与姑娘和叛乱者一起，推翻象征暴政的王国。

埃尔姆赫斯特知道，泰戈尔创作这部剧的"初衷"和"他想象出来的情节"，源于泰戈尔、埃尔姆赫斯特和年轻的拉努·阿狄卡丽的三角关系。埃尔姆赫斯特把这个故事讲给奥坎波听的目的，我们不得而知，但也许是出于他对这部剧的理解，让他鼓足勇气，在车厢里向奥坎波热情示好。他觉得在那样一种场合，应该像剧本里绘制的指示牌一样发挥作用。然而，奥坎波的反应并不像南蒂妮，她跳下车，摔了门。她还要走很长一段路，才能变成比阿特丽斯或南蒂妮。她知道吗？她读剧本的时候，意识到了吗？剧中南蒂妮的原型，在泰戈尔去世后给埃尔姆赫斯特来信：

你、我和他之间存在共同点，我知道你会明白的。你的描述唤醒我的回忆——那些宁静的下午，在他家，他让我坐在膝上，我习惯搂着他的脖子——而你在隔壁小房间里午睡。

类似的三人结合，也将经受暴风雨的考验，出现在桑伊斯德罗。

1924年11月15日，周六，埃尔姆赫斯特、丹维拉和奥坎波一起去邮局发电报，通知秘鲁政府泰戈尔访问秘鲁的计划无限期推迟。"苏亚雷斯、塞贝尔和罗贾斯"来"拜访泰戈尔，帮他给秘鲁方面传话。他们的到来让泰戈尔有些紧张——但他的健康好多了"。当天晚些时候，根据埃尔姆赫斯特《阿根廷奇遇记》的记录，他、诗人和女主人一起去"维多利亚老家的花园"聊了好一阵。他所说的肯定是"奥坎波别墅"的花园。泰戈尔和奥坎波坐下来聊天，埃尔姆赫斯特则忙着观察从未见过的鸟类。下一条埃尔姆赫斯特手写的便条没有标注时间（也没有签名），现存于埃尔姆赫斯特档案室，一定是他请求奥坎波从"奥坎波别墅"派车来接泰戈尔的那张便条。我在布宜诺斯艾利斯没有找到这张便条的副本，奥坎波肯定是读完后又还给了埃尔姆赫斯特。

维多利亚，拉比·巴布感觉好多了，他说他想今天下午去看你，如果你能方便的话，5点钟派辆车来接他。他独自前往。

我不知道你心里会不会原谅我。你已经原谅过我一次，如果你能开恩让我们的友谊延续，昨晚发生的将成为我一生最难忘的事——我感觉，爱神就坐在你我之间。

但今天我很茫然，我伤害了你，我说得越多，对你的伤害越大。我们都是文明世界的受害者——对我来说，一直在放弃，远离家人，流浪在外，所以我很难判断眼前的处境、需求、关联和社会规则——你把我逼近一个角落，我只能以自己的经验来应对，我似乎，我知道自己经验有限。我的行为不可饶恕，我永远不该奢望你会受到我的影响。

在你生活的社会，你肯定会找到属于自己的自由——脱离它不太可能，但你肯定会争取到自由。我唯一担心的，是你属于极少数不惧生活艰险的人，这也是我犹豫不决的原因。

你已经很不快乐，为什么还要失去更多呢——要是你觉得我所做的都是白费功夫，愚蠢，缺乏想象力，给你增加负担，哦，请告诉我。

拉比·巴布马上就来。

虽然埃尔姆赫斯特说泰戈尔会"独自前往",但泰戈尔也许劝过他,让他改变主意,两人一起去了别墅。这才解释得清日志里提到三人在"维多利亚老家的花园"。埃尔姆赫斯特和奥坎波的信件往来,都从11月14日那个重要的夜晚开始。

11月15日,泰戈尔写了他献给维多利亚·奥坎波的第一首诗"《客人》(Atithi)",晚上,他开始着手将这首诗译成英语,好拿给她看。同一天夜里,收到奥坎波来信的埃尔姆赫斯特忙着给她回信。这封信保存在布宜诺斯艾利斯,读起来像一份证词,表达他对奥坎波真挚的爱慕之情,但他也做出勇敢的决定,不独占这份爱情,会帮她接近泰戈尔。11月15日的信,充分表明他和奥坎波的友谊已经迈向一个高度,两人惺惺相惜。虽然她梦寐以求,但泰戈尔跟她的来往和交流尚未如此密切。前一天,奥坎波给埃尔姆赫斯特介绍过她写的剧本《莲池》,还跟他聊起英国女家庭教师凯特·伊丽丝小姐讲授英国历史的情景,1940年,在一次访谈中,她用英语这样描述:

看上去就是一大堆日期、战役和忙着砍头的国王。伊丽丝小姐说不管怎么样,他们都是伟大的国王。等她说完他们千篇一律的伟大之处,她总会补上一句:"然而,他死了。"听到这话,我内心稍安,因为这至少意味着,我要知道的国王又少了一个。

保存在埃尔姆赫斯特档案室的文件里,有一份《莲池》英文简介,由奥坎波本人执笔,为埃尔姆赫斯特而作。(我在《罗宾德

拉纳特与维多利亚·奥坎波的友谊》中节译过一段）11 月 15 日
夜，埃尔姆赫斯特是否读过这份简介，我们不得而知，但从信的
内容看，他对剧情很熟悉，当然，这可能是他听了奥坎波的讲述。
之前他试过用《红色夹竹桃》来理解自己的处境，现在他打算换
成奥坎波的《莲池》。信中明确提到他在车厢里的莽撞举动，以及
泰戈尔对女主人愈发强烈的好奇心。语言热情，充满象征意味。
整封信包含信念、希望、宽容和对现实的理解，对三人组中的另
外两人心怀宽宏大量。如果要我挑选一份三人在桑伊斯德罗和谐
共处的证明，我会挑选这封信。小男孩和仙女们，收到鲜花后消
失不见的仙女，魔法师和他的玻璃，猫和狗，都出现在奥坎波的
剧本里。我瞪大好奇的眼睛，静静地读完了这封信。

米拉尔利约

　　维多利亚，我觉得自己像是你笔下的小男孩，面对她的仙
女。（我很抱歉，在没有得到你允许的情况下，我又喊出你的名
字。我联想到 19 世纪那个有名的女人——可惜，她死了）——
我也找到我的仙女。我真想抱紧她，让她贴在我的胸口，直到
她的羽毛凌乱，她的翅膀受伤，她精疲力竭。但她如此美
丽——从头到脚，跟我见过的仙女都不一样，她有一颗宽容的
心，能忍受我的莽撞，当我未能收敛自己，越过道德的边界。
我生来天性爱憎分明，尽管这样经常让我遭受冰霜或烈日的煎
熬，但回顾过去，我仍然心存感激，因为我愿意冒险踏入黑暗
的领地。

我无法说清你对我的重要意义——当你走出我的视线，我感觉你并非真实的人，这究竟是为什么？只有仙女才会消失，"假如我送她一枝鲜花"，我时常和魔法师一起开心地跳起来，因为他让我能在镜子里再看她一眼。还有，得知不可避免的离别就要到来，我变得野蛮粗鲁，相比饥饿的人，我的痛苦更深。

噢，请别让那座冰山把你冻僵——别，别，耐心点——我要送你一本老子论"道"的书，讲"无为"是艺术，教你当你懂得无为的道理，你就会被充盈宇宙的"道"所包围。[页面边缘空白处有一行批注：这并非招魂术]我也目睹拉比·巴布慢慢展开他伟大的翅膀。他很少这么做，他总是很吃力，偶尔伸展一两片羽毛，而我安静地站在一旁，体会他内心的斗争，尤其当我了解你"感冒"的情况后也理解到那种绝望的痛苦，或至少是一种痛，是你的痛。也许鸿沟太宽，我知道情况不是这样——噢，要有信心，一定，一定，要是你能做到。整个晚上，他都在为你打磨那首诗，打磨了两次——（以前从没出现过）他跳起来，敲我的房门，问这个词或那个词是否更恰当，贯穿整个就餐时间（请相信我，要不是他提出请求，我不敢贸然邀请你走近他），是他突然产生的念头——就像翅膀展开时发出的嘎嘎声响——"她愿意来圣地尼克坦吗，来过过冬?"——"她愿意把《红色夹竹桃》译成法语吗，我希望她能。"——"她为什么不忘掉她的羞涩，跟我谈谈，我能帮助她，但条件是不能一直是我在独白。"——"我看她能明白"——"她有孩子吗"——我的宝贝，这话题真突然，就像芦笋，你们阿根廷能吃到的芦笋，鲜美、可口，为交谈增添风味。

噢，我希望我能为你做些事，任何事——你只需吩咐，我随时奉命，我想跟你一直聊下去，但我不愿使用粗俗的英语，我恨我的法语老师没有严格教导——他们去世之前也没能教会我——他们难道能安心地告别这个世界吗？因为他们在你我之间筑起一道高墙。

当然，你是对的，要爱得明智——但我猜有谁能学到——不可否认，每场雪崩都会带来灾难性的后果——至少对我来说是一场雪崩，我还没学会如何"更好地"去爱。

我猜基督才懂得爱人——是不是话题又扯远了，我能感觉到你深埋水下那颗破碎的心，日复一日——我也记得最令人伤心的时刻——猫一点也帮不上忙——幸好还有一条狗，我能看到你眼中流露的情感。他相信他的仙女。

我必须搁笔了——我只是想说，你会和我共度一个愉快的假期，这是我今天的想法，拉比·巴布也是，他跟我的想法不谋而合——像剧里忠诚的狗。想好了就告诉我——我们的日子短暂，但没关系，上帝会时不时地施予我恩泽。

晚安

莱昂纳德

又及：你的女仆担心我一直想那天晚餐推迟的事儿，其实都过去了。

再及：我们能搭 9 点的车去玫瑰园吗？

埃尔姆赫斯特富有诗意的文辞让人印象深刻。"Frigorífica"是一个阴性的形容词，意思是"结冰的"，"cámara frigorífica"是"冷藏室"，阳性名词"frigorífico"是"冰箱"。我相信，这个意象指的是奥坎波冷若冰霜的态度，尤其是她拒绝和别人交流的时候。"冰山之夜"指的是 11 月 13 日深夜，或 11 月 14 日凌晨她怒火中烧地摔门离开的场景。泰戈尔展开他巨大的翅膀，代表他希望尝试更深层次的沟通，而不是局限于泛泛之交。雪崩意指崩塌的爱情。很明显，奥坎波对《红色夹竹桃》一剧的热烈反应让泰戈尔深感意外，泰戈尔希望她抛开羞涩。然而她正被羞涩所困扰，她想泰戈尔注意到她，但这种关注必须出自他的本意，而不是埃尔姆赫斯特牵线搭桥。所以信上所提到的最新进展，肯定在她听起来像是一首动人的乐曲。埃尔姆赫斯特一定告诉了泰戈尔她破碎的婚姻，以及她有没有孩子。如果之前不知内情，那么现在埃尔姆赫斯特肯定明白，奥坎波的个人生活痛苦不堪，但他似乎并不了解她有一段秘密恋情。"最令人伤心的时刻"，是否指的是埃尔姆赫斯特在感情上受到的挫折？1923 年夏天，他第二次向多萝西·司戴德求婚，被对方说"不"，他慌乱地哭出声来。

11 月 16 日，周日，根据《阿根廷奇遇记》的记录，三人来到"维多利亚·奥坎波的玫瑰园"，即"奥坎波别墅"的玫瑰园。这是泰戈尔和埃尔姆赫斯特来桑伊斯德罗后，过的头一个周日。

泰戈尔谈到莎士比亚和《哈姆雷特》，埃尔姆赫斯特负责记录。这是个"完美的早餐"。泰戈尔有没有译完《客人》这首诗？他有没有在玫瑰园把诗念给她听？一切都不能肯定。在布宜诺斯艾利斯，我还发现另一份埃尔姆赫斯特写给奥坎波的便条，未标注时间，内容似乎和这首诗有关：

维多利亚：

他很安静——说"欧洲文明已死"，说有理由在这儿多待一阵，待更长时间，写一首真正的好诗给他的女主人（起初，我还以为他指的是那位女仆），写好后译成真正优美的英语——不要说是我让他这么做的——我没有——我希望你觉得我是个可以相处融洽的人，不来烦你——尽管从我的角度出发，并不情愿。好吧，有一件事，如果你有意明天信手写点东西，就写吧，不行的话，也写写——我等着。

你永远的
L.

确实，没有哪一首诗，能让埃尔姆赫斯特从开头第一句就以为是写给女仆法妮的。每次读到这个英语译本，奥坎波应该都会心花怒放：

女人，你让我的流浪日子温柔美妙，
用质朴的优雅迎接我的到来

像无名星辰面带微笑接纳我

当我独自站在阳台，凝望南方的天空。

从天空传来声音："我们认识你

你从无尽的黑暗前来，带来光明的客人。"

用同样的声音，你对我说："我认识你。"

尽管我们讲不同的语言，女人，你从心底知道，

诗人是她们的客人，带来爱的客人。

在练习本上，诗人曾草草写下许多《东方集》的诗稿（手稿102 号，现存泰戈尔学院档案室）。另外一首据说是此前的版本，第四行的末尾用的是"南方的夜晚"，而不是"南方的天空"（"南方的天空"更贴近原作），最后两行的原始文字是：

尽管我不懂你的语言，女人，我听见你用乐曲般的声音说过——

"你是我们在这世上的客人，诗人，带来爱的客人。"

11 月 16 日，泰戈尔写下一首优美而带有意境的诗——"《看不见的女人》（Antarhita）"，预示着一位新的女性即将走进他的生活。依照惯用的风格，他没有点明是谁，只是一再强调不是玫瑰，而是茉莉。茉莉花盛开在"奥坎波别墅"和米拉尔利约，奥坎波也喜欢茉莉和栀子花。看样子，她兴致盎然地带领客人参观

过"奥坎波别墅"的花海，就像她后来成为别墅的主人后，每次
接待客人，都免不了要去花园走一走。

埃尔姆赫斯特的《阿根廷奇遇记》，11 月 17 日周一这一天过
得很平静："里夫斯来茶叙，还送来几本讲印加文化的书。我们坐
车去 V. O. 家，直到下雨，路上风景宜人。一切正常。"这几本
书让泰戈尔精神振奋。寻找已经被西班牙殖民者摧毁的美洲印第
安文明，是他此次南美之行的目的之一。他一直没找到机会，被
西班牙征服者的后裔们"绑架"，不便展开自己的调查。"V. O.
的家"很可能是她考虑要买下的住宅，她正考虑搬出来住。1927
年，她在普拉塔河畔买下一处巴豪斯风格的房子，一年后将其出
售，购买了一栋更大的房子，仍然是犀利的现代派风格，位于布
宜诺斯艾利斯巴勒莫奇科区。埃尔姆赫斯特在 11 月 17 日那天写
下的最重要的 4 个字是"一切正常"。正常的这一天孕育了《担
忧》（Ashanka）这首诗，标志泰戈尔与奥坎波的关系继续升华。

11 月 18 日，周二，埃尔姆赫斯特与贝尔利·艾思顿爵士夫
妇共进午餐，聊到约克郡的情况。不清楚泰戈尔有没有出席。也
许他没有去，毕竟医生建议他在桑伊斯德罗疗养，少进城参加社
交活动。这一天波澜不惊地结束。也没有报纸提到他离开阿根廷
之前，打算去布宜诺斯艾利斯大学演讲的消息。

11 月 19 日周三又迎来一场暴风雨。如果我们还记得，身体
条件允许的话，这一天是泰戈尔计划出发借道智利前往秘鲁的日
子。"早上，"埃尔姆赫斯特写道，"V. O. 和她的车 9 点到达，
问我有什么安排。"她收到埃尔姆赫斯特的便条了吗？也许是。布

宜诺斯艾利斯的档案室还存有一份未标明时间的便条，很可能是叫维多利亚·奥坎波当天开车来接人的那张条子："等你回来时，拉比·巴布想见你。你不会见我的——说出来你也不信——我很爱你，不希望你受到不必要的伤害。"但谁能说得清呢？我们把这些拼图的小方块拼在一起，只是为了让他们之间的爱听起来有道理，虽然我们不能确定是否拼得天衣无缝，还是可以证明一点，而这一点是这戏剧性的一幕中最重要的情节：维多利亚·奥坎波不希望泰戈尔太快离开。不仅仅是一周后。

所以，究竟发生了什么？

我跟她说，要不是月底前动身去秘鲁的计划无法推辞，诗人仍然希望周五到牧场看一看。她很悲伤，开始问我。我回答说，她必须找到属于自己的自由之路（指她与诗人的关系），我不能告诉她该做些什么（去说服他）或如何做。

我花了三年时间，彻底屈从于（和服务于他的信念和理想），才得到（他的信任），这对我来说已经相当幸运，我看不出有什么捷径。

显然，他们仍然计划去访问牧场——这合情合理——但奥坎波面临的真正问题是，如何才能说服泰戈尔在桑伊斯德罗多逗留一段时间。埃尔姆赫斯特说得没错：没有捷径。三人坐车去布宜诺斯艾利斯欣赏乌拉圭画家佩德罗·菲加里的作品。菲加里（1896—1938）和泰戈尔是同时代人，也是第一代拉美艺术家，风

格独特。埃尔姆赫斯特对他的画作不吝溢美之词。"辽阔的天空主
宰一切。他营造出诗意般的氛围,色彩、运笔、空间感,说不尽
的愁绪给观者留下难以磨灭的印象。"也许菲加里的画中说不尽的
愁绪确实给泰戈尔留下了难以磨灭的印象。他正站在门槛,想浇
灌出自己在绘画方面的天赋,欣赏其他艺术家的作品,让他产生
灵感和冲动,当他的画作终于问世,画面中最打动人的地方也是
说不尽的愁绪。

　　读者也许会发现,奥坎波的《证词》第三卷里,有一篇写佩
德罗·菲加里的文章。她说自己最初接触这位乌拉圭画家的作品,
还是 1923 年时,里卡尔多·巴埃萨的推荐。她立刻像是着了魔。
站在画前,她回到古老的莽原和过去的殖民时代,意识到阿根廷
和乌拉圭两国相通的血脉。和泰戈尔一样,菲加里晚年才开始作
画。跟哈德森的书类似,他的画重现了逝去的过往,用温柔的语
言和消失的或正在消失的历史告别。奥坎波的耳畔响起英文版
《吉檀迦利》的第九十六首中的句子:"当我离开之时,让这个作
我离别的话语吧。"无独有偶,威尔弗雷德·欧文最后一次奔赴一
战战场前,给母亲朗诵的也是这首诗。菲加里和泰戈尔在奥坎波
心中占据重要地位,因为泰戈尔离开米拉尔利约后,别墅由菲加
里和他的家人居住。檐前,树下,她经常看到菲加里坐在她曾经
和泰戈尔聊天的地方,"刚走了一个崇拜和爱慕的朋友,立刻就迎
来一个新朋友,他的出现"让她"感到充实"。如同泰戈尔,菲加
里年迈时依然保持睿智的头脑,多亏有了他,她才读到一首起初
感到失望,后来却变成她的最爱的诗——保罗·瓦莱里的《海滨

墓园》。

不过这些都是后话。11 月 19 日，在泰戈尔、奥坎波和埃尔姆赫斯特欣赏完菲加里的画，从布宜诺斯艾利斯返回的途中，埃尔姆赫斯特说一路上"没人说话"。他想活跃下气氛，但"努力了半天，却没有奏效"。下午，她派人送来一张便条（现存于埃尔姆赫斯特档案室），要他给吉拉尔德斯写信，我猜这一定是她的朋友，作家里卡尔多·吉拉尔德斯：

……我想你应该给吉拉尔德斯写封信，告诉他，你们决定周五去他那儿。他会很高兴。你赶紧写。

我想我该去普拉塔河畔。我很难过，觉得自己没用。你要给我打电话，让我知道你们打算什么时候回来，好让鲜花迎接拉比·巴布。我也不知道难过从何而来，如何结束。我"难以挣脱"这种感觉。我在想，该做些什么给拉比·巴布的生活带来平静，这让我很苦恼，因为不能立刻做些事来宽慰他。我无法忍受。我必须努力控制住自己，让自己看起来乐观，不能流露出悲伤。

……

里卡尔多·吉拉尔德斯尚未出版他的小说代表作《堂塞贡多·松勃拉》（这本书于 1926 年出版）。泰戈尔去见了他，还听了他用吉他演奏传统阿根廷乐曲，上述细节在奥坎波的书中都有描述，但泰戈尔和埃尔姆赫斯特是否真的去过布宜诺斯艾利斯省吉拉尔德斯家的牧场，我不能肯定（详情后文会提到）。还是让我们回到故事的主线来，据埃尔姆赫斯特记录，他把便条给泰戈尔看过，然后下午 6 点时去见她。维多利亚·奥坎波很生气。

> 她指责我把她往最坏的方面想，说她自私。
>
> 我无法辩解，只能又深深地伤害了她一次。
>
> 我很同情她，但无能为力，只能像一条耳聋的狗，舔着她的手。
>
> 后来，她的情绪好了些，开始讲她的故事，大声念台词，念了很多错别字，比如"sheep"念成"ship"，我们开怀大笑，回去陪师尊喝茶。
>
> 师尊很安静。他的诗集丢了一本，他觉得是我的错，心情很沮丧。
>
> 维多利亚曾经问我，师尊去欧洲避难需要花费多少钱，她考虑卖些东西来筹钱。我说他之所以不开心，是因为自由的代价太大，他老想着为他的学校筹集资金的事，学校需要至少 50 万美元。

最后一段，也许可以拿来说明为什么奥坎波下午的回信有一种令人痛苦的情绪。埃尔姆赫斯特已将这个因素放在最后，但泰戈尔的自由"代价"一事，正是埃尔姆赫斯特和奥坎波陪泰戈尔去看菲加里的画作前，大清早就讨论的话题。送泰戈尔去欧洲"避难"也许是奥坎波的主意，他可以去那里住下来，休息、写作、接受她的拜访。她考虑卖掉一些东西来达到这个目标。但她并不能完全帮助泰戈尔卸下为国际大学筹款的重担。她该如何为他的生活"带来安宁"？显然，她什么也做不了，无法减轻他的负担。出于健康原因，阻止他去秘鲁，这合情合理，但同时让他损失了唾手可得的资金。她一时半会无法走出心情难受的怪圈。

这天晚上，在两人的"争斗"中，埃尔姆赫斯特说奥坎波是个"自负"的人，措辞与她信中的称谓一样。像狗一样舔她的手，是比喻手法，大概引用的是奥坎波剧中的角色。她的"故事"是剧本的英文简介，如今保存在埃尔姆赫斯特档案室的那一份。这个"故事"起到跟剧情类似的效果，至少让两人度过了握手言和的一夜，如果埃尔姆赫斯特《阿根廷奇遇记》11月20日周四的记录属实，19日晚上，的确下过一场真正的暴风雨。

如果11月19日夜里，埃尔姆赫斯特在和奥坎波的较量中，称她"自负"，那么接下来那篇未注明日期、保存在埃尔姆赫斯特档案室的日志，带有涂抹的痕迹，无疑写于11月20日。

我没有起床时说"早上好"，今天，因为我很焦虑，我找不到合适的字眼来表达自己的心情。

我知道我有很多缺点（至少，我知道这一点）。如果我的朋友们指出我的缺点，我一点也不会气恼。我只是很懊悔。我希望你相信我的懊悔。

昨天晚上，你说我很"自负"，我不能理解这是什么意思，所以我不愿承认。当然，你的话深深伤害了我，因为我从没想过你会这么说！……我无法想象，给你留下这样的印象，误导了你，让你看不到我真实的性格。

我告诉过你，我有很多缺点，很多过错。但我从不记得，曾在不了解情况之时，假装自己了解。还有，让我不开心的是，我虽然高傲，却从不自负。（我讨厌骄傲和自负……为此奋力反击。）

我想说的是：我受了伤害，因为我爱你爱得很深，爱得小心翼翼，即使你对我有一丁点不满，我也不会生气，虽然我是个脾气不好的人。爱你让我痛苦！痛苦到何种程度，我无法表述。就像是我的心被无情地拧着。请原谅我这种愚蠢的情感。我知道，如果你得到错误的印象，都是我自己的错。

要是你不信任我，要是你觉得我错误领会了你的意图，别意外。谁会料到会如此意外呢？时间会告诉你真相。时间，而不是我贫乏的言辞。但是，请不要怀疑我的正直，我如果不知道，就不会假装。背叛你的心意，既背叛你自己，也令我烦恼。

原谅我的愚蠢。我爱你，吻你的手。我爱你。

维多利亚

信中的省略号为奥坎波所加。不可否认，她受了伤害，感到伤心，但痛苦因情而起，没有人能将她拯救出来。我们可以看出，是她的懊恼，让她给埃尔姆赫斯特留下错误印象。然而，给人留下错误印象是难以避免的事，哪怕是最亲近的人之间。对刚刚结识的人，我们会给他们留下何种印象：这风险很大，尤其当友情正处于发展阶段，并非静止不动。另一种情况是拒绝交流和沟通。我们的自尊心瞬息万变，难以免除外界影响，随时处于流动的状态。有时，我们能洞悉自己的内心，但更多时候，在与别人的交往过程中，旁观者更能看清我们的长处和缺陷。奥坎波之所以不愿让步，便是埃尔姆赫斯特知晓她的个性。

争斗围绕泰戈尔展开。没错，她熟悉他的作品，她知道他是个跨越国界的诗人。但她知道多少他对筹建国际大学的焦虑？或知道多少印度政治局势？她没有去过印度，也没有与他的家人见过面，或者除埃尔姆赫斯特以外的随行人员，那她如何准确地定义他的文学地位？反观埃尔姆赫斯特，他的确更熟悉和了解诗人。他的确认识他的家人和随扈，他曾是他的同事，他在印度为泰戈尔工作过。他陪他在国内和国外巡游。他了解英国驻印政府或松或紧的政策，了解泰戈尔和甘地的分歧。他也是泰戈尔的挚友，一个值得信任的伴侣。泰戈尔跟他分享过很多故事，比如迦登帕莉·黛薇的自杀，泰戈尔很少和别人讲过这事。他知道泰戈尔渴望得到女性的爱情，并从中得到创作灵感。跟奥坎波相比，他能敏锐地意识到泰戈尔内心持续的挣扎，一种有创造力的艺术家、沉思的神秘主义者和有良知的活动家之间的挣扎。如埃尔姆赫斯特在《对泰戈尔的个人回忆》一文所述：

　　终其一生，泰戈尔这位内省的、带有艺术家神秘气质的诗人，不得不和他冲锋陷阵的哲学家—人文主义者的身份和平共处。他渴望和平与悠闲，这样才能做梦，被自然之美围绕，创作歌曲、乐曲、绘画、诗歌或戏剧，踏上一段段未知的旅程，直到世界的尽头。童年时代被剥夺的自由和自律，后来得到补偿。他坚信博爱，只有诗人能宣扬博爱。他立志发现宇宙的意义、方位和现实，找出连续的表达方式。

简言之，两人是好朋友（pals），不管是当时以及后来，他们的通信比泰戈尔和奥坎波的通信，从数量上来说要多得多。事实上，总的来说，正是埃尔姆赫斯特多年来帮助奥坎波理解泰戈尔内心中的挣扎。套用一句现在流行的俗语，她还没有"让他吸引（clued into it）"。埃尔姆赫斯特发火，也许是他绝望地想让她看清形势，要她别退让，批评她对焦点问题视而不见。谎言包围我们，让人受伤，而残酷的真理来自我们的朋友或敌人，同样让人受伤。多年后，奥坎波终于谦恭地承认，1924年时，她尚未做好认识泰戈尔的准备，承认在1924年时，她尚未心智成熟，理解泰戈尔的生活和挣扎。他的伟大要到后来才变得清晰。这些话语出现在她的法语版《自传》中，书中描写了在桑伊斯德罗时，她与埃尔姆赫斯特的交往。

情况很复杂。奥坎波想让埃尔姆赫斯特当她的朋友，但这个朋友要符合她的条件。她说，她爱他爱得温柔，但她也在车厢里对他的示好断然拒绝。她需要像西方人一样思考，来理解谜一般的东方人，但她并没有做好准备来接受埃尔姆赫斯特对形势的判断。我们不妨回顾埃尔姆赫斯特11月19日一早的日志，他告诉她，必须自己寻找与诗人的相处之道，他不能教她做什么，或怎么做。埃尔姆赫斯特花费三年时间，彻底屈服和服务于诗人的事业和理想，才得到他的信任：没有任何捷径。随后，他们一起去看菲加里的画。进城和返程的途中，她一言不发。下午，她承认自己心情糟糕。当天晚上，两人争斗的焦点是同一件事，气氛越来越紧张，导致埃尔姆赫斯特情绪失控，说她自负，说她不愿意承认显而易见的事实。这几乎阻断了两人的沟通渠道："我发现，我解释得越清楚，就伤害她伤得更深。"埃尔姆赫斯特11月20日周四的记录再次提及他和奥坎波的矛盾症结："我昨天告诫她，要获得他的信任，只有赢得他的心，不要指望用学识打动他，她必须开辟自己的路，而我不参与其中。"

保存在布宜诺斯艾利斯的一张未标明日期的信，也许描述的是埃尔姆赫斯特和奥坎波11月19日夜的争吵与后来的和解：

在我遇见过的女人中，你，我想，是最优秀的，也是最好的——但我的心碎了，在为你流血——我有千言万语，却说不出口。

你玩过游戏，你会继续玩游戏，喝下药，因为你有这种胆量，独自喝下药。

但不是你的优秀，一种我希望你具备的优秀，帮你找到真正的快乐。你的心胸宽广，待人热情，让我在遇到天大的困难时找到避风的港湾，感到无比的欣慰，你让我重新找回对女人的信心，你抓住我的心，令我珍惜你的存在，从与你的接触中寻找温暖。这不会是我们见的最后一面——尽管我们之间暂时相隔遥远——我又一次看到伟大力量的存在——来自好友的陪伴——来自你。我的心被充实填满，融化和减轻我的伤痛。你让我感到渺小、卑微，然而又充满前进的力量，勇敢面对即将到来的困难——因为你握住我的手，像一位朋友。

说了些难听的话——好吧——再见。

莱昂纳德

这封信像一篇雄辩的证言，再次吐露埃尔姆赫斯特对维多利亚·奥坎波的心声（这种方式与泰戈尔截然不同）。收到这封信时，奥坎波也正在给他写信，说她很忧虑，因为无法帮助泰戈尔走出财务危机的困境，也不能协助他完成秘鲁之行。她借此机会，以一个姐姐的口吻，责备他乱表扬她。这封保存在埃尔姆赫斯特档案室的信也没有标明时间，符号为奥坎波所加。

L.

我不知道你是不是真的了解我。我希望你更清楚地了解我的心。

我无法筹到大笔数额，等见面时，我再向你解释。（首先，我并不是非常有钱）但我所能找到的，都由你支配。所能找到的，我很乐意奉献给诗人。我担心秘鲁之行会泡汤。我想拉比·巴布去那里会不舒服，无论是身体，还是心情。天知道，我希望我是错的。我很担心，我不该说出来。我的努力无济于事，拉比·巴布也许会认为是我出于私欲把他留在身边。

我刚好接到你的信(就在我写这封信的时候)。你在瞎说，我的孩子。我没有那么优秀，只是很活泼，太活泼，真的。你瞧，我离高尚和善良还差得远，我很伤心，不能感觉到自己的迟钝。我很想知道我刚才有多么迟钝，但我做不到。

我对秘鲁一事很不安。他们似乎意识不到他是谁！

在南美旅行是件枯燥的事，也很困难。在阿根廷，我可以把一切给你们安排好，但如果他离开这个国家……谁来关心他呢？我的意思是，谁会给他足够的关心？

让我不放心的是浪费……浪费时间，浪费精力，浪费生命！他不能浪费一切。为什么他看不见，为什么他听不到！他难道不知道，对他好，就是对所有人好？我的意思是，他难道不明白，他的职责是将注意力集中到要紧事上，如果他说出自己心头的想法，一切都迎刃而解。如果我们无法意见一致，他的重要性便会降低。但假如我们心有灵犀，体会到抒发情绪的快乐，快乐就会成为一种信号，指引我们走到正确的方向。

我的头很痛，就此搁笔。

别担心我，我很快就会好。

V.

信的末尾提到的"快乐"，与哲学家柏格森所说的"快乐"是一个意思，她刚好在发表于《民族报》的专栏文章《阅读罗宾德拉纳特·泰戈尔的快乐》中提到。显然，在这个阶段，奥坎波并不理解泰戈尔的内心，不清楚艺术家、思想家和活动家双重身份的内心冲突。但值得夸奖的是，她深切体会到，身为艺术家的泰戈尔需要何种东西，虽然他本人总是否认这一点。总而言之，孟加拉的人民欠她一声"谢谢"，因为她努力将诗人留在桑伊斯德罗，并成为他源源不绝的创作灵感。

在埃尔姆赫斯特称她是"自负"的女人后，距离上文引用的、末尾提及她头痛一事的那封致埃尔姆赫斯特的信不久，奥坎波又顽皮地报复了他一次，寄去一封没有注明日期的短笺：

自负的年轻人：

我头痛，嗓子痛，准备在床上睡一整天，把病痛睡好。求你，别让拉比·巴布担心。别让那些人惹他不高兴。小心点，我说不定会叫胖女士给你下毒。写信给我说说你那边的情况，不然我会担心的。我要你写一封长信。车1点来。（你要进城去）求你了，送我几张拉比·巴布的照片。我想看着它们，把它们摆好。如果你想知道具体内容，请把"西班牙语"信件送来。别以为你很聪明，能不靠我读懂这些信，你读不懂。

你不用担心我的病，我会好的……

维多利亚

信末的省略号是她添的。谁是"胖女士"，是法妮或菲洛梅娜？

如果《阿根廷奇遇记》的内容真实可信，11月20日是特殊的一天，诗人和女主人建立起一种"友善的谅解"。让我们读一读埃尔姆赫斯特珍贵的记录：

11 月 20 日　周四

真是命运！老故事重讲。他们手拉着手，而我用口哨，在地平线吹响一首哀怨的歌曲，看着他们，像一个工具，或一条被人抚摸的狗。他坚持了好几天，远离外人的滋扰，今天早上突然说："如果我必须等着搭那艘大船，我宁愿现在赶去牧场，在那儿玩一天。""好呀，"我说，"但你得保证不能过头，影响康复当中的身体。"

不知什么原因，他突然受了感动。"我给你看了那封信，她很生气。"我说。"你难道不明白吗？"他回道，"从某种程度上说，所有的女人脾气都一样。"

昨晚或今天凌晨，他为她写了一首诗。他走到我的门前，静静地站在那里，手里捏着那首诗。我半梦半醒，突然感觉他就在那儿。"我真佩服你，能睡得着。"他说。"先生，"我回答道，"你没听见昨晚的暴风雨吗？""没，我没听见，我早上起来发现房门紧闭。""哦，"我说，"我被暴风雨惊醒，从半夜到凌晨 2:30 都没睡着。"

"我写了首诗，"他说，"你能帮我译成韵文吗？"我读了一遍。"先生，我也写了这么一首诗。""所以这就是折腾你到 2:30 的原因？""不是，我很早之前就写了，我们刚来这儿不久。""挺好的，"他说，"是件好事。你不想试试把那首诗改改形式？"

"不，"我说，"当时是一时兴起，如果我刻意精雕细琢的话，只会破坏诗的完整。""我同意你的看法，"他说，"那就这样吧。"他捏着诗稿，回到他的房间，开始自己动手将孟加拉语写成的诗译成韵文。后来，他又来找我。"我该把诗给她看吗？"他问。"不，最好不要。"我建议。"你说得对。"他添上一句。

我穿戴整齐，通知他早餐已经备好，问他希望我准备怎样的新闻公报发回印度，告知众人他在南美的近况。

他慢慢眨了眨眼，随后笑容满面。"不用，"他说，"不用说那么详细。他们会担心。他们不需要知道详情，不需要知道我写的诗。就发些书信和新闻剪报回去，把诗留下。"我们坐下来吃早餐。"如果我们要去乘那艘大船的话。"他说这话是什么意思？

我不知所措。我猜他是不是想把诗给维多利亚看。吃完早餐后，他继续译诗，等我打完电话，回到楼上，他沿着室外露台走到我的房间。"你瞧怎么样？"他问。"挺好，先生，我想你该拿给她看看。""你真的这么想？"他问，像个开心的小男孩。

我跟她在电话上聊了好长一段时间，她一直在床上，我提到那艘船，暗示有一首诗要送给她。她建议去牧场散散心。从电话听筒传来沉重的叹息声。我问她有没有一个词叫"tigredita"。没有，她说，没有"tigredita"。她派车来接我们。

昨天，我告诉她，要赢得诗人的信任，不能指望用学识打动他，而要赢得他的心。她必须找到自己的方法，我帮不上忙。

早餐时，师尊和我聊到他的健康状况。"我马上要给媒体发一个新闻公报，"我说，"该写些什么呢？""你可以写，脉搏平稳，几乎正常，只是还有点心悸！"

我们前往她的住处，就在他们聊天的时候，我看见一只蜂鸟飞过，我骂自己忘记带上小望远镜。走到近处，一只蓝知更鸟跟北美的品种特征相同，但鸣叫声高亢，缺少乐感。我听见玫瑰园传来柔和的颤音，但不知道是哪一种鸟的叫声。

和维多利亚去布宜诺斯艾利斯。她这样评论朋友阿德里亚——"你瞧，阿德里亚就是个心地善良的乐天派。她看什么都有闪光点。"

旧话重提：埃尔姆赫斯特是否又一次联想到他、泰戈尔和《红色夹竹桃》剧中女主角南蒂妮在现实生活中的原型？看样子，埃尔姆赫斯特有受冷落之感。泰戈尔的情绪在发生转变：诗人向崇拜者敞开心扉，甚至用玩笑的口吻描述三人的关系。她前一天还心情低落，于是他准备安抚她的心灵，希望她多一点时间陪在他身旁。这是一种典型的关系：大师和他的崇拜者最终建立起一种友好而和谐的关系，大师的随从为他们牵线搭桥，扮演中间人，并躲到幕后。

这里的"大船"指的是阿根廷政府安排的、送泰戈尔经由合恩角去秘鲁的无畏号战舰吗？如果是的话，为什么埃尔姆赫斯特会感到疑惑呢？"tigrecita"或英语"little tigress（小母老虎）"一词，除了指维多利亚·奥坎波，还会指谁？"室外露台"说的一定是米拉尔利约那栋别墅楼上，两间俯瞰河面的卧室门外的阳台，奥坎波在《泰戈尔在桑伊斯德罗峡谷》一书中提到过多次。

泰戈尔最近似乎有了写诗的灵感和冲动。他的内心世界被一个新的女人闯入，诗歌反映出他心情的波动。这首让他绞尽脑汁译成英文的诗，这首他考虑要不要拿给奥坎波看的诗，题目叫《担忧》（Ashanka），写于 11 月 17 日。最后递到她手中的，是 11 月 20 日的版本，有他的孟加拉语签名，而且（跟《吉檀迦利》里的诗一样）不是一个译本，而是一种再创作，篇幅大大缩短，像是对原文的简要概括。原诗语言雅致、结构严谨、字字珠玑，由 4 个诗节组成，每个诗节含 9 个诗行。以下为泰戈尔自译的英语版本：

不是吸引我将航船载满柔情，

而是经你许可，让我空手而归，

你不顾一切地付出爱情的代价

正好显露我贫乏的内心。

我的痛苦被撕成碎片，让你的生活一团糟，

你夜不能寐，为我孤独的梦想哀鸣。

我最好缄口不语

帮你忘掉我的存在。

我独自前行

在昏暗夜幕中遇见你。

我想叫你拉住我的手

但我目睹你面露怯色。

因为我看到一团沉睡的火焰

深藏在你沉默的心底。

如果我狂热地将它唤醒，火光四射

摇曳的火光只会照亮我的空虚。

我不知道该如何牺牲自己

来奉献给你神圣的爱情之火。

我埋下头，跋涉在贫瘠的心路

让我们的一面之缘赐予我前进的力量。

读完泰戈尔《担忧》一诗的英译版本后，奥坎波给他写了一封信，以"你忘记你的印度天空了吗……"一句开头（详见通信集第八封）。信中洋溢的热情吓坏了收信者，埃尔姆赫斯特用铅笔写的回信如今保存在布宜诺斯艾利斯，内容是：

1924 年 11 月 21 日桑伊斯德罗

维多利亚：

他读了你的信，吓坏了。"我无法相信自己，"他说，"让她更进一步，对她不公平，这就是为什么我们之间最好保持一段距离。"我没说话，问题要靠你俩来解决。

你能派车来接他吗？

如果我能帮上忙，请告诉我，你知道的。

L.

泰戈尔和女主人如何一起"解决"问题，我们不得而知。写完 11 月 20 日的事件后，埃尔姆赫斯特的日志戛然而止。我们甚至不能确定在 11 月 21 日，泰戈尔和埃尔姆赫斯特是否去访问了吉拉尔德斯的牧场，或随便哪个牧场。我们唯一知道的，是 11 月 21 日，泰戈尔写了一首叫《最后的春天》（*Shesh basanta*）的诗，用最抒情浪漫的笔触，勾勒出他在阿根廷时与维多利亚·奥坎波的邂逅。（这首诗的诗句，成为我这本书的书名。）

诗人要他的爱人满足他一个心愿，最后一次去花园为他采些春天的花朵。春天会年复一年重返她的花园，而他只奢求一次，就现在这一次。没有缘由，他忘记了时光如何飞逝，在夜色中凝望她的双眸，他明白，余下的时间所剩无几。于是他像一个守财奴，将仅存的美妙春光囤积起来。他要她别担心，他不会无故逗留在她鲜花盛开的花园，当分别时刻到来，也不会频繁回首。他不会看着她的双眼，希望看到点点泪光润湿他的记忆。与此同时，他叫她不要匆忙，与他共处，直到夕阳西沉。还能挤出点时间，让下午的阳光照在她深色的秀发，她用脆生生的笑声吓跑树上的松鼠。等夜色终于降临，等倦鸟乱哄哄地归巢，她离开他。她坐在窗前，目送他渐行渐远，消失在虚无中。她想，两人再也不能重逢。她扔给他清晨编织的花环，花朵已经枯萎，那是她的抚摸、她说出的"再见"。

泰戈尔没有为奥坎波将这首诗译成英语版本。也许他告诉过她大意，或给她口译过一两句。谁知道呢？也许他努力过，想把诗译出来，但发现这是一项不可能的任务。这首诗，很难在译成现代英语的同时，避免充满陈词滥调。困难来自两方面。其一，诗中都是赞美的辞藻，像一位行吟诗人致贵夫人的"风雅爱情"，只缠绵一日，却希望长相厮守。这种文学体裁饱含情愫。《简明牛津英语词典》上的释义恰好符合情境："精致和温柔的情感；情感反应或沉思；文学和艺术意义上的柔情。现常用于表现不真诚或伪善。"最后一句点明了问题的实质：因为英语国家的读者习惯将文学中的精致和温柔的情感定义为不真诚和伪善，所以将《最后的春天》这样的诗译成西方读者能够接受的英语版本，实在是件难事。由于文化差异，对于西方专业学术圈以外的读者而言，很难理解《最后的春天》的抒情描写。即使存在西方传统内部的文化差异，他们也可能会理解欧洲过去的游吟诗人，但他们不可能轻而易举地理解亚洲的传统诗歌。其二，《最后的春天》极富音乐性，结构严谨，用来描写爱情的习语，在 20 世纪的英语诗歌中找不到对应表达，所以英译本既不能在文本层面做到对等，也损失了音韵之美。

种种考虑让泰戈尔放弃了为奥坎波将《最后的春天》译成英语，而是维持孟加拉语版本，全诗带着神秘的异国情调，在浓烈的芬芳中，让人联想到奥坎波别墅和米拉尔利约的花园和阳台。1924 年南半球的春天，让 63 岁的诗人体会到悔恨的狂热。只有在南半球，11 月 21 日才有和煦春光。多年后，奥坎波终于读到

这首诗的英译本，译者是科什提斯·罗伊，发表于 1960 年出版的
《东方集诗选》。唉，译作似乎也没能再现原作中摄人心魄的美感。

九

11 月 22 日，泰戈尔写出《比亚斯河》（*Bipasha*）。这首诗融
幻想、幽默、感伤和顿挫的节奏感于一体，表现出轻松、散漫和
愉快的心情。这种心情让我好奇，因为我们知道，激发诗人创作
灵感的，其实是一个在心境和现实与诗句描绘形成强烈反差的女
人。跟《最后的春天》一样，如果把《比亚斯河》译成现代英语，
就像是一个人来到化装舞会的现场，所以诗人也没有尝试将其译
成英语。标题本身就让人迷糊。"Bipasha"，梵文为"Vipasa"，系
旁遮普邦构成印度河的 5 条支流之一比亚斯河，名字的意思是
"没有套索束缚，解扣，除去镣铐"，或者"被除去套索或绳索的
人，被解放的人"，属于阴性词。（之所以叫这个名字，是因为传
说中，这条河解开了圣人婆吒身上的绳索，毗奢蜜多罗此前杀了
婆吒的儿子，悲伤的他打算上吊自尽）

　　诗人说，不要让妩媚的雌鹿坠入爱情的陷阱。（雌鹿无疑与《罗摩衍那》里诱惑王子罗摩的金鹿有关）在诗人眼中，她的作用是引诱别人，自己却不能被诱惑。春夜的月亮不能被蒙上微云。她的思绪尽情释放，在空中展开翅膀。涌动的念头穿行在她的体内和脑海。她的动作自由舒展，像一泓流动的清泉。随波逐流吧，没有必要攀上河岸。她是季风到来时晨曦中的云朵，洁白如雪，被金色笑容般的日光映红。她航行过空荡荡的水道，靠意念前进（像驾驭一辆"欲望的马车"）。她不再受眼泪所困。为什么不继续玩无须理由的游戏呢？为什么不让轻松的船漂浮在假日的水流中呢？不要让看路的眼皮变得沉重。为什么她放弃近在手边的幸福，而寄希望于遥不可及的爱情？让她的脚踝，和阳光下阿叔迦树的绿叶一起摇曳生姿。让她的幻想像黑暗中的萤火虫一样飞翔。不要让渴望与她做伴、围绕在她身旁的人钻入她的心房。她是池塘里的一株莲花，让她在水中亭亭玉立。她幽香四溢，但别让盗贼用小刀砍断她的枝茎。至于他，他希望能随时见到她，招之即来。让快乐融合痛苦，她的吸引力令他思维保持活跃。他并不想抱紧她，用欲望覆盖她。让她歌唱吧——无论在天空，或是在笼中。

　　这是一首带着"交叉跳"的诗，跟泰戈尔写的其他诗一样。也许泰戈尔也听过奥坎波聊到她的剧本，对池塘中的莲花、水仙和一年才造访一次的仙女留有印象。有趣的是，诗句的确映射出一个热爱自由的、任性的女性形象。但诗人想做的，是为心目中的仙女编织一道咒语。他会说："让她不受约束，让她不再痛苦。"他的愿望会实现，她不被约束，她不会感到痛苦。这是一首能让人愿望成真的诗吗？带着魔力，是他内心的辩解，用魔法召唤灵魂（召唤来他的欲望和她可能的感受）。事实是，维多利亚·奥坎波任性、热爱自由，却饱受羁绊，被她的情人牵绊，受困于布宜诺斯艾利斯这座城市，也因为突然出现在桑伊斯德罗的泰戈尔饱受内心折磨。与泰戈尔相识的最初日子里，她既狂喜又忧伤，而泰戈尔和埃尔姆赫斯特也身陷情感的旋涡。

比如，这份现存于布宜诺斯艾利斯的埃尔姆赫斯特未完成的手写信稿：

如果她不明白我昨晚的意思，她永远不会明白。让她来，我会更清楚地讲给她听，但她必须对我坦诚，而不是隐藏她对你的坦诚，让我留在黑暗中，耳畔只响起一句"我明白"。

无疑，泰戈尔说过一些话，埃尔姆赫斯特将诗人的原话告诉了奥坎波。交流不畅的痛苦不但存在于泰戈尔和奥坎波，也存在于埃尔姆赫斯特和奥坎波，甚至泰戈尔和埃尔姆赫斯特之间。这份未完成的手稿就像一块乌云。奥坎波最早写给泰戈尔的几封信，都弥漫着一样的痛苦。从某个角度来看，鉴于维多利亚·奥坎波经常在盛怒或悲伤时将记载下她个人生活的信件撕成粉碎，能留下这份痛苦的见证，显得很不寻常。换个角度思考，似乎又并不奇怪，跟维多利亚·奥坎波同时代的女性，习惯像满怀宗教热情的修女一样拥抱痛苦。这张纸片能奇迹般地留下来，说明奥坎波珍视所有与泰戈尔相关的东西，尤其是他居住过桑伊斯德罗的痕迹。当然，还有一种可能，也许她舍不得扔掉带有埃尔姆赫斯特字迹的信纸。

在埃尔姆赫斯特档案室保存的文献中，有一份不同寻常的手写信件，名为《堡垒》（Fortress）。信件满篇都是涂抹的痕迹，一开始将维多利亚·奥坎波称作"你（you）"，后来，很多处"你（you）"被画去，改为"V."，"你的（your）"变成"她的（her）"，复数"有（have）"变成单数"有（has）"。虽然文件中提及的女人明显指的是"她（her）"，但后来又回到第二人称，有的改成"你（you）"，有的又没有修改。简言之，文件中的称谓很混乱。我怀疑，埃尔姆赫斯特根本没打算将信拿给奥坎波看。就像开篇所说，他写这些，只是想帮自己理清思绪。对他这个参与者来说，这封信的确帮助他理清了三人复杂的争斗。我全文引用这份信件，内容未做任何改动，除了作者本人的修改痕迹。文中存在语法错误，描述也有重复，但从中我们可以体会到埃尔姆赫斯特乱纷纷的心情，即所谓的"言由心声"。

我有没有把这封信给你看，并不重要。我写信的目的是为了理清我的思绪，相比说的话，写在纸上会表达得更清楚。各种各样的指责抛向我，让我不得不自我反省，当然，也可以说是自我辩解，虽然没有人会同意我的看法。

让我这么说吧。很明显，我现在拥有一座堡垒，一座别人想攻占的堡垒。这座堡垒有很多塔楼和内室。我占据一些塔楼，用来防御。然而，有一些内室我无法进入，永远进不去，因为我是个男人，而不是女人，因为我被人接受的因素，是智慧和沟通。有些塔楼，这儿或那儿，数量不算多，但确确实实存在，我已经占领了很长时间，我能自由出入，但暂时对外人禁止涉足。

也许更重要的是，虽然我能站在塔楼，但有的人却能走进那些内室，当然我也不确定，我没有内室的钥匙，我只能猜测里面装了什么。V. 有钥匙。至于塔楼，V. 也有一些塔楼的钥匙，而我没有。我只能说，V. 来得越快，我就越快乐。

谈到实际情况，V. 已经开始动员她所有的力量，攻占这座堡垒。"是的，"她会答道，跟平时一样直言不讳，"你决心保卫它，因为这是你的财产，你知道该如何防御，你能轻而易举地占据上风，阻挡我靠近，哪怕我发起猛烈的进攻，甚至站在城墙下对你嘲笑、喊话，告诉我如何攻下这座城池，与此同时，不让我发起冲锋。"

然而，V. 忘记了一件事。要不了多久，我就会被逼着弃城而逃。我一生最大的希望和理想，就是找到能踏入和攻占这座堡垒的人，让对方承担守城的义务。直到我看见你，勇敢地进攻，我才放弃寻找别人的念想，我最想看到的是在 V. 的进攻下，塔楼一个接一个沦陷，最后连一间间内室也被夺走，那时候，我可以怀着愉快的心情撤离，知道堡垒迎来比我更称职的主人。

我说这些，因为这儿有很多房间，还有塔楼，我从来没有拿到过钥匙——但我也知道，V. 注定会杀入并占领某些塔楼，否则她永远不会有安全感，哪怕她能够在别处任意进出。

我是个男人——我爱的东西，也许是 V. 称之为无情无义的东西——那是我出生时见到的宇宙，接下来是人的要素，正因为如此，我最初爱的是力量、语言表达和生命之水，从宇宙中翻涌而来，滋润世间万物，也包括我。我占据堡垒，想让生命之水流淌得更轻松、快乐、简单——穿越塔楼，奔向世界。我的任务是让水道尽可能畅通，这从来不是件容易的事。我只做到部分成功，但只要这是我的工作，我就得克服前路的困难。但对 V. 来说，机会更好，因为 V. 不仅有疏通水道的能力，还能让水量更充沛、流得更欢快，至于那些内室，身为一个女人，她有能力拓宽水道，冲过内室。

现在我面临一个悲剧性的时刻。我期待让出堡垒，期待那一天的到来，我能安静地、高兴地撤离，因为我知道，它落入能力更强的人手中，但同时，堡垒对我来说，不仅是一种依恋，我还看清它的忧虑和怀疑。堡垒担心一朝易手，担心被人看到忧虑和怀疑，尤其是来自防御者，因为进攻者能利用这个破绽，暗中侵入这座堡垒，而这正是她决心要做的。对占领者来说，逃离堡垒是不可能的，因为堡垒被他牢牢掌控，将所有的秘密暴露在他面前。对他来说，留下来的话，要直面各种可能的指责，因为他疯狂地急于将占领的塔楼的钥匙转交给别人。转交钥匙的行为被看作一个陷阱、一种侮辱、一段宝座前的说教。

云梯变成一种武器，进攻者和想象中的防御者都不约而同地祭出这个武器。堡垒像一个盒子，标注了进攻的说明。只需花费一个便士。盒子打开，说明书被掷到他的脸上，然而每次遇到不清楚或复杂的情况，他都会再次查阅说明书，每次预见到后果时，同样的情形也会发生。然而，每一天似乎都有一个塔楼落入进攻者手中，也许有一天，所有的密室都会被打开，到那时，占领者能快乐地从房间里走出。不过，也有一些例外，在喜悦的瞬间，想到某个塔楼或房间被占领的时候，堡垒会四面崩塌，入侵者仓皇逃走，积蓄力量发动下一次更凶猛的进攻。

现在，进攻者依靠一架梯子靠近塔楼，说——"我有梯子，我会爬上去，拿下这个塔楼。"——"但是，"我说，"你的梯子这么短，你最好用绳子试一试。"——"可是，"对方回答道，"我明明有梯子，为什么还要用绳子——我坚持用我的梯子。"于是便出现滑稽的画面，防御者努力将绳子投得更低，想助进攻者一臂之力，对方却把绳子扔回来，砸到他的脸上。要是绳子放不下去，他会被人指责独占堡垒，不让别人靠近。

然而，一步接一步，堡垒上的塔楼被一个个占领。

你来问我他说了什么。要是我透露一点口风，你就说我这里不对、那里不对，说我对你说教——但你终于回心转意。你的第一个善意表示出现在昨天，你说"我根本不在乎"——不是因为你不在乎，而是因为你能克服横亘在路上的艰险——我又在说教了——好吧，祝你好运。

　　这份不同寻常的信件，既揭示了埃尔姆赫斯特刚柔并济的性格，也表现了他身处的困境。一个约克郡人，牧师的儿子，要不是处于尴尬的境地和内心极度苦闷，是不会坐下来写这些文字的。信件中，他对担任泰戈尔秘书一职很看重——他的执拗几乎到了神经质的地步——但他又很痛苦，想协调与泰戈尔和奥坎波的关系。堡垒是泰戈尔，防御者是埃尔姆赫斯特，进攻者是奥坎波。这些意象很可能来自泰戈尔本人的作品，但身为欧洲人的埃尔姆赫斯特大大强化了它们。他熟悉中世纪的历史和城堡的废墟。信件的主题和意象，和泰戈尔《钥匙》（*Chabi*）一诗存有有趣的共同点。这首诗写于 1924 年 11 月 26 日。诗人说，造物主创造思维，就像一栋大宅被分成很多厅堂，只有外室招待客人，安静的内室无人居住，上了锁，钥匙被扔掉。有时候，一位游客来到门前，希望内室的房门打开。但诗人也不知道如何开门。所有的游戏，所有的参与者，所有的来来往往，都发生在外室，那里有风扬起漫天灰尘。自然界的四季像一幅全景画在诗人眼前展现，鲜花、求偶的鸟儿、晚星、南半球的微风；坐在铺满树叶的草地，他吹着竖笛。他凝视远方，想知道能否满足游客的心愿，而游客也许已经在空荡荡的长椅上找到丢失的钥匙，了解情况，急着寻找他。有一天，这位游客能打开密室的门，此前，还没有别人开启过。

　　泰戈尔写诗的时候，可能和埃尔姆赫斯特讨论过这首诗。没错，这栋诗人想象出来的大宅，和他的英语秘书心目中塔楼耸立的堡垒结构类似。由此可见，诗人的个性犹如上了锁的、无法进入的内室，虽然在很多方面他是一个外向的人，但内心深处依然是个"内向的人"。

能在埃尔姆赫斯特的笔下看到他对泰戈尔性格的领悟，实在是件有趣的事。他使用的意象，在多年后为诗人撰写诞辰百年纪念文章时，再次派上用场：

他心灵的大宅有很多房间，谁也不清楚下一次会打开哪扇门，也不知道最近一次他邀请过哪位或哪些圣贤进过房间，用含蓄的礼貌和尊重接待他们。

……

最难之处，是描述这个性格多样的人，他知识渊博，多才多艺。他总说自己才疏学浅，实际却像一眼汩汩的清泉，不停地释放能量，创作诗歌、乐曲、歌曲、戏剧和绘画。他知道，否认这种能力，会带来致命的伤害，如果不让泉水自由地喷涌而出，人生就得不到圆满。不必要的挫折，会让他无法承受。

无疑，埃尔姆赫斯特也受了《红色夹竹桃》剧情的影响。剧中可以找到封闭的堡垒和高墙等意象。埃尔姆赫斯特信中提到的堡垒和进攻者，近似于国王和南蒂妮的关系。国王也独居深宫，南蒂妮被禁止进入他的房间，但她却想踏入。南蒂妮偶尔瞥见他，像一座堡垒，体型魁梧，额头像城门，胳膊像铁栅。后来，国王的内室坍塌，声如倾覆的立柱。埃尔姆赫斯特心中被进攻者摧毁的堡垒，与南蒂妮战胜国王的一幕相似。我们已经知道，埃尔姆赫斯特与泰戈尔的这部剧关系非比寻常，他和《红色夹竹桃》的诞生有关，这部剧的英译版题献给他，刚刊登在《维斯瓦巴拉蒂季刊》上。泰戈尔给奥坎波和他讲过剧情，奥坎波读过这部剧，也很喜欢。于是，埃尔姆赫斯特自然将桑伊斯德罗的情形与剧中情节联系起来。他希望维多利亚·奥坎波能打开泰戈尔紧锁的心门，像剧中南蒂妮感悟国王一样，用她的爱解放他的创作能量。我敢肯定，泰戈尔给维多利亚取的印度风格名字"维佳娅"，象征爱情取得最终的胜利。神话里的女神，给凡间的泰戈尔带来艺术的灵感。

堡垒怀疑和害怕被人占领，这种情感表现在泰戈尔的诗《担忧》（Ashanka）和埃尔姆赫斯特 1924 年 11 月 21 日写给奥坎波的信中。他提到她的热情让泰戈尔害怕。但同时，就像埃尔姆赫斯特在日志中所说，诗人被她"触动"，写诗的灵感如泉水般涌出，难以压制。埃尔姆赫斯特坚信，帮助维多利亚·奥坎波走近泰戈尔，要靠她的心（也就是那根绳子，或者盒子里那张进攻战术说明书），而不是靠她的聪明（即进攻者攻城的梯子），但不管如何，都需要她自己攀爬。

《泰戈尔百年诞辰纪念文集》的读者主要是印度人，在回忆文章中，埃尔姆赫斯特没有提及在桑伊斯德罗时三人的情感纠葛，而是幽默地讲述其他见闻：

随着诗人病情康复，问题接踵而至。"我今天感觉好多了，埃尔姆赫斯特。"他会说，"致秘鲁政府的致歉电报已经译成西

在你鲜花盛开的花园

班牙语并发走了吗?""是的,先生,在西班牙驻阿根廷大使和
我们的医生和维多利亚的帮助之下。""医生还是不准我坐阿根
廷政府派的无畏号绕过合恩角去秘鲁参加纪念活动吗?""是的,
先生,他说南边这条路会很崎岖,你的心脏既不能承受爬上安
第斯山,也不能承受冲过合恩角,哪怕坐的是一艘无畏号战
舰。""那么,我是个自由人了?""可以这么说。""我看报纸上
说有一个画展,展出阿根廷现代优秀画家的作品,今天下午开
始。我建议去看看。""但是,"维多利亚·奥坎波反对说,"现
场会有一个摄影师,患病的诗人踏上展馆台阶的照片明天早上
就会刊登在秘鲁的各大报纸上,而相同版面,会有你身体欠佳
的新闻公报,这不是引起严重的外交事件吗?"但我们后来还是
去看了画展,照片也被登了出来,附加的讽刺评论说,阿根廷
此举是故意损害两国的睦邻友好关系。

同样是为了纪念泰戈尔百年诞辰,在他为奥坎波的杂志《南
方》写的文章里,他隐约提到在桑伊斯德罗时,他像一块夹在泰
戈尔和奥坎波中间的三明治。也许他觉得给阿根廷读者一些暗示,
会更容易些。他知道文章会被译成西班牙语出版,不会马上被印
度人读到。这样做,原因有几个。泰戈尔的女主人是个动人的优
雅女士,一位当时的贵妇人。但泰戈尔如何猜到她最大的心愿是
结识他本人?如果不是她透露,他怎么知道,或许在整个西方世
界,还没有人像她一样用西班牙语、法语和英语三种语言研究过
他的作品。泰戈尔的矜持和羞涩慢慢减少,但她却发现,很难用

一种对两人来说都不是母语的语言彼此交流，尤其是让他清楚，她多么崇拜他，多么欣赏他的哲学和神秘的想法。没有太多时间拿来浪费。泰戈尔天性优柔寡断，特别是他习惯沉醉于自己的想象世界，让这个女人的神经更加紧绷，她一方面要款待客人，另一方面又要和他们保持距离。她绝望地想，诗人永远不会注意到她，接受她的景仰。她焦躁，找不到摆脱的出口。诗人那位沉着的秘书不但不帮忙，还火上浇油，让她内心煎熬。"愚蠢的秘书。"她经常脱口而出。然而，将诗人和他的崇拜者隔开的高墙终于解体，他开始用孟加拉语诗歌传达心头想说的话，这是他被友谊感动时表达谢意的特有方式。他会把这些诗译成英语，跑去问秘书这个或那个语法结构，问"这样行不行"。有一次，他甚至叹息道："唉，真不知道我那些孟加拉的朋友们读到这几首新写的诗，会怎么说我。"

维多利亚·奥坎波也说过类似的俏皮话。在埃尔姆赫斯特的文章末尾，奥坎波简要介绍了他的生平和事业。她列举达丁顿庄园的贡献，提到泰戈尔的"愚蠢的秘书"和他妻子令人钦佩的慷慨，最后加上一句，埃尔姆赫斯特对她的赞美不过是开玩笑，"一个很蠢的人才会有乐趣回忆这些"。

他展开他诗人的想象力，产生一种念头，认为她要控制他——她已经抓住他，正打算控制他。要是她和我一起努力，为他找一条航道，是可以登上航船的。这让我也开始幻想，一开始，我也觉得这只是一句玩笑，因为他对我说："莱昂纳德，

你为什么不娶她，带她回圣地尼克坦住呢？"他开始展望——我
却还没看出苗头——我只看到云朵停在他头顶——他想象我们
合伙把他留在阿根廷，因为我们喜欢彼此相伴。与此同时，他
对她的态度变得非常友好，他们开始相处融洽。于是，剧情开
始向另一个方向发展。

……

哦，当然，她总是忐忑不安。刚才还兴致高昂，现在就陷
入绝望的深渊。

……

真令人疲惫！她有时就像一只老虎……

……

嗯，你可以看到，两人有不同的个性，而我站在他们中间，
跟每个人都保持一段距离，但争斗还是日复一日。延续到我们
离开的那一刻……

……

……各种各样的谣言传回印度。家人被吓坏了，等到他终
于回家时，他们问："你为什么要在布宜诺斯艾利斯待那么久？"
"噢，"他说，"都怪埃尔姆赫斯特。埃尔姆赫斯特爱上了一个年
轻的阿根廷女人，不让我回家。"……

……但这次，他的想象力突破了边际，说我拦住他，不让
他离开，置所有事实于不顾。我知道，他的想象力可以搭建起
一栋插入云霄的摩天大楼，然后他会从楼顶纵身跃下。他会想，

"现在我必须整一整这个埃尔姆赫斯特，他总是挡在我的面前，不准我出门。"于是他叫我来，说："我觉得你对我不公平，你不准我出门，那个叫维多利亚的女人也是你的帮凶。"我说："是吗，我觉得你的话并不属实，你是在瞎想。行，那我走好啦。"我并没有说自己会辞职，但独自一人，散步散了很长一段时间。等我回来时，他很焦虑不安。"噢，"他说，"我以为你们都抛下我跑了。""是的，"他继续说，"你看见过，我有很多亲近的秘书和朋友偶尔会抛下我，有时是我的错误，但有时是他们不能接受我看问题和做事的方式。"他说，"我很高兴，你没有步他们的后尘。""哦，"我说，"我不会走，但也不认为你的看法是对的。"另外一个熟悉我和泰戈尔的朋友后来说——"你难道没看出来，跟以前一样，诗人是在嫉妒别人，不知道你有没有发觉，错就错在你把他独自留在家，自个儿和维多利亚出了门，在他的眼中，你俩过得快活，而他一人背黑锅。诗人嫉妒别人，很显然，恨得牙痒痒。"

……

……但接下来的日子，我们再也没闹过别扭。

我在想，节选部分最后提到的烦心事，是不是埃尔姆赫斯特1924年12月25日写给未婚妻多萝西·惠特尼·司戴德的信中那一件。

他今天心情特别不好，昨天也是——每到这时，他变得不讲情理，冷酷，不体谅别人。很少有人像他那样（如果他的脸色稍有变化，友谊就会受到损害，说不定连朋友都做不成）。我强忍自己的怒气，知道我必须说服自己，他只是一个疲惫而任性的孩子，年龄 10 多岁。我把这些困难的时刻想象成对自己能力的考验，超然待之，但我又怕后面有越来越多的困难。对有的人来说，很不公平——这是游戏的一部分，像方向不定的风来了又去，误解会耗尽人的精力，最终放弃——对其他人也一样，他们没有防御能力，也无可指责，结果是人为地制造麻烦。过去 6 个星期里，麻烦事不断，还得再熬过一个星期，我讨厌在信上发牢骚，让你不开心。你看不见我内心的微笑，我也不能拉住你的手，嘲笑我自己和遇到的麻烦，就像我现在每天做的事。信上的文字难免不带有偏见，我写信时，总希望把方方面面都写到，免得成了一面之词。

　　不管上文提到的两次危机是否为同一件事，的确有一次危机发生于 12 月 24 至 25 日之间，后来维多利亚·奥坎波写过一篇文章，内容是泰戈尔跟埃尔姆赫斯特谈论圣诞节的重要性，标题为"泰戈尔在蓬塔奇卡的圣诞节"，收录在《证词》第六卷，写于 1961 年 5 月，以纪念在泰戈尔诞辰百年之际，当地有一条街道以他的名字命名。文章和命名仪式一样流露出一种讽刺意义。打算用泰戈尔名字命名的街道位于米拉尔利约，是一条他爱去散步的花园小径。在维多利亚·奥坎波的努力下，仪式顺利完成，一块被刻了街名的牌子安装完毕，由印度驻阿根廷大使揭幕。但没过多久，牌子就消失了。一群当地的航海爱好者希望街道以水手德鲁蒙德的名字命名，并成功地推翻了原来的决议。最终，一条从德鲁蒙德街分出来的独头小巷被称作泰戈尔巷，其结果是，如今的米拉尔利约并不在奥坎波期望的泰戈尔街，而是在德鲁蒙德街上。至于那篇文章，宁静的圣诞节气氛不仅与埃尔姆赫斯特信中的描述不符，也和奥坎波笔下的压抑情境格格不入。以后，我们还会展现这样的场景，我只是想让读者注意，泰戈尔的确埋怨过埃尔姆赫斯特，说他和奥坎波串通好，不让他离开桑伊斯德罗。1939 年 2 月，去印度见过泰戈尔后，埃尔姆赫斯特给奥坎波写过一封信，幽默地说，岁月已经将当年的痛苦和误解抹去："你还记得吗，他说在米拉尔利约时，我们合伙绑架了他？我很高兴地告诉你，他现在还气哼哼的。"

十

慢慢地，奥坎波一方面平复心头的羞怯，另一方面渴望接近泰戈尔，带着这种复杂心情与他建立起融洽的关系。

下午，通常是茶饮时间，我决定让自己的胆子再大一点，以前，我总是怯生生地敲响他的房门——就像我来自外面的世界："是你吗，维佳娅？你忙了一整天吧！"他会说。确实很忙，我鄙视自己，想开口却说不出一句话。还是等合适的时机来看你吧。

我来了，一点点地，了解泰戈尔和他的心情。一点点地，他驯服了这头年轻的动物，时而野性，时而温驯，哪怕是像狗一样睡在他门前的地板上，可惜我还没有胆量尝试过。

等情况变得明了，泰戈尔住在桑伊斯德罗的日子会比之前计划的一周更长，奥坎波不得不面临财务上的问题。她只从亲戚那里租了米拉尔利约的别墅一周，要是泰戈尔留下来的时间不确定，得另外租一处别墅，而她手头并没有足够的现金。她赶紧以相当低的价格变卖了自己的钻石头饰，"高兴得发疯"，提前付了 1 万比索的租金，免得之后再为花销操心。这件头饰对她有特殊意义。和丈夫度蜜月去罗马时，她经常戴这个头饰出席舞会，并吸引了丈夫一位堂弟的目光——不是朱利安·马丁内斯，而是另外一个堂弟，是丈夫叔叔的儿子，当时担任阿根廷驻梵蒂冈大使——她戴钻石头饰的样子，被这个崇拜她的绅士写进他的一本小说里。戴着头饰的姑娘走进舞厅，两人开始议论她。"你知道吗，那姑娘还不到 20 岁？""瞧！留意她头上的王冠值多少钱（另外一种说法是：留意她头上的王冠要花多少税金）。仔细看，她头上戴的不是半月形状的钻石，而是收割泪珠的镰刀。"多年后，奥坎波告诉马丁内斯，这话是一句警告，警告他不要陷入她的罗网。

泰戈尔在桑伊斯德罗的生活细节，经奥坎波的笔端为读者熟知，尤其是她写的《泰戈尔在桑伊斯德罗峡谷》一书和其他英语文章。他在清晨写作，去花园散步，读哈德森的书；他站在阳台，用双筒望远镜欣赏南美的珍禽。每天下午，成群结队的崇拜者赶来，泰戈尔和他们交谈。他通常坐在别墅前的一棵紫芯苏木树下，奥坎波有时也参与讨论，担任口译。公开谈论泰戈尔时，奥坎波总免不了提到川流不息的访客们问不完的问题。医生要泰戈尔静养，让泰戈尔遵循医嘱的任务落在埃尔姆赫斯特和奥坎波肩上。泰戈尔总是不听劝，他觉得自己有义务接待所有想见他的人，然后把自己累得够呛，抱怨过得劳累。阿根廷人抱怨奥坎波扣押了泰戈尔，想拜访他的人围了里三层外三层。

我停下来问自己，我看问题是不是纯粹从西方人的角度出发。但有些时候，我会变得不耐烦，对自己说："岂有此理！要是不照顾好自己，不管是诗人还是普通人，智者还是蠢货，都会死在东方或西方。"我发现自己有一种母性的冲动，觉得有义务照顾这个跟我父亲一样岁数的男人，我忍不住会把他当成一个小孩对待。

围在泰戈尔身边的还有一群通神论者。某天早上，有个女士前来，坚持要见泰戈尔。好心的诗人答应了她的请求，但对方只是想问问他，梦见大象是什么征兆。"这个例子说明泰戈尔的'门户敞开'政策有多么荒谬。当个算命先生，真是太屈他的才。"

泰戈尔有过很多次非正式的谈话，涉及各种主题，所幸都由埃尔姆赫斯特记录下来。来见他的并非都是外人。有时陪他聊天的是奥坎波和埃尔姆赫斯特，或者是阿德里亚·阿塞维多。圣诞节那天，只有埃尔姆赫斯特守在泰戈尔身旁。埃尔姆赫斯特说，他记录了 46 次谈话。有些整理出来，发表在《维斯瓦巴拉蒂季刊》上。

泰戈尔还处于康复期，这让他失去出远门了解阿根廷和阿根廷人的机会。然而，他的确和里卡尔多·吉拉尔德斯见过面，听他用吉他弹奏传统阿根廷乐曲。奥坎波将卡斯特罗四重奏团请到米拉尔利约，为泰戈尔演奏现代西方音乐。相比法国作曲家德彪西和拉威尔，泰戈尔更喜欢俄国作曲家鲍罗丁的音乐。12 月中旬，奥坎波和她的客人以及阿德里亚·阿塞维多去马丁内斯·德·胡斯一家位于卡帕马拉兰的英式乡村别墅住了一星期，那里距布宜诺斯艾利斯 400 公里，离普拉塔海滨疗养地不远。他们是坐火车去的。卡帕马拉兰的别墅由一位英国建筑师设计，所有家具陈设都是英式风格。泰戈尔的评价是"装满了索然无味的东西"。奥坎波在《自传》里指出，泰戈尔这样说"有点不公平"。卡帕马拉兰的别墅有"很好的品位"。当然，让泰戈尔失望的是这不是一处传统的阿根廷牧场。但主要问题是，他想看古老的阿根廷，哈德森笔下的阿根廷，但书中的场景或多或少已经消失不见。就像奥坎波指出的，古老的西班牙家具才是"索然无味"。

1924 年泰戈尔和奥坎波交往的细节，可以在奥坎波发表的第二篇讲泰戈尔的文章里看出来，这篇文章似乎后来没有再版。以她在"艺术之友"协会的讲座为蓝本，文章刊登在1925年11月15日的《民族报》周日版文学副刊上。这时距离他们相识刚好过去一年，相比晚年的回忆，很多细节更真实可信。

在这篇叫《罗宾德拉纳特·泰戈尔二三事》的文章里，奥坎波说，泰戈尔住在桑伊斯德罗期间，她没记录下跟他的谈话。为了说明泰戈尔的人格魅力，她用了很多笔墨来描写他的健谈。他是她遇到过的最健谈的人。他有喜剧感，虽然只是面露淡淡的微笑。他的讽刺很微妙，从来不尖酸刻薄。生气时，他直言不讳，但话里从不带刺。他的讽刺跟其他人不一样，既不隐藏积怨，也不掩盖嫉妒。是一种苦涩、新鲜、五味杂陈的东西，像柠檬汁。她知道，很多人觉得他很招摇，但她很肯定地表示，他绝不是一个招摇的人。他很真诚。他的心情像天气一样多变。有些时候，他不喜欢跟任何人交流，保持一种彻底沉默的状态。而有些时候，他开心得不得了，聊起天滔滔不绝。有时他快乐得像个放学的孩子，有时又很悲伤。奥坎波告诉公众，泰戈尔和西方人没什么两样，如果以为他总是严肃，那就大错特错。她承认，在他们刚认识的那段日子，他的沉默总让她产生一种令人麻痹的恐惧感。她总是在想，自己是否有失礼之处。她曾有一个花哨的晴雨表，正方形纸板上是一个男孩的人形，如果他的裤子变成红色，就会有暴风雨；如果是紫色，天气就变化；如果是蓝色，说明要天晴。每天早上，跟泰戈尔的秘书聊天时，她会微笑着、略显焦虑地问他："今天的裤子是蓝色?"很快，她发现每当有信从印度寄来，泰戈尔的心情就会低落，这让她惴惴不安。

泰戈尔会高声给她朗诵他写的诗。听上去像乐曲。他会试着教她某些孟加拉语单词的发音。他会要求她学孟加拉语，坚持说除非她能读他用孟加拉语原文写的作品，否则她永远不能读懂他。一天，她问他孟加拉语如何表达"恨"。泰戈尔的回答是，孟加拉语中没有这个词。奥坎波不信，也许没有这样一个单词存在，但孟加拉人肯定有"恨"的时候。他们会怎么说"我恨你?""我们会说，"泰戈尔回答道，"你是我眼中的毒药。"好吧，这是个带着诗意的表达法，但显然听起来恨得并不深！（在她写泰戈尔的英语文章中，奥坎波说在所有诗人教过的她的孟加拉语单词里，她只记得一个"bhalobasa"，意思是"爱"，这也是她对印度的感情）奥坎波教泰戈尔西班牙语，泰戈尔教奥坎波孟加拉语，在那本记录下《东方集》很多诗篇的著名的练习本上，两种语言勾画的痕迹随处可见。

泰戈尔教她孟加拉语，她还教他法语。她说，泰戈尔能用法语说"你好（bonjour）"或"晚安（bonsoir）"，只是带着浓重的英语口音。但他读法语书时，猜词的能力让她瞠目结舌。泰戈尔能朗读缪塞和波德莱尔的诗，她纠正发音上的问题，然后他会试着翻译，一句接一句，她边听边纠正。这是泰戈尔第一次接触波德莱尔，他不喜欢波德莱尔的诗。"你觉得他的诗如何?"他问。奥坎波找不出合适的语言来表达她对这位杰出的法国诗人的钦佩。谁能在泰戈尔和波德莱尔之间搭建一座桥梁? 她无法想出一个万全之策。他们一起读《恶之花》中一首名为《沉思》（*Recueillement*）

的十四行诗。泰戈尔的评价是:"也许用法语写得优美,也许在法语里有意义。"他说得很真诚,不受波德莱尔式风格的影响,说得她想给他一个拥抱。

但当他们读散文诗《遨游》(*L'Invitation au Voyage*)时,泰戈尔实在不能容忍。(我们从她写泰戈尔的书和相关英语文章中得知,这件事发生在卡帕马拉兰)当他们读到"家具亮闪闪,经岁月打磨洗礼,装扮我们的卧室"一节时,他抬起头,宣布他不喜欢这位"家具诗人"。从那天开始,他将波德莱尔称作她的家具诗人。她再三辩解,说波德莱尔并不属于她,亮闪闪的家具也"只是一种装饰",但他不听,也不想知道。她说,她尝试给他解释诗句的意思,但看来他咽不下这道丰盛的大餐。跟泰戈尔写的相同主题的诗比起来,波德莱尔的诗就像是一个暴发户,奥坎波随后便引用了泰戈尔的诗句,出自独幕剧《齐德拉》,法译本和英译本出入不大:

我们的音乐出自一根芦苇,用你我的双唇轮流吹奏——至于王冠,只需一个花冠戴在你的额头,然后扎在我的发端。

撕开胸口的面纱,让我在地上铺好床;一个吻,一次安眠,就能填满我们狭小而无垠的世界。

泰戈尔对波德莱尔的偏见,让后来的孟加拉学者们觉得好笑,对我来说,泰戈尔和波德莱尔各有千秋,比波德莱尔更先锋的艺术也有意义(有人会提到印度音乐,比如泰戈尔的作品,和包括德彪西和拉威尔在内的西方作曲家）。不同文化的现代主义，需要下一代人搭建起沟通之桥。《恶之花》里的诗，包括泰戈尔无法欣赏的《遨游》在内，都已经被诗人 Buddhadeva Bose 译成孟加拉语。但奥坎波有必要了解，为什么那时泰戈尔不能对《遨游》产生好感。我们知道，在卡帕马拉兰，泰戈尔就已经不喜欢别墅的家具陈设，他觉得自己身处精致的英式家具的包围之中。如果说有哪个国家的"上流社会"比英国更痴迷精致的家具，法国肯定是不二之选。让我们想一想英国"高贵的豪宅"，让我们想一想法国的"城堡"，比如凡尔赛宫。但行走在印度，游历各处，让人时常有不同的感觉："那些地方确实美轮美奂，但还是让对西式家具的热情见鬼去吧，我们何不坐在茅草屋下铺的一张织毯上呢？"对于英国家庭室内装饰这样的话题，我感到厌倦。这个话题代表着对欧洲布尔乔亚式生活方式的迷恋，与印度人的情感并不合拍。

原因并非是对饰物的排斥：毕竟，印度人骨子里也酷爱装饰艺术，不管是衣物、珠宝、手工艺品、诗歌或建筑。对家具的态度和气候有关。在气温较低的地区，室内装饰更显得重要；而在热带，室外活动占据大量时间。泰戈尔并非对精美的家具无动于衷，圣地尼克坦保留下来的他生前使用过的家具就证明了这一点，但他喜欢简约而优雅的风格，特别推崇简朴的日本家具。（埃尔姆赫斯特参与过圣地尼克坦的重建项目，清楚当地人过着多么简单的生活，他也许告诉过奥坎波，泰戈尔对家具的态度。）我们可以将所谓的"家具诗节"记在心里，供以后研究。奥坎波解释说，诗中的家具只是"一种装饰"。装饰什么？装饰爱。

> 锃亮的木器，
>
> 曾被年华磨光
>
> 用它们来点缀我们的房间吧。

不，1924 年时的泰戈尔，一个生活中历经磨难的 63 岁老人，先后失去包括妻子在内的三位至亲，以诗歌来表现死亡主题，也许并不需要爱的装饰，也不需要被年华磨光的家具，或波德莱尔诗句里用来营造"辉煌西方"的华美天花板和光面大镜子。其实，波德莱尔只是想营造一种别样的恋爱背景，融合奢华、安宁和风骚，用来邀请他的爱人。也许让泰戈尔反感的原因，是这些意象让他联想到女眷的闺房。这不是他所理解的东方的辉煌。年少时，他住在博多河的船上，在西莱达，在圣地尼克坦学校，泰戈尔的居住环境和西方的布尔乔亚式比起来，只能算是斯巴达式。他的妻子跟其他普通的印度家庭妇女一样，习惯在露台一角的便携炉上做饭。泰戈尔早期写爱情主题的诗，收录于《心中的向往》(1890)、《金帆船》（1894）和《齐德拉》（1896），讴歌的都是质朴的爱情，奥坎波很快意识到这一点，所以才在文章里节选了泰戈尔爱情诗中的片段。

在《罗宾德拉纳特·泰戈尔二三事》一文中，奥坎波提到，泰戈尔有一天跟她说起小儿子死在乡下的事。等孩子停止呼吸，泰戈尔在他的床边停留片刻，然后走到露台，再次把目光投向一望无际的原野和天空，相视无言。他觉得在开阔的空间里，自己离死去的儿子更近。他开始第一次理解死亡。奥坎波说，她也有相同的感受，那是当她读到《吉檀迦利》时，诗人的灵感来自于他内心的煎熬——她第一次读这些诗，就被泪水迷蒙了双眼。

　　一个在发现之旅中探寻死亡意义的人，不太可能需要爱的典雅装饰品。奥坎波明白，泰戈尔对将家具作为装饰爱情的意象嗤之以鼻，她在好几篇文章中都提过这一点。众所周知，就这个话题，她和朋友、瑞士音乐家欧内斯特·安塞美打过笔仗。泰戈尔对《邀游》一诗的"家具诗节"的反应，让她第一次感觉到，那个部分带有"西方文学的作秀成分"，波德莱尔掀开破旧的帘子，露出暴发户被初次见到的辉煌景观惊讶得合不拢嘴的样子，而泰戈尔对这种景观并不心动。她写信给安塞美，告诉他自己读诗的印象，用词谐谑。安塞美的回信也带着谐谑意味。他看到"一位孟加拉王子"的反应——不管是不是玩笑话，这都是一种曲解，因为泰戈尔并不是王子——哎呀，他，安塞美，可没当过什么孟加拉王子。出生于波德莱尔诗中所描绘的奶酪、香肠、葡萄酒、锃亮家具的时代，他别无选择，只能将那些行囊背在背上。如果说所谓的西方辉煌没有让他心动，那是因为他和波德莱尔生活的时代相差了 10 年，还有就是这仅仅是个术语，一种表达方式。要是这个伟大的西方人之一只配得上暴发户的称谓，其他人该怎么办，西方文明该怎么办？他接受了这种指责，但事实是，西方文明依然存在，西方人仍然走在自我救赎的路上。所以，身为一个西方人，他需要先将熟悉的物品整理整齐。奥坎波对但丁的评论和他的做法一样。假如孟加拉的王子们没听说过弗朗西斯卡，他们会怡然自得，但他们永远不会给西方人讲比阿特丽斯的故事，或做任何事。

《自传》第四卷收录了这封安塞美的信，奥坎波并没有告诉我们她如何回信和安塞美展开争论。我也没能找到奥坎波和安塞美的通信集，也许等这些信件出版，我们能获得更明智的看法。但在我们眼中，安塞美的观点像是一首合奏。家具话题和弗朗西斯卡话题不一样。泰戈尔抱怨的并不是波德莱尔诗中的性爱，而是用家具作为意象来修饰性爱主题。每个熟悉泰戈尔作品的人都知道，他深知性爱在人类生活中占据的地位，但就像奥坎波所感觉到的，他理解的性爱是一种感性刺激，无时无刻不在变化，挑战我们感官的极限。安塞美忽视了一点，只有当我们陷在一处尴尬的洞中，才固执地认为，别人的看法会解救我们。否则，我们只能在同一个洞里来回转圈子。奥坎波也明白这个道理，当她无法理解普鲁斯特的文字时，泰戈尔给她伸出援手。同样，当泰戈尔无法帮助到新一代孟加拉人，他们将目光投向现代欧洲。在另一封信中，安塞美似乎在奥坎波的斡旋下接受了泰戈尔的意见，就像他接受了但丁。

故事背后，还有一则有趣的补充说明。泰戈尔在卡帕马拉兰时没能读懂的波德莱尔诗行，根据他的说法，在驶离阿根廷的轮船甲板上，在奥坎波坚持送给他的扶手椅上，终于有所领悟。这把扶手椅是泰戈尔住在米拉尔利约时最钟爱的坐具，休养期间，坐在椅子上让他感觉舒服自在。在奥坎波的坚持下，泰戈尔告别时带走了这把椅子，还特意吩咐工人将朱利奥·恺撒号上他居住的船舱门的铰链卸下，好把扶手椅搬进去。1925年1月5日，泰戈尔在船上写信给奥坎波，说他的大部分时间都"深埋"在她的扶手椅里，终于体会到他念给她听的波德莱尔诗中的"抒情意义"。1月15日，奥坎波高兴地来信（省略号为她所加）：

> 这么说，终于，你通过我的扶手椅理解了波德莱尔！……我希望通过同一件家具，你能理解我的爱的抒情意义！我希望，至少有部分意义能向你展示！用舒服的座位展示……（唉！可惜至少一小部分。）

毫无疑问，泰戈尔的话和奥坎波的回答都带有性爱的内涵。当然，对埃尔姆赫斯特来说，扶手椅成了又一件让他要操心的事，但椅子终于来到欧洲，搬上另一艘船，和泰戈尔一起抵达印度。如今，这把椅子保存在圣地尼克坦泰戈尔学院的泰戈尔博物馆里。晚年重病缠身时，泰戈尔经常坐在上面，去世前一年还写出两首诗。对他来说，这件家具象征奥坎波对他的爱，或者象征她的怀抱，成为泰戈尔和奥坎波爱情神话的重要见证。波德莱尔在天之灵，也许会觉得大仇已报。

我认为波德莱尔的复仇，影响比我们想象的更为深远。在晚年的岁月，在泰戈尔结识奥坎波后，他对视觉艺术产生强烈的兴趣。他的画笔下经常出现椅子、扶手椅、沙发、躺椅等意象，并配上人的形象，通常是一个女人，偶尔是个表情痛苦的男人，舒服地躺在坐具上。似乎在他的潜意识里，性本能和家具形成了联系。

　　奥坎波明白，当泰戈尔面对波德莱尔时，困扰他的问题之一是他无法欣赏波德莱尔诗歌的形式。阿根廷人读到泰戈尔作品的译本时，也有相同感受。她在《罗宾德拉纳特·泰戈尔二三事》中写道："论及翻译，不妨借用拉罗什富科公爵对婚姻的看法，把两个形容词的顺序反转：也许很美味，却不够好。"一首诗的意思，会封存于写诗的语言，所以只有掌握源语，才能获得钥匙，此外别无他法。说完后，她肯定注意到泰戈尔作品（那时）在西方流行的矛盾现象，他的声望超出了源语的领域。尽管像法语版《吉檀迦利》这样的作品，经历过两次翻译加工，她为什么还是受到感染？她觉得和其他作家比起来，泰戈尔的情况更复杂。他有时热衷于自译诗歌，但这种翻译方式更像是"残忍的外科手术"。她读过 E. J. 汤普森的书（是他第一本写泰戈尔的书，出版于1921年），说泰戈尔译的诗，简直是对西方公众智商的羞辱。他会小心地挑选简单和甜美的东西，迎合读者的欣赏品味。（这样做能讨一部分读者的欢心，但失去了艺术修养更高的读者群）奥坎波说，她一直认为这种指责是夸大其词，直到有一天，她遇到相同的情况。

　　在卡帕马拉兰的某个早上，泰戈尔把她叫到房间，用孟加拉语给她读了一首刚刚写完的诗。然后，他逐字逐句翻译意思。她觉得诗听上去很美，央求他用英语写在纸上。当天下午，他当着她和另外两个朋友的面（毫无疑问是莱昂纳德·埃尔姆赫斯特和阿德里亚·阿塞维多），用英语朗诵这首诗。奥坎波感到无比失望：诗意荡然无存。她没有掩饰自己的失望之情。她告诉他，他丢失了诗中最有价值的部分，那个在早上深深感动她的部分。她把自己认为带有诗意的部分讲给他听。啊，是的，泰戈尔说，他知道他省略了那个部分，他没料到那个部分会吸引她的注意。显然，他想说，不单是她的注意力，还有所有西方读者的注意力。奥坎波觉得受到了伤害——既代表她本人，也代表整个西方。泰戈尔无意伤害他们，他只是真诚地认为他们理解能力有限。晚餐时，他给了另外一个译本，这一次，她很满意，因为他没有将原诗拆得支离破碎。

身为一个研究者，我欣喜地找到了这首《骷髅》（*Kankal*）1925 年的英译本，因为是从这样一种情境流传下来，相比奥坎波后来写泰戈尔的书、英语文章和她为阿尔贝托·吉里用西班牙语转译的英译本《东方集》撰写的附录条目，这个老版本可信得多。根据后来的记载，一天下午，泰戈尔写好了诗，口译给她听，然后第二天给了奥坎波用英语译的版本，她震惊地发现原诗已经被大卸八块。记载中没有提到泰戈尔听从她的建议，给了她一个修订版本。读到 1925 年的这篇文章之前，我一直纳闷奥坎波为什么会对泰戈尔发脾气，因为如今收藏在布宜诺斯艾利斯档案室的由泰戈尔亲笔书写的译本，内容无删减，诗意也没有缺失。我认为，奥坎波早期的回忆更准确，摆在我们面前的并不是那个惹她生气的版本，而是被批评后，泰戈尔重译的版本。以下便是《东方集》的第三首诗，即泰戈尔送给他那位阿根廷崇拜者的自译版本。

骷　髅

一具兽骨，惨白地躺在小径旁的草地上——

青草曾给它力量，让它倚靠。

白色的枯骨，像时间发出大笑

喊着我：

"骄傲的人呀，你的归宿跟牲畜一样

不再吃草

因为当生命的酒洒完最后一滴

酒杯就会毫不迟疑地扔掉。"

"你是在空虚地嘲笑，死亡。"我回答道。

我的一生，不仅是为了付床板的钱

在夜里安睡

浑身的骨头快要散架，穷困潦倒。

我的一生要过得圆满，除非能思考

和感知，收获和给予，聆听和诉说。

我的心经常跨越时间的边界，

不知在骨架瓦解时，会不会停下脚步？

骨肉和血液永远不能成为真理的衡量；

时光走得有条不紊，无法将骷髅踢开；

路旁的盗贼和灰尘，也不敢将其占为己有。

我喝下莲池的蜜汁；

在苦难之时，我找到幸福的秘径；

我听见永恒沉默的声音；

看见黑暗深处的光明。

死亡，我不接受你

因为我是上帝口中的一句玩笑，

我是拥有财富和永恒的毁灭躯体。

在译本上，诗人用孟加拉语签了名字，注明的日期是1924年12月18日，这与12月17日写出孟加拉语的原诗相符，奥坎波1925年的文章采用的也是这个日期。如果泰戈尔是在17日写的诗，他才会在18日早上叫奥坎波来他的房间，把诗念给她听，想最后点缀一下。他卧室里的细节，奥坎波在以后的记载中屡屡提及——红色锦缎窗帘、俯瞰初夏时嫩绿草坪的推拉窗、散发着蜂蜡香气的古老英式家具——看起来似乎和泰戈尔所说的"摆满索然无味的东西"的环境不符，却让奥坎波永生难忘。唯一的记忆偏差是30年后，她把发生在早上的事放到了下午。她后来在文章里写到，差不多在喝下午茶的时候，她催促他下楼喝茶前，把诗译出来。但如果我们回到30年前，真实情况是他下楼吃早餐前。人的记忆经常会张冠李戴。

译本当然损失了原诗的音韵和节奏感。但如果将两者做一番比较，我们会发现核心的意境并没有丢失。跟孟加拉语版本相比，英语译本显得有一点浅显，但鉴于文字转换，尚可以容忍。就像拉罗什富科公爵眼中的婚姻，不那么美味，但也不坏。

从奥坎波为《东方集》西班牙语译本写的注释中，我们得知泰戈尔写这首诗的前一天，在卡帕马拉兰的原野散步时，看见一具牛的骨骸。在南美的草原上，这很常见。泰戈尔观察了很长一段时间，第二天便写出这首诗。这个说法比较可信，因为写于 1924 年 12 月 16 日的《骷髅》提到在草原散步（诗人还联想到另一次他在圣地尼克坦附近散步的情景）。《东方集》英文版译者科什提斯·罗伊提到，除了在原野看见一具动物的骨骸，既然他们一起在卡帕马拉兰读波德莱尔的作品，泰戈尔也许还和奥坎波读过波德莱尔的《恶之花》里的《腐尸》一诗。在这首诗中，波德莱尔用生动的细节回忆了他和爱人看见的一具腐烂的尸体。波德莱尔喜欢看人们土葬（而不是火化）他们故去的亲人，此情此景，让他想到自己的爱人也会有朝一日变成一具尸体，但她可以自豪地告诉来吞噬她的蛆虫，旧爱虽已分解，诗人却保留下爱的形姿和爱的精髓。说波德莱尔的诗和泰戈尔的诗有某种关联，貌似有理。《腐尸》是波德莱尔的名作，奥坎波写于 1967 年的评论波德莱尔的文章收录于《证词》第八卷，说明至少在那时，她已经开始注意这个问题。她表示，写于 1857 年的《腐尸》一定吓坏了当时的读者，因为波德莱尔的描述令人毛骨悚然，但抛开恐怖的细节，诗人在结尾的呼唤，让他的爱人获得了某种形式上的永生。很有可能，奥坎波和泰戈尔一起看到这具骷髅，让她想到读《腐尸》给他听，打算看看他对这首诗的反应。泰戈尔写诗是想告诉她，他会如何处理死亡和腐烂的题材。他对维佳娅和她喜爱的"家具诗人"说："就这样！"

十一

对泰戈尔而言，埃尔姆赫斯特口中所说的阿根廷奇遇就像一个大杂烩，一开始平淡无奇，要到后来，才被注入别处没有的浪漫光辉。在响应维多利亚·奥坎波爱慕之情的同时，他还有其他事要考虑。翻开他写给至亲好友的信，就能窥见他变幻的心情。我已经顺便引用过几封这样的信，让我们再近距离看一两份证词，更直接地体会他"好吧，我让步，但是，我的老天！我真不知道该做什么"的心境。以下是他写给媳妇帕勒蒂玛·黛薇的书信译文片段，时间不详，大概是在医生否决他乘船经合恩角去秘鲁的计划之前。

唉，你们这些家伙让我在大西洋上漂泊，出发去伦敦。我这次身体糟糕透了。海面很平静。但到那儿的 7 天前，我觉得自己患了流感。我的胸口很痛，喘不过气，我经常在想，肯定熬不过去，回不了家了。到这儿后，这里的人很细心地照看我。

给我看病的是最好的医生。因为胸痛，我得服用洋地黄毒苷片。去秘鲁的旅行看样子要推迟了。但秘鲁人不想放我走，所以我决定不坐火车，而走海上的水路。这儿有一位女士，像我的家人一样照顾我。她同意陪我去。她给我们找了一栋她的别墅。她是这个国家的一个有名的作家，一直景仰我，读过我的作品。总的来说，这儿的人都崇拜我。以前，我从未想象到他们会如此熟悉我，欢迎我的到来。要是我们能把剧团带过来，肯定能大受欢迎。当我建议带剧团过来时，他们答应付一大笔演出费用。他们很期待艺术展。我能看出，我们的艺术在南美大有用武之地。要是我们之间的距离不那么遥远就好了……

……会在 11 月 29 日出发去秘鲁。写信给我，秘鲁共和国总统会代为转交。

显然，埃尔姆赫斯特和奥坎波对泰戈尔健康状况很担忧。秘鲁方面也是一个微妙的问题，毕竟秘鲁政府给两位乘客付了船票，总不希望看到这笔钱打水漂。奥坎波已经答应陪泰戈尔去秘鲁，说明这是一件板上钉钉的事。她的关心打动了他，但看样子没人告诉他，别墅并不是奥坎波的。他夸大了维多利亚·奥坎波那时候的名声；她那时还不著名。像他那样身兼文化演出经理和筹资人的本事，奥坎波还没有完全掌握。否则在这个领域，她可以给他提供帮助，迅速吸引他的注意力，然后静静地靠近他，而无须刮起一场沙尘暴。极具讽刺意味的是，维多利亚·奥坎波后来成为一位杰出的文化赞助人，她肯定惋惜自己年轻时错过了这样一个宝贵的机会。她无须事事都亲力亲为：她大可叫别人对相关项目产生兴趣，而阿根廷公众对泰戈尔的热情也能得到充分利用。但她还没有练好在这个领域大显身手的本领，她只是梦想着给他在欧洲找一处庇护所，给这个伟大作家当秘密管家。（她在写凯泽林的书中直言不讳地表示，泰戈尔住在桑伊斯德罗时，她扮演了"秘密管家"的角色，并大获成功，给一位伟大作家当秘密管家的经历，让她渴望再体验一次）她对自己认识不足，也不知道一生中想有何种作为。另一方面，泰戈尔本来可以更多地帮助她。在某种程度上，奥坎波看出泰戈尔的艺术追求，但她体会不到像泰戈尔这样一个祖国被异族统治、在各个方面都是天才的人物有何种心境。谁会给这样一个人提供金钱资助？在印度，维克拉姆蒂亚和阿克巴的统治已经结束（孟加拉人读到泰戈尔的诗，总希望他出生于维克拉姆蒂亚国王时代，当一位宫廷诗人），英国为了攫取资源和维持帝国的荣耀，将印度攥在手中：殖民政府没有哪个部门希望赞助一个桀骜不驯的、无法利诱的灵魂，他不能被驯服，他是一个坏孩子，随时准备高声抨击伪善、不公和压迫，必要的话，不顾官方的颜面。他的崇拜者并不熟悉这个样子的泰戈尔，要等她的眼界变得更加开阔，才会认识到。

另外一个例子是他写给唯一在世的女儿米拉·黛薇的信，译文片段如下：

今天是 12 月 3 日，春天正走向尽头，盛夏就快降临到我们身上。很偶然，今年整个 11 月份都很冷：这很不寻常。看样子，我的旅行从一开始就没有遇上好兆头；来这儿的 7 天前，我在船上患了重病，也许是流感所致。到这儿后的一段时间，我由医生照看。现在没有别的麻烦了，但演讲和其他活动都要暂停。我们住进一栋别墅，风景优美，在城外的一条大河边。他们照顾我，把我当成亲近的家人，给我提供一切需要的东西。我成天无所事事，坐在打开的窗前。我接到邀请去秘鲁，现在，我在阿根廷。我本来打算要取消去秘鲁的行程，因为我的医生禁止我出行。但也许旅途的障碍已经清除。今天下午，医生会再来检查我的身体，要是他说不妨事，我就在月底出发去秘鲁。我听说秘鲁比这儿更热些，但那里可以游览的地方很多。我喜欢四处走动，但更重要的是，秘鲁政府已经为我们的旅行支付了一大笔钱，不去那儿不好。我们的路线要穿越最高的山脉。安第斯山的高度仅次于喜马拉雅山。景观值得一看。然后从智利坐船去秘鲁：海上航行 6 天。不知道他们会把我留多久。有件事让我很骄傲，这儿有很多人读过我的书，很尊敬我。这就是为什么我到这个国家后，人们很高兴的原因。他们对我别无所求。迄今为止，我还没有出席过任何集会，还有很多人没有看到我的样子。他们一直给我写信、送花，寄书来求签名。不知道你们收到这封信时，我会在哪里，也许是在墨西哥。

尽管少见的寒冷的 11 月让他无缘领略别样的"晚春"风光，我们还是发现，在写给遥远印度的女儿的信中，他大概提到"他们"的好客，隐瞒了他接受一位阿根廷女作家款待的事实，这件事，他却没有向儿媳妇隐瞒（她那时在欧洲）。也许他不希望流言传遍印度。让他放不下心的是接受了秘鲁资助的旅费，也许他的确很懊恼，怕错过欣赏秘鲁风景的机会。安第斯山之行显然唤起了他的好奇心和热情，让他联想到年幼时跟父亲第一次去喜马拉雅山的情景。从圣地亚哥飞到布宜诺斯艾利斯后，望着晨曦中一轮朝阳从山的背后升起，我突然感到悲伤，60 年前，乘坐火车翻越安第斯山的计划最终搁浅，让泰戈尔心头怀有些许小男孩般的失望。信中，他对自己无法自由地和崇拜者们交流，也感到些许遗憾。

流感让他身体虚弱。在另一封写给帕勒蒂玛·黛薇的信中（信上未注明时间，也许写于 12 月 4 日），他说：

我已经第二次为秘鲁之行做好准备，但医生昨天再次来检查我的身体，说我不能出行，走海路和山路都不行。这会导致严重的后果。我必须静养。所以我们放弃了去那儿的希望，准备返回欧洲。在 1 月 3 日。是一艘意大利的船，叫朱利奥·恺撒号。我们会在 1 月的最后一周到达热那亚港。

医生说，我的身体机能没有问题，只是需要时间康复。身体经受不住更多的旅途劳顿。如果我静养，还能在阿根廷首都多待一段时间。他说，我的问题是外人看我时，一眼就能看出是个穷光蛋。是呀，我一直很操心钱的事情，也没把这事讲给别人听。好吧，等我这次回到家，就开始追求不工作的状态。

详情等我们见面时再聊。

这些喜忧参半的插曲，经常让他心烦意乱，埃尔姆赫斯特1924 年 12 月 4 日写给未婚妻的信，就提到泰戈尔抱怨运气不佳：

去秘鲁一事变得情况复杂——诗人很"平静（tranquilo）"，医生叫他不要担心，彻底静养。今天，艾思顿夫人来过 3 次电话，邀请我参加大使馆的舞会——我刚好外出，于是她建议我第二天下午听钢琴演奏会，这很适合我，还可以把诗人也叫上——早上来过一群学生——和西班牙公使共进午餐。

可以想象，泰戈尔大为懊恼，觉得命运跟他开了个玩笑。无论是去艾思顿夫人那里听人弹钢琴，或是去任何地方散心，不管音乐如何动听，在泰戈尔眼中，都无法与秘鲁神秘的印加文化遗址相提并论。埃尔姆赫斯特也有同感，12 月 4 日这一天看样子过得并不快乐。以下段落节选自他写给未婚妻的信，再次反映出住在桑伊斯德罗时，他面对这段三角关系时的复杂心情：

……我像一朵开放的花朵，被包围在热情中，但与此同时，我又感到无比孤独。我喊着要面包，我知道面包唾手可得，但我必须暂时满意送来的石块。幸好我能和你在纸上分享我的心情，这让我好受些、快乐些——只有你的出现，才会让我心情更好、更快乐，因为我身旁的一切艰难而残酷，无聊而灰暗，我高声呼喊，想尽可能和别人和谐相处。我是不是太意气用事？我很想今晚出城去住，尽可能地靠近你，往河的下游走，观察飞鸟和朝我挥手的树木——可是，不成！徒劳无功的一天在城里度过，什么想干的蠢事都没有干成。现在，我把该说的话说完，心里感觉好多了。

……

不知道你会不会原谅我，宽恕我从南美写来的信上全是这些诉苦的文字。我知道，在内心深处，我感到一种真正的满足和彻底的坦然，但好运和厄运的微风吹拂过来，扰乱日复一日的宁静，我的信能看得出，平静被打破，没有希望、计划、设想和长远的愿景潜在水底，从醒来到入睡，再到进入梦想。

也许我来南美是件好事——没有比这更好的考验了。我深入这个世界，跟其他地方相比，这儿的女人尽情展示她们的美貌，我时不时遇见机智甚至有才华的人——但我的心如此荒凉！因为她们徒有其表，缺乏魅力和善心——有才华和机灵，却没有理智和人类真诚的欢笑——永远在耍小聪明，却没有同情心，这让笑容里带着伤痛，锋芒毕露却缺乏善意。

提醒一句，埃尔姆赫斯特待在阿根廷的几个星期，内心正上演一场充满矛盾冲突的戏剧，焦急地等候向多萝西·惠特尼·司戴德求婚的日子来临。她已经让他等了很长一段时间，多方考验他，所以他才会说"没有比这更好的考验了"。他很爱她，所以会陷入绝望，现在，期待的日子近在眼前，疲惫的他必须抓住这个千载难逢的机会。

　　泰戈尔用诗人的方式处理问题。他写诗。在给埃尔姆赫斯特带来坏心情的 12 月 4 日，泰戈尔为《东方集》贡献了两首诗，即《蜂蜜》（*Madhu*）和《三岁孩子》（*Tritiya*）。前一首诗中，诗人拒绝当一只贪婪的、无知的蜜蜂，唯一高兴做的事是采集花蜜，好打败春天，全然没有感受到花朵和森林的美。他宁愿做一只鸟，快乐地飞在空中，从金色的阳光里采蜜——这是另外一种蜜，没有重量，永不腐朽，也不需要囤积。没有障碍，也无所谓占有。想获得的话，就要摈弃贪婪、懊恼、嫉妒、伤人的尖刺或秘密的毒药。另外一首诗写给他 3 岁的孙女，但相比哄孩子开心，写诗的好处是让他提振精神。两首诗的主题都是不受占有欲控制的爱。

　　泰戈尔在 12 月 7 日写了《看不见的人》（*Adekha*），但没有为奥坎波译成英语。以下为这首诗的英译本：

　　她会来，我在希望中等待。

　　你是否听见天空在呼唤我们的名字？

　　在乐声中，我们走向心海岸边的住处。

　　鲜花盛开，群鸟欢唱，对我说，她会来，于是我静静等候。

　　她不来吗，我猜想，晨曦的声音像一道光线划破黑暗。

　　晨光散去，我取出新的、旧的、破的、黑的、又亮又红的玩具，但她没来，我一人唱着独角戏。

她还没来。
我本打算和她一起航行在水上，
但船懒懒的泊在岸边。
他们说等暮光出现，天色绯红，就是见面的时间，
然而她只停留在我的梦中。
欢迎她的花环早已备好，
但她还没来。

她已经来了。
我熟悉飘在夜晚微风里的芬芳。
我猜，她的微笑躲在窃窃私语的叶片间。
隐形的她，让黑夜迷醉，我的心怦怦直跳，知道她已经
来了。

也许泰戈尔觉得去掉齐整典雅的结构，尤其是流畅的韵律后，
译本变得像一个鬼魂，无法献给"他（心目中）的情人"——
"是她吗/不可能是她/让我心乱如麻"——理查德·克拉肖的诗中
这样写道。翻译过程中，诗的形和义很难兼顾并完美地再现：谁
来将克拉肖的诗译成孟加拉语？

让我们回到第九章提过的圣诞节的喧嚣。"他今天心情特别不
好，昨天也是"，埃尔姆赫斯特 1924 年 12 月 25 日写给多萝西·

惠特尼·司戴德的信中有这么一句。发生了什么？线索包含在 12
月 22 日和 25 日埃尔姆赫斯特为泰戈尔做的两段文字记录里。前
一个是纪念泰戈尔的父亲入教修行的日子，按照孟加拉历法为 9
月 7 日，在 1924 年，刚好是 12 月 22 日。

今天是我们在圣地尼克坦纪念我父亲入教修行的日子。对
我来说，这是重要的一天。如果不能参加仪式，无论在磨炼心
智、明辨是非或坚定信仰方面，我都缺少了一份珍贵的恩泽。

这才是问题所在。9 月 7 日到了，但泰戈尔无法出席在圣地
尼克坦举行的纪念仪式。他思乡心切，渴望接受精神的洗礼。至
于圣诞节，早在 12 月 22 日，他就明确表达了不满。

我们在圣地尼克坦的人都不是怀疑论者。圣诞节到来时，
他们没觉得该杀火鸡、喝香槟或者以放荡的生活来逃避。他们
的脸上洋溢着发自内心的喜悦，只要团聚在一起，就好像陷入
欢乐的海洋，以此实现生活的真正意义。

泰戈尔思念圣地尼克坦的一草一木，在那个特殊的圣地，志
趣相投的人们围在他身旁，他组织纪念活动。跟宗教节日不同，
这些活动典雅而充满诗意。不过，这是一个理想化的场景，他口
中参加庆典的人，是他在圣地尼克坦庆祝圣诞节的追随者，而不
是在博尔布尔或加尔各答庆祝普迦节或洒红节的普通民众，他们

也许不杀火鸡，但会宰羊，不喝香槟，喝米酒或加了大麻的冰冻果子露——我们不得不承认，这是一种实用的生活态度：人们聚在一起，获得真正的快乐，而无须复杂的纪念形式——比如家具，这种方式在现代西方文明社会已经相当少见。1924年时，身在阿根廷的泰戈尔仍然对这个特殊的日子念念不忘，确实难得：盛行天主教的阿根廷，需要恢复一点农耕社会的节庆氛围。但米拉尔利约所在的蓬塔奇卡，并没有让他感受到这种氛围。桑伊斯德罗不是农业区：这里是城郊，居住着布宜诺斯艾利斯最富有、最显赫的人士。如果他有机会亲历一次本土的拉美宗教节日，比如在墨西哥，融合天主教和美洲印第安风俗的节日，不知他会有何种反应？至少他能发现跟印度宗教节日的共同点，让他心情好一些。但即便如此，与圣地尼克坦庆典的庄严气氛依然存在很大差距：毕竟，他不是参与者。

12月25日到了，埃尔姆赫斯特问泰戈尔，这一天对他意味着什么。泰戈尔大发雷霆。我们不妨看看他说的话。突然被问及圣诞节的话题，他表示像是在"一个灯光昏暗的洞穴"住过很长时间，突然暴露在"正午的骄阳下"，晃得睁不开眼。让他难以忍受的不单单是在阿根廷的日子，还有过去一年的琐碎生活和事事的不如意。

整整一年，我生活的世界，围绕着日常物资的缺乏、个人的快乐和各种各样的琐事，占据了我大部分时间和精力，很少有人为我分忧。利用这些有限的资源，我为自己建造起一个世界，空间狭小，宽度只容纳我一个人，最多再加上我的同伴。就算我希望或决定去更大的世界探险，也是别人沉重的负担。所以，为了不给别人带来麻烦，我缩小自己的生活圈子和想象力，让自己快乐，安分守己，好跟生活在同一个空间里的人们和谐相处。

于是，突然让我的思绪关注圣诞节这样的重大话题，我很难做出评述。……

……如同清晨的薄雾，按部就班的日常生活会模糊你的视线，看不清更广阔世界的样子。

你知道，在圣地尼克坦，我会跟学生和同事谈论我对圣诞节的看法，向那位人物表达我的敬意，因为值得这么一个日子来纪念。在那里，我会毫无困难、毫无思想包袱地将思绪从每天的寻常事转移到探索人生的意义。人们围着我，他们思想单纯、信仰坚定，所以，当有人提到有关精神生活的问题，他们会帮助他寻找内心安宁的路径，那里的神龛供着永恒。在一年一度纪念我父亲入教修行的仪式后，我会很自然地以纪念日为契机，反思我的行为，磨炼我的精神。

但在这个国家，每一天，永恒的追求是流于表面的物质享受，或财富骄傲和社交活动，西方人把这称之为文明。影响力很强很大，像一堵石墙竖立在每个人的头脑里，彻底封闭，放弃对自由的追求，或失去对外界的注意力，以至于步入我们印度人所说的"不道德"之境。

这种引力，力度之大。我感受到这股力量，努力抗拒。在 9 月 7 日，纪念我父亲人生重要时刻的那天，我很难控制自己的情绪，耳畔回荡着仪式上的乐曲。每年在圣地尼克坦，这样的场景再平常不过……

……

年复一年，我们一直在纪念"9 月 7 日"，直到后来，开始自然而然地庆祝圣诞节。我们习惯过这些节日，是因为知道在它们的帮助下，在接下来的 12 个月中，心里会充满灵感和平静。离开圣地尼克坦后，我最思念的就是这些特殊的节日和纪念日，跟朋友们在一起，跟男孩女孩们在一起，我们坐下来，一起回忆那些崇高的真理，对真理的追求，是我们一生最大的目标。

当我们心怀理想主义，就能忍受精力被浪费，但等到精力消耗殆尽，我们就不得不将这份重担压在肩头。担子太沉重。很多人能调节他们的生活，以适应环境变化，他们并不怀念另一种层面的精神生活。当他们发现我思乡心切时，并不会同情我。我只想念像圣地尼克坦这样的地方，在那里，我能轻松自在地面对永恒。

莱昂纳德，很高兴你今天单独问我这个问题。感谢你，帮我逃离内心的压抑，钻出阻挡我的视野的那片浓雾……

他很不高兴，很生气！不高兴，生气，是因为有人逼他用手上的双焦点眼镜只看近景，不看远景。还可以举出更多典型例子，证明假如他被迫将注意力集中于近在手边的东西，而失去放眼宇宙的机会，会有深深的挫折感。对他来说，这种生活像一幅平面图，有局限性，精神贫乏。他不得不在一栋装满"索然无味东西"的房子里过节，读"家具诗"，而思绪早已飞到他父亲入教仪式的纪念日现场，这时，莱昂纳德跑来问他圣诞节的意义！他是怎么想的？在圣地尼克坦，他依照自己的理念创建起一个社区，那里有他的同路人，和他们在一起，他感到很自在，呼吸变得顺畅，自由切换焦距，不费吹灰之力，就能从眼前穿越到"遥远的从前"。他的思乡，不是普通的思念某个地方，而是一种精神上的向往，在那样的环境中，他能忠实于自己的内心。米拉尔利约的生活并不容易，但至少有莱昂纳德在，是他和圣地尼克坦的唯一联结。他会明白诗人的心事。

一个人应该生在牢房，这样他永远意识不到自己活在监狱里。他不会觉得坐牢是一种惩罚，反而觉得很舒服，一间专为他准备的囚室，与外界彻底隔绝，墙上贴满画片，布置豪华的家具，所有这些东西，虽然能给他带来一些快感，甚至自命不凡，然而被剥夺了真正的快乐。什么是真正的快乐？自由是基础。快乐是自由的氛围中个人自由意志的施展。什么是自由？自由是在能力范围之内每日持之以恒地追求无限。

虽然他只是用这些意象做比喻，但可以看出，他将个人的情感倾注到了意象中！一个住在装潢豪华的监狱里的囚犯，被剥夺了真正的快乐和产生快乐的自由：这难道不是影射他当时的处境吗？幸好，这个囚犯没有生在牢房，他知道有另外一个世界存在，尽管在视野之外！他仍能捕捉到它的踪迹。他会告诉莱昂纳德！以上节选的文字片段，也能很好地为 1925 年 1 月 13 日，泰戈尔从朱利奥·恺撒号写给奥坎波的信下个注脚。

释放完突如其来的怒气和挫折感后，在他的圣诞节布道词里，泰戈尔继续阐述自己的观点，融合古老与现代、东方和西方，探讨进化理论和《奥义书》中有关不道德的概念。

对我们来说，精神世界仍然是个混沌的世界，这仅仅是或主要是因为我们还没有完全意识到精神的意义。我们还在黑暗中摸索，尽管我们忽视宇宙中心的绝对真理，透过微弱的光线，我们还是能看见它突破物质存在的壁垒，越来越强化精神生活中的坚定信仰。

从这个观点延伸开去。圣诞节可以很容易地和目的论产生关联，因为这个节日是为了纪念"一个伟人"的诞生，"他对我们所谈论的精神世界有直观的看法"，在他的感召下，另一个伟人将"爱的原则"放在"精神生活的中心位置"。

今天，这个真理比以往任何时候都更需要，命运真是讽刺，这些自诩为基督信徒的人，变成不可饶恕的罪人，创建种族的藩篱，竖起打着民族骄傲和排外主义的高墙，孕育偏见甚至仇恨，以针对和他们一样的人。他们利用宗教里的爱，沉溺于世俗的傲慢……

……所谓的基督教世界正追求一种不幸，步入人类的毁灭。这真是对基督教世界的背叛和不忠！傲慢和蔑视，让他们牺牲掉基督，而我们正试图纪念他的诞生！

这几句雷鸣般的话谴责了所谓基督教世界的伪善，然而，鉴于他直率真诚的性格，很难不说出这样的话。懂孟加拉语的人，不妨仔细读一读《东方集》里的两首诗，写于 1924 年 12 月 24 日的《未得到的》（Na-pawa）和 1924 年 12 月 25 日的《造物主》（Srishtikarta），并结合当时泰戈尔动荡的心境。两首诗里，读者感受不到怒气，沐浴在信仰和宁静的氛围中：它们是诗人内心深处的真情，表现出他对追求真理的自信。他似乎需要用诗句来强化自己的个性。对一个非基督徒来说，还有什么比写一首《造物主》这样的优美诗篇，更能纪念这个特殊的节日？在诗里，泰戈尔没有直接提到圣诞节，他只是重申自己的诗和歌曲里一个核心和永恒的主题——他与造物主的共同点。他知道，他的歌曲会得到神的赏识，因为通过这些歌曲，造物主能了解他创造世界的意义。他和尘世间的爱人，就像造物主本人创作的一首乐曲，是他求偶的回声。

我在想，除了将他包围起来的物质享受，还有什么原因让泰戈尔在 1924 年 12 月 25 日有一种孤独之感。12 月 24 日，他跟奥坎波讨论教育话题，埃尔姆赫斯特负责记录，但 25 日那天，他继续讲这个话题，但奥坎波不在。泰戈尔很高兴能在这一天和埃尔姆赫斯特畅谈。12 月 25 日，奥坎波一天都没来看泰戈尔吗？很难确定。奥坎波在晚年时似乎也不太记得 1924 年圣诞节当天是否去见过泰戈尔。在她的《泰戈尔在蓬塔奇卡的圣诞节》（1961）一文中，奥坎波写道：

我不在那儿（我的意思是，当泰戈尔谈论圣诞节意义的时候）。那天是合家团聚的日子，尤其是家里的孩子们（我从不愿错过这个好机会），为了孩子，我宁愿抛弃朋友。但埃尔姆赫斯特记下了他说的话。

如果奥坎波消失了一整天，完全没有露面，也没有邀请泰戈尔和埃尔姆赫斯特参加欢乐的家庭聚会，这应该就是泰戈尔孤独和压抑的直接原因。在现代西方世界，圣诞节常常关门闭户，一家人聚在一起，而且仅限家人，不包括家庭成员之外的朋友或外人。偶尔有例外，但风俗如此。12 月 24 日可以跟朋友分享，但圣诞节那天更为私密。街头没有庆祝活动，按印度人的理解，圣诞节根本算不上一个宗教节日——要人山人海才行——最多是一次特别的家庭宴会，仅此而已。跟家人团聚，并非通常的过节方式；非基督徒可能会难以接受被排斥的感觉。这大概是发生在 60 年前的事。以我在英国的生活经历，人们过圣诞节的方式已经发生了很大变化，每过一年，这一天的人情味都更多一点。基督教神学在发展，人与人之间的关系也因为广播电视等现代媒体得到加强。越来越商业化的圣诞节，也许正开始突破狭小的地方眼界，这一点与印度教徒恰恰相反。

不知奥坎波一家人的团聚地点在哪里。因为是南半球的夏天，很有可能在奥坎波别墅，与米拉尔利约只隔几个街区。全家人都要去当地教堂参加弥撒仪式。如果奥坎波一家没有邀请泰戈尔一起过节，他多半会很诧异。她辩称说这一天属于家里的孩子们，但泰戈尔也爱孩子，还将生命中大部分时间和精力倾注到为孩子创建圣地尼克坦学校的事上。出于这种原因，恰巧是这一天，被排除在家庭聚会之外，让他感觉自己并不是奥坎波心中的客人。这些很在乎优雅的生活方式、家具、华服的人，在他们最重要的宗教节日，只顾家人团聚一堂，而把朋友和客人忘得一干二净，还能算得上是基督的信徒吗？按泰戈尔的说法，显然不是。

1961年，当奥坎波写《泰戈尔在蓬塔奇卡的圣诞节》一文时，她的面前摆着埃尔姆赫斯特写下的12月22日和25日泰戈尔的谈话记录。但她体会不到泰戈尔在那几天的深度"忧虑"，忽视他对阿根廷生活方式的批评。编辑后的泰戈尔"圣诞节观点"发表在1925年12月27日《民族报》周日版的文学艺术副刊上，泰戈尔已离开阿根廷1年。在这篇文章里，泰戈尔的原话被处理得模棱两可。一次在一个特别的圣诞节跟一位听众的谈话，变成了一场适合所有过圣诞节的人们聆听的布道，看起来像是泰戈尔应《民族报》编者和读者要求所做的讲话，根本没提到埃尔姆赫斯特。泰戈尔对埃尔姆赫斯特所说的话"你知道，在圣地尼克坦，我会跟学生和同事谈论我对圣诞节的看法",《民族报》将第二人称改成明确的复数形式"你们知道（vosotros sabéis)"——让语气听起来像是泰戈尔在告诉《民族报》的读者。不知道是谁完成的这些编辑和翻译工作，也许是报纸的编辑。奥坎波那时还没有开始用西班牙语写作。至少在 1961 年，她明确无误地知道，泰戈尔的话是说给埃尔姆赫斯特听的，因为在她的文章中，引用同一处原文时，她准确地译成单数形式："你知道（sabe usted)"。讽刺的是，无论是奥坎波 1961 年的文章还是《民族报》1925 年的报道，泰戈尔对西方圣诞节的批评，力度弱得如隔靴搔痒。

12 月 25 日夜里，奥坎波大概去过米拉尔利约，跟客人们闲聊过一阵。正是她的造访让诗人诗兴大发，写出《造物主》。不过这都是我们的猜测。唯一能肯定的是，泰戈尔被阿根廷的某些风俗弄得心情压抑，圣诞节让他悲从中来。1924 年 12 月 25 日，埃尔姆赫斯特给拉马南达·查特吉写过一封信：

师尊很想回去，最近诸事不顺，让他感觉自己像一个囚犯，苍蝇和蚊子也多，更滋扰他的心神。他每天数着时间，等着 1 月 3 日登上汽船。

我们遇见很多有趣的人，但很少有人对他的理想或他对世界问题的看法感兴趣。这个国家在物质和自然资源方面很丰富，每个人都在拼命挣钱，为自己建造一栋结构复杂、装潢精美的监狱般的房子。

相比以往任何时候，世界的未来属于信仰坚定的普通人，他们满足于基本的物质生活，并在心里埋下远大理想的种子。出于这种原因，我更看重维斯瓦巴拉蒂在未来发挥的作用——多方面、多种可能。我看到很多人进入师尊的视线，每个人都想追随他，将他视作他们的熟人，一个诗人、哲学家或教育家。

他的才干让没有做好心理准备的人感到吃惊、错愕或反感——他骨子里是个孩子、爱人、歌手、演员、有国际影响的政治家或人道主义者。维斯瓦巴拉蒂的作用也是如此。人们希望它承担这样或那样的作用，符合一些既定的观念，按某些规则运作。人们熟悉这些规则，希望有所改变。因为这是一所国际学校，所有的需求和问题、人类的喜悦或痛苦，都能在这里得到体验。

……

师尊身体好了，但抱怨的次数比以前多了，我猜他是有了厌烦情绪。我只希望意大利那边不太冷——他在这里受到热情接待，我想，他的心里得到急需的温暖，他认识到必须更好地照顾自己。这段时间过得不轻松，我希望圣地尼克坦会原谅我们很久没有来信。

不，的确不轻松。泰戈尔找到了爱读他作品的崇拜者，其中有一个读得尤其仔细，还是一位爱他、崇拜他的漂亮女士，希望接待他。但他没有找到太多响应他观点和理想的人，尤其是支持教育和维斯瓦巴拉蒂学校的人。他找不到一个知识分子，与他展开一场对话。不过，阿根廷很快会在他心中占据特殊地位：一个叫维多利亚·奥坎波的女人，一个"卓越的"崇拜者，她会成为他的缪斯，给他艺术灵感。1925年1月13日，泰戈尔从朱利奥·恺撒号上写给奥坎波的信里这样写道："对我来说，拉美的精神会体现在你身上，永远留在我的记忆中。"

12月24日，在米拉尔利约，奥坎波和泰戈尔讨论儿童教育问题，问为什么一位诗人会让自己肩负重担，为孩子们创建一所学校并亲自任教。泰戈尔在回答中提到他对阿根廷的教育的不满意。他坚持认为，各年龄层次的教育都应该有"流动性"。

瞧瞧你们这个国家，阿根廷，有如此多变的气候、方言、风俗，保留着游牧生活传统！还有什么比让孩子们旅行、记录下旅行见闻、为自己的小博物馆搜集藏品，以此来教育自己更重要？

他直言不讳地谴责童年时代过度的书本知识，因为在这个阶段，孩子"还没有经验将读到的知识分门别类"。

如果没有扎实的学习经验，儿童并不适合从书本上获取知识。书会让大脑懒惰。书让知识的获取变得过于方便。为了证明这一点，不妨看看印加人的例子。他们没有书，连书写文字都没有。然而，他们在科学、农业、艺术和建筑方面的成就令人震惊。

我想，因为无缘欣赏更多的印加文化遗存，他感到心情不佳。而取消秘鲁之行，也让他难以释怀。我之前提到过，阿根廷的精英阶层习惯送孩子去欧洲接受教育，但他们对自己国家“内在”精神与本土遗产的忽视，更给他留下深刻印象。

只有旅行，才能帮助孩子了解人情世故。让他们12岁时就开始旅行。除非游历过自己的国家，将阿根廷分成三个部分，花三年的时间，每一年去一个部分，如果做不到，还配叫阿根廷人吗？在一年中最适合旅行的季节，让他们自己去探索和发现这一处人间天堂。花费太昂贵？没错，但像你们这样富有的国家肯定支付得起。为什么年复一年地把他们困在同样的长凳、桌椅、高墙、校舍、地球仪和游戏里呢？让他们玩别的游戏。你有钱。你难道想修建笼子把孩子们关起来？你让笼子里的他们品尝不到天然的食品？让他们去广阔的天地吧，在那里，他们能与大自然和老师一起成长。那时，你才能找到教育他们的最好方式。

对此，奥坎波的评论是：“在哥伦比亚，学生们从事写作之前，先旅行了三年，如今，他们中涌现出了工程师和地理学家。”

泰戈尔继续说：

年轻人也应该得到和其他国家的同龄人一起实践的机会。对学生们来说，共同度过假期很容易意气相投。只有与不同肤色、种族、宗教信仰和性格的人相处，才能学到沟通之道。

这里所强调的是，年轻人要尽可能广泛地交流，不局限于欧洲，而是全球范围。泰戈尔一方面推崇世界大同，另一方面又坚持区域文化。他毫不迟疑地推动实施这样或那样的教育项目，哪怕耗资巨大。

你说这样做会花费很多钱，因为职业多种多样，需要的老师也多种多样。我说可以不要弄得昂贵。原始一点、粗陋一点就好。搭建茅屋，让它像罗宾逊·克鲁索的杰作，越便宜越好。要是有钱的父母反对，让他们按自己的方式溺爱孩子吧。在印度，很多的监护人和家长甚至认为，孩子最好从孤儿身份开始生活。我自己的孩子，相比送到学校住读，带他出去旅行的费用要低得多。你也不需要放假，学习的过程就是永恒的假期！两年后，孩子们会成为真正的旅行家，被阳光晒成健康的小子。为什么不能把学校教育变得像胃口好时吃东西那么令人快乐呢？

为什么不呢？奥坎波在后来的岁月里，都一直思考这个问题。泰戈尔这些激进的教育思想，并不为印度的资产阶级阶层赏识，后者仍然习惯让自家的孩子学习空洞的书本知识。但奥坎波受其影响，思想越来越成熟，将国际主义、阿根廷文化根源和南美身份加以融合，密切关注年轻一代的文化心理。

毫无疑问，踏上阿根廷土地时受到的敬意，让泰戈尔感到欣喜，但等到告别日期将至，他的心被失望之情笼罩，这种失望源于阿根廷人对他的态度，以及自己失去访问其他南美国家的机会。他在这个国家的体验左右了他对这块大陆的印象。他把自己的失望讲给罗曼·罗兰听，对方将他的话收录入《印度：日志1915－1943》(1951年巴黎出版，1960年再版)。奥坎波自然读过这本令她悲伤的书。泰戈尔写信给罗曼·罗兰，说自己在南美的旅行让人泄气；那里的人突然发家致富，却没有时间寻找他们的灵魂；他们过于依赖现成的欧洲文化；他们不但不羞愧，反而很骄傲自己照搬欧洲人的生活方式或抄袭欧洲文化。在她写泰戈尔的书中，奥坎波悲伤地辩解道，和北美一样，欧洲文化也是拉美的自然遗产。拉美文化并不仅仅是美洲文化，整个美洲大陆都无法和欧洲文化摆脱干系。这与印度和英国之间的关系不同。她觉得1924年时，泰戈尔和埃尔姆赫斯特没有体会到西班牙文化对美洲西班牙殖民地的影响。和北美比起来，他们无法理解"阿根廷熔炉"的意义。她感觉只有泰戈尔对这个"熔炉"有一点点认识。奥坎波说得没错，但阿根廷人的身份问题历来很复杂，一直没有清晰。在新兴的拉美国家中，阿根廷最欧洲化——不单是民族，还有文化。而墨西哥、秘鲁、智利等国更带有美洲印第安文化特色。罗曼·罗兰也给泰戈尔这样解释，告诫他不要将他在阿根廷的经历在整个"伊比利亚－印第安美洲"推而广之。奥坎波也许没意识到这一点。泰戈尔期待在抵达南美见到的欧洲文化和美洲印第安文化的融合，并没有出现在布宜诺斯艾利斯，甚至现在都未能在这座大都市出现，始终像一座欧洲城市。当然，北美的影响如今随处可见，但本土印第安文化，只体现在佛罗里达大街的卖艺人，或偶然出现在地铁里一脸不快的、安静的乞讨者身上。谈到借鉴欧洲文化一事，困扰阿根廷文化的最大问题不是自然而然会联想到的西班牙渊源，而是阿根廷的精英们对法国文化的过度依赖。奥坎波就是受害者之一。于是，阿根廷人仍然在"寻找自己"，塑造真正的美洲身份，因为单单一个欧洲，无法为他们提供充足的滋养。1930年时，奥坎波就接受了这种观点，尤其是受瓦尔多·弗兰克的影响后。她甚至还给泰戈尔写过一封信，陈述自己的观点（见书信集第三十九封）。创办《南方》杂志，是这种自我寻找的一部分。

至于任何文明中物质追求吞噬精神信仰的危机，泰戈尔一直很恼怒，无论他走到哪里，这个问题都让他放心不下。所以他难掩失望之情；他只要观察到，就会说出来，哪怕冒犯别人。对物质的追求注定会控制新大陆很长很长时间，因为这里是旧大陆的殖民地，正逃离以前的苦难，追求更舒适的生活。奥坎波本人并不赞赏西班牙殖民者在南美的巧取豪夺。在1917年写的《民族主义》一书中，泰戈尔控诉了所有贪婪的、无情的、相互竞争的民族主义，而且众所周知，他对民族主义的态度为他在国内外树敌不少。作为一个有远见的人，泰戈尔英勇奋斗一生，创建一处吸纳各种聪慧头脑的社区，让他们帮助创造一个更好的世界、一个更公正、更和谐的世界，以达到真正的国际合作。这项艰巨的任务至今仍在进行。历史已经证明，泰戈尔对阿根廷的担忧并非没有根据。奥坎波的一生，也致力于拯救泰戈尔认为在阿根廷受到威胁的道德品质。生活依旧是老样子，阿根廷不乏对泰戈尔的崇拜者，但缺乏一位知识精英响应他的观点和理想（这是让他失望的根本所在）。对他来说，阿根廷的奇遇是一段个人交往，让他遇见一个迷人的女士，艺术收获丰硕。对奥坎波来说，结识泰戈尔有多重意义：当然是一段个人交往，但也是一次会面，对方的教诲会在她步入人生的战场时，帮助她赢得一场场战役。她是他的维多利亚或维佳娅，一个战胜他的女人，而他是她的师尊，他的话让她毕生受教。至于埃尔姆赫斯特，他像是一个中间人，在桑伊斯德罗短暂的、风暴交加的几个星期，尽可能地将泰戈尔的观点和理想解释给奥坎波听。

十二

泰戈尔离开阿根廷的日期临近。12 月 28 日这天写的《森林主人》（*Banaspati*）一诗，像一段含蓄的劝诫，希望能抚慰女主人哀怨的心情，不再依赖他。托森林中一棵树之口，他似乎想说，她的爱让他难以承受，就像暴风雨裹着冰雹，摧残林间一棵树上发出的新芽；这种冲动之下的掠夺行为，并不能给她带来持久的收获，而只会落得两手空空。这股隐形的力量最好用来把树木浇灌得枝繁叶茂，以换回并非某人独占的爱。12 月 29 日，泰戈尔又写了《道路》，表示他已经做好出发准备，虽然没有将诗译成英语，他仍然把这首诗当作送给她的分别礼物。他就是那条路，他不能停步。他不得不继续前行！

1925 年 1 月 2 日，泰戈尔终于出席了布宜诺斯艾利斯大学的欢迎会。特邀嘉宾到场，泰戈尔回答读者提出的问题，内容涉及他的戏剧《邮局》。他介绍了《邮局》的剧情，被问及他对拉迪亚德·吉卜林的看法时，他表示身为一位诗人，不应该评论另一位诗人。他还被问到是否会重访阿根廷。"也许吧"，他说，但不能肯定，因为他在遥远的地方还有任务要完成。说完后，他起身告辞，带着神父般的庄重，像一个年轻人迈着轻快的步伐，走下会场台阶。

1925 年 1 月 3 日，泰戈尔和埃尔姆赫斯特登上意大利班轮"朱利奥·恺撒"号的甲板，奥坎波为他们安排好了房间。谈到泰戈尔阿根廷之行时，一个时间点产生偏差，导致记录泰戈尔离开阿根廷的日期也出现错误，有些书写的是 1925 年 1 月 4 日。但报纸上留的日期确定无疑。比如 1925 年 1 月 4 日在布宜诺斯艾利斯发行的英文版《标准报》，就报道说出发时间是头一天：

罗宾德拉纳特·泰戈尔爵士，印度杰出的诗人，已在阿根廷逗留一月有余，昨日一早乘坐意大利班轮"朱利奥·恺撒"号出发前往欧洲。

罗宾德拉纳特爵士上午 10 时抵达码头，陪伴他的是维多利亚·奥坎波·德·艾斯特拉达夫人和秘书 L. K. 埃尔姆赫斯特先生。码头上聚满欢送人群。他向朋友们道别，大多数人与这位朴素而神秘的诗人素未谋面。

"维多利亚·奥坎波·德·艾斯特拉达夫人"是泰戈尔的女主人的全称，在她父亲的姓后又添加了丈夫的姓，西班牙人以这种方式来称呼已婚女性。虽然她当时并未跟丈夫一同生活，但这个见诸报端的僵硬头衔，再次令我们震惊，联想到她和泰戈尔之间的复杂处境。是的，她贱卖了钻石头饰，让她的英雄在城郊别墅住了几周。但现在她还能做什么呢？在她生活的社会，她仍然是"维多利亚·奥坎波·德·艾斯特拉达夫人"，某个隐秘之处，还躲藏着她的情人朱利安·马丁内斯。她所处的社会和她的情人已任由她的性子胡来一阵，现在该提醒她收心了？

根据埃尔姆赫斯特的说法，他们在"朱利奥·恺撒"号的费用全免，因为奥坎波给船运公司的阿根廷经理打过招呼（估计是个意大利裔阿根廷人）。无疑，这是奥坎波贵族身份带来的又一便利。船舱设施豪华：泰戈尔占两个房间，一个当卧室，另一个当书房。扶手椅也搬了进去。还记得吧，为了搬椅子，还找来工人卸了船舱门的铰链。同样的工序，也许在将椅子搬出房间时又重复了一次。

离开阿根廷前，通过 1925 年 1 月 4 日出版的《民族报》，泰戈尔发表了正式的告别辞，感谢阿根廷人。同一天，《民族报》还发表了一则新闻。此外，他还提到，阿根廷的内在精神通过流行音乐的形式为他所知。他听过吉他演奏，发现阿根廷民歌和印度民歌之间有惊人的共同点。萨拉维亚教授演奏的吉他更让他惊喜地发觉，阿根廷音乐与童年时熟悉的旋律何等相似。当一位叫德·阿尼诺的夫人为他演奏时，他找到更多的相似之处。他表示，不同国家的民间艺术存在基本的共性，只有复杂的音乐形式才听得出各国音乐的差异。他表达自己对印加艺术的强烈兴趣，印加艺术品的毁坏现状令他伤心。如今，这个古代的人类世界只剩下遗迹和无言的断壁残垣。他花费时间欣赏一位叫巴雷托的夫人收藏的盖丘亚人制作的玩偶和织物，这些物件让他很感兴趣。

我们也许会替泰戈尔感到有一点难过。他本来有机会去秘鲁参观更多的印加文化遗址。1925 年 1 月 4 日的《民族报》也提到他对印加文化衰落的遗憾。同一天出版的《标准报》，以盎格鲁－撒克逊式的狡黠，利用泰戈尔动身去欧洲一事，狠狠报复了一把阿根廷的西班牙殖民者，以证明英国的帝国主义比西班牙的更高明。文章标题叫"印度人和印第安人"，虽然过去这么多年，读起来仍然妙趣横生，富有指导意义，从历史的角度，投机取巧、自吹自擂、傲慢幽默地让我们看到，泰戈尔是如何被不同的人出于不同的目的、被不同的方式所利用的。我忍不住全文转载，只修改了一两处印刷错误：

哥伦布误打误撞来到美洲，他还以为抵达了亚洲，面前是那块叫"印度"的土地。后来，并非土著人的过错，两个种族反目成仇；他们成为对手，彼此产生不愉快。从半岛来的人指责"印第安人"犯下摩西十诫中或其他方面的罪过。其结果是，几个世纪以来，"印第安"变成卑鄙粗俗的代名词。甚至现在，当一个阿根廷人对乡下人发火时，常常会把这个称号抛给他。

最近，就在前几天，有两个人一起向南美证明，我们对印度的态度并不公平。这两人在很多方面截然相反，一个叫阿迦汗，另一个叫罗宾德拉纳特·泰戈尔爵士。前者既是伊斯兰世界的统治者，也是一位热情的运动员。后者是一位印度神秘主义者和诗人，从印度和他的家族精英中脱颖而出。诗人取道阿根廷返回家乡，可以这么说，他的访问成就巨大，尤其是向我们宣传了他奉献所有精力和才华的事业——教育。阿根廷的文化人热情接待了这个印度人。远在英格兰的批评者们也修改了他们的辞令，因为他们不得不承认，大英帝国对印的政策看样子并不那么糟糕。在英国人的统治下，这样一个伟人能出生、长大、宣扬他的思想、发表他的言论，并且用他的一生证明，殖民政府和人民的自由并非无法兼容。也许过不了多久，我们就会说"把阿根廷人当作印度人来对待"了。

阿根廷刚见到一位印度人的代表人物。她惊讶地发现，他的容貌带着贵族风范，他的举止无懈可击，他的文化远远高于、远远优越于所谓的"沙文主义"。他的举止和风度不凡，一眼便能看出，他讲一口完美的英式英语。他支持自己国家的人民、政策和理想，但对英国殖民政府并无怨言。诗人给我们留下好印象，因为他对阿根廷的访问并不是正式的，逗留时间也不长。突如其来的疾病，让他延长留在阿根廷的日子，才让我们有机会聆听他的教诲和见解。

我们感谢罗宾德拉纳特·泰戈尔爵士的访问。表达谢意，并非为英国在印度的统治正名，但相比其他无法预见事态发展的国家，英国的确纠正了局部的误差。比如，英国说了我们经常想说的话，生活在印度的人不是"Indios（殖民地土著）"，他们属于雅利安人，那个半岛上的某些种族，比其他岛上的人种更优越、血统更纯正。

也许比较令人反感，但联想到英国和印度的情况以及阿根廷"殖民地土著"的现状，我们只能用一把简单有效的卡钳，衡量两种统治方式的优劣和产生的不同结果。南美幸存下来的印第安人被"驯化"为低等阶层。从法律角度看，属于少数族裔。在现实生活中，一说到印第安人，就意味着作奸犯科之人，靠剥削者的怜悯过活；在曾经为他们所有的土地上，毫无地位可言。

还有一点要摒弃的，是认为土著人不能受教化。这个观点被印加帝国的历史所驳斥。

阿根廷人真诚欢迎这位伟人，批评之声听起来粗鲁无礼。再有就是，借这次访问的契机，如果阿根廷和她的姐妹国家能重新考虑可怜的印第安人的地位，将其当人看，当成和我们一样的凡人，60年后，一个布宜诺斯艾利斯的瓜拉尼人也许会出现在伦敦或巴黎，成为阿根廷宽宏治国的活证据。

  这篇文章就像一次"政变（*coup d'état*）"。可以想象，作者一边写，一边得意地笑出声来。就像维多利亚·奥坎波的全名提醒我们，不管是否情愿，她都背负着婚姻给予的包袱，而上文也让我们了解到泰戈尔背负的包袱。他能周游列国，靠的是大英帝国发放的护照。他因故延长在阿根廷的逗留，至少让一个聪明的英裔记者想到绝妙的点子，利用这件事为大英帝国辩护。确实，他的话有些道理，但得打个折扣。在阿根廷的几个星期，泰戈尔没有对英国殖民政府发出微词，但这并不意味着他之前没有这样做，或将来不会这样做。奥坎波曾注意到，从印度寄来的信总会让他心情不佳。信上讲到政治新闻，1924 年 12 月 20 日，泰戈尔甚至因为读了政治新闻，心烦意乱，写过一首叫《信》（*Chithi*）的诗。除了杜撰出一个由"雅利安人种"男男女女组成的印度，稿件的字里行间还洋溢着种族主义的自豪感，说什么种族优越和纯洁性，这几乎与希特勒统治下的纳粹德国如出一辙。该由谁来为阿根廷的印第安人赢回好名声，是泰戈尔，还是喜欢体育的阿迦汗王子？

  心怀对印加文化的遗憾，泰戈尔离开南美，留下维多利亚·奥坎波独自黯然神伤。《标准报》也利用这个机会，将他的来访定义为一次毫无成果的政治之旅（也许还带一丝如释重负之感）。恰在此时，奥坎波和埃尔姆赫斯特之间再次风雨大作。

十三

　　接下来几天，双方有大量的书信和电报往来。1925 年 1 月 5
日，泰戈尔寄了一封语气俏皮的信给奥坎波（即通信集第十封）。
信中，他写到自己白天和晚上的大部分时间都"深埋"在她送的
扶手椅里。之前他们一起读过波德莱尔的诗（《邀游》），这把扶手
椅，帮助他领悟到诗中的"抒情意义"。信上还提到两性之间的战
争、奥坎波说英语时发不好的元音"i"，和埃尔姆赫斯特身为秘
书，在前段时间遭遇的困境。简言之，这是一封打趣的信，难道
泰戈尔是因为离开阿根廷，内心得到了解脱？

　　还是在 1 月 5 日，可怜的维多利亚·奥坎波做了一个很不明
智的决定，去了趟米拉尔利约，希望能在那里找到些许安慰。结
果，空荡荡的心痛得更厉害。她知道自己不该去，跑到普拉塔河
边散散心还好些。不想去的原因，是她正等待消息传来。1 月 5
日，她的确收到埃尔姆赫斯特发来的电报，但收电报之前，她已
经给他发去电报，看来她等得不耐烦，无法继续等下去。1 月 6

日，她写信给泰戈尔，倾诉自己的凄凉之感（即通信集第十一封）。

1月6日，她也给埃尔姆赫斯特写了信，这封信如今保存在埃尔姆赫斯特档案室，为同一天写给泰戈尔的信充当饶有趣味的背景。看样子，埃尔姆赫斯特作为泰戈尔秘书的苦难还没有结束。

桑伊斯德罗　1925年1月6日

亲爱的莱昂纳德：

我一直在期待（至少）一封短信从蒙得维迪亚寄来。什么都没有。你是第一个我期待来信，却叫我的希望落空的朋友。我想你不懂得师尊"离开"后我的感受。要是你懂的话，这种事就不会发生。就算你不懂这意味着什么，不知道悲伤的我如此渴望得到安慰，我想，凭着直觉（你不是总炫耀你的直觉吗……），你也应该猜到，你写给我的最微不足道的文字，也能让收信的我欢乐开怀。是不是我一直对你很坏，让你不愿将快乐给我？我不敢相信。我不能明白。

我昨天接到你的电报。

我不想写长信。写了又有什么用！你的友谊已经烟消云散。

维多利亚

我们注意到，她亲口承认在头一天已经接到埃尔姆赫斯特发来的电报，但显然这并不够。她想要的是一封从班轮停靠的第一个港口蒙得维迪亚寄来的信，可能的话，还是泰戈尔写的。但她没收到泰戈尔或他的秘书的来信。1月6日她写给泰戈尔的信上充满爱情的悲哀和柔情，但并未抱怨她没有收到从蒙得维迪亚的来信一事。她没有勇气抱怨他。而写给埃尔姆赫斯特的信，怨气十足，听起来如同出自一个女学生之手。像他这样年轻英俊的男秘书，如何平复一个感情受到伤害、绝望地爱上比他年长的、富有魅力的老板的漂亮女人的心情？

1月5日，上床就寝前，埃尔姆赫斯特接到奥坎波的电报。第二天早上6点，泰戈尔叫醒埃尔姆赫斯特，帮他去寄1月5日写给奥坎波的信。倒不是他想使唤埃尔姆赫斯特，绝对不是！他很想自己去寄，但缺少买邮票的钱，他口袋里空空如也。他身上从不带钱，讨钱的样子就像一个上学的男孩。睡意全无的埃尔姆赫斯特也开始给奥坎波写信。现在，轮到他像一个发脾气的男学生。这封信纯属嬉笑逗乐：读了之后，我们才会发现，无论多么伟大的人，如果用宽容的心态衡量，其实都是有血有肉的普通人。泰戈尔1月5日的信和埃尔姆赫斯特1月6日的信，都从里约热内卢寄出，贴着巴西的邮票，对照着读，更有趣味。

1924年1月6日［此处年份有误］

该死（Jam）的你——昨天中午，我发电报给你，有收据为证，为什么你没有收到，只有上天知道。我刚打算上床睡觉，该死的电话铃又响起——其实不是电话，也不是有人半（meedle）夜时从床上给我说哈——罗（O—h la）：粗暴的敲门声响起，一份电报送来。要是你继续用电报来对我动粗，我就对你不客气啦，我会把你的钱都拿来买巧克力吃。真是个发疯的小姑娘，你都不问我的近况。他开心得像个国王，坐在"教堂"宝座上，巴罗斯的身影像是一位首相，他睡得安稳、吃得香、嘴里不停念叨着维佳娅。他读了三本书，大脑终于得到休息，也没有写诗了。我警告你，这是一封骂人的信，因为你总是把我扔进麻烦。昨晚，我接到那封电报，上床睡觉时，心头刻着"很悲伤"的字样，就像血腥女王玛丽的心头刻着输掉的"加莱"。不过，她死了，而我只是睡着了。今天早上，我困得很，他一晚上都让另外一个房间亮着灯，房间门也大开。6点时，你说气不气人——6点，在一个最适合睡觉的天气，他冲进来："我必须把这封信寄走，我们到里约的时候（不是还没到嘛）。你有钱吗？""给乘务员吧，"我痛苦地咕哝一句，"我以后给他钱。""我不记得是哪一个，"——"那就把（该死的）信给我吧。""你能给我些钱吗？"我诅咒你一千次，诅咒他一万次——我起床，走到船舱角落，抽出几张里拉纸币，扔给他，"彻底（completamente）"瘫软到床上。好吧，你今天行大运，这一切都源于那份电报，说什么你不再需要我。他开怀大笑，我乞求他让我回印度，他不同意。

　　我不想浪费船上的信纸。写了些你希望我写的废话。我已经写了好几页，但估计没有效果。你的本性，你的灵魂总是在受煎熬，你总是在受苦，如果能摆脱这些，你肯定能赚到，但我还是会冒一次险，说一些言不由衷的话，难听至极，墨迹模糊，给你再增加点负担——但愿不会发生这样的事儿，再见。
你会振作起来的——祝你好运——莱昂纳德。

看样子，苦命的埃尔姆赫斯特是想为这样一出浪漫主义戏剧
做一点喜剧性的穿插。他很懊恼，除了给奥坎波发电报，还得对
付这个难伺候的女人，气恼之下，连年份都写错，把"1925"年
变成"1924"年。"Jam"是"damn（该死的）"一词的委婉用法。
"O—h la"是埃尔姆赫斯特模仿讲西班牙语的人在电话里的问候
语（西班牙语为"hola（你好）"读音近似"hallo"，"h"不发音）。
埃尔姆赫斯特指的是奥坎波躺在床上接听电话的场景。"meedle"
是用来嘲笑她发不好元音"i"。奥坎波给过埃尔姆赫斯特一些盘
缠，但如果她继续表现得像个"发疯的小姑娘"，他就不把钱拿来
发电报和买邮票，而是买巧克力。她没有礼貌：她只想打听泰戈
尔的消息，完全不在意他——埃尔姆赫斯特过得如何。他再一次
被当作达到目的的手段，仅仅是个秘书、仆人，毫无身份。"教
堂"宝座指的是那把有名的扶手椅。崇拜者们来米拉尔利约见泰
戈尔时，巴罗斯经常充当口译的角色。泰戈尔"嘴里不停念叨着
维佳娅"肯定让收信人心花怒放，我们甚至还能读出男孩绝望的
抱怨："你总是把我扔进麻烦。""不过，她死了，"指的是玛丽·
都铎，让奥坎波想到她的英国女家庭教师凯特·伊丽丝小姐讲授
的历史课。西班牙语副词"completamente（彻底地）"也会让奥
坎波联想到自己写作时遣词用字的习惯。泰戈尔1月5日的信上
也调侃了这一点。被奥坎波崇拜的骄傲之情，让泰戈尔面对埃尔

姆赫斯特懊恼的样子时开怀大笑。但他"大脑终于得到休息",停止写诗,并不会持续太久:分别的痛苦袭来,1月9日,他写出一首描述与一个女人浪漫邂逅的诗,名为《同盟》(Milan)。埃尔姆赫斯特在信的结尾处提到奥坎波的性格特点,内心的煎熬让她感到痛苦,但从痛苦中奋发,她就能赢得一些东西,并最终凯旋。

1925年1月6日,埃尔姆赫斯特写信给未婚妻多萝西·惠特尼·司戴德。正在动笔,里约热内卢跃入眼帘。信中有他眼中的阿根廷社会、在桑伊斯德罗见到的争斗和应对窘境的方法。

最后我们终于走了,谢天谢地,不能说有遗憾之情,也不好承认我在那里虚度了时间,像是一次严峻的考验,时时让我绷紧神经。除了诗人,我们的女主人是我遇见过的最难相处的人——我经常觉得自己像是掌管着一间疯人院。等有机会,我会告诉你她的事儿和我对南美的印象。我见到的场景,近似于中世纪、宗教裁判所、西班牙人的心理和罗马教廷的权力。让我震惊的是,这些不正是我们生活的地方抛掉的枷锁吗?曾经在公开场合实施的残暴行为,如今转到地下,在某些特殊的地方、用某些骇人的方式存在。除了仔细研读过他的书,她还爱上了他——不满足于建立在学问基础上的友谊,她急切地想得到他的所有权,而他绝对无法忍受。她越努力争取,两人就离得越远。她似乎缺乏女人应该拥有的本事,哪怕美言几句,都能哄他开心,可是她骄傲、聪明、有贵族身份、貌美,从来不

241

低声下气，他们彼此残忍伤害，弄得她经常大发雷霆。对她来说，我是一座桥，或一道栅栏，路障或偶尔充当的便利。就算是她的客人，日子也不好过，只是因为他刚好生了病，需要找个地方休养，而她能做到，也乐于提供帮助。

辛亏哈德森的书赶来拯救，我沮丧地跑到河边，让麻烦事被普拉塔河畔的鸟儿和树木带走。这儿有条癞皮老狗，我经常把烦恼、忧虑和希望讲给它听……

后来，情况日渐糟糕——辛亏西班牙公使挺身而出，我们才熬过难关。（里约出现在视线中）那是另一个小故事。看来我命该如此，日子过得比小说里写的更惊险——不管怎么样，我永远不会抱怨生活单调，而应该心存感激，你说是吧？

……

于是我回归平衡的状态，幸好诗人身体不错，也快乐，尽管这段旅行，我想，对他来说是一段苦涩的记忆——其实也不算，因为很少有地方如此盛大而热情地欢迎他。不过你是对的，我觉得从人的角度出发，阿根廷并没有建设性的贡献，也没有伟大的尝试。当然，我只是走马观花，如果真有远大的理想，总会体现在最有代表性的精英身上，要知道，我们见了很多人……

信读起来像是吐露被禁锢已久的心事，作者急需这样的宣泄。泰戈尔的喜怒无常人尽皆知，奥坎波的脾气也好不到哪儿去。处在他们之间，一定是一种极其痛苦的体验。话题从阿根廷社会的枷锁突然跳到奥坎波与泰戈尔的不睦，这是埃尔姆赫斯特心力交瘁的表现，要知道，从头天晚上开始，他就是两人的出气筒。他试图找到一种关联，证明奥坎波的性情与社会对她的残酷（比如破碎的婚姻）和她柔弱的女性身份有关（他是这么想的）。她用傲慢来对抗世俗，这样的描述，奥坎波本人也许不会赞同：之前，埃尔姆赫斯特说过，她身上最大的问题是傲慢，而不是自负。他认为这种傲慢包含三个方面：学识、贵族气和相貌。类似的分析，后来瓦尔多·弗兰克也做过，他的诊断结果是，奥坎波的一生有三种诅咒，即美貌、财富和智慧。她必须破除这些诅咒，才能实现自己的抱负。奥坎波努力向泰戈尔靠拢的描述，和埃尔姆赫斯特的"堡垒"比喻具有相似之处，但两者并不完全一样。信上和《阿根廷奇遇记》中所描述的还有一些有趣的差异。在《阿根廷奇遇记》中，他说自己提醒过奥坎波，要得到泰戈尔的信任，"只有赢得他的心，不要指望用学识打动他"，而在信中，他建议她"满足于建立在学问基础上的友谊"。至于她"急于"在泰戈尔短暂逗留期间表现自己，完全可以理解。奥坎波肯定会否认她急于得到"所有权"，但她会说，她的爱也免不了嫉妒和占有的特征。在爱与挣扎的初期阶段，被苦苦追求的人通常会觉得追逐者想将他或她据为己有。他们害怕承诺和未知的前途，担心失去自由，下意识地产生抗拒心理，头也不回地跑开。这些都是正常的反应，泰戈尔深有体会。在《堡垒》一文中，埃尔姆赫斯特写到，堡垒代表他内心的担忧和疑虑。个性鲜明的一对男女，特殊的情境，会点燃多么猛烈的战火呀！最后遇上的糟糕情况，也许是指在阿根廷过圣诞节，和泰戈尔对阿根廷的复杂心情：他在这个国家遇到很多崇拜者，但他们中很少有人欣赏他建设性的意见和理想。但埃尔姆赫斯特显然匆忙地下了结论，认为泰戈尔的阿根廷之行是"一段苦涩的记忆"。事实恰好相反，旅途中的不愉快烟消云散，被浪漫的思念所取代。奥坎波的《南方》杂志，也将成为"伟大的尝试"出现在阿根廷，为埃尔姆赫斯特的预言增添一缕亮色。

1925 年 1 月 8 日，埃尔姆赫斯特接到奥坎波发来的三份电报。当天，他给她回信，原件现存于布宜诺斯艾利斯奥坎波档案室。

1925 年 1 月 8 日　　　离开里约
亲爱的维多利亚：

我现在有三份你的电报，最后一份是今天早上到的，内容很多，说你在挨饿、写信、希望师尊安好。反过来，我已经给你发过两次电报，说他一切安好。我们都写过一次信，我不知道还有什么其他的能填饱一只贪得无厌的小鸟，要是能填饱你饥饿的肚子，我会想尽办法，但你的饥饿是常态，幸亏你不能冲到我的面前，掐住我的脖子，你肯定在诅咒命运的不公，"可我能做些什么呢？"至于发电报告诉你船上的生活——当然照办，如果有的话，你还记得那人回答市长的话吗，"我吃得好，我睡得好，我心情好，但一看到要工作，就忍不住发抖"。他也在吃、睡、满足，跟那位一样。他照了相，签了一两个名，收了一封罗莎琳娜的信，她是巴西有名的女诗人，他爱上了好几个女人，（也许我应该说所有女人）大多数都很年轻，两个女人——他昨晚看了几场电影，胃口很好，也不再抱怨，除了对我说，他希望不去参加在意大利的见面会，责怪我安排这些行程，我求他，让我发电报安排行程，他不允许。最后他勉强同意，因尼斯弗里给他找了一处能容纳 5000 听众的大厅。

他那天抱怨说想回去，躺在大——自然的怀里。他读了法西斯主义的书。还有什么？没——有了。我猜，他在给你译诗。

回见

莱昂纳德

　　我们应该感谢从埃尔姆赫斯特口中讲出的泰戈尔和奥坎波的故事。身处非凡的男女主角之间，无法释放的痛苦容易令人扫兴。多亏埃尔姆赫斯特这个中间人的作用，维多利亚·奥坎波和罗宾德拉纳特·泰戈尔的故事多了一分美味的幽默：让我们不忘他们饮食男女的身份。"我不知道还有什么其他的能填饱一只贪得无厌的小鸟，要是能填饱你饥饿的肚子，我会想尽办法，但你的饥饿是常态"，除了埃尔姆赫斯特，还有谁有胆量这么写，将隐隐的怒气，撒向布宜诺斯艾利斯上流社会那位有名的维多利亚·奥坎波·德·艾斯特拉达夫人？连泰戈尔都不敢这么写。事实上，我们还记得文化和语言的隔阂给这段三角关系造成的麻烦。英语是他们交流的媒介：三个人都会，不过泰戈尔和奥坎波的英语水平一般。奥坎波最得心应手的是法语，而泰戈尔擅长娓娓动听的孟

245

加拉语。三人中，只有埃尔姆赫斯特的母语是英语，只有靠他灵光一现的评论，为偶尔积郁的气氛刮来一阵清风，让言语不同、交流不畅的局面得到缓解。

1月13日，泰戈尔给维多利亚·奥坎波写了一封信（通信集第十二封）。信中，他试图为两人的友谊设定一个令他舒适的立足点。如果她能接受这些条件，她的爱就能让他如愿。信的内容要仔细解读，因为其中包含一个明确的"政策声明"，用来管理两人的关系。他的爱能为她带来什么，尚不清楚，但她的爱能为他带去什么，却相当清楚。文字向我们展示了一个以自我为中心的男人。泰戈尔也意识到这一点，他自我辩解道，这是出于他职业的考虑，当然，指的不是艺术上的创作，而是更宽广的领域——上帝的工作、人类的工作，让他义不容辞。

信末的附言写于1月17日，这封信1月19日从热那亚寄出。1月18日，船抵达巴塞罗那。泰戈尔和埃尔姆赫斯特下船登岸，当地一位泰戈尔的崇拜者带着他们去市区参观，并警告说意大利方面会为诗人准备一场盛大的欢迎会。随后，他们回到船上，行程只剩下最后一段，第二天就到终点热那亚。1月18日，他们在"朱利奥·恺撒"号度过最后一晚。奥坎波发来的第四份电报让埃尔姆赫斯特心烦意乱，1月18日夜，他给奥坎波写了这封信：

1925年1月18日　　船上最后一晚

我亲爱的维多利亚：

怎么回事，嗯，我知道，我就是"事"——但你难道没有学会，一盎司的鼓励，也比一磅重的责备更值钱，或者，一滴油干的工作，比一吨肌肉干的更多。你过去告诉我，自己不得不为生活而战，去争取。而我能回想到的经历是，你越想争取或战斗，我越想拒绝。我渴望自愿地给予，我会为了友谊牺牲，哪怕对方只流露出一丝需求、喜爱或渴望，但我很少得到被邀请的机会，你甘愿战斗到底，对我发号施令。没错，你是个天生的斗士，只是你总把事情复杂化。不知有多少次，我乞求你说一个"请"字，但有什么用呢？你似乎不需要说这个字，就能如愿以偿。只要你能这么做，我还能责怪你吗？然而，有时候，你也会上钩，像一条小鱼，挣扎也没有用。如果你想收到信，和消息，别破坏气氛，电报公司也会把你的粗鲁送出——留着送给你的总统或教授吧！我发了电报，你说："你为什么不发电报？"我又发了，你说："为什么没多的消息？"我写了，寄了两封信，马上又有一封，明天他有两封，我收到一份电报："你为什么不写？"哼——把我当成什么？墨水瓶吗？"你写的那些布道词，折磨得我还不够？"我能听到你说。——噢，那我怎么办？你也知道，陪师尊旅行不是件儿戏。今天，离开阿根廷后，他第一次感到疲惫，于是心烦，事事不如意，在这个节骨眼，我读到你的电报——只会让人情绪更糟。要是我不写他的近况，他的古怪，我真不知道该写些啥。要是你想我写，那就准备好那滴油，别耍花招，我们本来离得就远。

他不让我提醒意大利那边行事缓慢，碰巧在巴塞罗那，今天我们遇到一位肖维夫人，她是意大利人，肖维是她娘家的姓。她把师尊的一些书译成了意大利语，她嫁给了巴塞罗那一所学校的经理，带着我们在城里参观。她告诉我们，意大利准备了盛大的欢迎会，晚上，他说累得够呛，今天早上还晕倒了。不过，他的儿子就快来了，我会把诗人移交（主意不错，但行不通，他拒绝被移交），暂时有喘息的机会。

我操碎了心，想把他从那把扶手椅上拉起来，他爱得要命，整个航行期间都躺在上面。

他怕第一封信惹你生气，告诉我说，又写了第二封信。我想他决定在意大利找个别墅住下。我累得够呛，晚安，原谅我。

莱昂纳德

这封在恼怒中写成的信，肯定会让收信者伤心，但这封信的确勾勒出在桑伊斯德罗时，宾主之间的相遇引发的一连串矛盾和误解，并且像一面镜子，照出奥坎波在性格上的特点，以及由此加剧的紧张关系。奥坎波是个专横的人，习惯对人发号施令，以自己的方式行事，容不得半点反对。很多认识她的人都表示，这种说法千真万确。究其原因，根据埃尔姆赫斯特语焉不详的分析，是她不得不依靠这种方式成为人生赢家，但还有人认为，这种性格源于她的童年，在挣扎的处境中，她受到家人的过度溺爱，尤其是她的叔祖母们，总是对她百依百顺。她的《自传》作者写到，孩童时代，维多利亚·奥坎波就是孩子们中"脾气最怪、耐性最差"的一个，稍有不顺心，"她就凶狠得像个顽劣的人"，有时又

"乖张得淘气"。唯一能管住她的人是叔祖母维多利亚（她习惯喊"维托拉"）。小维多利亚任性、难缠，叔祖母们派来的仆人都叫她"公主"。简言之，说得好听一点，她是个"活蹦乱跳"的孩子。维多利亚·奥坎波本人，也在写女仆法妮的文章里承认，之前的女仆伊内斯警告过法妮，说维多利亚小姐很难伺候。维多利亚的英国女家庭教师凯特·伊丽丝也向维多利亚的父母抱怨过她上课时调皮捣蛋，影响妹妹安吉利卡学习。维多利亚很讨厌"被人打小报告"。眼见维多利亚野性难驯，伊丽丝绝望地预言，她"永远当不成一个淑女"。

　　这种负面影响，在维多利亚成年后更加明显，读过《自传》第三卷的人，都会惊讶于她和丈夫、情人间的复杂关系。我之前举过西尔维娜·奥坎波在《维多利亚·奥坎波的证词》一书中写的打油诗，用来调侃姐姐维多利亚的任性和她得到想要之物时的妙招，其中一行是："河水滔滔，带我前往想去的地方。"1984年，我有幸与阿莱娜·凯洛依斯畅谈维多利亚·奥坎波。她是法国作家罗杰·凯洛依斯的遗孀。在她的描述中，奥坎波的性格很矛盾。强势而羞怯，维多利亚·奥坎波一生中虽然数次重获新生，却始终像个长不大的孩子，被社会威逼怒视。她既慷慨，又占有欲强，嫉妒心重。她的身旁总是众星捧月般包围着优秀的男人，每次露面，妻子们都感觉丈夫会被拐跑。她是个不成功的演员，将个人生活变成一幕激烈的大戏。就如凯洛依斯夫人所说，她"好战"。还没等她意识到，已经伤害了别人，当然，也只有心如岩石般坚硬的女人，才会跟一个男人过了八年有名无实的夫妻生活，她和丈夫就是这样，既不说话，也不和解。旁人很难猜得出，究竟是哪点招惹了她。她把自己弄得遍体鳞伤，让人们捉摸不透她的内心。大家并非不想与她交流，而是根本无从着手。凯卢瓦夫人解释说，奥坎波的生活就像一张旧地图，有些区域是禁区，路标上写着"内有猛狮"。外人对这片区域一无所知，只晓得那里有危险的狮子。在阿根廷，她宛如一位女王，但步入法国的沙龙时，她却变成一个外人，尽管她的举止和衣着很法国化。高级时装让她感到自信，但在欧洲人眼中，她仍然是个移民，地位还比不上外籍居民。她习惯对仆人发号施令，主仆间的关系如同回到封建社会，然而出了这个熟悉的圈子，她就感到不自在。众所周知，1962 年，她拒绝了出任驻印度大使一职，借口是年纪太大，但真正原因是她缺乏圆融得体的素质。她无法让别人和她和谐相处。她需要中间人。她本人滴酒不沾，面对浅尝即止、绝无酗酒恶习的人，一怒之下就会泼别人一脸茶水。她不知道如何讨好，将大事化小。她用暴力的方式推崇非暴力。有天分、热情、骄纵、被社会压迫锻造成一个女权主义者，她有一颗活跃的心，在奋斗和挣扎中，洞悉别人的奋斗和挣扎。她被总统贝隆下令逮捕入狱，成为她一生的转折点。这是她收获的教训，出狱后，她脱胎换骨。

熟悉维多利亚·奥坎波的人，并不会对埃尔姆赫斯特信件里的描述感到惊讶。就像他在 1925 年 1 月 6 日的信中所说："你的本性，你的灵魂总是在受煎熬，你总是在受苦，如果能摆脱这些，你肯定能大有收获"。维多利亚·奥坎波从没学过如何说"请"

字，或客气地要求某样东西。埃尔姆赫斯特不是她的仆人，但她电报里傲慢、不耐烦的语气让他感觉自己不像一位朋友，而是一个仆人。她不会如此对待泰戈尔。面对诗人，她羞怯得很，对埃尔姆赫斯特却是凶巴巴。因为没有胆子纠缠泰戈尔，她把埃尔姆赫斯特当作目标。只有从他那儿打听泰戈尔的消息，因为他是秘书，陪诗人朝热那亚航行。但她实在不擅于"语气温柔"。发电报的方式显得太蛮横。她需要每天给船上打一通电话，不过，唉，那个年代还做不到。

在信中，存在一些明显的拼写错误，说明埃尔姆赫斯特当时疲惫而恼怒。比如写"don't"或"can't"时，撇号会往后移一两个字母或直接放在"n"上，或置于"o""a"和"n"之间。印刷时，难以再现原貌，不过我还是保留了两处"hav'nt（为什么不）"，来传达手稿上作者的心情。

奥坎波无法理解，充当泰戈尔的秘书和旅伴，是怎样一份艰巨和棘手的差事。她不知道，当初坚持要送泰戈尔一把扶手椅，给埃尔姆赫斯特增加了多少负担。但这些都不足称道。这封信让我们深思的，除了细节，更多是根本性的问题：如果没有埃尔姆赫斯特牵线搭桥，泰戈尔的异地恋如何延续？要是埃尔姆赫斯特不再是泰戈尔的秘书，可怜的"秘书（secretario）"不再被"远方的她纠缠"，情况会如何发展？我们好奇地想知道答案。

埃尔姆赫斯特意识到，1 月 18 日的信会惹维多利亚·奥坎波生气，于是当他和泰戈尔抵达米兰后，写了一封安抚的信。

1925 年 1 月 22 日

我亲爱的女王：

从现在开始，你可以写信到我家的住址，英格兰，巴恩斯利，埃尔姆赫斯特——就这么写，等他走后，你也许想写信给我。差不多都弄好了，我订了 2 月 4 日去印度的票，但为了不伤害罗曼·罗兰脆弱的心灵，计划照旧：2 月 18 日从卡塔尼亚出发，作为他欧洲之行的尾声，我觉得那里的居住条件不太舒适。然后，我回英格兰，动身去美国——到那儿去捆住我的翅膀，寻找到另一种类型的自由。

意大利的别墅还在商讨当中，不久以后，你会听到更多消息——我想会是在科莫湖区或者别的地方，那里离欧洲各地都近，仲夏时也不太热，尽管我知道，那里蚊子和苍蝇多。

[后添加的内容] 你为什么不今年过来一趟，亲自选选呢？他不在这里度夏。他打算明年再来。

我们昨天到的，师尊身体很好，很长时间没见他如此精神。正如我所预料的或者我在苏鲁尔或中国时想到的，访问阿根廷的悠远往事散发着玫瑰般的光泽，我们经常聊到法妮、何塞，对维佳娅，"我们的女主人"津津乐道。

昨天傍晚，我们在斯科蒂家族的公爵府喝茶，作陪的是一群米兰的贵族。夜里，在斯卡拉歌剧院的公爵包厢，师尊欣赏了乐队演奏和帕格尼尼的作品，歌剧《茶花女》不合他的胃口。我想他是对的，说人的同情不应该像剧中被"撕成碎片"，要稍微克制，才能留下更多的想象力——但我们已经丧失了对西方的想象力，当务之急是给这个地方填补现实主义……

我把椅子救出来了，准备运到印度——当他摇头晃脑思考问题的时候，扶手椅支撑他的身体，他完全成了椅子的俘虏——好吧，你要骂我不告诉你更多他的情况——要感谢微小的善心，学会体谅一个受尽骚扰的秘书。你亲爱的

L. K. 埃尔姆赫斯特

"我亲爱的女王"这个称谓顿时描绘出她威严的气质，也许还抚平了她凌乱的羽毛。这封信让我们看到身在米兰斯卡拉歌剧院的泰戈尔，他为帕格尼尼作品的艰深技巧折服，不爱威尔第的《茶花女》中泛滥的情感——这部歌剧也许让他想到维多利亚·奥坎波！还有那把令他钟爱的扶手椅。阿根廷的魔力已经褪去，泰戈尔开始设想他的意大利之行。要不是另一场病让他的归国行程提前，泰戈尔真心打算在意大利的别墅住上一段日子。看样子，他和奥坎波寻思着在这儿重逢。与此同时，埃尔姆赫斯特打算捆住自己单身汉的翅膀，从婚姻生活中找到另一种自由。

一封致奥坎波的信，虽然未写明日期，但无疑出自泰戈尔之手，写于1925年1月底。在这封从意大利寄出的信中，泰戈尔告诉她，因为生病，他不得不取消所有活动，乘船回家，但他计划秋天时再来意大利（通信集第十六封）。2月1日，他在威尼斯写信，告诉她，第二天乘船回印度，但他仍然期待9月和10月在意大利和她相见（通信集第十七封）。收到埃尔姆赫斯特的信后，奥

坎波先是盛怒，然后怒气渐消，1925 年 3 月 4 日，她成功地控制住自己的情绪，给他写了一封信：

亲爱的莱昂纳德：

我收到你的信。信上有些内容我无法理解。但我也不想打听。

你肯定知道，泰戈尔从威尼斯给我来信（2 月 1 日）。他说："莱昂纳德会安排我们的朋友来这儿，找个安静的地方，可以每年待一段时间。"请解释这话是什么意思？你从米兰发出的电报内容也不明确（讲到别墅的那封），我很想知道你在做什么，你如何安排这些事情。

要是你能写几个字给我，我会非常感谢。（我表现得够不够有礼貌？）

我希望你新婚快乐。我愿你心想事成。你对我很不公平，但我习惯被人误解。

维多利亚

尊贵的羽毛没有完全抚平，但她付出了特殊的努力，让自己懂得待人和善。她甚至还给埃尔姆赫斯特送出新婚的美好祝福。1925 年 4 月 3 日，埃尔姆赫斯特与多萝西·司戴德在美国结为伉俪。他们买下达丁顿庄园，打算第二年将其整修完毕。泰戈尔和奥坎波在 1925 年通过几次信。从信的内容得知，意大利的别墅一事不了了之。1925 年 6 月 5 日，泰戈尔接到埃尔姆赫斯特发来的

电报："拟与奥坎波商议意大利别墅事宜，行前请告知。"1925 年
6 月 7 日，埃尔姆赫斯特写信给泰戈尔："我听别人说，你身体好
多了，希望 8 月来欧洲。所以我给奥坎波发电报，问她是否愿意
租下我为你挑选的别墅——如果需要的话，也可以买下。我写信
告诉意大利中介商，帮我保留，等收到你们的确切回复。这样行
吧？"埃尔姆赫斯特此处提到的电报看样子没有留下来。我在布宜
诺斯艾利斯没有找到，也没有在达丁顿庄园看到奥坎波给埃尔姆
赫斯特的任何回复。是泰戈尔持续恶化的健康状况导致别墅一事
搁浅吗？或者是奥坎波无力协助完成这个计划？如果是她的原因，
问题是出在经费方面，如同她在《自传》第四卷中所暗示的，还
是因为她正准备出现在 1925 年 8 月 29 日安塞美执棒的清唱剧
《大卫王》演出现场？又或许是其他因素，比如朱利安·马丁内斯
不愿意让她去欧洲？7 月中旬，泰戈尔给埃尔姆赫斯特发电报，
说他想在"欧洲静养"，以恢复健康。他说，罗曼·罗兰已经在瑞
士为他找到一家疗养院，准备去试试。在电报结尾，他说："一想
到能和你见面，万分高兴。"8 月 2 日，泰戈尔也告诉奥坎波自己
的计划：他打算 8 月 15 日起程，9 月初抵达热那亚。他希望她能
在那里迎接，但又觉得不太可能实现（通信集第二十七封）。这个
计划后来也未能实现。泰戈尔电告奥坎波，取消当年的瑞士之行，
跟其他电报的命运一样，这封电报也没有保存下来。但他的决定
让奥坎波很忧虑，她不停地向埃尔姆赫斯特打听消息。1925 年 10
月 8 日，她写信给埃尔姆赫斯特：

非常感谢你的信和师尊的电报。我收到一封信，说他不去瑞士。你觉得他是真的病了吗？我的意思是，你觉得他病得无法旅行了吗？我收到一封信（8月2日从圣地尼克坦寄的），他抱怨自己在印度"被做不完的琐事纠缠"。怎么都他呢？你觉得他在那里不快乐吗？

他写信说："是职责的诱惑，驱使我离开恬静的角落，因为在那里，我的大脑徒劳地空转，毫无灵感……"你觉得他能（或者会）来吗？你觉得能安排一下吗？请回答我，很想听听你的意见！你知道，师尊在这里有一个家，有一个"看护"，她爱他，崇拜他。

我希望你再来南美，有机会的话。为什么不快点来？

我很想听你多讲讲"德文郡的奇遇"！我猜，一切都很顺利。

艾思顿夫人来陪我喝茶，上周，我们聊到你。她说你的妻子很迷人。

每次我去桑伊斯德罗，就会想到去年11月和12月！真是我一生中美妙的两个月……很美妙，我无法忘记任何一个瞬间。事实上，现在是我一生中很快乐的时候，最快乐的时候。这要感谢你！因为你决定让师尊前往米拉尔利约。我忘不掉……很感激你。你们离开后，桑伊斯德罗变成一个悲伤的地方。我还没有习惯面对空荡荡的房子。一切都变得空荡荡。让我心痛！我的意思是，我的心空荡荡的痛。

　　1924 年 12 月急切地想返回宁静的圣地尼克坦的泰戈尔，在他的和平之邦抱怨琐事繁杂，已经有好几个月！奥坎波致埃尔姆赫斯特的信，写到最后，语气变得恭敬。泰戈尔随时能受到阿根廷人的欢迎。埃尔姆赫斯特也能享受同等待遇！（但埃尔姆赫斯特正忙于修建达丁顿庄园，这是他的"德文郡奇遇"）她从艾思顿夫人那里听说多萝西·埃尔姆赫斯特很迷人！像泰戈尔一样，奥坎波早已忘记 1924 年 11 月和 12 月的暴风雨，只留下美好的时光——堪称她一生中最快乐的时光。如今，她心头的乌云散去，意识到埃尔姆赫斯特是带给她快乐的人，值得感谢，因为要不是他劝说泰戈尔接受去米拉尔利约休养的邀请，她生命中弥足珍贵的两个月根本不会出现。

　　这种恭敬很快被人留意到。在 1925 年 11 月 10 日写给泰戈尔的信中，埃尔姆赫斯特说：

　　收到维佳娅的两封信，我似乎认识一位新的朋友，用文雅的语言打听你的消息，想知道我们是否回到米拉尔利约——桑伊斯德罗！你当初还提醒我，小心死于法妮之手，当然，现在我不会再犹豫——但我欣赏你那几天丰富的想象力。

　　10 月 4 日，泰戈尔写信给埃尔姆赫斯特，提到 1926 年 3 月的欧洲之行，还说别人注意到他的心理变化：

　　尽管不确定的阴影一天比一天浓重，但我仍然梦想着访问欧洲，明年 3 月与你相见。邻居们注意到，自从我生病后，性格发生了变化。他们说，和以前相比，我身上的人情味更明显了。当播下的种子最终成熟发芽，用来保护的外壳消失得无影无踪。我希望同样的情况发生在我身上，不可逾越的防御之墙摇摇欲坠。

他出版《东方集》，题"献给维佳娅"，并在 10 月底寄给她一本。11 月时，他受病痛折磨，孤独、压抑，渴望她的出现，希望第二年 3 月去欧洲和她见面。11 月 13 日，她在"艺术之友"协会举办讲座，也希望 1926 年 3 月与泰戈尔见面。整个 1925 年，泰戈尔的稿件被译成西班牙语，出现在《民族报》上。12 月底，泰戈尔再次写信给奥坎波，说他第二年会去罗曼·罗兰安排的瑞士疗养院接受治疗。1926 年 2 月 24 日，他重申他的计划，说会在 4 月或 5 月动身去欧洲。2 月 28 日，他也写信告知埃尔姆赫斯特，希望他来意大利迎接，期待这个"紧张时刻"：

我希望能卸下一个尊贵的访客肩上的重担，自由地躲在安静的角落，避开公众炫目的视线。因尼斯弗里安排的住处，只有朋友才找得到。有一首梵文诗这样写道："你的这些朋友，陪你度过节日和灾难，熬过饥荒和暴乱，来到王宫大门，走向庆典仪式。"我不知道这些描述是否适用于即将到来的旅行，但我清楚，需要一位朋友站在我身旁。

渴望一位朋友站在他身旁，是基于他糟糕的健康状况，还是担心要面对突发情况或是他想与埃尔姆赫斯特交换内心的信任？1926年，泰戈尔如约来到欧洲，与埃尔姆赫斯特、罗曼·罗兰等人见面。但他并未见到维佳娅。到底发生了什么？

十四

泰戈尔和奥坎波的故事，最令人费解的阶段是大约有三年时间，两人似乎没有联络。1925年12月30日，泰戈尔说他收到一封奥坎波发来的电报——内容大概是新年问候——1926年2月24日，他给她写了封信，附赠一张他的照片。和同时期其他电报的命运一样，这封电报后来不知所踪。无论是泰戈尔1925年12月30日或1926年2月24日的信，在圣地尼克坦档案室都找不到奥坎波的回信。她在12月写过一封长信，写了整整一天，在信的附言里，她表示希望1926年春天去欧洲和他相见。此后，1929年7月13日，她写信回应他1929年3月11日借道加拿大前往日本途中寄出的信，以及紧接着从洛杉矶发出的电报（时间在4月），但原件均已遗失。如何解释长达三年半的空白期，这个柔情似水、饱受相思折磨的女人，如何熬过这段日子？1925 年 12 月，她告诉他："我非常想你，还有过去的那几个月，我想你快要发疯，几乎没有勇气提笔写信告诉你。……要是我把感受写在信上寄给你，你肯定会说我的愚蠢又多了一分！……亲爱的师尊，我爱你——"说出这段爱的宣言后，1926 年、1927 年和 1928 年都没有她的来信。最后一封信，来自泰戈尔。重启两人的通信，结束这段空白期的，也是泰戈尔。1929 年，他或许希望她能来美国见见面，但美国之行结束得很突然，他只好发电报，说他不得不先行一步：1929 年的会面终于搁浅。这期间，她没有给他写信，他也没有催促她来信。这很符合他的性格。但她为什么沉默不语呢？

1925 年末，她收到他题献给她的诗集。没错，她一个词也读不懂，但她知道，这本书是献给她的，里面有很多首诗都和她相关。随后，1926 年 2 月，应她的请求，他寄来一张新拍的照片。大概是为了取悦她，他穿上一件在阿根廷做的长袍，那是她送给他的礼物。照片仍然保存在布宜诺斯艾利斯档案室泰戈尔信件的相册里，紧挨着那封信。这大概就是前文所提到的那张照片，但她为什么没有提过呢？

当然，很可能在这段时间，他们发过电报，但没有保存下来。收到泰戈尔 1926 年 2 月 24 日寄的信和照片后，奥坎波告诉过他。还有一种可能，信件被人为销毁了——奥坎波每次大发脾气或心情不好，就会撕掉信件——但我很难相信她会毁掉带有泰戈尔字迹的"只言片纸"。她连他写的信封都要精心保存。在布宜诺斯艾利斯，我找到过 20 个这样的信封。没错，她撕毁过奥尔特加最初的来信，但我们知道，相比她和奥尔特加，她和泰戈尔之间并没有出现过误解。至于泰戈尔撕毁她的来信，更不可能。他为何要这么做？已经有足够多的信件表达她的爱意，而且被完好无损地保存下来，再多存几封，也不会对任何人造成伤害。在那个阶段，难以想象维多利亚·奥坎波会对他说出"我恨你"。她一定注意到，1925 年，他对她和桑伊斯德罗的思念溢于言表。每一封信，都明确无误地提到他渴望她的陪伴。这让她喜悦，不放弃对爱的追求。还有一个原因，她确实有很长时间没有写信给他：长达三年半的空白期后，在她 1929 年 7 月 13 日的信中，落款最初是"Victoria（维多利亚）"，然后将"c"改为"j"，变成"Vijaya"，这是他给她取的名字。她只给他签过这个名字。时过境迁，但她总算及时找回了记忆。

基于上述原因，我们只能相信，出于某种或某些原因，两人之间确实中断了书信往来，也许相互发过电报，但没有保存下来。如果友谊的基础稳固，就不必担心相距遥远，素无鸿雁传书。时光匆匆而过，还来不及反应，一整年就过去，甚至没有给好友写过一封短笺。但我们面对的是一个特例。这是一次不同寻常的邂逅。从一开始，奥坎波就怀着强烈的热情。在桑伊斯德罗时，为了与泰戈尔亲密接触，她差点把埃尔姆赫斯特逼疯。海上旅途中，她的电报一封接一封。1925 年，她的来信流露出对他的深切想念。至于泰戈尔，他的性格让他急切地回到宽广的事业领域，但作为艺术家，渴望与她交流。当身在远离印度的异国他乡的囚笼

之感渐渐消失，他迫切地希望她的陪伴，想她想得难以自拔。他
一直计划着找个合适的地方跟她重逢，比如意大利。他是个大忙
人，但还不至于抽不出时间写信给她。他通常对奥坎波的来信必
复。奥坎波也是如此，大部分时间都耗在写信上。贵族的悠闲生
活，让她不用工作或操持家务。她也没有小孩要照顾，不为钱的
事情操心。《南方》杂志尚未创办。她只需梳洗打扮，结交朋友，
追求文学和音乐的兴趣。写信即是她的追求。多次提到要见面，
但泰戈尔和奥坎波却有相当长时间没有书信往来，这实在不同寻
常。并不是粗心、健忘、懒惰、缺少时间、没钱买纸笔和邮票，
或其他任何凡人都会犯的错。而是有充分的理由，尽管这些理由
隐藏在视线之外。换言之，沉默不语，便是最响亮的语言。

　　我猜，泰戈尔停止写信，是因为奥坎波没有回复他的两封信。
她也许给他发过电报，说她无法前往欧洲。他肯定很失望，但除
了继续计划中的行程，他还能做什么呢？1926 年，他来到欧洲，
整个后半年都待在那里。5 月从孟买出发，12 月返回圣地尼克坦，
正好赶上孟加拉历"九月七日"的纪念仪式。他去了意大利、瑞
士、奥地利、英国、挪威、瑞典、丹麦、德国、捷克斯洛伐克、
匈牙利、南斯拉夫、保加利亚、罗马尼亚、希腊和埃及。他与墨
索里尼和克罗齐会面；在维勒纳夫见罗曼·罗兰，在达丁顿庄园
见埃尔姆赫斯特；和爱因斯坦交谈；认识南森、比昂松、布兰德
斯和赫夫丁；受到斯文·赫定接待；为《曼彻斯特卫报》撰文，
声称自己和所有形式的法西斯主义无关；在巴拉顿福瑞疗养院休
养，并种下一株椴树。简言之，他没有一刻感到枯燥，尤其是遇

上亲切的旅伴。普拉桑塔·钱德拉·马哈拉诺比斯和妻子妮玛尔库玛莉（大家称她拉妮，意为王侯夫人）陪他去过欧洲多地，直到他离开希腊前往埃及。泰戈尔从埃及乘船返回印度。在海上，他开始与马哈拉诺比斯太太通信，两人的书信后来结集出版。有她的陪伴，泰戈尔一路兴致盎然，在 1926 年 11 月 25 日写给埃尔姆赫斯特的信中，他极力夸赞这个女伴，没有人会对她的魅力无动于衷。

她医生的语气很坚决，说她必须尽可能在西半球的冬天多晒晒太阳。我建议她当你的邻居，那里的氛围适合她。如果她听从我的建议，你肯定会感谢我，因为她会给你们德文郡的阳光增加光彩，为美味的奶油添加味道。她在中欧是个名人，她的照片像四月的鲜花盛开，我希望她能把荣耀带到你居住的小岛，以不辱她王侯夫人的名声。

当然，他也给她引荐埃尔姆赫斯特，和他通信。诗人是打算再打造一个三人组合吗？他们先是与拉努结下友谊，然后是维佳娅，现在又多了活泼的拉妮。

从他在欧洲各国受到的热情款待来看，泰戈尔 1926 年的欧洲之行很成功。这无形中增强了他的使命感。在从巴拉顿福瑞写给埃尔姆赫斯特的信中，他说到自己的好运和此行的深层次意义：

他们对我的爱和信任发自内心。在德国，在挪威，欢迎仪式上，人们对我大喊"一定要再来"，让我不禁扪心自问，是否受得起他们的期望。在像布达佩斯这样的地方，人们的态度更亲切，带着关爱，令人受宠若惊。我和他们产生一种神秘的亲近感。我忍不住想，虽然我有很多缺陷，但天命找到我，让我完成伟大的使命，尽管这对于愚笨的我来说，是永远难以解开的谜团。

1927年，泰戈尔到过东南亚。1928年，疾病让他放弃去牛津做"希伯特演讲"的计划。他在锡兰短暂休整，等待身体好转，然后回到印度。1929年，他出席在温哥华召开的教育会议。从加拿大到美国，他打算在大学举行多场演讲。但病痛迫使他取消演讲会，匆忙离开美国。1930年，他再次来到欧洲，到牛津做"希伯特演讲"。这一次，他终于在法国与维多利亚·奥坎波重逢。4月，北半球春意正浓，不知不觉，两人已分别五年半。她刚满40，而他很快就要到69岁。

虽然我没有找到任何直接原因解释维多利亚·奥坎波在1926年至1928年间为什么不写信给泰戈尔，但毫无疑问，这与她沉默而隐秘的地下恋情有关。泰戈尔离开桑伊斯德罗后，她恢复以往的生活，但是从人类心理角度来看，彻底回归过去的生活方式似乎不太可能。某些事件、经历和邂逅，在我们心头刻下永久的印记，从此换了一个人。对维多利亚·奥坎波来说，遇见泰戈尔的影响显而易见——有文献为证。痴迷的结果是，一切还会形如往昔吗？

现有的证据表明，接下来的一年，她像着了魔一样，梦想着、计划着。1925 年 11 月，她在"艺术之友"协会的讲座主题是泰戈尔，而泰戈尔也将《东方集》题献给维佳娅，足见两人心心相印。但我的脑海中也产生很多疑问，想知道朱利安·马丁内斯对她痴迷泰戈尔做何反应。她为泰戈尔疯狂，米拉尔利约的时光，马丁内斯会怎么想？和她一起分享对泰戈尔作品的喜爱吗？她是否从未和他分享这份热情？他鼓励过她研究但丁，如今她沉迷于泰戈尔，他的态度如何？但丁是一个佛罗伦萨的古人，而泰戈尔更神秘，尚在人世，成为奥坎波安排在桑伊斯德罗的客人，虽然泰戈尔的年龄已经 63 岁还加半年，却"甜蜜得让人甘愿为奴"，让女人们围着他转。马丁内斯会将他视作一个威胁吗？泰戈尔住在桑伊斯德罗期间，奥坎波和马丁内斯约会过几次？马丁内斯就不想见见这个名人？他有没有注意到那个年轻的英国人莱昂纳德·埃尔姆赫斯特？眼看自己的情人将大把时间拿来接待外国来的客人，马丁内斯就不嫉妒？我很想知道，但找不到明确的答案。这些问题与我的研究相关，因为虽然马丁内斯鼓励奥坎波写作，结交艺术和知识圈的朋友，但他的占有欲也很强，一旦激起他的嫉妒心，就会出现奥坎波在《自传》第三卷里描绘过的尴尬场面。

在《自传》第四卷，奥坎波写到，泰戈尔离开后，她原本打算在意大利为他买一处别墅，方便她时不时去那里看他，但她并没有钱"买下她自己或为他准备的梦想之地"。她不能离开布宜诺斯艾利斯太久，因为这座城市住着"J."（这是她对朱利安·马丁内斯的简称）。要是没有"J."，她说不定会跟随泰戈尔去圣地尼克坦，"迈出第一步"。先"迈出第一步"，但之后呢？也许她会考虑当他的秘书。确实有这种可能。莱昂纳德就要结婚，不再担任泰戈尔的秘书了。

所以，1926年奥坎波没有去欧洲，是马丁内斯的原因吗？他也否决了在意大利购买别墅的计划吗？她因为没能为泰戈尔在欧洲买一处别墅，所以尴尬地中断来往？她觉得这令他失望？

她的生活还发生了一些事。《自传》第三卷中提到，正是从1929年开始，她和马丁内斯不再是情人，而是朋友关系。当被问及为什么会走到这一步时，她回忆说，那几年，当激情像踏板"主宰"生活的车轮，"其他世界、事件和人的声音"也走到她身边，有些人、有些事让她同情、陷入沉思、变得热情。1929年是她生命的"转折点"。要说明这一点，需要回到过去。《自传》第四卷的副标题是"Viraje（意为'转折'）"，开篇就提到，1924年像一个地标或里程碑。正是在1924年，她对自己有了全新的认识，决心自食其力，并最终获得或再次获得自由，不再受失败的婚姻羁绊。她终于走出家庭的牢笼。回首过去，1913年是个重要的年份——她在那一年认识了马丁内斯。同样，1924年是新循环的开端，到1929年方才终结。1924年初，她从罗曼·罗兰的书中认识甘地，随后，两个男人走入她的生活：泰戈尔和安塞美。现代印度和现代音乐，她沉醉于这两个主题。

欧内斯特·安塞美，瑞士音乐家。她遇见他的时间是在1924年冬天，或者确切地说，是南半球的冬天，因为北半球还是夏天——就在她认识泰戈尔的几个月前，安塞美是她一生中最重要的朋友之一。她为他安排音乐会，定期在布宜诺斯艾利斯指挥演出，演奏员们后来组成了阿根廷国家交响乐团（简称为 APO）。空闲时，他就去她家做客，几乎每天都会来蒙得维迪亚大街她的公寓与她共进午餐或晚餐。她把他介绍给朱利安·马丁内斯认识，两人经常在她的公寓吃午餐。一连好几个小时，他们聊到音乐、文学、宗教和生活。他们听爵士乐唱片，将经典片段翻来覆去地听。安塞美很推崇伊戈尔·斯特拉文斯基，奥坎波后来经安塞美引荐，认识了这位作曲家。1925 年 8 月，她初次登台演出，为安塞美执棒的奥涅格的清唱剧《大卫王》担任旁白。如前所述，奥坎波经常将日期混淆，1926 年，这部剧再次上演。她说："能为《大卫王》担任旁白（1925 年和 1926 年），真让我兴奋莫名！"如果她的话属实，如果她在 1926 年演出季参与过奥涅格的这部清唱剧，时间是冬天，即北半球的夏天，那么也许是出于这个原因，她无法抽出时间前往欧洲。还有一种可能，不管她有没有参与演出，有安塞美在布宜诺斯艾利斯的陪伴，夫复何求？她说过，她对他有强烈的好感，但这种好感并没有在爱的心田扎下根来。他对她也饱含深情，但两人卿卿我我的关系，很快激起安塞美的妻子玛格丽特的嫉妒心。在奥坎波生命中这段时期，情感方面一团糟：她想忠于"J."，又渴望和其他人发展友谊，即使她感受到他们身上的吸引力，也不敢承认这种情感，而将其埋在心底。这让她和泰戈尔以及埃尔姆赫斯特的关系充满戏剧性。

1926 年，她遇见西班牙作家、教育家玛利亚·德·马耶兹杜，几番长谈，她"罕有地和别人分享了自己的女权主义观点"。

1927 年，阿根廷国家交响乐团不再邀请安塞美执棒，奥坎波也跟乐团大吵一架，断绝往来。同一年，她开始对现代建筑艺术产生兴趣，在普拉塔河畔修建了一栋极具现代风格的宅第。马丁内斯来到这里，与她同住了两个月。但一年不到，她就卖掉这处房产，在布宜诺斯艾利斯的巴勒莫奇科区重新盖了一栋现代风格的新房。1928 年底，她出发去欧洲时，新房尚未竣工。

她在欧洲和凯泽林见面。1927 年，她读到他的作品，尤其喜欢《一个哲学家的旅行日记》。翻开这本书，就不难领会为什么她会喜欢。第一卷里有大量篇幅提到印度，当然，除了细致的洞察力，书中不乏错误和偏见，但普通读者很难从珠玉中挑出小毛病。奥坎波喜欢书中引用的有关泰戈尔的内容。看样子，凯泽林在位于加尔各答的泰戈尔家参加过一次晚会，欣赏了印度古典音乐。

那是个难忘的夜晚。泰戈尔家族的人，个个气宇轩昂，面容精致，神采奕奕，身穿如画般的长袍，优雅地走进雄伟的大厅，墙上挂着古代绘画。阿巴宁德拉纳特·泰戈尔是家族里的画家，其作品让我联想到亚历山大城的装饰风格。罗宾德拉纳特，诗人，像是一个从更高层次精神世界来的客人。我从没见过精神化的灵魂物质能浓缩到一个凡人身上。

这个音乐之夜，表演地也许在迦甘尼德拉纳特·泰戈尔和阿巴宁德拉纳特·泰戈尔的家，罗宾德拉纳特·泰戈尔说这里的客厅"装饰有上等的绘画和印度艺术品，令全世界的收藏家眼红"。

罗宾德拉纳特回忆说，在这个客厅见过凯泽林。维多利亚·奥坎波还提到凯泽林的描述："在这些抒情诗里，罗宾德拉纳特·泰戈尔倾注了最丰富、最华美的思想。"

发现凯泽林后，奥坎波步入一个英雄崇拜的新阶段。一年半时间，她和他通信频繁。15年后，她终于来到欧洲。离开布宜诺斯艾利斯是个重大决定。她住在巴黎的一处公寓，支付凯泽林在凡尔赛的豪华住宿的费用，几乎每天都去见他。与泰戈尔的交往，让她有信心和其他作家建立友谊，但这一次的邂逅是场灾难。她发现他耽于声色，不堪忍受他的性骚扰。幻想最终破灭，在绝望中，她将注意力投向在巴黎的其他作家：如皮埃尔·德里厄·拉罗歇尔。马丁内斯也从布宜诺斯艾利斯前来，和奥坎波在一处公寓住过一段时间，但房间不同。他们过着分居生活，见各自的朋友，互不干扰。奥坎波跟他相当于隐婚，随着时间流逝，激情化作亲人般的温柔。他像一个家人，跟他在一起，心里就感到踏实。为了从凯泽林的阴影中走出，她靠向德里厄。很多问题上，她和德里厄观点相左，但仍然被他吸引。他去伦敦完成小说创作。没多久，她也去了伦敦。正是在1929年，他们在伦敦成为恋人。我有时在想，为什么奥坎波对伦敦有特殊的感情，将其描绘为"一场古老的爱情"，看来我找到了原因。

奥坎波曾经答应帮凯泽林去布宜诺斯艾利斯巡回演讲，尽管两人在法国分道扬镳，她仍然恪守诺言。这是一段令人难受的经历。结束欧洲之行，她回到布宜诺斯艾利斯，那时，凯泽林已经抵达阿根廷，四处演讲。而她在三年半的沉默后，1929年7月13

日，再次提笔写信给泰戈尔。读者们要记得，读到那封信时（通信集第三十四封），她的生活正发生天翻地覆的变化。她和以前不同。她已经走出与朱利安·马丁内斯的地下婚姻。她已经告别对凯泽林的英雄崇拜。她刚同德里厄结下友谊，而这段友谊会给她带来极大的痛苦。她郑重地告诉泰戈尔，她3月在伦敦待过一周，本想跟埃尔姆赫斯特见一面，却弄丢了他的地址，也联系不上他。事实是，她那一周在伦敦谁也没见，就守在德里厄身旁。而且她还对埃尔姆赫斯特怒气未消。至于凯泽林，她对泰戈尔讲了些趣事，很有洞见。"他经常提到你，对你崇拜得五体投地。但我这辈子从没见过像他那样情绪善变的人。"泰戈尔和凯泽林，对她而言是两次迥异的邂逅。写信时，她的脑海中一定闪过一幕幕场景，她怀着一丝愧疚，不该愚蠢地跟凯泽林相识，对泰戈尔的思念油然而生。

用一个口语化的表达，她和凯泽林的关系令人头疼。他的求欢被她断然拒绝，这让他感觉受到伤害，耿耿于怀。从南美回到欧洲后，他写了《南美沉思录》，书中满是对南美大陆的主观概括和神化，同时态度明显地反对女权主义，在梅耶的奥坎波传记中读到相关章节后，尽管我觉得凯泽林的观点有些过头，仍然惊讶于他的直率。每个南美人，都会对这样的文字深以为耻。对维多利亚·奥坎波的攻击像是从暗处飞出的投枪，她肯定而且一定会看出来，虽然作者将其用含混的恭维话加以伪装。想象得出，这本书对她造成怎样的伤害。不愿让事态恶化，她不做回应。应他妹妹的请求，她甚至1939年还去欧洲拜访他。那时，他的处境发生了很大变化：他和他的家人正遭受德国纳粹政权的迫害。凯泽林去世后，他的遗孀寄给她一份尚未出版的自传书稿，其中有一章与她有关，奥坎波为此写出《一个旅行者和他的身影：我记忆中的凯泽林》（1951年）一书，解开自己的心结。

奥坎波和德里厄·拉罗歇尔的关系复杂得像一场暴风雨，时好时坏，充满争吵与和解。德里厄属于性格敏感的一代人，两次大战之间的岁月，让他们的精神受到摧残。他在一战中负伤，立志要与德国人和平相处，却惊恐地发现，他的国家跟德国再次滑入战争，而他自己则身不由己地同情起法西斯主义。奥坎波也注意到他在性方面的怪癖：跟妓女们厮混，他最快乐，因为她们不会让他有性无能的自卑感。而跟知书达理的女人做爱，他却很紧张。和这样的男人交往，失败的结局从开始就已经注定。她在很多方面无法和他达成一致，但又可怜这个悲剧人物，对他不离不弃。她甘愿为他受苦，直到1944年他自杀后才得以解脱。临死前，他已经看清自己的缺陷，开始对印度哲学产生兴趣。

1929年，从欧洲返回后，奥坎波还认识了作家瓦尔多·弗兰克，他当时正在布宜诺斯艾利斯巡回演讲。通过他的翻译、年轻的阿根廷作家爱德华多·马列亚和弗兰克见了面。弗兰克建议她创办一本杂志，这样既能实现文学创作的抱负，也能为阿根廷的文学和文化出一分力。

写这些细节，只为说清楚一点：1930年4月，这个站在泰戈尔面前的40岁的女人，已经和1925年1月跟他说再见的那个女人判若两人。她彻底跟过去决裂，走入生命的新阶段。根据她的传记作者描述，1929 年她与凯泽林的冲突，是"一个人生的转折点"，"迫使她从英雄崇拜的幻想中脱身，反思自己的创造愿望"。1924 年，奥坎波开始拓展自己的眼界，并最终迈进文学创作的门槛。但有趣的是，自我发展的每一步，都与一段新的感情有关联。奥尔特加、泰戈尔、安塞美、凯泽林，每一个人都扮演过角色。她在 1916 年拒绝奥尔特加，投入马丁内斯的怀抱，但正是奥尔特加让她认识到西班牙语文学对阿根廷和南美的重要性。泰戈尔和安塞美帮助她无形中挣脱马丁内斯的束缚。面对面交流之前，她对身在遥远欧洲的凯泽林的迷恋，让她离马丁内斯更远。德里厄"治愈"了凯泽林对她造成的创伤，让她将马丁内斯抛在脑后。弗兰克帮助她将注意力集中到文化资助上。30 多岁的马列亚扮演了重要角色，协助她创办杂志，填补德里厄自杀后留下的空缺。

我想强调的是，在 1926 年、1927 年和 1928 年，虽然没有给泰戈尔写信，奥坎波仍然忙于自己的生活和成长。对她来说，这是个自我追寻的阶段，有必要结合外部环境考量。她忙着理清头绪，但这并不意味着她已经忘了他。在 1927 年 10 月 2 日《民族报》刊登的《原告和被告：迈西斯和东方》一文中，奥坎波用充满激情的话语声援东方，因为一位叫迈西斯的先生写了一篇为西方辩解的文章，对东方恶毒攻击。她指责他对东方怀有盲目的恶意：

我不相信仇恨或憎恶能把事情看得清楚，恰恰相反，我觉得只能通过明朗的爱。正是在这种爱的感召下，我开始理解泰戈尔的思想和人格。我曾有幸每天见到他，长达两个月，聆听他自由思想的声音。

奥坎波提及自己撰写的第一篇关于泰戈尔的文章，并探讨了普鲁斯特和泰戈尔的区别，她将这种区别称作"黄金之爱（Amor-Oro）"和"阳光之爱（Amor-Luz）"。"黄金之爱"弥漫在普鲁斯特作品的字里行间，而"阳光之爱"却是泰戈尔的诗歌、小说和散文的特色。

我过去没有尝试，现在也不会尝试，请让我重复一遍——把两位艺术家进行对照和比较，首先，这个过程在我看来很荒谬。我试着摆一张桌子，放在你的眼前，从两处矿藏挖出金块。

"黄金之爱"和"阳光之爱"：难道不是欢愉和快乐的化身吗？难道不是指引我们向前的两种冲动的化身吗？简言之，难道不是两种占有的方式吗？

这就是1927年10月时，她对泰戈尔的回忆。他是一个艺术家，教会她理解"阳光之爱"的意义。与此同时，她正兴奋地与凯泽林通信，认为自己发现了另一位精神上师。

对凯泽林的幻想破灭后，她的内心一定充满苦楚，从《每周小说》对她进行的专访可以看出。这篇专访稿发表于1929年12月9日，概括了1929年末的她，或四个月后会跟泰戈尔重逢的她。让我讲几个细节。我们知道，那时，她还没写过或出版过满意的作品。只有一些写过的信令她满意，没错，但都属于私人信件，并非针对公众的创作。至于她擅长的体裁，纯文学并不吸引她。随笔是她最钟爱的文体。至少在那时，她偏爱书信。至于将来的写作计划，她打算尝试一下自传。她被泰戈尔的诗所吸引，但她知道，自己充其量能当个诗歌译者，而要真正领会诗中的意思，必须会孟加拉语。法国诗人里，她喜欢保罗·克洛岱尔，至于阿根廷诗人，则是路易斯·博尔赫斯。古典音乐，她爱听巴赫，现代派则选择拉威尔、德彪西和奥涅格。这时候，奥坎波的仆人宣布用餐时间已到，采访者起身告辞，并大胆地提出最后一个问题。在她认识的四位思想家当中，哪一位给她留下的印象最深？——

—没有。

—可是，有罗宾德拉纳特·泰戈尔、奥尔特加·伊·加塞特、凯泽林伯爵和瓦尔多·弗兰克？

—我不知道。他们四人给我的印象不同。

采访者似乎对这个回答有些惊讶，但仍然真诚地接受，跟之前她的回答一样真诚。他想不出其他方法刺探她的心事。采访结束，他只得悻悻离开。我只能认定，奥坎波突然拒绝谈论这四个人，与她和凯泽林破裂的友谊有关。她不愿再想到这个话题。她知道自己曾经将他们视作心目中崇拜的英雄，并因此屡受伤害。她受够了名流和大人物。她有了自信，不再需要依靠他们。记者不知道，她正和心理脆弱的德里厄·拉罗歇尔秘密交往，一个性格乖张、难以捉摸的人，成为她不得不背负多年的十字架。她收到他的长信，甜言蜜语浓得化不开。她也寄去长信，字字句句都是知心话，倾力让自己"偏爱的"文体尽善尽美。德里厄的信，有几封收录进《自传》第五卷，而她写给他的信，有一份样本存于布宜诺斯艾利斯，语言华丽，缠绵悱恻，时间为1929年8月14日。在信中，她两次提到泰戈尔，包括《吉檀迦利》第八十四首（"离愁弥漫世界……"）。信中还提到爱和肉体的吸引力。她无法忍受凯泽林，排斥他的身体。她不爱奥尔特加或安塞美，但觉得他们的身体很友好。她没有提到泰戈尔。她很长时间没有讲法语，突然讲出一段带有幽默意味的英语，让人窥见1929年时她的真实心境：

　　我很想和你一起去兜个风、聊一聊，小伙子！鉴于你觉得一夫多妻是件好事，我希望你能追到迷人的女人，又在厌倦后将她们抛弃，那就是我回到欧洲时见到的情景！……你会习惯冷漠和温柔、精神上的独立和愚蠢的软心肠、使不完的力量和孩子气一般的懦弱，这些都是我犯过的错。我的意思是……这样你才能明白我和我们之间的友情。

　　你只是将爱情看作一场足球或橄榄球比赛……没必要从开始到结束，都乱（muddle）成一团……你说是吧？

　　我爱我的妹妹。我爱我的侄女。这些也是爱。我不需要等到末日来临时，才领悟到。你呢？可怜的小羊羔！

原文中省略号为她所添加，"muddle"一词或许应该拼作"huddle（挤）"：但我不能确定她想写哪一个，因为两个词都符合上下文。尽管羞怯让她第一次面对泰戈尔时结结巴巴说不出话来，渐渐地，她抛弃羞怯，让他荡漾在洋溢的活力中——埃尔姆赫斯特也感受到了——这，就是她给他们留下深刻印象的原因。

十五

有一个小问题我还没有弄明白，泰戈尔1930年去欧洲时，如何知道奥坎波也在那里。现存的信件没有提供蛛丝马迹。两人互发过电报，而电报后来遗失了吗？泰戈尔带着装满他创作的素描和油画的箱子来到欧洲。他一定是想找机会展出他的画作。克里帕拉尼在他写的泰戈尔传记中说，他那位"迷人的阿根廷女主人赶到巴黎，5月初，在巴黎的皮加勒画廊组织了一场画展"。但真实情况是奥坎波来巴黎是同德里厄·拉·罗谢勒幽会，顺便结识巴黎文学和艺术圈的人，和朋友们讨论她准备创办的杂志。如果《自传》第六卷的内容属实，1929年12月15日，她登船前往欧洲。泰戈尔和奥坎波在 1930 年的通信以电报的形式开始。3 月底，泰戈尔抵达马赛，在蒙特卡洛附近的马丁角住了一段时间。他住在达纽尔别墅，这是一栋海滨别墅，为阿尔伯特·卡恩所有，他是一位富有的法国犹太人，一个慈善家兼文化赞助人。（早在 1920 年，泰戈尔就是卡恩的座上客）在那里，他不知用什么办法，找到了奥坎波在巴黎的住址，那是朋友借给她的一间豪华公寓，位于弗朗德兰大道。但那时，奥坎波跟随德里厄去了柏林。德里厄离开柏林后，她和朋友们留在那里。返回巴黎后，她收到泰戈尔的电报，立刻回电。这样，两人终于恢复联系。

从巴黎出发，奥坎波乘车南下，去见泰戈尔。陪伴她的有迪莉娅·卡瑞尔（她是诗人聂鲁达的第二任妻子），她的老女仆法妮，再加一个巴黎的司机。在写给父母和妹妹的家信里，她对这段漫长的公路旅行有生动的描述，也让我们有机会揣摩她到达马丁角时的心情。（某些细节收录入《自传》第六卷）这是一段单调而难熬的车程。法妮不停地唠叨着女主人忘在巴黎的伞，直到颠簸耗尽她的精神。他们在里昂耽搁一晚，第二天早餐后继续上路。法妮又开始说伞的事，而奥坎波读《米其林指南》，看途经的地方有什么美食推荐。在蒙特利马，奥坎波买到和吃掉一堆牛轧糖，不舒服了好长时间。迪莉娅在阿维尼翁吃午饭，但维多利亚对没能喝到当地像模像样的"牛奶咖啡"大为失望，"像模像样"的意思是咖啡表面不能凝结一层奶皮，让她无法容忍。马丁角天蓝水碧，令人叹为观止。马丁角和芒通之间的海滩由英国人占据，莫泊桑曾在小说中提到过。泰戈尔呢？他正沉溺于最近的"爱好"：素描和油画。

他画装饰性的和古怪的东西。他想在巴黎展出，但是，他的原话是，又不想"让自己当一个傻瓜"。他来问我的意见。我也不知道该提出什么建议。罗悌（罗宾德拉纳特的儿子）给我看了他父亲的素描。诗人待这些作品如他的亲生儿子，就像菲加里的家人搬出菲加里的画来，耐心地等观众欣赏。如今，作家们画画，画家们写作。这是怎么啦？

家信的语气有些轻松谐谑，看得出，虽然奥坎波承认在桑伊斯德罗时，她曾鼓励泰戈尔作画，还帮他组织了第一场画展，但当她面对画框里的涂鸦，并不能肯定自己能看懂他的画，也隐隐担心画展是否会收到预期的效果。在《自传》第六卷中，她说自己"提议"为他在巴黎搞一次展览，他为此高兴得合不拢嘴，"就好像一个初次登台的菜鸟，从来没有走过荣耀之路"。在她的书中，也说到她提议给他的画在巴黎搞一次展出，"就好像"——她插入一句——"我的手里不差钱"。家信也让一些说法不攻自破：有人说，去巴黎展出自己画作的建议最初来自泰戈尔本人。这听起来有些道理，要不然，他为什么拖着装满素描和油画的箱子跑到法国？还有，他的愿望再自然不过，虽然说艺术创作是个人的事，艺术家通常独自完成他或她的作品，不过，作品一旦问世，艺术家总还是希望将其与公众分享：说实话，一件艺术作品如果不经过分享，还有什么意义。泰戈尔的纯真愿望，也是让别人看到他的画。能在巴黎展出作品，有哪一位艺术家不欣喜若狂？但他希望听听维佳娅的意见，得到她的帮助，他信任她，如果她伸出援手，一切困难迎刃而解。办画展是泰戈尔的主意，这个观点也得到他的儿子罗悌德拉纳特·泰戈尔认同：

我们问了不少人，发现要在巴黎仓促地办一次画展，几乎不可能。要等一年多，才能轮到合适的大厅。父亲给奥坎波夫人发电报，请她来帮忙。她很快就来了，而且，不费吹灰之力——至少我们这么觉得，就安排好了画展事宜。

画展已成"既定事实"。奥坎波功不可没。

泰戈尔从未接受过素描或油画的正规训练，但从童年时代起，他就对画画感兴趣。他鼓励两个侄子迦甘尼德拉纳特和阿巴宁德拉纳特追求艺术梦想，自己却没有考虑过从事这个职业。1983年，他对侄女英迪拉·黛薇说，像失望的情人一样，他经常将渴望的眼神投向绘画艺术的缪斯女神。大概在1924年，他开始在手稿本上涂鸦。奥坎波也注意到：

他涂了又擦，擦了又涂，用铅笔勾勒出一句句诗的意境，寥寥几道线条，让诗句似乎有了生命：史前的怪兽、鸟、面容。诗写得磕磕碰碰，却诞生了或露齿而笑，或蹙眉，或大笑的形象，很神秘，引人入胜……我想，那本手稿本是泰戈尔成为画家的起点，他希望把自己的梦境用铅笔或画笔传达出来。我很喜欢这些涂鸦，鼓励他多多练习。

在1941年的文章中，奥坎波提到，她曾经打趣泰戈尔边写诗边涂鸦的习惯。"你得当心，"她对他说，"你写诗写得越糟，越能从作画中找到快乐。这样一来，你会故意写糟糕的诗。"1925 年 9 月 3 日，埃尔姆赫斯特寄给泰戈尔一支特制的笔，鼓励他结合文本的意义，用这支笔作画。1925 年 10 月 4 日，泰戈尔回信给他，提到自己"疯狂地爱上了画画"，并说："你有幸见证我的怪癖从结出蓓蕾到繁花盛开，这个癖好来自于我梦想的能量。"

很快，泰戈尔的绘画艺术就脱离对文字底本的依赖，变成一种独立的创作能力。如果说，这个新的追求在 1924 年左右绽放花蕾，那么急速成长季开始于 1928 年，到 1930 年时，他已经有足够多的作品举行一场画展。为他在巴黎安排一场画展，让奥坎波有些紧张——也许是因为从蒙特利马前往马丁角的途中，她吃了太多的牛轧糖，感到不舒服，但我认为，最主要的原因，是她不太相信自己在绘画方面的鉴赏能力，她在巴黎艺术圈的熟人也不多，相比之下，对音乐和音乐圈的人，她熟悉得多——但她仍以最快的速度、最高的效率安排好了画展的一切事宜，让包括泰戈尔在内的每个人都大吃一惊。

她回到巴黎，开始筹备。泰戈尔紧随其后，住进一家叫"莫扎特花园"的酒店的套房。泰戈尔和奥坎波在巴黎的这段日子，记录在安德莉·卡普勒斯的信件中，她出生在巴黎，是一个画家，跟泰戈尔、罗悌·泰戈尔和帕勒蒂玛·黛薇相熟——算是泰戈尔家族的挚友。她去圣地尼克坦住过一段日子，嫁给一个叫 C. A. 霍格曼或简称达尔的瑞典人。两人在圣地尼克坦相爱，如今住在塞纳河上勃朗艮一栋叫"齐特拉"的别墅，就在巴黎城外。达尔·霍格曼到车站接泰戈尔，没有让安德莉一同前往，她因此错过"目睹晨曦中那动人一幕的机会——去的是另一个女人，更年轻、更迷人，站在那里——翘首期盼，"——叫维多利亚·奥坎波。泰戈尔在酒店的卧室有一张大桌子，入住后，他立刻将这张桌子变成画桌。等达尔·霍格曼的妻子赶到酒店，他正在作画。安德莉·卡普勒斯被泰戈尔的气色惊讶："他看起来实际年龄年轻得多——谈吐不凡、气质优雅，像一股冒着泡的魔法泉水——无论哪个领域，他都进入了最旺盛的创造时期……"下午，当蒙在画框上的布揭去时，她兴奋异常。不过这是另一回事，卡普勒斯对泰戈尔的热爱和对其作品的领悟，会让我偏离主题，但我必须指出，跟奥坎波看到泰戈尔画作时的茫然比起来，她的第一反应是发自内心的喜爱。卡普勒斯本人就是个画家，能看出泰戈尔画中的独特风格和现代意味，又兼具未加修饰的天然质朴。卡普勒斯的夸奖，反而让泰戈尔不好意思，觉得她缺乏批判力，但当法国诗人保罗·瓦莱里也说这些画必须展出，"好教训一下法国的画家"，泰戈尔才"意识到自己的价值"。（当然，也是通过奥坎波，泰戈尔才和瓦莱里见面。）卡普勒斯很高兴"有像奥坎波太太这样的人"负责安排画展，而她力所不及。"命运"给泰戈尔派来"合适的人"，一个有"影响力、能力和能量"的人，下定决心要将画展办成功。泰戈尔的名字和画作的质量已经足以吸引观众，但"合适的展出方式和场景"，以及"上流社会的宣传"也很必要，卡普勒斯相信，"O. 太太"会"不辱使命"。人们惊讶地发现，奥坎波变成一个神通广大的经理人。1924 年时，她曾像一个经理人，为泰戈尔忙前忙后，虽然不是事事如意，但现在，她像慷慨的米西纳斯，是艺术家眼中的保护神。卡普勒斯对泰戈尔的另一位女性崇拜者心情复杂。"达尔像一只孔雀，挥舞着他漂亮的丝质手帕昂首阔步——我猜他是想勾引奥坎波太太——而我已做好准备，为师尊的成功牺牲一切。"

4月24日，奥坎波写信给埃尔姆赫斯特——她在马丁角见过他和多萝西，但夫妇俩随后返回了英格兰——她说"师尊的'大展'已万事俱备"，她"有幸邀请到合适人选"，每个人都期待画展获得成功，泰戈尔会"很满意"。4月28日，泰戈尔的新秘书阿里安姆·威廉姆斯写信给奥坎波：

> 你一定是度过了紧张的一天，非常感谢你邀请师尊到你的公寓用餐。让我高兴的是，师尊非常满意，他的心里也不再焦虑。你独自一人，就能为他做这么多，真了不起。卡恩先生今天早上来拜访师尊。听到师尊的画展已经准备就绪的消息，他目瞪口呆。要是你在就好了，能亲眼看到卡恩先生脸上的表情！可怜的人！
>
> ……
>
> 在不同地方，我见过师尊口中所说的朋友为他做的事，但可以毫不夸张地说，我必须承认，迄今为止，你为师尊付出的善举难以用语言描述。

这些描述——无论来自安德莉·卡普勒斯，还是阿里安姆·威廉姆斯——既提到奥坎波演变成一名文化经理人的身份，也提到她对泰戈尔的依恋。两条线因画展的契机合二为一。罗悕·泰戈尔后来回忆到："这是一次了不起的盛会。我们的法国朋友们都不敢相信，在像巴黎这样的地方，居然能在如此短的时间举行一次画展。"

达尔·霍格曼每天都来看泰戈尔，他戏称自己是"颜料供应商"——泰戈尔有很多画作用的是他提供的颜料。泰戈尔一边等待画展开幕，一边"满含创作激情"，新作品源源不断，如《乡愁和追逐阳光的花》《新的头》《新的印度莎丽剪影》，风景画和《巨大的动物》。一开始，他还能安静地躲在酒店房间里作画，但后来人们知道他来巴黎，登门拜访的人越来越多。他去齐特拉别墅和霍格曼夫妇喝茶，带上自己的作品，在那里，他遇见安德莉·卡普勒斯从秘鲁来的朋友，他们对他崇拜得五体投地。秘鲁人给他带来"讲秘鲁艺术的大部头"，泰戈尔也被书中的内容吸引。第二天，泰戈尔的画多了些"对秘鲁艺术的模糊回忆"，他承认，"作画时，想到了南国的姑娘"。卡普勒斯问泰戈尔，他觉得学者们会如何评价他的画，他说："噢，要是给他们说这些是3000 年前的画，他们保准喜欢。"卡普勒斯觉得，他们会"遗憾没有在画中找到希腊艺术的影响"。法兰西东方学协会（泰戈尔的画展便是由该协会赞助）的秘书长过完复活节假期，返回吉美博物馆，便吃惊地收到画展请柬。"才几天工夫，怎么可能这么快就筹办好画展？"这个可怜的人甚至还不知道泰戈尔是一位画家，如今，他的协会"邀请全巴黎的人"都来看泰戈尔的画！达尔·霍格曼正巧在场，"目睹了他的惊讶"：

——是你安排的吗？达尔？他问。

——不是。

——那就是安德莉？

——也不是，安德莉什么都没做（除了崇拜。）

——那是谁？

——一位女士。

——哪位女士？

——奥坎波夫人。

他根本没听过这个人！！这更让他感到惊讶。

　　多亏奥坎波的法国朋友帮忙，尤其是乔治斯·亨利·利维尔，画展终于于1930年5月2日在皮加勒画廊举行，由法兰西东方学协会赞助，诗人安娜·德·诺阿耶为画展手册撰写序言。奥坎波无须支付展厅租金，因为场地的所有者两年前承蒙她出手相助，化解财务上的燃眉之急。

　　开幕当天的盛况来自安德莉·卡普勒斯的描述。下午三点，霍格曼夫妇准时赶到现场，已经有观众"仔细地赏画"。展厅光线充足，墙上挂着灰白色天鹅绒。这里是"很现代"的皮加勒剧院的地下室，"每个巴黎人"都知道，但卡普勒斯夫妇还是第一次来："一道奇怪的楼梯"通向地窖，改造后，形似汽船的甲板，设有吧台，另一端通向展厅。跨入展厅，她顿时忘掉"吧台、现代主义等，被师尊的画吸引，心潮澎湃"，现在，如果将这些画摆放恰当，从稍远的距离欣赏，给人造成的感官冲击更强烈。展厅一大两小，空间并不拥挤，每一幅画都"精心挑选，挂得端端正正，卓尔不群"。"观众越来越多"，泰戈尔也来了，身穿一袭白色长袍——在《自传》第五卷，奥坎波写到法妮时，提到过这件前一天晚上被法妮拿去洗的衣服——"他像一尊巨大的雕像，站在楼梯上俯瞰众人，让人群显得渺小"。人们的目光从画上移开，聚集到画的作者身上，诸如"一位先知"之类的称谓"从很多人唇间脱口而出"。诺阿耶伯爵夫人身着"一条黑色长裙"，"站在他身旁，成为拍摄合照的最佳对象"。"她娇艳、紧张、兴奋，那本包含她如诗歌般前言的画展手册，是她的得意之作"。观众来自世界各地，有中国人、锡兰人、印度人、英国人、美国人，卡普勒斯的秘鲁朋友"不停地说着赞美之词"，意大利人和法国人——艺术家、巴黎大学的学者、法国政府的代表、法兰西学院的代表、天主教学者和其他的法国精英——他们反应各异，但没有人表现得无动于衷——卡普勒斯坚持说，他们并非带着势利眼，而是被画家的名头吸引，或者纯粹出于好奇。他们在展厅待了很长时间，看了一遍又一遍，跟朋友们讨论。观众甚至能感到空气中"闪耀着人类思想的火花"。霍格曼夫妇的一位出版商朋友评论道："这哪里是一个人的作品，这是全世界的作品！"一个泰戈尔作品的法语译者觉得他的艺术属于"心理绘画"。卡普勒斯说，她不太明白对方的评价是什么意思，"也许她本人也不清楚"，但这位女士确实说到点子上：假如存在所谓的"心理绘画"，泰戈尔的画就是范例。泰戈尔的风景画吸引了众多视线，与"维克多·雨果笔下的风景进行比较"。他也被比作高更。人们需要这样的比较，来认识一种"全新"的艺术。霍格曼夫妇一直待到 6 点半，画展结束，展厅依然人头攒动，空气闷热，泰戈尔不得不去侧室休息。求见的人一茬接一茬。卡普勒斯将"几位崇拜者"介绍给奥坎波夫人，"她态度谦逊得像个普通人"。在回家途中，霍格曼夫妇去泰戈尔住的酒店。他已经坐在桌旁，"穿着白色袍子，沉静得像一座喜马拉雅的山峰"，开始在白纸上绘出"梦中的形象"。就这样，刚从喧嚣中解脱出来，他便开始听从内心对"线条的召唤"。事实上，这段时间，他一天要画几幅画。就个人而言，卡普勒斯对人们没能看出泰戈尔画作中"些许庄严的诗意、些许原创性"而感到惋惜，否则，当诗人身处展厅，"被他的杰作包围"，该是怎样辉煌的场景：

　　我希望有鲜花，有一把舒适的扶手椅供师尊享用，接受人们的朝觐，用个性化的、特殊的方式来感谢这个伟人，是他为这些展厅增光添彩，他从遥远的地方而来，艺术造诣比那些在巴黎举行画展的画家都要高。

　　但只有在印度的你，知道如何将这些东西协调而富有诗意地融合在一起。奥坎波夫人没有到过我们的修行之处。拍照时，镁光灯噪音不断，但总的来说，画展很不错，要知道整件事安排得如此之快，画还要装框，要把消息通知出去，时间如此之短——

　　对泰戈尔来说，这是件大事，一个值得牢记的巴黎的春天。

（1924 年在阿根廷度过的那个春天，不再是他念念不忘的"最后一个春天"）画展开得很成功，一直持续到 5 月 10 日。5 月 7 日，泰戈尔过了他 69 岁生日。当然，画展的成功，更让维多利亚·奥坎波享受到凯旋的喜悦。在她的画展手册上，除了有泰戈尔和安娜·德·诺阿耶的签名，还有她骄傲地写下的一句："这次展览是我的作品（Esta exposición es obra mía）。"

读者们也许会注意到安德莉·卡普勒斯言语中对维多利亚·奥坎波的隐隐嘲讽。卡普勒斯是个善良的女人，跟泰戈尔和他的儿子以及儿媳妇关系甚笃，与泰戈尔一家结交已久。嘲讽也是善意的，绝非恶意或嫉妒。用今天人们熟悉的话来说，叫"情景喜剧"，这反映出这位泰戈尔家族挚友的幽默感。安德莉·卡普勒斯也是一位画家，住在巴黎，跟东方学家们混在一起，是熟悉吉美博物馆的人。可是，她却无法组织这样一场画展。你猜怎么着？狡猾的师尊在长袍的衣袖里藏着另外一个女性崇拜者。突然，像幻影一般，神奇地站在眼前：一个高挑、漂亮、风情万种的女人，从布宜诺斯艾利斯飘然而至——尽管已四十不惑，维多利亚·奥坎波仍然拥有惊人的美貌——她只需舞动手中的魔杖，一切不可能都变成可能。当然，她没学过如何在圣地尼克坦举行"艺术"展（"那里是修行地"），但也许在巴黎，她的画展办得不赖。而奥坎波，这个现代主义风格建筑的建设者，勒·柯布西耶的粉丝，深谙巴黎人的喜好，覆盖灰白天鹅绒的墙壁，汽船甲板形状的现代主义吧台，正好符合巴黎的现代主义氛围。至于相机，无论过去还是现在都是令人讨厌的东西，但又是不可缺少的装备。一位印度画家在巴黎办画展，还希望办成功，就不得不考虑在繁华都市某些东西是必需品，比如相机。没有曝光度，便不会成功。在现代社会，要提高曝光度，就必须依赖现代的媒介和技术。生在上流社会的奥坎波，深知这当中的门道。这个女人很快就会创办一个刊物，成为西属美洲最重要、最有影响力的文学杂志。她正做好冒险的准备。她有理由为自己感到骄傲。

奥坎波给泰戈尔的老朋友们留下的印象，可以从泰戈尔儿子的回忆中追寻。罗悌·泰戈尔只比奥坎波小两岁，在他的笔下，父亲这位异国的崇拜者长这个样子：

> 她雍容华贵、举止端庄，具有迷人的个性。无论何时来，她都会径直走向父亲，全然不顾礼节，彻底忽视其他人的存在。她对父亲的崇拜超乎寻常。她对他怀着最深的关心和爱，为了满足他最微不足道的幻想，她甘愿长途跋涉。她的专横，经常让情况变得复杂。

当然，奥坎波对泰戈尔怀着一丝占有欲，原因不言自明，但也许我们还应该看到她在巴黎社交圈的紧张和不适应，这个特征被她巴黎的朋友们看得很真切。阿莲娜·凯卢瓦夫人告诉我，奥坎波从来不出席巴黎的沙龙，一直没能真正学会待客之道，接待客人给她造成心理压力，面对家庭成员和仆人以外的人，她就不自在，她需要中间人协助，才能和别人沟通（比如埃尔姆赫斯特，要不是他，她哪有胆子在桑伊斯德罗向泰戈尔敞开心扉）。简言之，她的内心深处既羞怯又傲慢。身为一个阿根廷严苛之家的女儿，她在牧场近乎封建制的环境中长大，仆人负责打理她的衣食住行。奥坎波是个完美主义者。她吹毛求疵。她会叫人把菜端回厨房重做，一遍又一遍，直到她满意为止。罗悌·泰戈尔 1930 年见到维多利亚·奥坎波时，她恰好是这般模样。

泰戈尔在巴黎时，奥坎波还帮过其他忙。她介绍他认识译者安德烈·纪德，但两人的交流并不顺畅。奥坎波留下他们聊天。她走到窗边，欣赏窗外一棵开花的栗子树。但他俩似乎言不及义。泰戈尔跟保罗·瓦莱里聊得很自在，彼此投缘。

泰戈尔希望奥坎波陪他去牛津，他计划在那里做一场希伯特演讲，然后，他们一起去印度。但奥坎波已经答应过瓦尔多·弗兰克，要赶到纽约，讨论杂志创刊事宜，实在脱不开身。她写信向泰戈尔解释，原件遗失。但在《自传》第四卷，她出示过一段西班牙语译文，说她保存了信件草稿。在布宜诺斯艾利斯，我没能发现任何手写草稿，但找到一份英语的打字稿，有维多利亚·奥坎波手写改动的痕迹，装在法语打字稿文件夹里，内容是她的部分自传，与《自传》第四卷的描述一致。这是我在信件收集过程中的收获。打字稿的抬头有她手写的法语"马丁角/1930 年 4 月"字样，但明显是她后来添加的，出于编辑自传的需要。我们无法确定这封信写于马丁角还是巴黎。奥坎波留下来的草稿都以法语写成。而我注意到，在英语版的文字中，明显有多处在措辞上有改动，这很令人费解。看样子，她并没有简单地将英语文本直译成法语。

　　1930 年 5 月 11 日，泰戈尔从巴黎北站出发，坐火车去英国。在车站，泰戈尔和奥坎波依依惜别，看对方最后一眼。奥坎波在《自传》和《泰戈尔在桑伊斯德罗峡谷》一书中记录的时间（1930 年 6 月）有误。几天后，奥坎波乘船前往纽约。

　　奥坎波 1930 年 5 月寄给泰戈尔的另一封信也不知下落。在布宜诺斯艾利斯的档案室，我找到一封阿里安姆·威廉姆斯的信，他是泰戈尔的新秘书，正陪诗人去英格兰。信件日期是 1930 年 5 月 24 日。如果没错的话，奥坎波登船去纽约前，给泰戈尔写过信。

> 　　你真仁慈，起航去北美前，给师尊写来那封信。你的沉默让他很焦虑，但读到你的信后，他感到心满意足。
>
> 　　……演讲很成功，师尊被更多的人巴结和追捧。……
>
> 　　我很遗憾你没能来，看到这样的场面，和他一起享受快乐。
>
> 　　……
>
> 　　师尊每天都深情地说到你，他很想你。
>
> 　　你真好，要师尊转达我，说你还记得我。我实在感激不尽。
>
> 　　如果能抽出时间，请写信给师尊，告诉他你的近况……

　　但我在档案中没有找到任何上文中所提及的奥坎波的信件。我们只能设想，信件早已遗失。奥坎波和泰戈尔的下一次联络，由一份发自纽约的电报展开。

十六

　　在纽约度过一段有趣的时光后，6月，奥坎波返回布宜诺斯艾利斯。泰戈尔仍然留在国外，继续他的欧洲之行，来到俄国。他的画在伯明翰、伦敦、柏林、慕尼黑、哥本哈根和莫斯科展出。他也把画带到美国，在纽约和波士顿展出。1931年，他还经英格兰回国。

　　1930年激动人心的久别重逢后，两人又步入一段漫长的沉默期。事实上，此时此刻，他们将会有四年中断通信。奥坎波从利马拍的电报，泰戈尔1930年6月17日在伦敦收到。电文是她正在返回布宜诺斯艾利斯途中，会给他写信。然而除了一封1930年6月14日完成于"圣克拉拉"号上的信之外，再没有其他信。奥坎波电报上所说的"写信"，就是这封写于6月14日的信吗？不管怎么说，泰戈尔收到奥坎波这封信，并没有回信。四年后，奥坎波的信经由欧洲寄给泰戈尔。

　　对奥坎波来说，这几年异常繁忙。1931年，《南方》杂志创刊。1932 年，德里厄·拉·罗谢勒访问阿根廷。1933 年，杂志新增一家出版社。她的生活充满生机。

1941 年，泰戈尔去世。这段时间，两人的通信屈指可数，内容大多表达感情和思念。我不免想到泰戈尔和奥坎波爱情故事的重要一点：这些信只是冰山一角。他们想念着对方，彼此影响，尽管少有文字往来。从数量上看，信件不多，但对热恋中的人来说，它们弥足珍贵，就像一束束阳光，照亮幽会的秘密花园。

多年来，我努力为这本书收集资料，但有一个问题萦绕在心头，挥之不去：他们真的爱对方吗？我想，这的确是个意味深长的问题，并非对伟人或名人隐私无意义的好奇心。如果他们不爱对方，怎么会相互激励，成就斐然。他们是对方的灵感所在，而灵感则来自爱情。翻开他们的通信集，自始至终都洋溢着爱情的味道。但在两人书信往来之前，泰戈尔已经靠自己的作品，在奥坎波的生活中占据一席之地。因为是维多利亚·奥坎波主动发起进攻，让我们先尝试回答这样一个问题：她爱泰戈尔吗？

泰戈尔态度明确。他写给奥坎波的第一封信，就表明他感受到她的爱意。他认为，他收到来自她的"女性之爱"，长久以来，他一直希望能"配得上"这样的爱，这种爱能减少一个男人内心的孤独感，让他在穿越沙漠的途中，有"源源不断的泉水"解渴。"今天，我收到你送我的这件珍贵的礼物，你能欣赏我这个人，而不是被其他虚名打动。"1925 年 1 月 13 日，他在"朱利奥·恺撒"号写给她的信上提到："告诉你这些，是因为我知道你爱我……我相信，你的爱会帮助我实现理想。"1925 年 3 月 4 日，他对埃尔姆赫斯特说：

　　我刚收到维佳娅寄来的一封信，让我感到悲伤。我知道，爱情是世上最珍贵的东西，如果眼睁睁任其浪费，我会心碎。我离开维佳娅，她的爱和由此产生的压力才不会压在我的心头——我感受到爱情之美，她痛苦的呼唤跨过遥远的距离，像一颗炽热的恒星——我希望她少有回报的付出不会对她的生活造成损失，爱恨交织的神圣乐音会让她找到内心的和谐，实现永恒的价值。

1925 年 10 月 4 日，他再次向埃尔姆赫斯特吐露：

　　前段时间，我收到一封维佳娅的信，她哀叹自己多舛的命运，而我无力保护她，感到身心交瘁。她希望我在桑伊斯德罗度过南美的夏日。偶尔在意志消沉的时候，我会懊恼，觉得自己愚蠢——因为没有人能享有和我一样的有利条件，过去和现在，得到她的青睐。唯一令我快乐的，是我欣慰地得知，在这个世上，有一个人会因我的存在而实现人生的价值。

　　泰戈尔真切地感受到一个女人对他的爱，她爱他，不仅仅因为他是个名人、诗人或老师，还因为他是个男人。这就是他在给她的第一封信里想表达的意思，希望读者们在附录的通信集中认真揣摩。对于像他这样的男人而言，声望是一种负担，很难确定爱情的宣言是献给泰戈尔这个人还是冲着他的大名头，因为泰戈尔的声望让人高山仰止。跟每个人一样，他希望得到爱，爱他这个人，而不是他的成就。他觉得，维多利亚·奥坎波给他的便是这种爱。

同时，埃尔姆赫斯特近距离目睹了他们的相识，还帮助两人彼此靠近，在他眼中，这段恋情确定无疑。"除了仔细研读过他的书，她还爱上了他"，这是他 1925 年 1 月 6 日在"朱利奥·恺撒"号上写给多萝西·司戴德信中的原话。

然而，那些在维多利亚·奥坎波晚年熟悉她的人，提到过她与泰戈尔的爱情的其他表现。她的传记作者多丽丝·梅耶说，"她对泰戈尔的爱近似于宗教崇拜"。他是"师尊、先知和精神之父"。我在布宜诺斯艾利斯遇见的人都持这种观点，他们熟悉晚年的奥坎波。没有人否认泰戈尔在她心里有重要地位，但他们觉得，之所以重要，是他扮演了精神上师的角色。他像一个"启示"或一盏"明灯"。她的内心被照亮，豁然开朗。师傅和徒弟：这是他们眼中的泰戈尔和奥坎波。

而这也是奥坎波步入事业成熟期后，她展现在众人面前的样子，但这就是故事的全部吗？他的确是位师傅，从一开始就是，但她木讷得没有回应，不敢直视这个男人，"这个可怜的男人，叫罗宾德拉纳特·泰戈尔"，她听过他自我介绍吗？

阿尔巴·奥米尔评论说，34 岁的奥坎波对泰戈尔的态度，带着"青春期"的萌动，融合了青春期特有的热情和欲言又止。她又说，奥坎波把这种"青春"注入自己的灵魂。如果是这样的话，奥坎波的感情世界，是否包含"青春期迷恋"？这种迷恋带有情欲色彩？根据她本人的描述，那时，这个 34 岁女人所迷恋的是爱和性，而她的第二个情人德里厄·拉·罗谢勒也认为，她有"情欲天分"。所以，她如何能彻底免除性欲的冲动？这些都是悬而未决的问题。尽管她后来强调精神之爱，比如跟崇拜的对象泰戈尔，以及这出戏的观众之一埃尔姆赫斯特。她将自己释放的信号解释为"女性之爱"或"恋爱"。而这也是男性解读上述信号的方式。如果信号有误，那肯定是她的交流方式出了大问题。

奥坎波将她"情欲天分"的头衔理解为"一种令血液奔流的感觉"，并特别指出，这是一种她丈夫缺乏的素质。他的嫉妒，与其说是情欲，不如说是自恋。我们知道，就连跟朱利安·马丁内斯爱得如胶似漆的时候，她也在认真研究但丁的作品，希望让自己从弗朗西斯卡变成幸福的比阿特丽斯。这正是她第一本书的内容。1929 年 5 月，在两人恋情的初级阶段，德里厄写信给她：

> 美丽、肥沃，对男人趋之若鹜。
>
> 爱上精神的爱液。
>
> 对你来说，精神便是精子。

虽然性格复杂，德里厄本人睿智、敏感，也是一个作家。他的视角为故事增添了新的内容。

我认为，要注意到，奥坎波一方面耽于情欲，另一方面又坚持精神的追求。1934 年，她在佛罗伦萨和威尼斯发表演讲，其内容在 1935 年以手册形式出版，题为《灵与血至上》（后收录入《证词》第二卷）。她告诉意大利的听众们，西属美洲的特征是"灵魂和鲜血高于精神和智慧"。她认为，在欧洲，没有哪一个国家的"血缘和灵魂的热情"能像南美各国那样强烈。这导致"一种紧张气氛和隐藏的悲剧感"，引起外国人的好奇。精神和智慧在"缄默、阴暗、沉重、模糊，经常令人费解，于是难以言传"的环境中毫无存在价值，这样的世界"难以自我解脱"。她明确指出，她提到的不是美洲印第安人，而是"拉美的白人"。甚至连意大利人或西班牙人跟西属美洲的白人相比，在家庭和爱的纽带方面，都体会不到"沉重的血脉"。欧洲人无法理解这种感觉。哪怕他们"聪明而敏感，能找出细微差别"，也显出莫名的惊诧。她认为，有些欧洲人推测美洲大陆上的白人存在这些身份认知上的问题，但他们"像天文学家举着望远镜，看太阳上的黑斑"。身在西属美洲的白人也很惶惑，他们眼界狭窄，只看到一棵棵树，看不到树林。D. H. 劳伦斯将小说《羽蛇》里的女主人公凯特浸泡在"灵魂和鲜血"中，实现自我救赎。西属美洲白人面临的情况恰恰相反，他们生活在"灵魂和鲜血"中、为"灵魂和鲜血"而活，他们将寻求精神和智慧作为救赎，以达到"不被淹没，不遭毁灭"的境界。如果有某位现代拉美小说家试图表达这种"痛苦"——她坚信有这样的小说家存在，因为痛苦如此"强烈"——他肯定能写出一本小说，矫正《羽蛇》对拉美文化的曲解。写这样一部作品令人精疲力竭，等于"在沙漠中茕茕孑立"。（要知道，奥坎波提出这个观点是在 1934 年，手册出版于 1935 年。32 年后，加布里埃拉·加西亚·马尔克斯的《百年孤独》问世。可以说，奥坎波这个经常被人阅读、广泛讨论的小册子，就像是孕育文学生命的精子或卵子）接下来，她举出里卡尔多·吉拉尔德斯的例子，认为他是"灵魂和鲜血"的代表，是"一个真正的南美人"，灵魂外依附着血肉（即 D. H. 劳伦斯所说的"鲜血"），就像南美的大草原被地平线包围，笼盖四野。他和保罗·瓦莱里形成鲜明对比，他是一个"在异教神体内"的诗人，"一个自然的诗人"，"一个野蛮的诗人"，在蛮荒中呼唤精神，寻找"宇宙的和谐"。这种呼喊，难道不是"对灵肉合一的渴望，是爱的本来面目"？

这段引人入胜的注解，能帮助我们潜入她的心田。如果她是为西属美洲人辩护，并挑选吉拉尔德斯作为典型的例子——要知道，葡萄牙人在美洲的后裔有很多方面与他们不同，她在分析时，并没有将葡裔美洲人包括在内——并将自己算作西属美洲人的一员。她认为自己跟他们是同一类人。不是凯泽林口中贬低的南美人。她是一个真正的南美人，代表南美站在意大利听众面前，给他们介绍南美的奋斗历程。维多利亚·奥坎波虽然热爱欧洲和欧洲文明，但在瓦尔多·弗兰克等人的影响下，已经开始探寻西属美洲人和整个美洲人的身份。用"灵魂和鲜血"追求精神和智慧：这难道不是对维多利亚·奥坎波的描绘吗？这篇讲稿，难道不是她本人的自我界定吗？我们忍不住回想起莱昂纳德·埃尔姆赫斯特对她说过的话，他从一个新教教徒的角度，利用盎格鲁一撒克逊人熟悉的意象。如果是这样，她与印度诗人的交往，难道不是一场爱情？人心并非密不透风，像彼此隔开的车厢。饱含"灵魂和鲜血"的语言，流淌在她寻找精神的路途上，这令人奇怪吗？事实上，带着"灵魂和鲜血"的她，只能通过"灵魂和鲜血"来交流，来表现自己。还有别的办法吗？如果已经掌握另外一种语言，就没必要寻找！她无法用别的语言和泰戈尔交流，只能用原始的"灵魂和鲜血"，这种语言蕴含热情，带着对精神的渴望。泰戈尔和埃尔姆赫斯特从他们的角度来破译这种语言，将其理解为爱情。

　　读者们要特别注意"灵肉合一"的表述，这是奥坎波对爱情下的定义，也是她判断的公式。通过这个公式，她将里卡尔多·吉拉尔德斯归入原始类的爱人，至于罗宾德拉纳特·泰戈尔，他是《吉檀迦利》的作者，将东方的精神引向西方，她将他称作"师尊"，视他为精神上师。瓦莱里和吉拉尔德斯不是一类人；普鲁斯特和泰戈尔也不是一类人。但泰戈尔和吉拉尔德斯可以用同一个公式来理解，他们身上承载着对精神的渴望。也许她赞同这个说法，跟英年早逝的吉拉尔德斯相比，泰戈尔在求索之旅中已经取得非凡的成就。

　　还是在这篇讲稿中，奥坎波坦言，人类身上让她最感兴趣的地方是人性。

　　在我看来，成长为人（man）之前，只算人类（human being）中的一员。他不是作家、木匠、学者或士兵。是的，他仍然还活着。但我希望遇见的人，手里握着笔、驾驶飞机、拿着试管、身穿制服。我想看这个人类如何用他的举止、工作和

作品表现自己。能打动我的，是奋斗、受苦和寻找人生意义的
人类。我激情满怀，看着这个人处理人的问题，接受、忍受、
和人类命运搏斗。我听见人类从地狱、炼狱和天堂发出的呼喊。
要是有人用其他方式对我说话，我肯定认不出他来，对他失去
兴趣。

她将世间男女的人性特征阐述得很透彻。那么，透过他作家、
师尊和圣人的身份，她有没有真正看懂泰戈尔：他与内心的孤独
做斗争，受苦受难，用他的艺术创作来表现自己，试图解决人类
的问题，接受、忍受、和人类命运搏斗。事实上，在泰戈尔 1925
年 1 月 13 日写给她的信中，就萦绕着奇怪的回声："我接受我的
命运，如果你也有勇气接受这样的命运，我们才能永远做朋友。"
无疑，不知不觉间，她被泰戈尔的语气影响，因为她仔细阅读泰
戈尔的来信，揣摩字里行间的意思。在布宜诺斯艾利斯的奥坎波
档案室翻阅打字稿文件时，我读到如下片段，奥坎波提到泰戈尔
1925 年 1 月 13 日和 1925 年 8 月 2 日写给她的信中表现出的情绪
波动：

对天空的眷恋变成对鸟巢的眷恋。泰戈尔是个"情绪多变"
的人，眨眼间，就能从一种情绪变到另一种情绪。一想到不能
重返桑伊斯德罗峡谷，他就开始怀念那里阳光灿烂的日子。但
要是他梦想成真，我又怀疑他是否会满意这种平静的、被关爱
包围的生活。他不是为安稳生活而生的人。有时，他向往悠闲

的生活。但他"接受了他的命运",热爱他的人们已经习惯他按照自己的心愿生活,接受他威严、超然的样子。

我想她受了他的影响,被他的举止、思想和言行影响。引文里提到她是"热爱他"的人中的一员,用他希望的方式爱他,按照他希望的方式接受他的样子。这是最自然的爱语,比相互模仿、靠近和步调一致更有效,比行动(比如面对面的交谈)更清晰嘹亮。信件中,这样的心灵交流比比皆是。1925 年 1 月 13 日的信中,泰戈尔提到,他对印度怀着乡愁,但他更眷恋心中"永恒的存在",在那里,他能获得"内心的自由",这个"真正的家"能让他呈现"最好"的状态。1925 年 2 月 15 日的信中,奥坎波说,现在"轮到"她品尝乡愁的滋味:"你走后,我倍感思念,片刻不得安宁。"她严格遵循泰戈尔对"家"的定义。只有步入我们心田那个永恒的存在,才能获得自由。她的意思是,泰戈尔就是她心中永恒的存在,她只有找到他,才能找到自由。还是在这封信中,她叫他放心,说无论发生什么,都不会中断她对他的友谊。换言之,她急切地想告诉他希望听到的话:这就是爱的表现。

另一个情感交流的典型例子,是泰戈尔 1939 年 1 月 26 日的信和奥坎波 1939 年 2 月 23 日的回信。为寻找真正的"家"而逃离桑伊斯德罗的泰戈尔,如今却表示,在桑伊斯德罗的日子唤起他"隐隐的乡愁"。她则在回信中说,自从他 15 年前离开桑伊斯德罗后,也有"隐隐的乡愁"笼罩在她的心头。(其实,按 1939 年 2 月算,他是 14 年前离开桑伊斯德罗的)

有人也许会说："这不奇怪，维佳娅一向爱她的师尊。"但问题是：这是怎样一种爱？因为爱有很多种。是否不单纯是精神之爱？西方人倾向于相信，奥坎波对泰戈尔的爱只是精神上的，是信徒对精神上师的爱，仅此而已。梅耶的奥坎波传记也持这种观点。同时，我也听过一位欧洲学者的说法，认为奥坎波不会真正爱上外国人，她只会跟阿根廷的男人眉来眼去，这样的话，只有朱利安·马丁内斯是她爱过的男人，她对德里厄·拉·罗谢勒的爱只是"逢场作戏"。我觉得这种眼界对维多利亚·奥坎波来说，未免太过狭窄，要知道，她写过《灵与血至上》，并在她所有作品中一再重申，她生活的推动力是对爱和崇拜的需求。我所理解的维多利亚·奥坎波，情欲和精神此消彼长，相互渗透，就如同泰戈尔的诗和歌曲，如同世上最伟大的艺术作品，无论是否会被贴上"宗教"或"世俗"的标签。

我见过一个拉美的名人，说奥坎波亲口告诉过他：她对泰戈尔的爱纯属精神层面，而泰戈尔对她的爱也许超出了精神范畴。晚年的奥坎波始终坚持这个说法，并将其录入她去世后才出版的西班牙语版《自传》第四卷以及法语原稿。她在《自传》里引用泰戈尔写给她的第一封信（内容为感谢她对他的爱），然后表示，她对泰戈尔怀着"温柔的爱"，即"一种精神之爱"。随后，她继续叙述因埃尔姆赫斯特而生的嫉妒之情。她断定埃尔姆赫斯特嫉妒她和泰戈尔的关系。她也嫉妒埃尔姆赫斯特，因为他深受泰戈尔的信任。关于这个话题，保存在档案室里的法语版原稿说得更清楚：

　　事实上，我对他怀着一种"温柔之爱"。这是一种精神之爱。他能明白吗？我知道，他经常担心我，他不停地问自己。问题因为莱昂纳德的出现而变得复杂。……他喜欢他的未婚妻（她是个非常大度的女人）；我相信他很爱她。但有一天，泰戈尔对我说："莱昂纳德就要娶多萝西啦，但其实他爱的是你。"他这是夸张之词。莱昂纳德对我是"一种痴情"。我什么都没做，就迷住了他，因为我的心思都在泰戈尔身上。嫉妒闯入我和泰戈尔之间。莱昂纳德嫉妒我对泰戈尔的崇拜，这让我有意识或无意识的感觉泰戈尔更多的是属于他的，而不是属于我。泰戈尔跟他在一起，比跟我在一起更自在。这让我很生气，经常一整天都不去米拉尔利约（虽然我不情愿，因为我喜欢听泰戈尔说话，望着他，靠近他）。我想，也许他不愿承认，他被泰戈尔惹得心烦，被我惹得心烦，被我俩惹得心烦。说实话，在我看来，他嫉妒泰戈尔，也嫉妒我。我不知道说错了没有。事实是，每当有误解产生时，他都"帮助"泰戈尔理解我的心意。从我的角度出发，很嫉妒莱昂纳德。嫉妒泰戈尔对他的信任，我也值得这种殊荣。

　　从这里开始，法语版原稿开始叙述她和埃尔姆赫斯特在车厢里经历的突发事件。跳过这段前文提到过的情节，我们可以读到她与泰戈尔、埃尔姆赫斯特和多萝西·埃尔姆赫斯特在马丁角的会面，该部分内容比已经出版的《自传》第六卷更翔实：

当然，我没有跟泰戈尔抱怨过这些委屈，他的秘书将尖刺扎入我的身体。但当我六年后再次见到他［指泰戈尔］，在马丁角，我告诉他自己熬过的痛苦，温热的泪水夺眶而出。泰戈尔一再说："他陷入了爱河，维佳娅，我告诉过你。"那时，莱昂纳德已经结婚，掌管宏伟的达丁顿庄园，身旁坐着他忠实的妻子。知道我要去纽约，两人安排我住在他们位于派克大道的公寓。我仍然很伤心，拒绝了他们的美意。然而，从那以后，我跟莱昂纳德和好如初，经常去达丁顿庄园度周末。莱昂纳德在给我的信上写过一些刻薄的话。我想，他是出于不满意或不高兴。我从来没想过要说他的坏话。我对泰戈尔的爱无法衡量，不像有些人，他们讨好名人只是为了获取个人的利益。真正自傲的人，从来都不自负。我的罪过，比埃尔姆赫斯特对我的指责更严重。我努力克制，但这种骄傲很强烈，即便是现在，我体会到这种感觉，仍然无法让自己宽恕我的罪过。其实，如果有更好的理由，我完全可以为自己开脱，这毕竟只是"骄傲"，而不是七宗罪里的"傲慢"。

在《自传》第六卷的相关部分，我们只知道在马丁角时，埃尔姆赫斯特把她介绍给他的妻子。在她眼中，这位妻子"单纯而冷漠"。但当夫妇俩知道她计划去纽约，便邀请她住在他们位于派克大道的公寓，仆人也供她差遣，但她"拒绝了邀请"。

想要弄清她对泰戈尔的感情，实在不容易，我们将再次陷入三人的缠斗，但除此之外，找不到别的途径。奥坎波本人在 62 和

63 岁时，也尝试对这种感情做出解释（她的《自传》写于 1952
至 1953 年间）。对往事的回顾，理顺纠缠的情思，躲不过去的开
头是"问题因为莱昂纳德的出现而变得复杂"。莱昂纳德·埃尔姆
赫斯特是一根将记忆碎片串联起来的线。我们无法忽略他的存在。
只有紧随他的脚步，我们才能结识故事中另外两位主人公。现在，
就让我们看看维多利亚·奥坎波讲出的往事印象。

按照她的原话，她对泰戈尔的感情是"一种以温柔为本质的
深爱"。这看上去令人信服。对一个年龄和她父亲差不多大的男
人，除了温柔的爱，还能有什么？显然，这不是一种狂暴的、激
烈的爱——像司汤达所说的"激情之爱"——类似她和朱利安·
马丁内斯的爱情。但她声称，和泰戈尔的爱属于精神层面，即出
版的《自传》里所说的"一种完全的精神之爱"。她此言何意？不
论是精神之爱，或是温柔之爱，都不会掺杂进情欲的成分。

我猜，在她 60 多岁撰写《自传》时，奥坎波觉得有必要一劳
永逸地给读者造成一个印象，即泰戈尔当年住在米拉尔利约期间，
她也许跟他同床共枕过。但所有证据都表明，她从未这么做。这
是否意味着，她的爱是"纯粹的精神之爱"？未实现的爱情仍然是
爱情。令人不解的是，在《自传》第三卷，奥坎波写到人类的爱
情交织着激情和温柔、肉欲和精神，而在《自传》第四卷，她的
话锋一转，鼓吹"纯粹的精神之爱"，似乎尘世间的男女都被关进
密不透风的格子间，将人之大欲抛在脑后。这与她在前一卷的描
述相悖，性爱和亲情都不见了踪影。她明明知道，对父母、兄妹、
子女、侄儿侄女的爱都属于物欲之爱。毕竟，人离不开与家人的

"血肉联系"。当她见到泰戈尔时,她的"情欲天分"去了哪里?为什么没有施展出来?

当她说到自己对泰戈尔的爱是"纯粹的精神之爱"时,她是想掩盖什么?她的意思是,虽然在桑伊斯德罗每天与泰戈尔相见,却丝毫不被他所吸引,只想跟他展开精神上的交流?那她为何惊叹于他的相貌?为何在他的面前就沉默不语?为何她强烈地希望靠近他、看着他、听他说话的声音?如果他的相貌不为她珍视,为何他离开后,还要念念不忘?如果她只从精神层面爱他,那么她只需要把孟加拉语学好,读懂他的作品原本,然后继续系统地研究他的作品。

要是埃尔姆赫斯特果真痴情于她,那她对泰戈尔的英雄崇拜,或者说所有的英雄崇拜行为,不都是一种迷恋吗?她说过,自己什么都没做,就迷倒了埃尔姆赫斯特,这种叙述,出自一位年过60的老人笔下,难道不像一个女学生为自己的过失开脱?阿尔巴·奥米尔说得没错:成年后的奥坎波,心理仍然如同青春期的女孩。她怎么会如此天真,认为像她这样魅力无穷的女人,身旁存在强大的磁场,举手投足间,就能将附近的男人吸引过来?她不需要调情:她只要走进房间,里面的男人都会拜倒在她的裙下。这就是男人和女人之间的相处之道。鉴于她与马丁内斯之间热辣辣的爱情,埃尔姆赫斯特的举动充其量是一念之差。也许她并没有怂恿埃尔姆赫斯特,不过,这是另外一回事。不由自主、无意识地爱上一个人,这种事并不该受到责备。她本人也对马丁内斯一见钟情,在《自传》第三卷里,还引用了莎士比亚《皆大欢喜》

中的台词："曾经爱过的人，哪个不是一见钟情？"如果有这么多
嫉妒，如果有"嫉妒交织"以及这么多强烈的傲慢，这样的爱，
或这些爱，不可能只属于精神层面，对吧？这么多傲慢，这么多
嫉妒，说明她的爱并非"纯粹的精神之爱"，而是掺杂了其他成分
的世俗之爱。

　　看样子，似乎每个人都受到嫉妒影响。奥坎波嫉妒埃尔姆赫
斯特靠泰戈尔如此之近，她也值得这份殊荣。但为什么没有实现
呢？埃尔姆赫斯特嫉妒奥坎波能直抒对泰戈尔的崇敬和仰慕，也
嫉妒她能得到泰戈尔热情的回应。（当然，埃尔姆赫斯特否认这些
指控。他只承认偶尔会埋怨几句，表示自己并不介意当个仆人，
被他俩呼来唤去）泰戈尔也怪罪埃尔姆赫斯特，说他故意延长在
阿根廷的滞留时间，是想接近奥坎波，而且还嫉妒埃尔姆赫斯特
和奥坎波结伴去城里，将他独自留在米拉尔利约。三人流露出的
情绪，都可以被视作相当程度上的嫉妒、占有、自恋和傲气。直
到三股情绪交织起来，形成亲热的友谊。当奥坎波在出版的《自
传》写到，在桑伊斯德罗时，埃尔姆赫斯特并不理解她"对师尊
的心意"。她大概忘了，当时，泰戈尔尚未成为她的"师尊"。如
前所述，她在寄给埃尔姆赫斯特的几封信中，通常称泰戈尔为
"拉比·巴布"。只有一次例外，似乎写于泰戈尔即将离开桑伊斯
德罗之时，她用了"师尊"的称谓。他在阿根廷时，她写给他的
信从来不用这个称呼。只是当他离开阿根廷后，她才开始频繁地
叫他"师尊"。所以，她对住在桑伊斯德罗的"师尊"的心意，仍
然是一个谜。1952 和 1953 年间，她是否还能准确回忆起 1924 年

时的心情？这是自传作者经常自欺欺人的地方，荣格对此发出过警告。奥坎波也许像一个小说家一样，在后来的日子里，将1924年发生的故事美化、润色、修饰。人们很容易做到这一点，尤其当传主的寿命足够长的时候，比如奥坎波。往事变成一张画布，让艺术家能审视一块块特定的区域，这里添一笔，那里减一点。记忆力很容易跟我们开玩笑，比如奥坎波就被糊弄过：当她说自己拒绝了1930年时埃尔姆赫斯特夫妇为她在纽约安排的公寓。至少有其他证据显示，她并没有直接拒绝对方的好意。现存的一封信，是她那时从巴黎寄给埃尔姆赫斯特的，内容写得很明确："请转告多萝西，感谢她对我纽约之行的关照。当然，我很乐意住进公寓！……瞧，我很喜欢她——"虽然她也许后来改了主意，但从信上看，她并没有一开始就说"不"。

要了解奥坎波对泰戈尔的感情，就像勘测岩石上的脉络。第一份证词是她1924年的文章，比较了普鲁斯特和泰戈尔的异同，结尾部分向他致敬，形如"站立祈祷"，就像泰戈尔的小说《家庭与世界》里妻子碧玛拉对丈夫尼克希尔的敬意。奥坎波将本文收录进《泰戈尔在桑伊斯德罗峡谷》一书时，略去了致敬部分。第二份公开证词是1925年的文章，随后是1941年的悼文。《自传》写于1952至1953年间。（经编辑，在她去世后出版）《泰戈尔在桑伊斯德罗峡谷》写于1958年，跟英语文章一起，1961年出版于泰戈尔百年诞辰纪念之际。书中包含她的正式声明：她对泰戈尔的感情已臻化境。百年诞辰时，她发表过几次公开演讲，讲稿尚未整理出版。她还为吉里从英语转译为西班牙语的《东方集》

写过介绍，后收入文集《夕阳之歌》。

薄薄一叠书信，意义深远：信上真实记录了从 1924 年到泰戈尔去世期间，奥坎波和泰戈尔的情感交流。奥坎波并没有使用世人所熟悉的爱的语言。如果读信时，收信人体会到作者对他的浓浓爱意，我们也能心领神会。我们看到，她读完泰戈尔写给她的第一封信，信中，他感谢她赠送的"女性之爱"的"珍贵礼物"，并附上他致她的第一首诗的译本，她觉得没有必要提醒他抛开幻想，警告他说："事实上，师尊，我最好提醒您，我并没有用你想的那种方式爱你，我只是用下列方式爱你……"她没有这么做。她拼命地想要说服他，她对他的爱正是一个女人对男人的爱。她无法往消极方面想。她希望他知道，她多么在乎他。在她的书中，她说，泰戈尔的第一封信"安抚了"她，让她的心被"快乐"给"填满"。这难道不是她委婉地表达对泰戈尔的情欲的另一种形式？

她信上的文字没有一处与情欲相关——但一封情书，并不需要刻意强调情欲内容——跟她那本著名的小册子一样，"灵魂和鲜血"的语言更能表达爱人之间强烈的爱。跟书中内容相比，她并不擅长精神化的语言。虽然泰戈尔是一位精神上师，但他的信徒不一定都学业有成：她尚在求学阶段。也许，直到 1952 年和 1953 年间，奥坎波仍然对埃尔姆赫斯特耿耿于怀的原因，是他跟她师从同一个人，见证了她在 1924 年时的青涩样子！

奥坎波在信中的很多表述，都是传统的甜言蜜语。

你给予了我很多、很多，我甚至都没意识到，换作是我自

己，永远不敢去追寻。[这一句很有泰戈尔创作的歌词的意境]

我从你那里得到的爱，如此之多，我享受越多，付出越多。[如同莎士比亚剧中朱丽叶的台词]

这种快乐，让我整夜睡不着，白天做梦。我的心被爱填满，我必须用双手按住它，因为担心爱会溢出来。

……除了爱你，我还能做什么，你来了又走，我的爱始终如一。

……你离开后，我的心空荡荡，一想到就痛。我似乎无法忘记你。

……爱情令我窒息，折磨我，因为我的爱得不到释放。

我爱你。矢志不渝。

我的心头涌上对你的思念，像一种（无法平复的）渴望，得到，又失去，让我忍受不了。

我必须说，我很想你……我别无它想。

……虽然这会让你更得意扬扬，我还是想告诉你，师尊，我爱你。

你走后，我很想你，我无法让内心平静……心意越浓，爱意越深。

你走后，日子变得单调。……我怕自己永远不能回归常态。

在她眼中，他是世界上"最亲近的人"；他"给予她千倍的爱"。假如她的爱只是对长辈的孝顺，她为何会在信中频繁提及，自己在喜悦之余又饱受煎熬。在西属美洲的家庭背景下，"灵魂和鲜血"至上，这种俄狄浦斯情结般的浪漫痛苦，即使发生在父母和子女之间，也合乎情理。但我觉得奥坎波的心声出卖了她，在一封信中，她写道："的确，有时候，我的爱会使我自己受伤……但这只是一种标志，表明我的爱对你仍然不够美好。"① 即对泰戈尔来说不够美好：换言之，仍然太偏重肉欲方面，占有欲太强，不够升华。虽然她渴望学识层面上的交流，但她无法在学识层面和他展开平等的对话。在信中，她告诉泰戈尔，等头疼稍微好点，会再次给他写信。她的下一封信写在照片背面，画面上的她神情悲伤，坐在普拉塔河畔的一块岩石上，信中提到自己的痛苦。如果我们记忆犹新的话，她对埃尔姆赫斯特说过，她最大的愿望是泰戈尔能明白她有多么喜爱他的作品。但仅此而已吗？在另一封写给泰戈尔的信中，她半爱半恨地表示：

你会在某个时候明白的，我是多么热爱你的作品啊！这种心情是可以翻译的。但我想，你也许永远不会明白，我是多么爱你，因为，除你之外，没有谁能翻译这种心情。这种翻译要耗费很长时间，而你却一直有新诗要写。②

① 尹锡南译：《印度比较文学论文选译》，成都：巴蜀书社，2012年，第541页。
② 尹锡南译：《印度比较文学论文选译》，成都：巴蜀书社，2012年，第541页。

这种爱也许只是晚辈对长辈或信徒对师尊的爱,但即便我们认为这种爱是拉美人或西属美洲人典型的示爱方式,这种方式表现得也未免强烈了些。女儿们会爱父亲,但不会像奥坎波那样爱得如此焦虑。父亲们也清楚女儿的爱,无须揣摩她们的心意。要是一个女性崇拜者对男性师父怀着强烈的爱,比如在印度,性爱会升华至精神境界,师父被视作追求和崇拜的天神。奥坎波既爱泰戈尔(尽管她不愿意承认),也将他看作一个神。让我们听听她拨动的心弦:

与你相关的一切,我都不愿错过。与你相关的一切,我都不会放弃。你住在这里时,快乐与我相随。你离开后,痛苦接踵而至。但在我内心深处,什么都没改变。你在,或不在,我爱你始终如一。

这是宗教般的语言,符合里尔克笔下"恋爱中女人"的形象,让人联想到里尔克塑造的女主角玛丽安娜·艾尔科佛拉多。这个葡萄牙修女和夏密伊伯爵曾谱写一段禁忌恋曲:"我的爱无须你的回报。"里尔克说,这样的语言"在世间流传还不够,需要无限延长,让神听见"。再向前迈出一步,她就能"像扔进大海的石头一样,投入神的怀抱"。或者,按印度人的说法,这是"牧女罗陀的话语"。不管怎样,这是一种文化的产物,鼓励女性用性爱神秘主义的语言来表达她们的爱——以奥坎波为例,她的形象近似于天主教文化催生的那个葡萄牙修女——泰戈尔会立刻认出和理解这个形象，因为他也生长于相似的文化土壤。而每个熟悉神秘主义诗歌的人则会注意到一个悖论，"纯粹的精神之爱"，往往不使用所谓的纯洁语言，而使用淫词艳曲。

一位法国学者告诉我，"我爱你"这样的话是西班牙人的口头禅，不能当真。"我爱你（Te quiero），我爱你（Te quiero）"：西班牙人说得一点也不深情。这个词可以用来表达对婶婶或爱犬或布丁的喜爱。基于此，我将这个问题留给读者，由你们来判断奥坎波口中的"我爱你"究竟是漫不经心随口一说，还是冒险吐露的爱语。

研究过手边所有的资料后，我的观点是，奥坎波的确爱上了泰戈尔，或者借用济慈的说法，她"几乎爱上了"泰戈尔。她竭力将这种爱压在心头，原因有二，其一是她与马丁内斯的私情，其二是她与泰戈尔在年龄上的巨大鸿沟。泰戈尔的年龄跟她父亲相仿，白发、长髯，样子像《旧约》里的先知，或者按布宜诺斯艾利斯裁缝的说法，他像上帝。他被人奉为圣贤，崇拜者每天慕名而来。所有这些因素，让她不得不压制自己对肉欲的渴望，而这正是她对真爱的定义。她的性格里有很强的清教徒般的特征，与感性相互交织。她也许不敢向世人承认，被一个比她年长太多的男人的肉体吸引，就像她不敢公开和情人住在一起。但如果我们静下心来，问问事情的来龙去脉，就能知道她成年后的感情波折对她的情感造成了深刻影响，深入她的灵魂和血液，铭心刻骨。所以说到底，是她和马丁内斯的恋情。在感情这所学校，她接受训练。如果训练的成效是帮助她走入一段新的恋情，一点也不奇怪。事实上，就像奥坎波在自述中所说，她和马丁内斯的爱情，她和泰戈尔的爱情，存在一些奇怪的相似之处。1941年，她将自己发现《吉檀迦利》比作"被一道闪电照亮的未知风景"。1952到1953年间，提到年轻时与马丁内斯的交往，她说当他们四目相对，眼前出现"一道闪电，照亮了永恒的风景"。在法国时，马丁内斯曾打电话给她："我要揉拧我的心来取悦你。"而她在书中对泰戈尔说："我要揉拧我的心来取悦你。"看样子，她把之前在"战争"中学到的本事，运用到了新的"战场"。

她觉得泰戈尔的身体像一个磁石，满足她所有的幻想。她也很好奇，他年轻时是什么样子，如何令少女们痴狂。她问起他少年时第一次去英国的情景，还求到一张他的照片（拍摄于1877年），在照片背面，他用孟加拉语抄录下《客人》一诗，作为送给她的纪念。（照片现存于档案室，装在玻璃相框里）她喜欢这张肖像，以及其他几张拍摄于同时期的肖像，觉得画面展示了"一个迷人的少年"："他的眼睛、额头和嘴巴，坚毅而甜美。整个人既柔弱，又蕴含强大的力量"。"英国少女们一定是瞎了眼，"她对他说，"你那时真是个非常、非常美丽的少年。"他一本正经地回答："那是当然。"随后，他严肃的脸上展开笑颜，像突然迸出灿烂的火花。至于她不喜欢阿根廷之外的男人的说法，这种情况也许出现过，发生在她婚后，但12年后，当她遇见泰戈尔，已经无须固执己见。不管怎样，在她的证词中，她的确被泰戈尔深深吸引。她不止一次强调过男人的英俊外表对她的重要性。虽然年事已高，泰戈尔仍然气度非凡。他的年龄，反而增加了他的魅力与亲和力。

根据《自传》里的描述，早在童年时期，她就喜欢比自己大的男性。进入青春期后，她觉得母亲的表弟堂弟们英俊潇洒，他们的年纪比她母亲小，但比她大很多。欣赏过成熟男人的魅力后，她对同龄的男孩都提不起兴趣。她甚至产生一个念头，只有年龄比她大很多的男人，比如大 15 或 20 岁，才会对她感兴趣，了解她的心事，哪怕他们并没有对她做出任何表示。但她又担心，这些年长的人完全不会对她感兴趣，她无法吸引他们的注意力。她说，"如今"，像她这样的对年长男性的执念可以被称作"痴迷"。马丁内斯比她大 13 岁。不过，成年后，她不再需要父亲形象的男性，恰恰相反，因为她没有孩子，需要有人扮演儿子的角色，所以很多年轻人成为她的朋友。1939 年，她遇见罗杰·凯洛依斯，他比她小 21 岁，两人始终保持亲密的关系。当然，她结识泰戈尔时，尚未步入这个青睐年轻男性的阶段。综上所述，她没有理由不被泰戈尔吸引。她对马丁内斯的忠诚，是阻碍她 1924 年跟随泰戈尔去印度的"决定因素"，她后来在《自传》中承认过（就像她为了不忤逆父母的心意，放弃当演员的梦想，以及公开与马丁内斯同居），但这样的决定并不意味着她感受不到泰戈尔性感的吸引力。要是泰戈尔的年纪没那么大，要是他比她小十岁，泰戈尔和奥坎波的爱情故事也许是另外一个样子。她曾打算时不时去意大利的别墅见他。她也许考虑过，鉴于泰戈尔的年龄比她大很多，无论是去圣地尼克坦，还是意大利别墅，他们相处的时光少之又少。在艰难的环境中，爱情希望渺茫，但仍然值得奋力一搏。爱上马丁内斯时，奥坎波已将男女之间的、社会的和家庭的因素考虑在内，这些因素，在她决定和泰戈尔维持何种关系时也扮演了重要角色。1924 至 1925 年间，除非存在性爱因素，哪怕是微不足道的考虑，否则，我们很难解释她为何在 1926 年、1927 年和 1928 年保持沉默。计划中和他在欧洲的重逢并没有实现。布宜诺斯艾利斯对她的牵绊并不太容易挣脱。她的生活被梦想推动，她无法填平两人之间的鸿沟。1925 至 1926 年，是她摆出积极姿态的大好时机，选择去印度，或去欧洲和他定期见面。他们的年龄差距太大，容不得虚度光阴。但时间一天天过去，机会转瞬即逝。她经历了很多，了解到很多——比如，在现代西方音乐方面，她与泰戈尔之间就没有共同语言，而安塞美教会她很多——她的精力被太多的领域占据。面对遥远的偶像，这个羞涩的粉丝将热情变成悲伤的沉默。如果单纯是一场学术上的交流，两人的对话肯定会持续下去，但奥坎波显然没有做好这方面的准备。他俩之间，是男人和女人间的相互吸引。她像一株需要用水浇灌的植物，而泰戈尔作为一位成熟的艺术家，懂得如何利用活在想象力中的爱情，为他的艺术创作提供燃料。

最后，在她为纪念泰戈尔百年诞辰写的书中，泰戈尔被她用恭敬的语言尊奉为神。他变成尊师，像《奥义书》里所说的那样，帮助她"从不真实走向真实"。跟甘地一样，他变成上师，让她深刻认识到精神真理：

我（和西方人、美洲人）要感谢像泰戈尔和甘地这样的人，我从他们身上学到很多东西，却一直没放在心上。

他们为我打开认知之门，如果不走出这些紧闭的门，我们就会与真理失之交臂。

她四处奔走，在布宜诺斯艾利斯组织活动纪念泰戈尔百年诞辰，向他致敬。有幸聆听她演讲的人留下了这段真挚的话语：

我最欣赏奥坎波的地方是，她对精神真理有着深深的渴求和本能的反应。

她对罗宾德拉纳特·泰戈尔的爱有力地证明，她的心如何向神灵敞开，神会给她指路，这条路使人超越黑暗世界，到达光明世界。泰戈尔帮助奥坎波体验了欢乐，这本质上是灵魂的欢喜，不能由思想来描述或理解，因为欢乐本身就是体验亲证。

维多利亚对师尊的爱和感激在演讲中表露无遗，她用一系列的演讲作为纪念泰戈尔百年诞辰的方式。有幸在那天听过她演讲的人，都会终生难忘——她的身体似乎由内而外，闪耀着真理的光芒。

年华老去，1924 年的故事渐渐被蒙上神圣的意味，最后一个帮助她将自己对泰戈尔的感情升华为精神之爱的因素，是她 1953 年被贝隆政权逮捕入狱。如同一位修行者，她得到顿悟。但讲到这件大事之前，还得看到其他大问题——比如她如何理解泰戈尔和他的作品？她对他的爱和认识如何影响她的人生和创作？泰戈尔如何影响她的人生和创作？让我们将目光投向故事的另一个主角，问问自己：泰戈尔爱奥坎波吗？如果爱，是以何种方式？

十七

我努力想弄明白 1924 至 1925 年间奥坎波对泰戈尔的真实情感，并非我无聊地窥探她的隐私，而是因为，她作为一个缪斯女神，对泰戈尔 1924 年之后的创作产生了巨大影响。她是泰戈尔的崇拜者，给予他精神之爱；但泰戈尔有很多崇拜者，并非每个人都能像缪斯一样为他注入灵感。泰戈尔的确认为，他从维多利亚·奥坎波那里得到"女性之爱"，并以自己的方式加以回应。她能成为他的缪斯女神，是因为他相信她具备这种神力。考虑到他的成长环境，我怀疑，要是没有性的吸引作为催化剂，两人的关系不会发展得如此迅速。以哈姆雷特和奥菲莉娅为例，如果她"不爱他"（换言之，从情爱的角度），他"真是受了骗"。如果情况是这样，我们不得不说，她聪明、端庄、有女性的温柔，在他人生的暮年，受骗是理所应当。但事情并不那么简单。

奥坎波跑前跑后，将米拉尔利约打造成泰戈尔的住处，1924 至 1925 年的那段日子，她热情地接待他，出钱又出力——要是她愿意留下来的话，她可以一直充当好客的女主人——她渴望听到他的声音，赢得他的信任，为他提供服务：他怎么可能没注意到她的殷勤？他写的诗和信，说明他立刻感受到她的热忱，将其理解为真爱。他本是个被孤独折磨的人，形单影只，缺乏爱侣陪伴，所以他喜欢她，感激她。令他不安的是，享受了如此舒心的住处，却无法回报她的恩惠。但同时，他又觉得桑伊斯德罗像一个甜蜜的囚笼，阻碍他踏上前往秘鲁和墨西哥的行程，一位不知从阿根廷哪个地方悄然而至的仙女，让他心甘情愿当一个犯人。他很犹豫，觉得不应该利用这个机会，占这个年轻女人的便宜。他很痛苦，想快步逃开。1月13日，他在"朱利奥·恺撒"号甲板上写的信上，他试图向她解释自己的处境，将这段感情置于对他有利的地位。这封信的口吻像一份政治声明。但一回到印度，眼前少了她的情影，没有了她的鼓励，他便开始怀念她的陪伴。从信上可以看到这种心理变化，我们知道，泰戈尔善于自我剖析，坦率地将面临的窘境讲给埃尔姆赫斯特听。他很希望奥坎波和他一起去欧洲，然后回圣地尼克坦。他告诉过她，如果她想读懂他的诗，就得学孟加拉语。也许他私心里怀着一个梦想，希望她能在他晚年时服侍他，帮他管理维斯瓦巴拉蒂学校。但在篱笆墙的那一侧，她无动于衷，他只好继续孤独地旅行，偶尔从回忆、幻想和书信中聊以自慰。到后来，这成为他生活的常态。

将这些数据凑到一起，我渐渐发现，奥坎波和泰戈尔的样子，和我数年前刚开始研究时相比，已经发生了改变：这段恋情中，泰戈尔比奥坎波更痛苦。他更容易受到伤害。他遇见她时，已经

63 岁半；从 41 岁开始，他就是个鳏夫。他的五个子女中，有三个离开人世。丧亲之痛，消耗了他太多的能量，他还要照管学校。50 岁出头，突如其来的国际声誉让他的隐私荡然无存。他活在公众的眼光下，关心他的人，大多是阿谀奉承之徒。所以，他根本没有机会向女人求爱，更不太可能喜结连理。到了人生的这个阶段，他不会接受一段协议婚姻。他有心示好，却又不愿迈出第一步，因为这不符合他的性格。骨子里和成长环境中的清教徒习俗，让他简朴拘谨，忘我地投入工作。但在清心寡欲的生活背后，他孤独、痛苦，需要女人的安慰。《东方集》里写于南美之行之前的诗清楚说明了这一点。少女拉努的陪伴，也许能填补他生命的空缺；但毕竟他不单缺少了一个伴侣，还失去了两个女儿。拉努写来的信，为他注入蓬勃的青春活力，《东方集》前半部分的诗歌大多与她相关。克里帕拉尼写的泰戈尔传记里特别提到这段逸事。但拉努年龄太小；很难想象，两人之间会产生爱情。所以残酷的现实是，泰戈尔仍然没有找到打动他的女人。

当然，也有些事实显而易见，即泰戈尔被维多利亚·奥坎波深深吸引，而进一步的研究表明，泰戈尔也许心里怀着微弱的希望，想让阿根廷的邂逅变成爱情旅途的起点，但他的梦想渐渐破灭。从他的信中，无疑能读出幻灭的沮丧。

起初，他犹豫该不该投入这段感情——无论是为了自己，还是为了她——很快，彷徨被渴望取代，他急切地想跟她在欧洲重逢。不知他对她过去三年来的沉默有什么想法，但他的确痛苦不已。1930 年的相聚让他重新燃起希望的火苗，虽然她为他安排了首次画展，大获成功，并相继在其他地方举行画展，但他仍然没能争取到她，让她成为自己的人生伴侣。她没有去圣地尼克坦，1930 年没去，随后 11 年间也没去——这让人费解——她1979 年 1 月才去世，但她始终没有踏上印度的土地，那里是她心目中三位英雄的出生地——甘地、泰戈尔和尼赫鲁。创办《南方》杂志后，她的生活变得异常繁忙，但她却定期去欧洲。泰戈尔健在的时候，她至少能抽出一次机会访问圣地尼克坦学校。"为什么不可能呢？"1934 年 1 月，他问她。对呀，为什么不可能呀？1934 年 9 月，她还跟爱德华多·马列亚来到意大利，发表有关西属美洲人"灵魂和鲜血"语言的演讲，并在那里采访墨索里尼。同年 10 月，她在苏黎世见到荣格，11 月，经奥尔德斯·赫胥黎引荐，她在伦敦的一次画展上结识弗吉尼亚·伍尔芙。1936 年，泰戈尔因为没有收到在布宜诺斯艾利斯召开的国际笔会的年会邀请，感到很受伤。他对她说，如果接到邀请，他肯定会出席。1939 年，他仍然希望她能来印度，看一眼他生活的家园真正的样子。她表示，如果年底不爆发战争，就试一试。但战争突然爆发，印度之行化为泡影。1941 年，她写的哀悼泰戈尔的文章里，对她没能去印度见他表达了由衷的遗憾。只可惜，机会一去不再来。

我们看到，奥坎波在法语版《自传》里提到（或抱怨到），她并没有施展魅力，埃尔姆赫斯特就被迷得神魂颠倒，她全然不知自己具有多么大的杀伤力，不经意之间，就能让男人们为之疯狂。但她清楚自己的能力：已出版的《自传》的前半部分描述得很清楚。她的身上，有法国人所说的"魔鬼之美（la beautédu diable)"，这种"微妙而特殊的"美，源于"分享之爱"，来自于爱与被爱。

肉体被快乐照亮。这种"妆容"修饰我的外貌。打扮我的皮肤、眼睛和嘴边的微笑。在我的血液里循环。我是个光芒四射的女人，偶尔愁绪满怀，谦恭而高傲。我是个谜一般的女人。

如果真是这样，埃尔姆赫斯特或泰戈尔住在桑伊斯德罗时，如何能躲过她魔鬼般的、微妙的、特殊的、谜一般的美貌？毕竟，他们是有七情六欲的男人！埃尔姆赫斯特31岁，还是个单身汉，而泰戈尔已丧妻22年。这像是童话里的情景，让他们措手不及。我们见识过埃尔姆赫斯特如何应对人生中的难题。他至少还有多萝西，有婚后的生活。而奥坎波可以靠在"J."先生的臂弯，向他倾诉衷肠。但泰戈尔呢？他孤独到骨子里。

埃尔姆赫斯特一定告诉过泰戈尔，提到奥坎波破碎的婚姻。两人都猜测她是个富有而寂寞的女人。但奥坎波从没告诉过他们最重要的细节：这个微妙的、特殊的、谜一般的美人的秘密，她有一个情人，秘密恋情将她装扮得光芒四射。要是她能袒露这个秘密，两个男人也许不会如此痛苦——埃尔姆赫斯特在桑伊斯德罗时会住得更安稳，而泰戈尔也不会徒劳地等待奇迹出现。泰戈尔肯定很疑惑，奥坎波为什么不愿离开布宜诺斯艾利斯，她没有

在你鲜花盛开的花园

丈夫，也没有孩子，挣脱了束缚女人的两根长绳。她有钱，去哪里都不成问题。她告诉他，她爱他；她告诉他，她想他；但她从未说过："师尊，我在布宜诺斯艾利斯有个情人，这就是我无法离开的原因。"她没有胆量承认，要是说出来，他肯定能理解，因为他开明而有包容心。他不会像被拒绝的凯泽林那样大发雷霆。但她很怕，怕说出真相后，会失去神秘感，被对方识破。

《东方集》里的诗像地震仪一样，记录下泰戈尔内心的每次悸动。他等待预言中的奇迹发生。"她来了"：一个能与他分享梦想的女人，已经走进他的生活。在法语版《自传》里，奥坎波提到，泰戈尔的确对她有过微妙的示爱行为，原文如下：

有时候，我看见他（泰戈尔）用神秘的孟加拉语字母写啊，写啊，写啊，就会央求他翻译几首诗给我看看。一天下午，我进入他的房间整理瓶中的鲜花时，他告诉我说正在翻译。我朝桌上的纸页看去。他没有抬头看我就伸出一只手臂，像握住树枝上的果实一样，将手放到我的一只乳房上。如同马儿意外受到主人鞭打，我感到瑟瑟发抖，想要退开。我内心在叫："别，别这样！"但我内心里的另外一个我提醒说："冷静点，笨蛋。这只是异教徒示好的一种姿势罢了！"〔奥坎波此处的手稿删去了另外几个字："这不是老糊涂的粗野下流（not of senile lewdness）。"〕那只手在无形的爱抚中离开了"树枝"。我继续看诗。我想，他应该将此姿势做成一个雕塑。但是，他再也没有做过类似动作。每天，他都亲吻我的前额或面颊，并握住我的一只手臂说："好冰凉的手臂啊！"①

　　这段文字，应该可以用来回答奥坎波传记作者的疑问：泰戈尔对奥坎波的感情是否"超出了精神的范畴"。虽然是"无形"的爱抚，虽然像是握住树枝上的果实，这样的举动对女人来说，无疑带有情欲的意味。不管奥坎波怎么说，不管皮格马利翁对自己雕刻的美女像伽拉忒亚如何爱得如痴如醉，一个走进博物馆的人，也不能用这种方式爱抚雕塑作品：一旦伸手，就会惹麻烦。泰戈尔的举动符合他的脾性。同样，奥坎波的反应也符合她羞怯而热情的性格。如果一个"魔鬼般"美貌的女人对男人说她很爱他，难保不发生这种情形。但奥坎波天真地表示，她并不期望这种对待。"你为啥假装很正派？"德里厄·拉·罗谢勒曾怒气冲冲地质问她，"像个英国保姆一样。"没错，英国女教师和法国女教师给她上过课，两人都古板严谨。负责照顾她的女仆法妮是个完美主义者，行事带着西班牙天主教徒的风格。这些女性对她的仪态产生很大影响。在她生长的社会环境中，姑娘们既要诱惑迷人，又要规矩本分。还记得，朱利安·马丁内斯第一次见到她，想牵住她的小手时，她下意识地赶紧缩回了手。她也曾摔门而去，将埃尔姆赫斯特留在车上。她的婚姻灾难也是问题所在：让她变成一头胆怯而惊恐的小动物，害怕受到伤害、羞辱或被人利用。

_____

　　① 尹锡南译：《印度比较文学论文选译》，成都：巴蜀书社，2012年，第540—541页。

在泰戈尔的记忆中，这件事让他摸不着头脑、迷雾重重：她没有拒绝她，她没有将他的手推开，但也没有任何积极的回应。她只是忍受。她接受了吗？他百思不得其解。因为她没有积极回应，他止步不前。他从来不强人所难。

奥坎波的机智和风度让她驯服体内的那头小马驹。一次失态，一次躲闪，就可能让泰戈尔和奥坎波的爱情故事走向灾难性的结局。有趣的是，她没有忘记这个事件，60多岁时，还不忘将其记录在纸上。被像泰戈尔这样的人表达爱意，她的心里是否暗自窃喜？

我们应该感谢奥坎波在法语版《自传》手稿上写下这件往事。很明显，她希望有朝一日研究者会看到这份记录，发现它的价值。她销毁了许多文件，和莫纳克·艾斯特拉达的生活记录就没能保存下来。显然，她希望彻底忘记这段婚姻岁月。

维多利亚·奥坎波没有将泰戈尔的手推开，这让他不禁浮想联翩：她接受了他温柔的爱抚。正是她的纵容，让她成为他的缪斯。

我相信，这件小事对泰戈尔和奥坎波的爱情故事具有无法估量的重要性。她的沉默、她放弃在意大利购买别墅、她从未访问圣地尼克坦学校，以及她和泰戈尔画上人物的关联，也许还包括一个蹊跷的细节：保存在圣地尼克坦档案室的她和泰戈尔的合照中，有几张照片，她的脸有涂抹痕迹。也许她的心头正经受无声而痛苦的挣扎，她从未通过合适的途径表现出来，除了一些模糊的姿态。这种挣扎源于她对泰戈尔的依恋和担心自己对马丁内斯不忠。她担心，不管是去欧洲或印度跟泰戈尔见面，都会再次吸引对方的注意，让人难堪。她不相信自己，甚至不愿看见自己在镜中的样子？也许她气愤和恼怒，恨自己不能跳出肉欲的窠臼，不能坦然走到泰戈尔面前，告诉他从 20 年代就爱上的马丁内斯，和 30 年代结识的其他情人。她是不是害怕，如果说出真相，他不会将她看作善良"纯洁"的女人，配不上他，没有资格到圣地尼克坦？

尚不清楚是谁将圣地尼克坦档案室保存的合影上奥坎波的脸涂得乱七八糟。是泰戈尔盛怒之下干的吗？不太可能，但也不能完全排除。这位喜怒无常的画家，向来喜欢在手稿上涂涂抹抹。恋爱中的人常会做蠢事，跟平常的样子判若两人。会不会是泰戈尔的学徒想维护神圣"师尊"的名声？或某个女性崇拜者嫉妒风情万种的"维佳娅"？或是小孩随手拿起笔，信手为之？要知道，孩子们最擅长这样的恶作剧。

也有人说，这是奥坎波本人所为。如果这种猜测是真的，她的举动是想说："我配不上你"，就像她在一封信上写到，她的爱配不上他？这种说法牵强附会，尤其当我们读到她对甘地的态度时。她详述自己内心的挣扎和痛苦，因为虽然她推崇甘地的思想，比如非暴力，但在其他方面，比如禁欲主义和苦行，她却不能苟同。无法举双手赞成他的思想，让她自责，陷入痛苦挣扎的怪圈。

我责备我自己，因为我不能完全赞同他的看法，但我又无法违背我的心意和判断，欣然宣布他是对的。闭上眼睛，对我和他之间的分歧视而不见，这样做既不诚实，也不正确。怀着青春的热情和对绝对真理的渴望（其实凡人根本找不到这样的

绝对真理），我对这个问题找不到满意的答案。基督的教义能解
释人类的过失，但我还不够明智，意识不到，我像一匹狂奔的
野马，不知该跑向何方，只知道由着性子乱来。我不愿闭上眼
睛，对甘地的观点全盘接受。我不能百分之百同意他的话。我
似乎没有资格挑战圣雄的权威。他的存在，像一根扎进我良心
的刺，始终不愿妥协。

　　她后来写信给尼赫鲁，将这个精神信仰方面的问题讲给他听。
对方回信说，面对甘地的思想学说，他也有同样遭遇，这样，她
的心才平静下来。与尼赫鲁的交流，发生在1953年她被捕入狱和
获释后，这意味着，也许她的真实自我、双重性格，以及"情欲
天分"和精神饥渴，在她步入晚年时，仍没有达到和谐共存的境
界。是不是这种痛苦模糊了她的感知，影响了她对泰戈尔的感情？
一方面，她的体内有一匹难驯的野马——在她对往事的追忆中，
不止一次提到"野马"这个意象——马儿突然遭受主人鞭打，吓
得瑟瑟发抖，不知是否该屈从于他的爱抚；另一方面，内心传来
一个深思熟虑的声音："放聪明点，别像个傻瓜，接受和感激这种
温柔。"要是这种冲突数十年得不到解决，她一定心情积郁，苦不
堪言。认识她的人都证实这一点。阿莲娜·凯卢瓦夫人告诉我，
奥坎波的生活里有些地方属于禁区，像一张旧地图，写着醒目的
警告语："内有猛狮。"然而，即便在这些有狮子出没的区域，仍
有钻石般珍贵的回忆无法抹去，比如泰戈尔将他温柔的大手放在
她颤抖的乳房上。我们不妨想一想《自传》第三卷的副标题："萨

尔茨堡的树枝"（这一卷主要讲她和马丁内斯的交往）。这个意象来自司汤达的作品，矿工将一根在冬天掉了叶子的树枝扔进废矿深处，两三个月后，树枝上满满蒙上一层闪闪发光的结晶。我相信，"树枝"这个意象不仅能帮助我们理解她和马丁内斯的恋情，还能解释她对泰戈尔的感情。

对陈年往事更细致的分析来自埃尔姆赫斯特，他敏感、实在、眼光独到。1956年9月9日，他写信给罗佛·泰戈尔。这份总结，我推迟到现在才拿出来，希望能起到添砖加瓦的作用：

我仍然保留着很多记录，用来探究维多利亚和师尊的斗争本质。她很想被他肯定、受他赏识，因为她除了外在的美，还有内在的精神品质、情感和学识。但与此同时，外在和内在无法割裂开来。她总是嫉妒我与师尊的亲密关系，还一度尝试介入我和师尊之间。随后，为了跟政府和媒体打交道，她、西班牙大使达姆毕先生和我经常在一起。师尊的健康迅速恢复，秘鲁方面觉得是阿根廷从中作梗，不让他前往秘鲁。我们只好耐心回答。我佩服奥坎波的干练和见识，跟师尊一样，被她的魅力征服。

尽管我不太理解她西班牙式的待人接物，轻率、幼稚、不合情理，但她始终专心于师尊，她是帮助我们离开阿根廷的希望，让我们没有支付船票就返回家乡。然而，师尊是什么想法。直到拉努提出来，我才想到这一点，开始怀疑，甚至嫉妒，我意识到，自己当时爱上了或曾经爱过维多利亚，他返回印度的大事（或再次与她相见的希望），被我抛在脑后。他大发雷霆！在《红色夹竹桃》里，他讲过类似的主题。他曾告诉我，他想象我和拉努扮演剧中那两个青年男女，而他本人是那位国王。

奇怪的是，奥坎波虽然有迷人的外表，却从不依靠外表吸引人。她被迫嫁给一个毫无共同语言、形同陌生人的男人，内心受到创伤。也许为了补偿不完美的人生，她努力让自己成为一个有教养的贵族女人——随时能和人讨论戏剧、音乐、绘画、哲学和诗歌，能讲英语、法语和西班牙语，她对这三种语言和文化了如指掌。她没有兄弟，在妹妹面前是绝对的权威。

她如今正在巴黎。

原谅我冗长的开场白。希望这个故事不会吓到师尊的崇拜者们。

有三点需要澄清。其一，泰戈尔的怀疑或嫉妒，埃尔姆赫斯特并非通过拉努的提醒才觉察到。住在桑伊斯德罗时，埃尔姆赫斯特写过一封信或草稿，开头是"维多利亚，我真希望自己知道该做些什么，知道该如何更好地帮你"，随后他写道，"……我给包括师尊和阿德里亚在内的每个人都留下印象，觉得我对你怀着青涩的爱恋之情，像一个疯狂的爱人紧跟在你身后——你也许会说，这些都是无稽之谈，但不幸的是，我过于敏锐的观察力，加上十足的敏感，让我知道了太多隐情……"其二，维多利亚·奥坎波的婚姻并非是"被迫嫁给一个毫无共同语言、形同陌生人的男人"。绝不是，虽然奥坎波的父母很正统，结婚这样的大事仍然尊重她自己的选择。是她急于逃离父母的管束，才匆匆忙忙结婚，选错了人，并后悔不已。一定是奥坎波给埃尔姆赫斯特描绘了一幅扭曲的婚姻画卷，说家人逼她成婚。其三，并不只是糟糕的婚姻让奥坎波无心以迷人的外表示人，她有个情人，她觉得自己应该忠于他。这些秘闻，埃尔姆赫斯特1956年才得知。

维多利亚·奥坎波并非唯一写信给泰戈尔表达爱意和崇拜的外国女人。如果真是这样，泰戈尔一定习惯了被女性崇拜者浓浓的爱意包围。30年代时，一个叫伊丽莎白·布伦纳的匈牙利漂亮女画家在圣地尼克坦住过两年，她的母亲叫伊丽莎白·萨斯·布伦纳，也是画家，和她住在一起。随后，她们去印度各地，周游世界，最后定居在印度。小伊丽莎白写给泰戈尔的信表现出小姑娘的热情。比如：

真的，我燃烧着欲望，想要见到你，我像一只被斩断翅膀的小鸟！……噢！我想变成一只神鸟，几秒钟就飞到你的身边……

我最亲爱的、最亲爱的诗人，我想见到你，我想听到你的声音……要是见不到你，我的心会碎掉！……

我美丽的诗人！你也许会觉得我太多愁善感，但是……我离你这么远，我如此爱你，我别无选择。

泰戈尔当她是个小孩，称她为"我亲爱的孩子"，给她和她的母亲送上"爱的恩赐"。他告诉她，如果他没能及时回信，她不能发脾气："不要忘了，我不像你那么年轻。"

　　另一个外国女性崇拜者，是之前提到过的安德莉·卡普勒斯。她生于巴黎，是个画家和插图作者，比维多利亚·奥坎波大五岁，师从热内·梅纳德和吕西安·西蒙。她不仅是泰戈尔的朋友，也是泰戈尔的儿子罗悌德拉纳特和儿媳帕勒蒂玛·黛薇的好友。罗悌德拉纳特在回忆录里提到她，深情地描述1920年时，泰戈尔一家在巴黎城郊、塞纳河边的"环游世界"宾馆，接受阿尔伯特·卡恩款待的情景，如下文所述：

　　我们几乎每天都遇见卡普勒斯姐妹。画家安德莉来给父亲和苏珊娜画像。苏珊娜是她的妹妹，是东方学家西尔万·李维的学生，被加尔各答大学封了智慧女神"萨拉斯瓦蒂"的称号，与父亲合作，翻译他最新创作的诗歌……他们的家——一间位于奥特伊的公寓——装满了印度的古董，都是从印度淘回来的……

　　……

　　几年前，卡普勒斯姐妹访问印度时，我们认识了她们。姐姐安德莉是个画家，已经在巴黎有了名气。苏珊娜在学梵文。她们非常崇拜父亲，我们住在法国期间，她们对我们的照顾无微不至。我的妻子跟安德莉特别合得来。从那以后，她就成了我们最好、最忠实的朋友——直到她1956年11月去世。没有她的帮助，我们不可能结识巴黎的艺术圈和文化圈的人。那时，巴黎仍是欧洲的文化中心。我们很幸运，能见识这座城市的文化氛围，像一次勇敢的冒险——奋力争取在知识和艺术的殿堂赢得一席之地。丰富多样的艺术生活，只能在巴黎找到，一直到最近几年，接连不断的政治和经济动荡才破坏这里的艺术氛围。艺术世界的革命由印象派带来，继而是后印象派。塞尚、莫奈、雷诺阿、高更、凡·高、罗丹和其他艺术家的作品成为公众讨论的话题，争议之声不断。他们的绘画和雕塑作品尚无法公开展出。我们渴望看到这个新流派的杰作。安德莉·卡普勒斯带我们去一家开在玛德琳教堂的画廊，那里有很多印象派和后印象派的画作展出。我们为这些画震撼。凡·高尤其打动我，我对这位疯狂的画家的崇拜，到现在都没有消退。

卡普勒斯本人是职业画家，她带着泰戈尔走进巴黎的文化和艺术圈，向他介绍最新的绘画风尚。她爱好印度文化，是泰戈尔一家的挚友。20 年代初期，她在圣地尼克坦住过一段时间，熟悉如何与泰戈尔一家打交道，是泰戈尔的忠实信徒。她给住在瑞士的罗悌·泰戈尔夫妇写过一封信：

我的所有成就都归功于印度：我有最重要的朋友在那里（他们中有些如今身在瑞士），我最深的情感，我得到的启示，我对艺术的理解，我最丰富的观感，我听过的最优美的音乐，我最难忘的回忆，都与印度有关。我对生命和人类的理解，我开阔的眼界，无论是肉眼还是内心，都拜你父亲所赐。

在你鲜花盛开的花园

帕勒蒂玛是她"最好的朋友",她的"印度姐妹"。她和瑞典丈夫达尔·霍格曼觉得帕勒蒂玛不仅是"印度最好的女人",而且是"全世界最好的女人"。达尔是个"善解人意、大度和忠诚的人生伴侣",与妻子分享"对印度的爱"和"对印度人民的崇敬",她曾经怀疑这个"孤独、自由的单身汉"是否愿意投入"婚姻的未知危险和惊喜",陪他去圣地尼克坦修行地感受"浪漫氛围",沐浴在"印度的月光中",感受"帕勒蒂玛的好意"。至于罗悌,她觉得他"精致、文雅、强壮、有内涵",希望她的"帕勒蒂玛妹妹"不介意她对他的赞美。安德莉和达尔给泰戈尔送来作画的颜料。达尔经营一家叫"奇特拉出版"的公司,印制与东方有关的书和译作。

这样一个女人能赢得泰戈尔的喜爱,一点也不奇怪。卡普勒斯致泰戈尔的信毫不掩饰她的爱慕。1924年圣诞节前夜,泰戈尔正在阿根廷,她来信回忆起1922年时,她与泰戈尔在圣地尼克坦共度佳节的情景。她回忆泰戈尔跟"信徒们"坐在一起,"像基督被信徒们包围"时,她说:

上师——我永远不会忘记那个夜晚——我永远不会忘记跟你度过的每个晚上,也不会忘记与你相关的任何事——

......

埃尔姆赫斯特是个快乐的人,负责你的起居,上师。我嫉妒他!

......

……认识你，对我来说是个永恒的奇迹，我无法相信——能靠你如此之近，这是我一生最快乐的时刻……我一读再读你的书，每次都收获新的快乐和灵感。

在圣地尼克坦见到泰戈尔之后，她将他的影响和环境的影响融合在一起。她爱泰戈尔，爱他创造的圣地尼克坦学校，也爱印度：

你经常恩赐我难以名状的灵魂礼物，你传授给我真正的真理（我们在欧洲时得到的都是虚伪的真理），你唱出悦耳的歌曲，让我如愿以偿，你让我的眼睛看到启迪智慧的、和谐的场景。你的家庭，你的儿女，让我分享爱的味道。我热爱的印度的土地、星辰，和沁人心脾的夜晚……是他们送给我的礼物。我从修行地、从修行的人那里收获教益。

这正是泰戈尔想让奥坎波看到的场景，他想与她分享，向她展示：圣地尼克坦的氛围，他引以为傲的创造。他甚至写信给她，向她保证，在圣地尼克坦有浴室，怕万一她认为这里什么也没有！但她还是没有来。也许他伤了心？

我们知道，奥坎波觉得有必要——不是在信中，而是在她的回忆录中——说明她对泰戈尔的爱属于何种性质，强调其是精神之爱。我不知道卡普勒斯是否写过类似的回忆录，或者回忆泰戈尔的书。我没找到任何证据，但在她写给泰戈尔的信中，确实带着轻浮的口吻向他表示过爱意和景仰。

　　我不会告诉你我的心事，我想很快就会听到你的声音，见到你，也许还有机会照顾你一阵子！你——无所不能的你——肯定知道了（我不擅于隐藏），我对你的爱和崇敬，我的上师！

　　收到了吗［一首她写给泰戈尔的诗］，上师，有人将她的爱献给坐在荣耀宝座上的你：拂去你脚上的尘土，恳求你——读完那些诗行，一切都在字里行间，尽在不言中。

　　但是我认为，要正确判断卡普勒斯书信的语气，因为这种挑逗，会被其他人看在眼里，比如她的丈夫达尔和罗悌以及帕勒蒂玛。她写给泰戈尔的信读起来像是来自一个家族朋友。她经常提到罗悌和帕勒蒂玛，她毫不犹豫地告诉她的上师："你有我的丈夫和我这样的门徒，随时为你效劳，无论任何事。"这种谦恭和友爱在奥坎波的信中从来没有出现过，后者的信更私密，是两人之间的悄悄话。奥坎波没有提过马丁内斯对泰戈尔的态度，也没有介绍两人认识。

　　泰戈尔写给卡普勒斯的信同样深情、风趣、挑逗，达尔会读到这些挑逗的语句，将其视作幽默的玩笑话。

　　我宽恕你的丈夫，是他突然将我们拆散——我希望你明白，我是个大度而宽容的人。
　　罗曼·罗兰……给我找来一位医术高明的医生。但我希望你不要把你所有的责任都转嫁到他身上，抛下我不管。我的病让我回到童年时代，渴望别人的同情和照料。下一次，等你再见到我时，会看到我哀求你的关注——我已经下定决心，当个被彻底宠坏的孩子。

……尽管我很爱你那位大个子斯堪的纳维亚人，我不会原谅他把你从我身边抢走。

……允许我告诉你，我渴望你出现在我的泥巴宫殿，等着你的爱让它变得金碧辉煌。我希望被嫉妒蒙蔽双眼的大个子斯堪的纳维亚人不会阻碍你的行程。

泰戈尔给卡普勒斯的信，最显著的特征是提及爱和将达尔包含在内。尽管泰戈尔很想念她，催促她再次来印度见面，但这段友谊形成一个美妙的三角形，让每个人都不感到紧张。泰戈尔也用一个长者的口吻，经常赠予他们爱和祝福。在 1932 年 6 月 16 日的信上，他对安德莉说："……我收到颜料，用梵文来说，我收到了'raga'，意思是'爱'。"信的结尾是："将我的爱献给我们伟大的达尔，请接受我的恩惠。"或者是 1935 年 4 月 6 日的信，他希望安德莉抽空时来圣地尼克坦，带给他"难得听见的恭维话"，在信的末尾，他将自己的爱献给她和"亲爱的斯堪的纳维亚人"。我提醒读者们注意，虽然泰戈尔毫不吝啬地将他的"爱"献给安德莉·卡普勒斯，却从未使用过孟加拉语中表示爱的"bhalobasa"一词。而他经常在写给奥坎波的信上用到这个词。这是否意味着，他对奥坎波的感情更特殊？"bhalobasa"是他在阿根廷时教会她的唯一一个孟加拉语单词，奥坎波将其牢记在心，在纪念泰戈尔的英语文章里，她用这个词传达自己对印度的感情。我也没见过卡普勒斯在信上对泰戈尔直呼其名，1939年2月，49岁时，奥坎波就大胆地称他为"亲爱的、亲爱的罗宾德拉纳特"。这些小细节说明了两种不同的关系。

既然提到泰戈尔、安德莉·卡普勒斯和达尔·霍格曼的三角关系，我们不妨问问自己，泰戈尔是否珍惜在圣地尼克坦落地生根的这个三角形，而且在某种程度上，虽然昙花一现，是否有埃尔姆赫斯特从中斡旋。1959年，埃尔姆赫斯特在一次访谈中回忆道："……起初，他开玩笑地对我说，'莱昂纳德，你为什么不娶她，带她来圣地尼克坦住'？"与此同时，如果保存在布宜诺斯艾利斯档案室里的法语版回忆录手稿内容可信，泰戈尔对奥坎波说："莱昂纳德就要娶多萝西了，但他爱的其实是你。"这看上去像是在做媒。当个媒人，泰戈尔能得到两个好处：一是让奥坎波来到圣地尼克坦，靠近他；二是不用担心埃尔姆赫斯特迎娶多萝西后抛弃他的主人。他能有两个忠实的信徒为他效力，彼此爱慕，也热爱他和他的事业。他也许认为这样会消除所有的危机，或至少让奥坎波过得随心所欲，并让自己能够每天都有这个瑰丽辉煌的女人陪伴。

一段三角形的友谊确实在形成，但并不在圣地尼克坦。这是一个巨大的三角形，三个角分别位于三个大洲，一处在圣地尼克坦，一处在布宜诺斯艾利斯，还有一处在达丁顿。三人彼此想念。1934年6月22日，埃尔姆赫斯特在给泰戈尔的信中，感谢他对修建达丁顿庄园的启发，并提到维多利亚·奥坎波的来信：

多萝西和我那天还跟客人聊到，修建这处庄园的念头来自何方，我们觉得，虽然资金和组织架构源于我们在西方的经历，但将庄园和儿童学校结合起来，创立艺术系，吸引教员、专业人士和周围的人参与，完全要归功于你。在地球的这一侧奋斗时，我经常想到你的鼓励和谅解，尽管我从未在信中提及。

……

我今晨收到维多利亚·奥坎波的信，从欧洲寄来：她问起你的健康。

泰戈尔1934年7月的回信，以对阿根廷的思念开头。

我已经来到人生的另一个阶段，喜欢无聊地翻找陈年往事，积累岁月的宝藏。有一天，我正在瞎想，突然，不知道为什么，在阿根廷度过的那个圣诞节早晨浮现在我的脑海，我走在开满仙人掌花的花园，你要我跟你讲与圣诞节有关的事。画面很遥远，却生动清晰，充满我们不熟悉的异域风情。画面让我既高兴，又悲伤，因为我不可能再故地重游。我俩，年龄差距太大，但我们之间没有争执，我们的友谊简单而亲密。我想，只有你才能走近我，理解我衰老而年轻的心……

寄走这封写给埃尔姆赫斯特的信后，泰戈尔收到奥坎波从欧洲寄来的卡片。当天，他即给她回信。

进入 30 年代，奥坎波终于与埃尔姆赫斯特讲和——之前，误解像暴风雨一样笼罩两人；之后他们之间结下深厚的友谊，一直延续到晚年。一生中，她拜访过达丁顿庄园好几次。只是，她没有每次都在来宾签名簿上留名。最早的签名是 1934 年 7 月，她和妹妹安吉利卡·奥坎波、表妹约瑟芬娜·朵拉多来到达丁顿。1939 年 2 月，埃尔姆赫斯特从印度回到英国，为奥坎波带回泰戈尔的"各种消息"，比如："他问我为什么没有把你带上飞机？"和"她怎么样了，我什么时候能再见到她？"埃尔姆赫斯特和奥坎波的通信表明，她 1939 年夏天去过达丁顿庄园（尽管我在来宾签到簿上没找到她的名字），之前，埃尔姆赫斯特也在巴黎见过她。

1924 年，埃尔姆赫斯特见到美丽的维多利亚·奥坎波时，脑海中闪过怎样的念头，后人无从得知：这个英国人将秘密带进了坟墓。迈克尔·杨在《达丁顿的埃尔姆赫斯特夫妇》一书中写道，对埃尔姆赫斯特而言，追求多萝西是个漫长而艰苦的过程，为了让她说出"我愿意"，他殚精竭虑。他的确对罗悌·泰戈尔讲过，面对魅力四射的维多利亚·奥坎波，他和泰戈尔一样，都被"迷住了"。相关文件依然保存在布宜诺斯艾利斯和达丁顿庄园的档案室，它们明确无误地表明，在 1924 年，奥坎波正拼尽全力接近泰戈尔，并嫉妒埃尔姆赫斯特能亲近泰戈尔的特权，两人在诗人眼皮底下，彼此吸引。如前所述，这期间，奥坎波在一封信上告诉埃尔姆赫斯特，她对他的爱"如此强烈、如此温柔"，甚至"稍微的不公平"，就能惹她生气，感受到难以形容的痛苦。当然，这也可能是另一个说明"爱"这个词无意义的例子，因为西班牙语中，"爱（te quiero）"这个词用的频率太广，说的可能是狗、布丁、男朋友或亲近的婶婶。如果奥坎波和埃尔姆赫斯特的友谊在桑伊斯德罗就画上句号，我就不必费力地探讨这个词背后的真正含义了。然而，两人的友谊蓬勃发展，泰戈尔总是在背景时隐时现，这位上师，无疑是三角形的第三个角。

在感情方面，奥坎波向来习惯快刀斩乱麻。如果想结束一段友谊，她会当机立断。在我看来，奥坎波和埃尔姆赫斯特持续一生的友谊说明，从一开始，这段友谊就建立在坚实的基础上，源于桑伊斯德罗的岁月。埃尔姆赫斯特留下的"只言片纸"，她都小心翼翼地保存。比如在布宜诺斯艾利斯的奥坎波档案室，有一张铅笔写的字条，折叠起来，没有信封，只在背面写着"维多利亚·奥坎波夫人"字样，内容读起来语气迫切：

亲爱的维多利亚，

我今晚很想见你——也许有点晚，你会等吗？

L.

"维多利亚"一词拼作"Vittoria"，说明写字条时，两人刚认识不久，埃尔姆赫斯特还不知道正确的拼写方式。（"Vittoria"是用意大利语拼出的名字）这张字条并未提到泰戈尔，会被人随手丢弃，但奥坎波将它留了下来。

维多利亚·奥坎波的确需要埃尔姆赫斯特帮忙——你也许会

说，她需要战胜他——好接近泰戈尔。但达到目标后，她并没有抛弃他，反倒是埃尔姆赫斯特战战兢兢。我的理解是，她觉得埃尔姆赫斯特也是富有魅力的人，但她像对待泰戈尔一样，压抑因为两情相悦而产生的对性的渴望，压得更狠是因为埃尔姆赫斯特和她的年龄更接近，是个欧洲人，任何意志上的"软弱"都会被她的家人、朋友和仆人解读为对他产生"性趣"，在她看来，这是对马丁内斯的"不忠"。

不管何时提到埃尔姆赫斯特，比如她描写泰戈尔的书或《证词》第八卷里讲到达丁顿庄园的文章，她对他的相貌和性格都好话不断。30 年代、40 年代和战争期间，埃尔姆赫斯特在写给她的信上深情款款。1939 年 12 月，他们都致力于文化推广，埃尔姆赫斯特介绍达丁顿的尤斯芭蕾舞团去北美巡演，他希望奥坎波能安排芭蕾舞团去南美演出。奥坎波没有辜负他的期望，1940 年 4 月，埃尔姆赫斯特高兴地写信告诉她："不知你是否感受到，我们都感谢你对尤斯芭蕾舞团的帮助。尤其是我，在某种程度上，我俩的艺术品位相同。"当然，这时候，奥坎波已经是个资深的艺术赞助人和组织者。战争让"三重奏"变成两两组合的"二重奏"，但铁三角依然存在。1940 年 8 月 21 日，奥坎波在布宜诺斯艾利斯的"奥利弗斯和文森特·洛佩兹月度聚会"上发表英语演讲，表达她对战时英国的支持。埃尔姆赫斯特被她的演讲感动得热泪盈眶："听到最后，我哭了——你用这门对你来说颇有难度的语言谱写了一首颂歌。"战争即将结束时，埃尔姆赫斯特建议英国文化协会邀请她访问英国，发表演讲。

我相信，奥坎波是发自内心地需要埃尔姆赫斯特这个中间人，搭建她和泰戈尔的沟通之桥。当他从这个职务卸任，她与泰戈尔的联系一度陷入停顿。她需要埃尔姆赫斯特通报泰戈尔的近况。

这毫不奇怪。奥坎波是个亲英派，爱读英国文学，过英国式的生活。她自己也承认，对英语发音很敏感，比如提到"家具、房舍、花园、街道、餐饮词汇（炖大黄、约克郡布丁）"。泰戈尔虽然英语流利，但他并不欣赏这种语言。他不喜欢卡帕马拉兰的英国式乡村别墅，讨厌老式英国家具。现代西方音乐也是奥坎波的最爱，她可以跟埃尔姆赫斯特交流。他"完全沉迷于"阿根廷四重奏乐团演奏的音乐，泰戈尔听了之后却百感交集。晚年时，奥坎波结识了许多朋友，包括奥尔德斯·赫胥黎、弗吉尼亚·伍尔芙、A. W. 劳伦斯（T. E. 劳伦斯的兄弟）、格雷厄姆·格林等。而莱昂纳德·埃尔姆赫斯特，难道不是她最早结交的英国朋友？

我相信，与埃尔姆赫斯特相识的这些年，让她渐渐对泰戈尔有了新的认识，尤其是他的政治主张。1924 年时，她对他政治上的观点全然不知。到 1956 年 11 月，她访问达丁顿庄园时，已经多了入狱的经历，读到泰戈尔写给埃尔姆赫斯特的信时，不禁"毛骨悚然"：

被暴政折磨，尚能忍受，但受到蒙蔽，而崇拜一个虚假的偶像，屈从于他，对人来说是奇耻大辱。

有时，历史会和人开玩笑，通过一系列偶发事件，将一个小人物放大为拙劣的大人物。这种对真理的扭曲经常出现，不是因为这些人有了不起的能力，而是因为他们利用了人们的软弱。

意识到埃尔姆赫斯特的友谊弥足珍贵，1961 年 5 月，《泰戈尔在桑伊斯德罗峡谷》出版时，奥坎波将这本书题献给他："致一个英国人，/致一位泰戈尔的朋友，/致一个印度的朋友，/致一位朋友：/莱昂纳德·K. 埃尔姆赫斯特。"这多像一句"对不起"，为童年时代的争吵和误会画上一个句号。

十八

如前言所述，撰写本书的初衷，是我接受了一次编撰任务。完成必要的研究后，我发现要编的通信集只是冰山一角，只有将淹没在水下的山体全部露出来，才能实现其价值。我打算从传记的视角，尽可能翔实地叙述泰戈尔和奥坎波的故事，情节如蜿蜒曲折的枝蔓，这样的话，将来的研究者们如果想进一步探讨这个话题，就可以利用书中提到的信息。研究是个不断延伸的过程。

没有哪个研究者能理解数据背后所有暗藏的意义。这就是为什么我们必须将找到的数据物尽其用——为了将来研究的方便。那些后来人会找出我们错过的隐含的联系，看懂我们无法看懂的隐情。

我希望这项工作能激发站在篱笆两侧的研究者们的兴趣，吸引研究晚年泰戈尔和维多利亚·奥坎波生平的人们。我还希望在泰戈尔和奥坎波的交往中，埃尔姆赫斯特起的关键作用会让读者认识到剧情的复杂性——任何类似的剧情都很复杂。想简化剧情是自欺欺人。重构往昔的岁月时，勾勒一幅简笔画是行不通的。你必须做好心理准备，随时迎接新的惊喜。埃尔姆赫斯特是这部剧中的重要角色，没有他的出现和积极参与，全剧早就草草收场了。三人的互动是舞台的背景，故事妙趣横生，画面唯美生动。所以，我尽量不漏掉任何一处细节，让剧情跌宕起伏。

我的规矩是，在缺乏充分证据的时候，绝不妄发评论，不管是结论或是推测。这就意味着在列举材料时，我尽可能做到不重复，但有时别无选择。某些重复也许不可避免，尤其是在产生交集的时候。

泰戈尔和奥坎波对彼此创作上的影响，超出了本次研究的范围，因为工作量实在巨大，时间不允许。新发掘的信息需要时间消化和整理。我认为，针对某个领域，需要新生力量的参与，而不能是一批老人在同一块地上耕耘来耕耘去。我提供的材料，并非都能推断出背后的含义。没有哪个研究者能做到，因为事物的本质众说纷纭。我研究泰戈尔和奥坎波已经有好些年头，眼睛累得睁不开，注意力也开始涣散。其他人可以从我驻足不前的地方继续前行，引入新的洞察力，看出我昏花的老眼错过的关联。我需要走出这片树林，我已在林间徜徉太久。但我要重申，鼓励我研究不懈的是如何揭示故事主题、格局和结构，每个认真的作家和艺术家都有这种特质，高于生活，又不受外界拖累。让生活的经历走进艺术家的作品，并不是件容易的事，它们会化身钻进艺术家的心理，然后以艺术形式表现出来——不像物质，更像是能量，跟光线一样。

　　基于这个前提，我所能做的是粗略勾勒泰戈尔和奥坎波对彼此施加的影响。我希望这会给未来的研究者们提供帮助。

　　让我从泰戈尔开始。认识奥坎波后，他的生命之路又继续了17年，创作出各种文体的佳作。《东方集》出版于1925年（孟加拉历1332年），题献给维多利亚·奥坎波，这也是第一部跟她相关的作品。《东方集》首版分为三个部分，"东方集（Purabi）"、"过客集（Pathik）"和"珊琪塔集（Sanchita）"。第二版略去了收录泰戈尔之前创作新诗的第三部分，成为后来的标准版。如今，诗集里共有77首诗，其中18首属于"东方集"，写于孟加拉历1324年至1330年间。"过客集"中的诗写于孟加拉历1331年（公历1924至1925年），有7首是泰戈尔在去欧洲时乘坐的"榛名丸"号上写的，至少有21首完成于前往南美的"安第斯"号上，也许还有两首的草稿定稿于广场酒店却都注明是11月7日在"安第斯"号上写的，但我们知道，船11月6日晚就已经靠岸，11月7日，泰戈尔住进广场酒店）。有26首是在阿根廷时写的，4首是在离开阿根廷去意大利的"朱利奥·恺撒号"上写的，还有一首大概是到了意大利后完成的。在阿根廷写的 26 诗里，2 首送给他的孙女南蒂妮，1 首（"Chithi"）据说送给侄子迪楞德拉纳特·泰戈尔，但语句有双重意义，讲到异国的茉莉花（这是奥坎波最喜欢的花之一，在奥坎波别墅和米拉尔利约的花园随处可见）。诗集里最后一首诗《意大利》，我认为也包含明显的双重意义。这真的是一首在意大利完成的诗，还是泰戈尔在阿根廷时就已写出了草稿？我在《东方集》稿本上见过这首诗，是铅笔草稿，有铅笔修改的痕迹（即手稿 102 号，现存泰戈尔学院档案室）：时间 "1925 年 1 月 24 日，意大利米兰" 是加上去的。手稿本上的原文和出版的版本有一些微小但意味深长的差异。如果这首诗没有冠以 "意大利" 的标题，单从内容看，很容易能看出是写给一位女士的。我觉得，这首诗是泰戈尔受维佳娅的启发写成，巧妙地改头换面，让人读起来像是为意大利而写，并置于诗集末尾，作为对意大利和维佳娅的离别感言。于是，他写给 "拉妮（Rani）女王"，表示 "我会歌颂你的胜利（I shall sing your victory）"［"victory" 与奥坎波的名 "Victoria" 形似：译者注］。别忘了，泰戈尔本打算与奥坎波在意大利重逢，她熟悉这个国家（所以能在意大利很好地照料他）。泰戈尔和埃尔姆赫斯特离开阿根廷之前，肯定讨论过这种可能性。蹊跷的是，1 月 24 日，身在米兰的泰戈尔在诗里将意大利称作 "拉妮"，而 1 月 22 日，同在米兰的埃尔姆赫斯特写信给奥坎波时，开头便是 "我亲爱的女王（Ranee）"！他们是不是在 "朱利奥·恺撒" 号的甲板上讨论过维佳娅的王者风度，尤其是当她专横的电报如雪片般飞来的时候？

诗人机智地将他真实的情感隐藏起来（诗人们都是个中高手），但他缺少心机的秘书却露了馅。两位女王其实是一个人，她在过去数周里执掌两人的命运，令他们诚惶诚恐。

《东方集》里有几首诗和维多利亚·奥坎波有关。泰戈尔习惯不留痕迹，所以，我们没有在诗中读到紫芯苏木树或玫瑰园里的画眉鸟——但他保留下茉莉花，因为这种花既有异国情调又叫人熟悉——《生死界河》（*Vaitarani*）（写于 1924 年 11 月 27 日）里提到的河流，无疑是诗人住在米拉尔利约时，站在阳台眺望普拉塔河时心生的感慨。我在《罗宾德拉纳特与维多利亚·奥坎波的友谊》中提过，对这么一个聪明的女人来说，肯定能读出诗中地名的内涵。

在我看来，阿根廷之行的收获季节是 1928 年。这一年，泰戈尔完成从 1927 年开始写的小说《横流》（*Yogayog*），写小说《离别的歌》（*Shesher kabita*），完成《紫荆花集》（*Mahua*）里的大部分诗，并开始利用大量时间作画。上述三部作品都在 1929 年出版。《横流》先是在杂志上连载，然后出版单行本。

1926 年初，泰戈尔一直期待与维佳娅在欧洲相聚。但她没有赴约。他在拉妮·马哈拉诺比斯的陪伴下周游欧洲各地。1927 年，他开始写《横流》，让东南亚旅行经历成为创作灵感。但在风景如画的旅途中，他是否会想起世界另一个角落那个遥远而沉默的女人？恋爱中的人都这样，难道泰戈尔会是个例外？1928 年，他动身去英格兰，希望能到牛津发表希伯特演讲，但他身体欠佳，才抵达锡兰就不得不返回，推迟了前往欧洲的计划。他肯定想跟奥坎波在欧洲见面，但一切努力都化为泡影。这段时间，他的维佳娅不再给他写信。得知自己无法前往欧洲，他的痛苦一定在1928年下半年达到了顶峰。他默默承受，没有人同他分享内心的希望、分担内心的失望。

漫长的思念融入诗体小说《离别的歌》、诗集《紫荆花集》，以及他的素描和油画中。我不知道为什么克里帕拉尼觉得《紫荆花集》里的爱情诗"不是源于生活体验，而是来自于人为的刺激，像喝醉酒一样"。不过，他又添上一句："不完全是人为原因，诗人经常与爱相恋，这是一种非个人的爱。"《紫荆花集》的诞生原因众所周知。泰戈尔的崇拜者们希望他写几首爱情诗用在婚礼仪式，希望他写些新的诗代替旧的诗。很快，泰戈尔就写出一组新的爱情诗，收录进一本新的诗集。泰戈尔把读者的要求比作摩托车上的引擎，一旦发动，就永不停转。

写作需要动力，《紫荆花集》里的诗也是由此诞生：内心的灵感像一道电流，催生一句句诗行。最初也许从外界扳动手柄，继而发动机开始运转。写作的快乐，让我变成驾车人。我相信，你能在这本书里读到新的内容，体裁和种类都有变化。我想写点新东西，不为旧的作品所累，抛开以往的约束。也许看起来不太正规，需要你给这些诗另找一个栖身之处……

……

……我保证，新的诗带着春天般清新的气息，要不然，我也没有热情写出来。

　　爱情本身就令人沉醉。他们的邂逅发生在 1924 至 1925 年，随后，两人的这段友谊既没有否认，也没有中断。为什么直到 1928 年，泰戈尔的脑海中还对这件事记忆犹新？他并不是个肤浅的人。往事让他痛苦万分。我不相信他会忘掉维多利亚·奥坎波。恰恰相反，他的心里一直在问："她为什么不写信？" 1927 年 1 月 5 日，他写给安德莉·卡普勒斯的信，表明他是跟我们一样的寻常人："我想以哲学的角度看待生活，为失望留出充分的余地，但我还是很思念你，想你来到这间简陋的小屋，与我们谈笑风生。"他很思念安德莉·卡普勒斯，难道就不思念维多利亚·奥坎波？我同意泰戈尔与爱相恋的说法，但这样做，难道会阻止他爱上一个人？具有浪漫气质的人（泰戈尔算是其中之一），既与爱相恋，也与人相恋。

　　我们都知道，泰戈尔很少在公开场合提到自己的私生活，但他将自己的痛苦（以最狂野的形式）表现在艺术创作中，仔细分辨，便能看出端倪。我觉得，要是我们认为《紫荆花集》里的诗仅仅是普通的爱情诗，就错过了信号灯。这不单纯是创作激情的问题。一个 67 岁的老人，突然文思如泉涌，写出一首又一首诗，主题涵盖彼此的渴望、残酷的分离、失败的交流和永恒的承诺。众所周知，爱情诗往往诞生在恋人们分隔两地之时，《紫荆花集》里的爱情诗，代表了诗人对维多利亚·奥坎波不变的记忆，以及三年来音信全无所带来的难以忍受的紧张。我问读过《紫荆花集》的人，他们都说这些诗是泰戈尔的真情流露，洋溢着严谨的诗意。（就连诗的标题也藏着线索）有几首诗模仿了女性的口吻。他似乎假托某个缺席的女人之口，解释她沉默的缘由，或者让她给他传递期待已久的信息。因为惜字如金的泰戈尔让诗中的人物模糊不清，评论者们猜想，诗中根本没有描写特定的人物，细节无关紧要。这种说法，跟另一个虔诚的观点相同，读不出歌颂黑天和拉达这对爱侣的歌词里，也有人类之爱的踪迹：爱变成一个隐喻，存在于神和人之间，排斥了凡人之爱。另一群评论者以此为借口，向泰戈尔挥舞棍子。他们指责他浅薄、不真诚、装腔作势——自己都没有了爱，还教导读者爱别人。为了将泰戈尔从这种可笑的窘境中拯救出来，我们有必要强调抒情诗佳作的共同特征。这些诗，都是诗人对生活和感情深刻领悟的果实，是对生命中最特殊的人的描述。跟西方的诗人不一样，他对自己的私生活保持缄默，让我们天真地以为，他没有秘密。事实是，在公众好奇的目光下，他虽然将内心生活掩藏起来，却阴差阳错地培育和滋养了他在画艺上的修为。

泰戈尔不止一次提醒我们，主角就躲藏在诗句背后。在《希雅玛利集》（1936 年）的《梦境》一诗里，他试图再现"三百年前诗人熟悉的孟加拉姑娘"，用另一种方式塑造孟加拉传统诗歌中"拉迪卡"的情影。另一首幽默诗《现代女性》写于 1935 年，后录入 1939 年出版的《微笑集》集。不难看出，在生命的暮年，泰戈尔仍然喜欢创作自己偏爱的主题，即男性诗人的灵感源于身旁朝气蓬勃的女人。这首诗背后有件逸事。泰戈尔曾在杂志《比齐特拉》上发表过一首题为《女性的进步》的谐谑诗（该诗后来也收入《微笑集》）。对此，女诗人阿帕拉吉塔·黛薇写诗加以反驳。

《现代女性》则是泰戈尔的回应。在幽默的语气之下，泰戈尔的态度其实相当严肃。"她是你口中的现代女性：我很熟悉她；/我四分之三的诗名，都归功于她！"不管她近在眼前，或是远在天边，对她的回忆，孕育出一首首颂歌。他喃喃低语，赞美这些女性访客，她们曾在他精神世界的凉亭中出没。这与迦梨陀娑以及其他古代诗人的观点一致。"从未有哪个时代，缺少现代女性的存在；/感谢她们，让诗意绽开！"换言之，尽管不愿透露她们的名字，泰戈尔承认，自己的诗歌创作归功于女性。他认为这是一种传统，浪漫而"典雅"，如同男士对"淑女们"的绅士风度。连泰戈尔本人都坦然接受这一点，为什么批评者们却难以接受？这实在令人费解，难道如今已是"后浪漫时代"或"后典雅时代"，人们羞于直视女性对男性生活施加的巨大影响！

维多利亚·奥坎波那一桩不幸的婚姻，似乎也发生在小说《横流》的女主人公库姆身上。当然，他给书中的女主人公安排了结局——她怀了孕，恭顺地回到不爱的丈夫身旁——从过去到现在，评论者们的脑袋摇得像拨浪鼓。他为何给库姆和迈德苏丹安排这么一个结局？他是想了解维佳娅隐秘的、不快乐的过去吗？她对他守口如瓶，但他心知肚明，因为埃尔姆赫斯特透露过一两件隐情。那是个怎样的男人，让他的维佳娅遭受如此伤害？泰戈尔塑造迈德苏丹的角色，是不是想弄清奥坎波的丈夫是个怎样的人？而这还不是故事的全部。给迈德苏丹设定的社会背景是在孟加拉，但泰戈尔在他体内注入的贪念、对权力的迷恋和自私自利，与泰戈尔访问阿根廷时在富人们身上见到的物质主义如出一辙。

维佳娅的婚姻究竟出了什么问题，这个疑问始终压在泰戈尔心头。

在《离别的歌》中，泰戈尔将奥坎波讨人喜欢的特征（比如有教养、敏感和才华横溢）赋予拉班雅，将她外表上的特征（比如"现代"女性、身穿高跟鞋、露出胳膊、化妆等）赋予凯蒂·米特尔。桑伊斯德罗的峡谷，以及类似米拉尔利约与奥坎波别墅的场景，在小说里的西隆市再现。泰戈尔借拉班雅之口写出《再见》一诗，向阿米特道别，这首诗后来也收入《紫荆花集》里。我觉得，泰戈尔是想借这样一首诗，表达对奥坎波多年来沉默不语的惶惑。他有过类似的疑问吗？——"要是维佳娅写一首告别诗给我，她会不会这样写？她回到旧爱的怀抱了吗？"诗的最后几行是："噢，富有的人呀，／我赠给你的，其实是你自己的礼物；／你得到越多，我欠你的越多。"1924 年时，奥坎波写给泰戈尔的信中（通信集第三封）也有类似的表述："从你那里得到的，让我感受到丰富的爱，消受越多，给予越多。我能给予的都来自于你……我觉得，什么也给不了你。"《再见》一诗结尾的点睛之笔，是否应该归功于维多利亚·奥坎波在信中的倾诉？我们是否差一点错过男人、女人、艺术和爱情由来已久的纠葛——女人毫无保留地献出自己的爱，而男人利用这种爱和敬仰，将其当作维持生命的养料，获得源源不断的能量，创造艺术作品，并因此扬名立万。如果真是这样，仅凭这几句诗，就足以说明诗人泰戈尔承认自己有一位身在远方的缪斯女神，他巧妙地向读者坦白，这首诗是她赠给他的礼物，诗的数量越多，他对她的亏欠就越多？

另一本受阿根廷之行启发写出的书，是出版于 1929 年的《乘客》。第一部分"日记（Paschimyatrir）"，取材于 1924 年 9 月到 1925 年 2 月间，泰戈尔隔三岔五写下的旅行日志，整段旅程因为主人公的缺席而变得引人瞩目。泰戈尔在日志里探讨过女性对男性的意义，我也在《罗宾德拉纳特与维多利亚·奥坎波的友谊》一书中，提及泰戈尔在阿根廷之行前后思想上发生的微妙变化。在日志的后半部分，虽然作者对此行的细节守口如瓶，但毫无疑问这段经历让他陷入沉思。还有一种可能是逗留阿根廷期间，维多利亚·奥坎波向他转述过奥尔特加·伊·加塞特在这个问题上的看法。

从这个角度出发，研究者还可以结合泰戈尔的生平，细读泰戈尔 1925 年夏天写的一篇讲印度婚姻状况的文章。是凯泽林发来的稿约，对方打算编撰一本与婚姻相关的文集，因为当时在各国，婚姻正经历一场危机。显然，泰戈尔先是用孟加拉语写成，然后译成英语。《印度的理想婚姻》一文的孟加拉语版本发表于 1925 年，同年 7 月，其英文版刊登在《维斯瓦巴拉蒂季刊》，后来由凯泽林收入他编撰的《婚姻之书：二十四位当代思想家的全新解读》，于 1926 年在纽约出版。其他撰稿人还包括托马斯·曼、C. G. 荣格和哈夫洛克·霭理士。泰戈尔这篇文章，两种语言版本对照起来，措辞不尽相同，存在一些微妙的差异，尤其在语气和强调的内容上。当然，每个版本都深受读者欢迎。重读他的文字，我们不妨想一想，几个月前，他才去过阿根廷。虽然他写的是印度的男女关系，难道他不想借此机会，出于私心，影射自己和维多利亚·奥坎波的关系？如果奥坎波读到这篇文章，她会做何感受？

在《紫荆花集》后，泰戈尔创作的诗歌里仍然少不了奥坎波的身影。1930 年，他跟奥坎波在法国重逢，随后，他去世前的 11 年间，泰戈尔盼望中的印度相会渐渐变得希望渺茫。死亡的鼓点敲击得越来越响。《紫荆花集》如繁花绽放，随后，爱情主题被对生命的歌颂取而代之，回归泰戈尔典型的创作风格。跟以前一样，他的诗继续探讨生命和宇宙的奥秘。他观察生命永不停止的律动，以旺盛的激情参与其中，从不做一个置身事外的旁观者。他将激情传递给身旁的每一个人，甚至感染山川河流、飞禽走兽。他继续尝试各类体裁，用各种风格进行创作。他回忆、展望、歌唱、讲述，用诗意般的韵文娓娓道来，他开着玩笑，优雅地表达自己的失望之情。面对另一场即将到来的人类浩劫，他变得忧心忡忡。年过八旬的泰戈尔，诗歌的活力日渐衰弱、步履蹒跚。诗翁和奥坎波的友谊，从两个方面点燃他晚年的生命之火：首先，诗的主题更深化，形式更多样，妩媚的女性形象跃然纸上；其次，诗人悲欣交集，向爱欲道别。他已经踏上未来十年的人生归途。这是一次漫长而令人动容的道别，足以告慰漫长而充实的人生。尘缘将尽，情丝已断。

谜一般的、赋予诗人灵感的、令诗人难以忘怀的女人，是泰戈尔诗意般生活的核心。在诗中，她常常与"我"一唱一和：通过和她的交流，他更好地认识了自己。正是她，让他成为一个诗人，理解身为诗人所肩负的使命。正是他们之间的友谊，让他将爱情的能量燃烧到人生的尽头。天各一方、少有音讯，她似乎活在另一个世界，却与活在这个世界的他如影相随，丰富他的梦境，让他不再孤单。这个"影子般的伴侣"总是很淘气，偶尔又很悲伤。在磁场的作用下，她和土地、生命一起沉浮，形成一个抽象的女性概念，最终化为宇宙的虚无。这个诗兴的源泉，有时，她形似一个孟加拉姑娘——深色皮肤、乌黑长发、纱丽搭在肩头、佩戴黄金项链或手镯；有时，人们叫她"异国姑娘"——这是一种带着象征意义的称谓：因为陌生、如谜一般，所以像从"异国"来的。结识维多利亚·奥坎波之前，"异国姑娘"的主题已经在泰戈尔的诗中出现，两人的情缘，则为这个旧主题增添了新的内容。

这个她（或者你）总是在泰戈尔的诗歌里扮演神秘的角色。我们一直弄不清她和诗人的关系，没有人深究过，只知道如果两人曾擦出爱情的火花，也不过是昙花一现。他们的交往既不密切、也不频繁，很多话尚未说出口。在我看来，这个谜一般的女性人物，从一开始就藏在泰戈尔的诗和歌曲中。既然迦登帕莉、玛丽娜里妮和安娜普尔纳（"纳莉妮"）能跻身其中，维多利亚·奥坎波也有资格。但这并不意味着每个人都能占据相同的地位。人物一旦形成，我们不妨回想一下，"人物"这个词的本义是戴在演员脸上的"人格面具"——就变成了一件拿来执行任务的工具，一个借他人之口发言的传声筒。而在哲学维度来看，从具体到抽象，将她视作大地的母亲、宇宙中的女性或内在现实：这是诗歌中常见的情形。泰戈尔作品的孟加拉语注释家中，贾格迪西·巴塔查里亚在他的专著中，强调过个人维度的重要性，而桑科哈·高希的《奥坎波·罗宾德拉纳特》关注更多的是哲学维度。但是，针对这个话题，没有必要走极端。这些维度并非相互排斥。我们只需要懂得，她是一个概念，一个抽象概念。但抽象根植于具体，就像一株神树，"枝干伸入云天……触摸天堂"，但树根仍然扎进"古老的大地"。作用是相互的，其中的乐趣，赋予诗歌神奇的美丽。

如同拨动锡塔尔琴的琴弦，奥坎波的倩影，让泰戈尔的暮年情诗荡漾起婉转的乐音。在1932年的《最终集》里，我们能读到"无言""惧怕"，以及1930年11月7日写于纽约的《您》。最后这一首，融合了泰戈尔作品中由来已久的女性原型和那个六个月前为了追求个人的事业与他分道扬镳的女人。诗人故意用了双关语，将奥坎波的双眼比作"混沌初开时的"一道曙光，照亮了黎明和新世界。她的眼睛能看到遥远的未来（比如创办文学杂志的壮举）。她是他诗歌创作和绘画的灵感来源。最近一段时间，她变得沉默（没有来信），但她仍陪在他左右，徜徉在幽暗的暮色中（他们身在同一个半球，不同的大陆）。她熟悉的脸庞在暗夜里渐渐模糊，但她炽热的双眼永远留在他的记忆中。他希望她不要远离。只要他们在一起，就能歌唱光明战胜黑暗。读者如有兴趣，还可以查阅维斯瓦巴拉蒂版《泰戈尔文集》第15卷，读到这首诗被删掉的第一个诗节。

1933年，《任意集》出版，收录的诗配有包括泰戈尔在内的画家创作的绘画作品。可惜，我没有找到这个版本，无论是维斯瓦巴拉蒂版或是西孟加拉政府版的《任意集》，都去掉了老版本里的插图。只读诗句，缺少插图提供的线索，我只好推荐读者选择《不明》《镜子》《区别》《星云》《无意》和《再见》，尤其是《区别》。《区别》和《再见》这两首诗，最初都配有泰戈尔亲笔绘制的插图。让人好奇的是，《不明》和《无意》蕴含了《任意集》所阐释的主题，却没有注明写作日期。我还没来得及发掘这两首诗的写作背景，维斯瓦巴拉蒂版《泰戈尔文集》第十七卷没有提供任何线索。是什么时候写的？1930 年，奥坎波的自省和疏远之感，让她提笔向泰戈尔倾诉（参见通信集第三十九封），这是否激起诗人的兴致，写下那首神秘的《不和》？

1935 年的《去年的七重奏》，表现了一个恋爱过的男人的温柔、幽默和宁静心情，开篇第一首，就浓得化不开——有爱的付出、爱的礼物和爱的代价——很可能跟维多利亚·奥坎波有关。读者可以将这首诗与《东方集》的《恐惧》做个比较。

如果想在 1935 年出版的《林荫大道》集里寻找奥坎波的身影，最显著的例子是那首语言优雅的《漠不关心的人》，写于圣地尼克坦学校，日期为 1934 年 7 月底，此前，泰戈尔刚刚收到奥坎波寄来的一张风景明信片，背面还留有一小段话。过去四年，两人没有来往。1934 年 7 月 9 日，他迫不及待地给她回信（参见通信集第四十七、八十四封）。以下为这首诗的英文版，尽可能保留了孟加拉语版本的意境和意象，但在结构、韵律、节奏感等方面则难以还原。

漠不关心的人
我在凉亭见到你时，
幽香萦绕杜果树林。

不知道你为何魂不守舍，

为何将你的门紧锁。

一日，果穗挂满枝头；

你无视我捧着果实的双手。

你的眼睛对丰收视而不见。

无情的风暴吹过

金色的果子跌落。

"是我的礼物，"我说，"都躺在尘土——

愿它们在你的手中找到天堂！"

唉，你的心依旧难以捉摸！

你的夜晚，灯火全无

在黑暗的门边，我弹起鲁特琴。

我的心，和星光齐唱，

与丝弦共舞。

但你不为所动！

一只渴望的鸟，在巢中难以入眠

徒劳地呼唤失去的伴侣。

一分，一秒。

你独自躲在房间，漠然闭门不出。

月亮高悬夜空。

谁能读懂别人的心事！我愚笨的心
早已抛弃空洞的言语。
我曾寄托希望——
过去的回忆，让人泪眼蒙眬。
耳畔响起脚镯的脆声。

苍白的月亮伏在黎明的脚边
解下夜的项链。
鲁特琴弹出的哀歌，是否合你心意，
在你的梦中泛起柔波？
哪怕给你带来过一丝快乐？

这是一首动人的情诗，每一个诗节都包含带性暗示的意象。在孟加拉语版本里，节奏之美，再加上尾韵和头韵，更加强了这种暗示。73 岁的诗翁，以精巧的结构将印度传统情诗的境界发展到一个新的高度。如果说这首诗与他和维多利亚·奥坎波再续前缘有关，难道不合情理？这是相识十年后，如今的他讲述往事的方式。他从未离开过她。半步也没有。他一直用自己的方式呼唤她。1926 年，她没有去欧洲，1930 年以及之后，也未能去印度。如今，她走在前往法国的途中，从大西洋上给他寄来一张风景明信片，乞求他能寄"只言片语"到法国！她厚着脸皮向他说明，虽然之前无暇写信，但心里始终牵挂着他！十年前，当他第一次邀请她"走进花园"时，尚精力充沛，敢于踏上一段冒险之旅（"幽香萦绕枇果树林"）。1924 年，幸运的他享受过两个春季：一个在北半球，一个在南半球。在我看来，第一个诗节的最后三行是诗人含蓄的示爱举动，奥坎波也在《自传》里提过。值得一提的是，他使用的比喻，和奥坎波完全一样（"像握住树枝上的果实一样，将手放到我的一只乳房上"）。相同的方式，相同的意象，确实让人惊叹。要知道，1934 年时，奥坎波还没有开始写《自传》。她将这件事深藏在心底，像抛进萨尔茨堡矿井的那根树枝，等待结满晶体。没错，1924 年时，她无视他捧着果实的双手。她对一切视而不见，对他发出的邀请视而不见。而他则献上诗人送给一个女人的最好礼物：诗歌。他写诗，译诗，亲口歌唱，将诗集题献给她。他用这些礼物向她示爱。身为诗人，还能做些什么？他在巢中难以入眠，像求偶的雄鸟呼唤她的名字，但她宁愿孤独，躲在房内，任由良辰虚度。泰戈尔想象她缺乏爱侣陪伴，看来他并不了解情况。只是，至少在 1924 年时，她的确孤身一人，尚未与马丁内斯同居。1924 年，阿根廷的春夜，泰戈尔住在米拉尔利约，而她住在奥坎波别墅，相距不过几个街区。是的，她从未和他有过床第之欢。月亮仍挂在夜空，他仍然兴致盎然，正是千载难逢的机会。沐浴在月光下，人们可以酣然入梦，卿卿我我，求爱，交欢。然而愚蠢的她让月亮缓缓落向天边。她不能下定决心，投入他的怀抱。她毫无响应，任岁月蹉跎。如今，他已七十有三。他安慰自己，觉得自己让她快乐过，哪怕仅装饰过她的梦境。

《林荫大道》里也有一些诗读起来难掩悲伤，大概和奥坎波有关，比如《沮丧的联盟》（*Bihvalata*）、《分隔》（*Aparadhini*）、《反叛》《瞬间》《夜场》和《内向》。爱的意象，像若有若无的水声，折磨着穿越沙漠的旅人，包含这种意象的诗有《内向》（1934年9月6日）、《瞬间》（1934年9月）和《反叛者》（1935年5月）。爱的比喻，也用在泰戈尔写给奥坎波的第一封信里（通信集第二封）。当然，这三首诗，都写于诗人收到从大西洋漂来的风景明信片之后。1934年7月9日，他给她写过一封情真意切的信，但直到1935年5月，她都杳无音讯，《反叛者》一诗，是否反映了诗人难以遏制的怒火？饥渴的沙漠，被季风吹来的云团迷惑，云从头顶悠悠飘过，除了投下一块阴影，一滴雨也没有落下。《沮丧的联盟》里的沙漠意象，是否代表诗人为爱甘愿苦修——将传统扭转，扮演为了赢得湿婆的爱，山神之女乌玛苦修的角色。这样的比喻，说的难道不是他与三十多岁的维多利亚·奥坎波的关系？

翻阅《林荫大道》，还能读到一些绵绵的情歌，都是孟加拉人的最爱——比如"今夜雨声铿锵，七月的夜晚"，"我知道，我知道你向我走来，心不在焉"，"你知道我的悲伤吗，你知道吗，噢，我的朋友，我遥远的朋友"，"我似乎踏上，一条没有尽头的小路，走向你的门"——所有这些都写于7月底，诗人收到从大西洋寄来的风景明信片之后不久！

这让我们意识到，阿根廷之行后，受奥坎波的影响，泰戈尔一定创作了很多和她有关的歌曲。这是一个值得研究的课题。

1936 年的《数叶集》，读者要留意第十五首诗里的一句话。泰戈尔把自己的爱比喻为两种形式：一种像涓涓细流，温柔、舒缓、平凡，顺着一道浅浅的河沟，围绕村庄；另一种像大海，辽阔无边、浩瀚磅礴。显然，他对奥坎波的爱属于后一种。

1940 年的《单簧管》集，奥坎波的身影出现在《中号》《女人》《突然的夜》《不愿》《这期间》和第二首《玛纳斯》（写于1940 年 5 月 22 日）。我觉得，奥坎波与《最后的话》一诗有相当直接的联系。这首诗写于 1939 年 3 月 22 日，表达出十足的火气，指责那个吝啬的爱人。几天前，泰戈尔恰好收到奥坎波 2 月 23 日从巴黎寄来的信，并在 3 月 14 日给她回了信（通信集第五十五和五十六封）。奥坎波终于表示，如果印度不会受到欧洲战争的影响，她也许会踏上行程。那时，泰戈尔早已心灰意冷，他的回信读起来伤感而无奈。之前，他曾通过埃尔姆赫斯特给她去过信。但战争爆发，奥坎波始终未能出发。写于 1940 年 3 月 28 日的《希望》一诗里，诗人哀叹，当爱情迈着安静的脚步走向他时，他没有理会，以为那不过是一场梦。但当脚步声渐渐远去，他飞奔着、喊着她的名字，爱情却已被黑夜吞没，化为无形，只剩远处残烛摇曳，像殷红的幻境。这首诗后来被改编成歌曲，完整版本收录于维斯瓦巴拉蒂版《泰戈尔文集》第二十四卷。

事实上，《单簧管》集的很多短诗都有歌曲版本。有时先有诗，有时先有歌。奥坎波婀娜的身姿就藏在短诗（或短歌）里，比如《干旱》《新的颜色》《音乐品味》《难以捉摸》《上前》《影像》《供养》《暂停》《满盈》《击穿》和《歌曲》。

孟加拉人已经习惯将《最后的作品》（出版于 1941 年）里的两首诗和奥坎波联系起来。去世前几个月，诗人躺在那把从阿根廷搬到印度的扶手椅上，写了这两首诗。

当然，以上引述的内容仅供参考，绝非定论。我只是偶然间翻开这些书，寻找奥坎波存在的蛛丝马迹，就如同一个营养学家，在蔬菜和水果里寻找富有营养的"微量元素"。我的解读都以出版物上的创作日期为基础，我并没有调查过这些诗的文本历史，文字大多来自维斯瓦巴拉蒂版《泰戈尔文集》所提供的信息。我只是想指出，"维多利亚"对泰戈尔的创作存在过影响，具体的影响方式还有待未来的研究。借助本书提供的线索，其他研究者可以从中挑选一些感兴趣的素材。我觉得，就连孟加拉人也还没有充分挖掘泰戈尔在生命最后的岁月所创作的爱情诗的深邃含义。我知道我们对此认识不够，但限于篇幅，无法继续深入讨论。我想提几点，帮研究者理清思绪，看看泰戈尔和奥坎波的交往是否影响了他的思想和创作。

小说《四章节》（1934 年）的末尾，埃拉撕开衣衫，叫阿廷杀死她，而对方一动不动，像一尊僵硬的雕像。写到这里，泰戈尔的脑海是否萦绕着多年前发生在阿根廷的一幕，只是角色颠倒，泰戈尔试图向她示好，而维多利亚·奥坎波无动于衷，像一尊雕像？30 年代创作的舞剧《无尽的希望》（1936 年）、《贱民姑娘》（1938 年）和《宫廷舞女》（1939 年），是否取材于他们之间的故事？难道不是这段感情让他自信起来，重获生活的激情？他终于遇见心目中的"沙克蒂"，这个女神能以女性之爱，赋予他创作的力量。他希望维佳娅的爱，能让生命步入一个全新的阶段。他渴望再次年轻，和这些骄傲的"现代人"相处：这样的冲动，在他的晚年释放出来了吗？奥坎波没能去圣地尼克坦，却也没有收回自己的爱，泰戈尔虽然失望，但他本质上是个严格自律的艺术家，足以让这段邂逅变成永恒的灵感。就像他在另一个场合对安德莉·卡普勒斯所说的话：

对于你所生活的那个大洲的子孙，我信心全无，看不到任何价值——但我清楚，我们所爱的人，代表我们的来世。如果他们能从我身上有所得，充分肯定我的存在，记住我，我便很幸运了。"有爱就足矣"。

他已经习惯从故去的女性那里获取创作灵感，所以，天各一方、无缘相见，算不上是终极灾难。《紫荆花集》的诞生就是个例子，说明他有能力从禁欲中得到情欲，抒发自己的心意。至于这种禁欲和自我约束是否让他压抑，那是另外一回事。

我相信，与奥坎波这样的女性进行接触，除了激发泰戈尔的创作潜力外，还有助于他矫正对女权主义某些思想的反感。此前，他认为女权主义思想太过强悍。① 我曾在《罗宾德拉纳特和维多利亚·奥坎波的友谊》中讲过这个话题，此处不赘，但是，似乎

① 尹锡南译：《印度比较文学论文选译》，成都：巴蜀书社，2012年，第549页。

有一两位读者误解了我在书中表达的观点，借此机会，我想澄清
一下。有人说，我提出奥坎波的出现，是泰戈尔在思想上发生转
变的唯一原因。我从未这么讲。恰恰相反，我一直在书中重申，
泰戈尔对女性的态度以及他的心目中女性在社会中扮演的角色，
构成一个宏大而复杂的话题，需要从跨学科的角度加以研究。我
的观点，并非最终或唯一的观点。我注意到，泰戈尔的小说提及
女性问题时，语调显得不同。他关注女性的福利，同情她们的遭
遇，在各类文体中探讨女性的社会功能，虽然写得小心翼翼，态
度保守。我尝试分析他在遇见奥坎波前后的思想变化。我确实感
到，他与奥坎波的情缘是因素之一，让他面对当时的女权主义思
想时，在心理方面变得更能敞开心扉。

　　1981 至 1982 年，我撰写《罗宾德拉纳特和维多利亚·奥坎
波的友谊》时，尚无缘读到奥坎波写给泰戈尔的信，我猜想，20
世纪 30 年代时，奥坎波是否在信中向泰戈尔提过女权主义。后
来，我收集到的资料越来越肯定地印证了我的猜测：在阿根廷时，
泰戈尔和奥坎波讨论过女权主义。她从奥尔特加那里学到这些，
让身在"朱利奥·恺撒"号甲板的泰戈尔陷入沉思。除了献上自
己的爱和敬意，奥坎波更希望泰戈尔能将她视作一个知识女性。
泰戈尔和埃尔姆赫斯特都意识到她的渴求，从 1930 年开始，泰戈
尔注意到奥坎波肩负起一份真正的文化"使命"，为了履行使命，
她放弃和诗人朝夕相处的机会，始终未能踏上印度的土地。30 年
代末，他从卡里达斯·纳格、莱昂纳德·埃尔姆赫斯特以及其他
人，比如访问印度的阿根廷朋友口中，得知她在文化事业上取得

的进展。30 年代中期，如果奥坎波和泰戈尔笔耕不辍，写出一篇篇论述女性角色的文章，那就说明他们紧跟时代精神。1936 年 3 月，奥坎波参与创建"阿根廷妇女联盟"，而 30 年代的知识分子们，无论身在何处，都越来越意识到应该对妇女身上的母性持开明的态度，以对抗法西斯的观点。同样，泰戈尔 1926 至 1930 年的环球旅行，让他灵活的头脑不断浮想联翩。人与人的关系和理论化的社会概念会相互影响、相互充实。要是泰戈尔知道奥坎波持女权主义观点，将自己锻炼成了一个阿根廷的公众人物，她放弃当一个信徒追随他到圣地尼克坦的修行；但同时她又是他的朋友，称他为"师尊"。对她的坦诚、从篱笆墙的这一侧对她的观念表示支持，乃是人之常情。少年时代初访英国时，当地女孩的开朗与活泼让泰戈尔的社会观念经历了一次"解放"，写出《欧洲来信》（1881 年）。迦登帕莉·黛薇的自杀，让他开始以小说体裁探讨传统印度家庭里的女性地位。父亲的影响，让他注意到根深蒂固的社会保守主义。丧亲之痛，多年的鳏夫身份，让他变得感情脆弱，亟须女性操持家事，却又害怕承担责任。跟像维多利亚·奥坎波这样的女人交往，肯定会加深他对女性事业的了解。他的面前，站着一个"现代的"、"西方式的"、接受过良好教育的、知书达理的、美丽的、热爱自由的女人，年龄和他的女儿相当，爱他、崇拜他、熟读他的作品，泰戈尔的自信心会大增，如果他连这样的女人都不愿接受，才真叫人诧异。要研究泰戈尔在女性社会角色上的思想演变，如今的学生多了一份便利，因为萨特依德兰纳齐·罗伊编成一本文集，从书前的介绍到其他部分，都能派上用场。我在之前和此处所提到的奥坎波对泰戈尔晚年思想的影响，都源于罗伊的论文。

泰戈尔个人生活中遭遇的变故，也许不能完全通过文学作品的方式表现出来，却无意间打开了他绘画创作的大门。作画，成为情绪最好的宣泄，将隐秘的内心世界展现在世人眼前，而这一切，都始于他结识维多利亚·奥坎波之后。上述观点来自泰戈尔学院院长希那拉扬·雷。研究过泰戈尔和维多利亚·奥坎波交往资料后，我觉得希那拉扬的说法不无道理。1928 年的后半期，是泰戈尔画艺精进的时期，到 1930 年，他已经完成相当数量的画作，足以举办一场成功的画展。奥坎波的沉默进入第三个年头，与她在欧洲重逢的希望变成失望：这些隐情，难道不会聚成一条地下的潜流，将泰戈尔的心事浮现于画布之上？站在画幅前的奥坎波，看不出画家的深意，写信将自己的迷惑告知父母和妹妹。她没有意识到，正是她赋予泰戈尔的画别具一格的特色！安娜·德·诺瓦耶，泰戈尔诗歌的崇拜者，在她撰写的画展手册前言里写道：

我们读过威廉·詹姆斯的话："我们没有钥匙，打开自己的内心世界。"唉！这一声叹息，包含了多少真理，多少遗憾。

为什么泰戈尔，这个伟大的神秘主义者，中了爱情的毒，随意地释放心中的乐趣、嘲讽甚至怨言？诚然，在诗人的画笔下，美是图形和色彩的最大特征。高贵的面容，骄傲的举止，水之世界的优雅；在深蓝色的夜晚，莎士比亚作品里的爱人们似乎被关了禁闭：将我们送到一处乐园，如此真实，抹去了死亡的阴影。但有谁不惧怕这些——贪婪和情欲——塞万提斯告诫过我们？我们的心难免不安，面对这些魔鬼般的面具，倾斜着、猩红、苍白，显出侧面，像被匕首削过，看上去像使了个花招，骗过人的眼睛？但是接下来，你会兴奋地发现，有两只鸽子，巧妙地构成古怪的平衡！而那头悬在空中的羚羊，似乎正在飞翔，摆出一副诱人的风情万种的姿势，真让人欣喜和惊叹！

——泰戈尔，我更爱你，更崇拜你，因为你让我们变成富有的人，充满自信。你像是一个纯真的天使，你走在花园的沙地上，脚步悄无声息，也许只是一种想象，和无瑕的您相比，我觉得自己是个有罪过的人。

上文最后一段，安娜·德·诺瓦耶提到她 1920 年第一次遇见泰戈尔时的情景。介绍他们认识的是法国银行家、慈善家阿尔伯特·卡恩，泰戈尔曾受邀去他位于巴黎郊外的别墅做客。罗佛·泰戈尔回忆道，临别前，"她对父亲说，听他一席话，让她脱胎换骨，不再是个贪慕虚荣的人，而是他忠实的崇拜者"。1930 年，站在泰戈尔创作的油画和素描前，安娜·德·诺瓦耶似乎有些认不出自己熟悉的那个人和他的作品。维多利亚·奥坎波觉得这些画怎么样？她没有细说。虽然是她在 1924 年鼓励诗人在信笔涂鸦的基础上更进一步，还亲自安排他的第一次画展，但她却没有发表更多的针对画作的看法。也许她不够自信，觉得在绘画艺术方面是个门外汉。跟安娜·德·诺瓦耶一样，泰戈尔的画让她不知所措。她害怕画中的意象和蕴含的力量？

　　1930 年 5 月 14 日，身在英国的泰戈尔写信给奥坎波："……你本人和这次画展，和我画的那些画的关联，我一直都忘不掉。我希望能把自己的感受和你分享——但我只会开开玩笑，搪塞过去，因为我是个严肃的人，因为聊天的方式，说出来的东西毫无深度。"（通信集第四十二封）这段话足以表明，他本人很在意这些画和维多利亚·奥坎波之间存在的关联，也许他很想告诉她画面背后的故事，但在流于形式的社交场合说不出口。同样在这封信里，他写道："在西方的日常社会生活中，不可能以简单、自然和真挚的方式深入交流……我希望，我们能在印度相见。"确实，浮现在画面之上的，便是他更深的内心，如果像信上的文字所说，他对维多利亚·奥坎波怀着深情，他们之间确实只能以富有创造性的方式交流，达到关系的升华。

　　罗伊的论文，指出泰戈尔的绘画作品与维多利亚·奥坎波存在某种关联。1981 年，我在达丁顿庄园的发现首次印证了他的说法。几张泰戈尔画的素描上，是一个女性的面容，让我一下子联想到梅耶的奥坎波《自传》里配的照片和一幅奥坎波的肖像。出于慎重，我又询问我的英国朋友，作家和翻译家安娜·伯恩的意见，结论和我一样。负责管理埃尔姆赫斯特档案室的 R. L. 约翰逊先生也持同样看法，他仍记得奥坎波访问达丁顿庄园时的样子。我让他们从《罗宾德拉纳特和维多利亚·奥坎波的友谊》中挑出一幅描绘奥坎波的画，不出所料，他们的选择和我一样。"所有的画中，这一张最有西班牙风情"，他们这样说。这幅素描作于

1938年，距泰戈尔最后一次见奥坎波已有八年之久，画中人的面容让人熟悉又难忘，虽然缺少细节勾勒，但姿势和神态酷似法国摄影师吉赛尔·弗伦德1939年拍摄的奥坎波。当然，埃尔姆赫斯特最有发言权，他肯定能看出，但很可惜，没有人在他生前问过他这个问题。

这个惊人的发现证明了罗伊的假设，泰戈尔私人生活掀起的波澜，成为他痴迷绘画的直接因素。尤其是他结识了维多利亚·奥坎波。我联想到梅耶在传记里对年轻维多利亚的描述，那时是1909年，她快20岁，美貌震惊了包括印象派画家保罗·塞萨尔·以路在内的所有巴黎人——"她有一张椭圆形、带古典美的脸，微微隆起的鼻梁……一双会说话的眼睛"——美学家Prithwish Neogy认为，"一张沉思的、椭圆形的女性面容，带一双无比深情的双眼"，是泰戈尔自1930年以来的画作"主题"，前期"造型讲究，散发出乳白色的光芒"，而"后期更有戏剧性，有闪耀的前额，夸张的鼻梁，色彩浓烈，线条粗犷"。奥尔特加曾把奥坎波称作"南半球的蒙娜丽莎"，难怪艺术家们被她的面容迷得神魂颠倒！

在布宜诺斯艾利斯，我欣赏过多幅以路为奥坎波所作的铜版肖像画。画上的她妩媚动人，明眸善睐。《自传》第三卷里，奥坎波提到她1913年路过罗马时，俄国雕塑家特鲁别茨科伊打算给她做一尊青铜雕像。他跑去舞场绘制头部速写，甚至追到她下榻的酒店要她为塑像摆姿势。法妮总怀疑这个雕塑家另有企图，每次他登门拜访，她都躲在附近的洗手间，监视他的一举一动。

而在泰戈尔学院，我也看过泰戈尔的素描和油画，画中人的面容近似奥坎波，比如第 2497.16 号，一张神秘、淡蓝色、忧郁的女性面容被修女式的头巾包裹，还有第 2795.16 号，一张略显快乐、棕色的女性面容，短发贴着右侧脸庞——我还找到一册手稿（1929－1930 年），写有一句歌词（这句歌词是否与奥坎波有关，孟加拉学者意见不一），配了一幅素描，是一张异国情调的女性面容，大眼睛，头发稍短。还有歌词下方绘有一张粉红色面容的女性，露出微笑，大眼，短发。歪歪扭扭地乱涂了几句英文：

不要用你闪烁的虚情

和浅薄的爱

来挑逗我的灵魂。

冷冷地拒绝我

放逐我到无情的自由；

用可怕的绝望

让我大胆地赢得人生。

这几行字的正下方，绘有一张外国女性的面容，双目低垂，秀发贴着左右脸庞。我还读到："你帮助我在无聊的日子里航行/越过漫长的时辰/珍惜你的言笑带来的简单快乐"，也附了一个女性的身影，自腰部向上，露出侧脸。

1986 年，在伦敦巴比肯美术馆举办的泰戈尔画展上，一幅女性肖像引起我的注意，让我马上联想到维多利亚·奥坎波。画面上的女子，有一张悲伤、椭圆形的脸，动人的眼睛，赤裸的手臂。我回忆起在她的《自传》草稿上读到的句子："每天，他都亲吻我的前额或面颊，并握住我的一只手臂说：'好冰凉的手臂啊！'"

我并没有把奥坎波对泰戈尔的影响，简单概括为频频出现在画中的女性面容。我认为，这个一般性假设言之有理，也就是说，她的影响之所以关键和重要，是让泰戈尔的潜意识涌出意象，似乎打开了他的心门。这些门常年紧闭，而他也鲜少在文字里袒露自己的心事。泰戈尔书中描绘的面容，如日神阿波罗般壮美，但画中的面容，按照雷伊的观点，如酒神般"原始怪诞"。画面背后的那个人，面部轮廓毫无"几何对称"，一张脸"粗俗、沉重、模糊、冲动般颤抖"。看着这些画，我们似乎在一个黑暗世界摸索，"走近一团深绿，像密林深处，永远照不到阳光的植被"。这些脸，这样的主题，是心灵的骚动，显现在画中。

站在泰戈尔的画作前，我们似乎身处一片浓密、黑暗、令人窒息的丛林，林间住着珍禽异兽和原始人。我想知道，画面的背后，是否包含泰戈尔对南美的向往：一方面是念念不忘的维多利亚·奥坎波，另一方面是原始粗犷的南美大陆。他曾痴迷 W. H. 哈德森笔下的南美风情，却从未有机会亲身探寻，因为人们告诉他，那样的南美早已消失。在文学作品里，泰戈尔喜欢描绘孟加拉的一草一木，很少提到异域的蛮夷风貌，而他用绘画的形式，创造出一个不熟悉的世界，那里有人和动物，奇形怪状的鸟类、野兽和花草，有蓓蕾、鸟喙、利爪、尾巴和硕大的鼻子。这片黑黢黢的丛林埋伏着怪异的动物，眼睛在暗处发光：这些想象，难道不是受了哈德森作品的启发，比如《巴塔哥尼亚悠闲时光》《绿厦：热带丛林罗曼史》《紫土》《遥远的地方和悠久的过去：我的早期岁月》《普拉塔的博物学家》和《博物学家之书》? 爱上一个南美女人和爱上野性难驯的南美丛林，两者难道没有必然的联系？（泰戈尔也读过凯泽林的《南美冥思》，书中强调了南美人原始的心理特征。谁知道这本书对泰戈尔的潜意识有没有造成影响？他一度对这本书赞不绝口）

跟哈德森一样，泰戈尔有段时间也向往自然，他游历孟加拉的山水，打理自家的农庄，写出《金船集》，写出很多主题跟乡村有关的短篇小说，以及书信集《破碎的叶子》。这期间，他对自然的感情走向成熟。正如哈德森在《巴塔哥尼亚悠闲时光》中所说：

……真正走进我们的灵魂，成为心灵一部分的，是身旁的环境——在未知的远古时代，我们生于野性的自然，为野性的自然而生。这成就了后来的我们。没错，我们非常适应这个环境，创造一切，和谐共存，虽然旧貌已被新颜所取代，但相比之下，过去更加和谐。如果我们还能回忆得起生活中最甜蜜的瞬间，不管令人欢喜或是伤感，是自然亲近我们的时刻，她对我们一视同仁，奏响一曲古老的旋律，如今已很少听闻。

这段话与《金船集》里《大地》一诗的意境相仿。凑巧的是，《巴塔哥尼亚悠闲时光》1893 年在伦敦出版，而《大地》完成于同年年末。我不知道泰戈尔写出《大地》时，是否已经买到这本书。反正，到1896年时，泰戈尔的手边有了这本书，现在还静静地躺在圣地尼克坦学校。泰戈尔崇拜哈德森，原因很可能是他觉得两人对自然持相同的观点。《大地》里的确提到阅读游记文学，在当时，这是一种流行的文学体裁。对自然的尊重，是浪漫主义诗人偏爱的主题，比如华兹华斯的诗，写这类诗，泰戈尔也游刃有余。

维多利亚·奥坎波也引用过哈德森《遥远的地方和悠久的过去：我的早期岁月》中的文字，表达她初识泰戈尔时的心情。哈德森写了自己小时候，月夜时站在参天大树前所感受到的震撼：

有时，我会产生一个念头，并以自己的方式实现。我会独自偷跑出家门，头顶是一轮满月，静谧不动，我来到几棵大树前，凝望着被月光镶上银边的深绿色树冠，此刻，一种神秘感油然而生，让人先是喜悦，继而恐惧，恐惧感越来越强烈，叫人难以承受。我赶快逃走，逃回现实世界，逃进家门，那里有灯光和我的家人。

奥坎波引用的是西班牙语译本，她说，哈德森童年时的感受，自己也曾经历过，后来又以另一种方式再现，她遇见"如大树般伟岸的泰戈尔，时远时近，罩上一层神秘的美感，靠近他时，让人既兴奋，又交织着畏惧和眩晕之感"。将人比作树，对奥坎波来说不新鲜，也并非只针对泰戈尔。比如，她曾将自己比作"柔软的芦苇",称法国诗人瓦莱里为"那棵大树",称舞蹈演员尼金斯基为"一棵能动的树,终于挣脱了根的束缚",还将沃尔特·惠特曼比喻为"一棵巨树,扎根于此,树荫却遮盖他处"。维多利亚·奥坎波对所谓的"树"的个性很敏感。所以她才会对哈德森的描述记忆犹新。她自然而然地在泰戈尔和哈德森之间找到关联。如果奥坎波能借助哈德森的文字了解泰戈尔,那泰戈尔是否也能通过同样的文字了解奥坎波呢?泰戈尔对树的理解跟哈德森一样,充满神秘和美的意象:我记起保存于泰戈尔学院的藏品 1867.16 号,绘有伞状的树,以及天空和水流;藏品 1868.16 号,绘有夜幕下的树、河流、远处的森林与山,都沐浴在金色的霞光中;藏品 1871.16 号,画面主体是两棵黑色的大树;藏品 1873.16 号,三棵黑色的树在蓝色天空映衬下,宛如一幅剪影。

1912 年,泰戈尔在英格兰和哈德森见过面。泰戈尔之子的回忆虽然比较笼统,却能提供一些线索,说明泰戈尔对自然、哈德森和那个让他黯然神伤的女人三者之间是否存在彼此交错的关联。

在所有的当代英语作家里,父亲最崇拜 W. H. 哈德森。多年前,我和妹妹还不太懂英语,父亲就会给我们念哈德森的游记作品。他最喜欢的书是《普拉塔的博物学家》和《绿厦;热带丛林罗曼史》。罗森斯坦也崇拜哈德森,于是安排父亲和他会面。我们没去,但父亲回来后,绘声绘色地给我们描述这位作家的模样,让我们感受到他的作品里对自然的真挚感情。哈德森爱听音乐，娶了一个杰出的女小提琴家为妻。以前，她每次演奏都让他感动。但婚后，妻子不再拉琴。哈德森很失望，但他仍然爱她，在她因病失去自理能力后，精心照顾了她很多年。他不求回报，尽到一个丈夫的本分，这样的人现在已经很鲜见。见过这位作家后，父亲对他的好感倍增。

泰戈尔的画作里，常有一男一女对视的画面。女性角色也许代表奥坎波。泰戈尔学院保存的藏品包含：2495.16 号，在诗意、缠绵的氛围中，两张苍白的脸衬着一轮黄色的月亮；2496.16 号，深色背景上有散发光芒的身体轮廓，一个椭圆脸庞的女人，短发，神情悲伤，把她的头靠在男人的左肩，男人的左臂靠着椅子扶手，头顶帽子的阴影投射在他身体右侧，双手紧握，似乎正试图对女人说什么，对方却毫无回应；2594.16 号（1986 年在伦敦展出时，名为《爱人们》），背景为深色，两个深色的头部侧影彼此远离，大鼻子、短头发，女人的脸上有一抹粉红，抬起头望着男人；3301.16 号，两张脸隐隐浮现，在深色背景里露出亮色的侧影，彼此分开，女人低着头，抬起眼，直视男人，男人脸上隐约能看到胡须；3304.16 号由两块深色区域构成，每块区域里有个几乎难以辨认的人影，是一男一女，凝视对方；3307.16 号作于 1929 年，印度历 1 月 9 日，一对男女彼此相望，白色剪影般的身体衬托于深色背景，两人之间有一块深色、散发微光的区域。在上述作品中，画面主调均为深色。除了第一幅，画面被黄色的月光照亮（尽管如此，这仍然是一幅夜景），每幅作品上都有一对男女，站在浓重的夜色中，几乎要被暮霭吞噬，他们之间有一种难以名状的紧张感，一道难以弥合的沟壑，两人似乎有难言的苦衷。

在泰戈尔学院欣赏泰戈尔的绘画作品时，还有一个深深吸引我的主题，即为人像遮风挡雨的家具。我猜，这个主题与奥坎波送给他的扶手椅，以及两人对家具开的玩笑话有关。还记得吧，波德莱尔的作品曾一度不入泰戈尔的法眼，被戏称为"家具诗人"，直到乘坐"朱利奥·恺撒"号航行途中，安逸地躺在奥坎波送的扶手椅上，他才真正理解波德莱尔的"家具诗"的真谛。奥坎波也希望这把扶手椅能传递她的爱。由此推断，泰戈尔画中的家具有特殊的重要性。

带家具主题的画能分为几大类。例如，"男人和家具"：2041.16号上能看到一艘小船，载着一把椅子或躺椅，造型模式化——让人联想到埃及艳后克丽奥帕特拉的平底船和空无一人的宝座——男人头戴尖顶帽，站在船头，仿佛泰戈尔正领着奥坎波的扶手椅劈波斩浪（画面也许是泰戈尔对波德莱尔《邀游》一诗的理解，他和奥坎波曾聊过这首诗）；2610.16号，一个男人坐在椅子上，表情惊讶，带幸灾乐祸的蔑视；3310.16号，一个陷入沉思、留着胡须的人，酷似泰戈尔本人，躺在沙发上（背景为深色）；1969.16号，一个严肃的男人戴一顶尖顶帽，留着胡须，样子像一位忧郁的苏丹，身披绿袍，四肢伸展躺在一把红色沙发椅上；2702.16号，一个男人坐在椅子或一位国王坐在宝座，人和坐具几乎融为一体，造型抽象，面露一丝幽默。此外还有

2522.16号，画面和1969.16号相仿，一个人躺在沙发上，性别难辨（尽管从脸部线条看，也许是女性），身体包裹起来，像一具木乃伊，只露出一张脸，看上去如一个孤独的、被人遗弃的枕头，表情哀怨；2202.16号，布局近似2702.16号，更独具一格，与其说是人和椅子，倒不如说像一条龙和一把椅子。

也有一些画上能分辨出女性角色。例如2544.16号，背景为深色，有一个佩戴珠饰的女人，坐在椅子或凳子边缘，身穿一条长裙或纱丽，身体形如一把椅子；3388.16号，一个沉思中的女人，椭圆形脸庞，面部轮廓略显生硬，表情严肃，坐在椅子上，左手搁在腿上。女人坐或卧的造型是视觉艺术常见的主题。现存最早的泰戈尔的素描作品，编号3374，画面为一个女人斜靠在躺椅或床头，大概完成于1895年。画中人如女神或仙子，倚靠一块斑斓的海螺，模样明显是个长发的印度姑娘。阿根廷之行后，画中频频出现女性形象，如2553.16号，黑暗的背景上有个身影垂着头，坐在船形沙发上，在我眼中，沙发的样子像一只嚎叫的狗；1979.16号，女人靠在或者躺在一把长椅或躺椅上，椅子看起来像一头奔跑的动物，既像斗牛犬、牛，又像马，女人的后背悠闲地倚靠动物的脖颈和背部（动物似乎将女人驮在背上，奋力逃跑），她将衣裙脱到腰间，摆出一副乞求的样子；2560.16号，一个像椅子，又像半人半兽的东西正警觉地移动，腿上坐着一个蛇形的女人。上述作品中，艺术家似乎将自己化身为椅子。令人费解的是2567.16号，暗处有闪耀微光的身影，一个无头裸女位于画面一侧，靠着一把宝座形状的椅子，她分开淡蓝色的双腿，双脚踩在脚凳，右侧摆放一盏灯：她的头原本在画中，后来被抹去，面对她的某个人形也被涂抹掉了。（我们能否将这幅画，与保存在圣地尼克坦的维多利亚·奥坎波照片被涂抹的脸部联系起来?）至于画中动物造型的椅子，1941年3月26日，泰戈尔的确写过一首跟维多利亚·奥坎波的椅子有关的诗，赋予其生命：它的胸中有说不出的绝望，比悲伤还要悲伤，四处搜寻，却不知主人身在何方。长久以来，诗人潜意识里保存的这个意象，终于在他重病缠身、即将告别人世之时，清晰地浮出水面。

另一组画上是家具和多人造型。2596.16号上，男人靠着一把装饰华丽的椅子，旁边似乎有一架打开琴盖的大钢琴，女人正给就座的人打扇。2334.16号上有四人，均以线条勾勒而成：正中为坐在椅子上的女人，另一个女人跪在她面前，把头贴着对方膝盖。坐者用左手摸着跪者头顶。在坐姿的女人跟前，还有一个站立的女人，像手握工具的仆人。一个男人坐在坐姿女人背后，下半身几乎和椅子融为一体，像山林之神萨堤。2007.16号中，深色背景能看到一个女人斜靠在沙发脚旁，沙发的样子像黑色的鬼怪，包裹得严实，亦真亦幻，既像一具尸体，又像女人想象出来的某个动物。（1986年，这幅画在伦敦展出，名为《照料病人的女人》）惆怅的情绪弥漫在1980.16号，画面中有两个人，相对而坐，手臂和膝盖彼此交缠，左侧的人屈身趴在右侧的人膝盖上，像是在投降或恳求，背景是一把扶手椅的上半部，右侧那人的样子也像一把椅子。

有趣的是2603.16号，由三块区域构成，两块包含舞蹈的人

体，第三块里坐着一个人，遮住他或她的脸，人的形象模糊，椅
子却很清晰。画面像一个谜，而谜底是：在他的潜意识里，维多
利亚·奥坎波赠送的扶手椅已经变成一件特殊的家具，蕴含强烈
的情感甚至色情联想，是一个象征——象征她的爱，这种爱呵护
着他，像一把舒适的躺椅或扶手椅，像她的怀抱。"深陷"在她送
的扶手椅里，他终于理解《邀游》一诗的"抒情意义"，她希望他
通过这把扶手椅，体会她的爱的"抒情意义"，哪怕只是"小部
分"。我们不禁要问：一把舒适的扶手椅，能代表爱情的哪些方
面？答案是：相互支持、亲密和融洽，如一个安逸的鸟巢，容纳
两人蜷伏在一起，彼此依偎。所以，椅座变成一次旅行的邀请，
梦一般的旅行，任大脑展开天马行空的想象。在想象中，他有时
坐在椅子上，孤独悲伤；有时一个女人坐在椅子上，神情忧郁。
泰戈尔画作中的意象，也出现在他写于 1941 年 4 月 6 日的诗里，
收入《最后的诗》。看来，临终前的诗人，仍挂念着这把从阿根廷
漂洋过海来到印度的扶手椅：

可能的话，再一次，我愿找到那个座位，因为坐在上面，
我就能听见从异国土地传来的信息。

消逝的梦再次聚在眼前，轻声低语，为我建起一个巢穴。

我回忆起那些快乐的瞬间，让梦醒的人品尝甜蜜，让竹笛
再次奏响旋律。

在春天的芳香里，它等在窗前，伸出手臂；夜半时分，脚
步声将从寂静中传来。

我的耳畔会响起心爱女人的情话，她从异国给我送来这个饱含爱意的座位。

我的心头会牢记那个女人的嘱语，我听不懂她的语言，却读得懂她的眼睛。

这首诗，以及 3 月 26 日写的诗（椅子上空无一人，看起来比丢失了主人的狗还要悲伤），说明诗人的内心，与奥坎波赠送的这个礼物已经结下深厚的情谊。从某种意义上，这把椅子可以视为它遥不可及的赠予者，它成了她的代表和替代物。① 与此同时，他和椅子之间也存在隐含的关联。空无一人的椅子，既像丢了主人的狗或失去男人的女人，也像失去女人的男人。作为全心托付和亲密无间的象征，这把椅子当然代表彼此相爱。椅子载着他，就像她托起他一样。坐在椅子里，他立刻会在幻念中想起她，在思想中将她拥住。② 画面中，当扶手椅变成一把长椅，性爱的意味变得更加突出。所有这些关联形成一个奇妙的循环，幻化为种种象征。众所周知，过去的珍贵记忆虽然深埋在心底，往往会在临终前鲜活地浮现在眼前。也许泰戈尔正是出于这个原因，才写出那两首诗。画中的意象——不仅包括扶手椅或长椅，还有其他从潜意识里钻出来的意象——反映出诗人的记忆、向往与幻想。在他一生中，还有什么时候比现在更需要依靠绘画的形

① 尹锡南译：《印度比较文学论文选译》，成都：巴蜀书社，2012 年，第 537 页。
② 同上。

式（相比文字，图画更形象直观）——以古老而神奇的方式，让
1928 至 1940 年变得充实。对于画中奇怪的意象，美学家普里斯
韦西总结道：

展开的缎带，一群群花鸟，不知名的古代野兽，讥讽的小
鬼，扭曲的原始爬行动物，怪物般的巨物，奢华家具上的色欲
裸女，不太真实的主人公仿佛在出演一幕情节剧，狂热的朝圣
者踏上未知的路途，探寻永恒而浪漫的梦幻屋，往事和爱侣出
现在画中，剪影般灿烂的夜景，残忍的场景，悠闲的步道，熟
悉的风格、人物和面容，讥讽的面具，恐惧的面具，权力与荣
耀，精致、椭圆形的脸，安静的嘴唇，锐利的眼神。所有这些，
像彩虹一样闪烁光芒。

作为撰稿者之一，不知这册文集出版后，奥坎波是否收到过
出版社寄来的赠阅本，读到这篇评论泰戈尔画作的文章——我在
奥坎波别墅见到过一册，如果有，她会如何理解这些意象？

十九

　　罗宾德拉纳特·泰戈尔对维多利亚·奥坎波的生活和创作的影响，在之前的篇幅，我们已讨论了不少。奥坎波的作品大多带有自传的特色，核心是个人的陈述。她从泰戈尔那里学到的东西以文字形式流传下来。我们探讨过这些陈述这样或那样的关联，她对泰戈尔的认识，也经历了发展和演变的过程，从第一次翻开《吉檀迦利》到逐渐成熟，承认他对她造成的影响，并写出《泰戈尔在桑伊斯德罗峡谷》。在接下来的段落里，我将尝试用更多的细节填补空白，指出泰戈尔对她的影响，而她或没有意识到或不愿提及。

　　奥坎波对泰戈尔的崇拜与当时的文学氛围有关，人们热衷于发掘外国作品的价值，希望从中汲取世界各地的文化养料。她会几种语言，眼界宽广。她觉得身为知识分子，应该掌握几种语言，才能看出不同译本的泰戈尔诗歌中存在哪些差异。遗憾的是，她不会孟加拉语，无法像读莎士比亚、雪莱、济慈、拉辛和但丁的作品那样阅读泰戈尔，如果她学会孟加拉语，一定能写出更有深度的评论文章，成为一个优秀的译者。但她认为诗歌无法从源语译成目的语时意义不受损失，莎士比亚作品如果遇上糟糕的译本，读者也不会买账。结识泰戈尔，跟他交谈，让这个聪明敏感的女人领悟到泰戈尔作品译本所损失的内容，以自己的机智和猜测补充完全。她会讲英语，能和他用英语交流。她有幸免受英国殖民文化的影响，不戴有色眼镜看待泰戈尔的作品。她抛开政治因素，认识泰戈尔身为一个诗人的伟大之处。如果读者们向他敞开心扉，他不但能感动他们，还能赋予他们丰富的哲学视角，启迪、安慰、滋养和帮助他们。

奥坎波坚持认为，我们与伟大文学的关系是相互滋养。在文学品味方面，她偏爱19世纪末和20世纪初的作品，反感后来流行的"为形式而形式"的思想。1968年她78岁时，还写过一篇文章，阐述自己在文学创作方面的成熟观点：

新小说派的旗手之一罗布·格里耶曾在一次访谈中声称："我无话可说。我要创造形式。"要是画家或雕塑家这样说，我理解他们的做法。但要是作家也这么说话，坦白地讲，我无法理解他。我完全不能理解，如果一个人无话可说，如何写得出。当然，有些事难以表达，找不到恰当的形式，除非创造一种合适的形式，除非利用形式，否则便无法问世。在艺术方面，不依靠形式表达内容的可能性并不存在。但我的意思是，没有内容，何来形式。罗布·格里耶先生对我们说，他无话可说，那他要么是在骗自己相信谎言,要么是在骗我们,给我们一个貌似真实却空洞的形式,毫无意义,就像玩具店的玩具。没错,我知道玩具能逗人发笑。一个能喊"爸爸"和"妈妈"、眨眼睛、头戴发卷、上了发条还能走路的玩偶并不能讨嗷嗷待哺的婴儿的欢心,孩子会长大,从童年到青年,从青年到成年。

对奥坎波来说,真正的文学像人类的孩子,能从"内在"成长,像"一个活的生命体":"文学必须从我们身上得到生命,因为文学带给我们生命。我们受文学滋养,也滋养文学。"正因为泰戈尔的影响,因为他的观点、意象和比喻在她心头落地生根,伴随她的成长而枝繁叶茂,他能够照亮她的存在,带领她从虚幻世界走向现实世界。

在最初阶段,她视泰戈尔为同时代伟大的诗人和思想家,充分领略到印度文明的魅力,后来,在相互借鉴的过程中,她对他的了解和崇拜与日俱增。泰戈尔为她打开印度的大门,她读得越多,眼界越开阔,对他的理解越深刻。与此同时,她掌握到新的技能,在各个领域施展拳脚。1925 年底,她谈到泰戈尔时,我们欣喜地发现,她运用了一个典型的印度词汇:"正法(dharma)"。萧伯纳曾在《圣女贞德》的前言中写道,为什么像阿纳托尔·法朗士这样的人无法欣赏圣女贞德这样的人物:不是因为阿纳托尔·法朗士属于"反贞德派",而是因为他向来"反对教会,反对神秘主义,不相信真实出现过贞德这样的人"。他无法想象。奥坎波觉得,西方人面对诗人泰戈尔时,也存在类似的不理解,甚至处境更糟糕，因为反教会派和反神秘主义的人都将他当作攻击的靶子。艰难之时，"正法"前来相助。她说，我们每个人都依靠不同的正法而活，贯穿一生。阿纳托尔·法朗士的正法，不允许他欣赏圣女贞德。她受这个概念吸引，因为正法让一个人理解和宽容相左的观点，不斥责和怨恨他人。参与奥涅格的清唱剧《大卫王》在布宜诺斯艾利斯的首演后，在一次社交聚会，她遇见一个有名的埃及学家兼音乐家。她兴致勃勃地问他，觉得《大卫王》一剧怎么样。"说实话，夫人，"他告诉她，"音乐很难听。"正法立刻发挥作用，成为遮挡她怒火的"盾牌"。指挥安塞美跟对方争辩了好一阵，而在奥坎波眼中，这样的争论与艺术无关。（她也没能说服泰戈尔欣赏波德莱尔的诗）她谈论泰戈尔，并非要说服别人或解释他诗歌的意义。她的作用只是让听众呼吸诗里的芬芳，就像人们嗅到花的香气，希望他们的正法能帮助他们欣赏。

通过泰戈尔的作品，她对印度有了全新认识，顺便还多了一个崇拜对象——甘地。这两个印度土地孕育的天之骄子，在诸多方面存在诸多不同，却同时吸引她的注意力，尽管从气质上讲，相比政治家，她更喜欢诗人兼画家。她对甘地并非盲目崇拜。她不赞同甘地所主张的禁欲生活，却又为他深深折服。他是世人的道德模范，也是非暴力运动的倡导者。她的正法，允许她欣赏两位性格迥异的伟人。奥坎波写过许多评论甘地的文章（部分片段收录于我的《罗宾德拉纳特与维多利亚·奥坎波的友谊》一书孟加拉文版本中），她对甘地的见解值得另文详述。甘地的精神非但没有过时，随着岁月流逝，反而更加发人深省。她说过，她的朋友奥尔德斯·赫胥黎对甘地的态度，经历了从冷漠到崇拜的转变。甚至到 1974 年她 84 岁时，还撰文将甘地的名言和索尔仁尼琴的话相提并论，称赞个人的努力和道德追求能让世界变得更好。她还借报纸专栏奋力回击那些攻击甘地德行的人。泰戈尔和甘地让她意识到，对像她这样的西方人来说，印度是能够到达的精神国度。朋友安德烈·马尔罗将印度或亚洲视为"他者"，她却不这么认为。印度帮助她认清自己的真实身份，在人生的高度和深度上发挥潜能。甘地教会她基督教福音的意义，《吉檀迦利》将她引向《薄伽梵歌》，继而领悟圣十字约翰的伟大。印度人帮她重新发掘西方文明的优势，体会多元文化背景下的思想共核。

奥坎波与泰戈尔在观点、性格和爱好上的相似之处，以及泰戈尔对她的影响，体现在她 1941 年的文章（收录入《证词》第二卷）、《自传》第四卷和《泰戈尔在桑伊斯德罗峡谷》一书。两人都热爱自然、森林、阳光和旷野。泰戈尔对阳光和旷野的爱源于孟加拉的乡村，奥坎波则源于阿根廷的高原。（泰戈尔画作中的阴暗主色调，与他在文字里对光明的描写形成强烈反差）青年时代，他们都喜欢莎士比亚作品洋溢的热情。至于宗教，泰戈尔认为其来自于内心深处，来自于苦难，而不是外部的经文和宗教机构。奥坎波也有同感。他们都倡导人类自由。出于这些原因，难怪泰戈尔对奥坎波的一生影响巨大，让她意识到，泰戈尔的印度，跟她熟悉的帕斯卡尔的法国和美洲一样近。

当然，两人的交流不可避免存在偏差。在她描写泰戈尔的书中，奥坎波将他们之间的关系定义为"单向"交流，因为她至少

读过他的书，从书上得来的知识，经她在同他的直接接触中得到
补充，而泰戈尔对她几乎一无所知，完全出于直觉。1924 年，站
在他面前，她语塞得像个羞怯的年轻人，张不开口。（她出版了一
些东西，但他看不懂西班牙文）深入研究过两人这段交往后，为
了替泰戈尔说句公道话，我必须指出——尽管奥坎波没有因为她
口中的"单向"交流一事埋怨泰戈尔，但交流不畅的原因不单是
1924 年他们见面时，她说不出话来或他看不懂法文和西班牙文，
而是因为在那样一个特定的阶段，奥坎波出于种种原因，不愿透
露自己的私人生活，她不知该如何面对泰戈尔，没有将两人的关
系更进一步，变得更亲密。从她用英语写的书信来看，她的英语
水平不错。但 1925 年后，她不再给他写信，以便让两人之间的对
话深入。她没有前往圣地尼克坦学校，也是无法展开交流的重要
原因。要是去了的话，泰戈尔无疑会跟她交谈甚欢，因为圣地尼
克坦的环境让他轻松自在。要是她能去，能住下来，在他身旁待
一段时间，他肯定会更好地了解她。特别是在奥坎波的早年，朋
友圈外的人很难与她相识相处。在她身上处处是禁区。有些心事
她不会告诉任何人。如果不知道这些细节，一个局外人根本无法
理解她的个性。这就是为什么住在桑伊斯德罗时，三人产生如此
多的误解。综合考虑如下因素——她的冲动、对知识的渴望、羞
怯、退缩——她注定会成为旁人眼中的一个谜。就算我们承认两
人的交流存在"单向"性，但奥坎波一方也存在理解上的问题，
有些问题情有可原，有些则不然。《泰戈尔在桑伊斯德罗峡谷》一
书中，就在提到她和泰戈尔的交流是"单向"交流之前，奥坎波

写道："'我认识你，异国的女人！'是他的诗集《夜晚的旋律》里的诗句，刚到阿根廷，他就把诗译成英文送给我。"但这其实是一句歌词，孟加拉语为"Ami chini go chini tomare, ogo bideshini"，跟《东方集》无关，写于 1895 年。奥坎波曾注意到这个破绽。1952 至 1953 年，她写的《自传》第四卷在她去世后得以出版，里面也引用了同一句歌词，附带评语："他的青年时代，从此伴着歌声。"但为何 1958 年她完成《泰戈尔在桑伊斯德罗峡谷》时，仍然将这句歌词归到《东方集》名下，我百思不得其解：显然，她本人也有些糊涂。住在桑伊斯德罗期间，泰戈尔很可能将这首歌译成英文，念给她听过，而她把这首歌和另一首诗《客人》（*Atithi*）混淆，他的原话是"女人，你给我的流亡生活带来温柔的美"，这才是他到桑伊斯德罗后献给她的诗，后来收入《东方集》。在这首诗里，女人深情地对客人说："我认识你"，而凑巧，正是奥坎波想要表达的观点——她对他的认识更深！在某种程度上，泰戈尔也了解她！从一开始，在广场酒店，她对他说第一句话——就算她说不出口，她动人的双眼也能传达心意——"我认识你，我了解你，我仔细读过你的书！"对这些话，泰戈尔肯定习以为常，世界各地的粉丝和崇拜者都会这么讲。我举出这个例子，只为提醒读者，当语言不通，依靠译文展开交流时，很容易出错，将事情混淆。奥坎波本人似乎低估了这些错误，让错误影响了她的理解。诸多因素，最主要的是她不会孟加拉语。"你以为知道了全部，事实却非如此！"埃尔姆赫斯特曾徒劳地跟这位胡搅蛮缠的女士交流。泰戈尔虽然自信满满，却有很长一段时间连他心目中

388

"维佳娅"的姓名都拼不正确——我在布宜诺斯艾利斯档案馆保存的信封上看到过——有的拼作"OCampo",有的像爱尔兰人拼成"O'Campo"!有一个信封上,姓倒是写对了,名却变成意大利式的"Vittoria":也许信上的地址出自他人之手。直到1936年,泰戈尔终于才把她的姓名写正确!

在日期方面,《自传》第四卷谬误不少,比如不止一次把1924年11月写成10月,这多半是作者粗心忽视所致。仅凭记忆来写,很容易犯这样的错误。后来,她事先翻阅了报纸,准确性大有改观:1924年10月,泰戈尔尚未踏上布宜诺斯艾利斯的土地,要写记忆中10月的事,就得读11月份的报纸。但随后,她又把某些日子记混。起初,我以为《自传》第四卷里的月份错误也许由其他原因造成,因为好几卷《自传》都出版于她去世之后,但看过保存在布宜诺斯艾利斯档案室的法文原稿,我发现是奥坎波本人犯了错,编辑当了替罪羊。

但这些还算是小错。如果引用时没弄懂原文,很容易深陷泥潭。《自传》第四卷里提出"我认识你,异国的女人"这句是泰戈尔青年时代创作的歌词后,奥坎波继续写道:"在桑伊斯德罗,他重拾这个主题",为了证明她的观点,引用了八行诗,均为西班牙语译本,她说这首诗出自《东方集》,还说这是"他最后一本书,题献给我,尚未译出"。但她引用的诗行并非出自《东方集》。事实上,这是一首写于1919年的歌曲,收录于泰戈尔歌曲集《吉塔毕坦》第二卷。奥坎波的错误,仍然留在存于布宜诺斯艾利斯档案室的打字稿上,开头八句歌词从英语译成了西班牙语:"她像是

在你鲜花盛开的花园

我的晨星/站在夜幕之后……"标题"晚星"是奥坎波亲笔添上去的。泰戈尔学院存有一份英文版。从圣地尼克坦将这几行文字寄给维多利亚·奥坎波的人，并没有告诉她是几句歌词，她误以为这是《东方集》里的诗，是泰戈尔来桑伊斯德罗后写给她的。

还没翻过几页，又遇上一个和泰戈尔的诗相关的错误。《自传》第四卷收录了泰戈尔致奥坎波信的西班牙语译文，还将泰戈尔的《客人》和《担忧》两诗从英文译成西班牙文。作者给这个部分添加的前言是："人生的傍晚，我外出寻找那颗星/为她献上我的泪水。"她说引文出自"1925 年在加尔各答出版的《夜晚的旋律》"，并附西语译文。显然，奥坎波觉得这两句与她有关。但实际上，这几句来自《东方集》中《最后的献祭》一诗，唉，跟维多利亚·奥坎波毫不相干，写于 1924 年 2 月或 3 月，泰戈尔来桑伊斯德罗之前。全诗虽然含义隽永，最直接的描绘还是那一颗星，这颗星在黎明时让诗人振奋精神，在黑夜中寻找光明。诗人们最擅长玩这样的文字游戏，所以才被柏拉图逐出"理想国"。这首诗的灵感也许来自诗人刚刚结束的中国之行，那是一块"晨星"映照的土地，从那里，他走向人生的傍晚！如果可以将意大利比作一位"女王"，就像《东方集》最后一首诗说的那样，那么中国确实是一颗"晨星"。如果画面背后藏有一个女人，是在 1924 年 2 月或 3 月间，那她不可能是维多利亚·奥坎波，尽管这本诗集是泰戈尔 1925 年题献给她的。诗中包含自我实现的预言，诗人们最擅长此道。

这个错误来自于《最后的献祭》一诗的英译版，是别人给奥坎波的。在布宜诺斯艾利斯的档案室，我找到两篇诗稿，笔迹相同，写在便笺上，便笺页眉印有"大阪商船会社（O. S. K. Line)"字样。一首是《客人》的英文版（和诗人的译本不同），另一首是《最后的献祭》（"一颗星，在黎明时分/跟我耳语……"）。手稿末尾写到，这两首诗来自《东方集》，1925 年出版于加尔各答。不知是谁送给奥坎波这份英文版的《最后的献祭》，也不知对方有没有告诉她，这首诗创作于泰戈尔来阿根廷的几个月前。不会孟加拉语，不能读懂原文和文末注明的日期，让她落入陷阱，误认为这首诗和她有关。

奥坎波最严重的错误，莫过于声称《东方集》是泰戈尔的"最后一本书"。最后一本？她不是在开玩笑吧？她应该清楚，至少在 1925 年后，他还出版了《人的宗教》，记录他 1930 年所做的"希伯特演讲"。单单看一眼孟加拉语的创作年表，就能看到从 1925 年《东方集》出版到 1941 年 8 月泰戈尔去世，作品标题足有 65 条之多。也许她说的是最后一本诗集？但这也说不通。65 个条目里，22 个是诗集或歌曲集或兼而有之。两部诗集在他去世后不久出版，其中包含他走向生命终点的途中创作的诗歌，还有三部在 40 和 50 年代相继出版。我提到过，泰戈尔在人生的最后阶段仍然保持旺盛的创作活力，我也分析过奥坎波的身影藏在哪些作品里。但维多利亚·奥坎波真的认为泰戈尔从 1925 年开始，在他生命最后的 16 年，会放弃写诗？如果是这样，她就犯了一个天大的错误。

我不明白她为何会犯这样的错。没错，她从未踏上印度的土地，也不会孟加拉语。但她并非消息闭塞。不管她在 1961 年前怎么想，读过印度文学院在同年出版的《泰戈尔百年诞辰卷》附录部分厚厚的作者年表后，她应该纠正自己的错误。她是撰稿人之一，难道没拿到赠阅本？还有，她肯定读过克里希纳·克里帕拉尼的泰戈尔传记（1962 年出版），因为书中有关她和泰戈尔的内容，被译成西班牙语收入《自传》第四卷，她熟悉这些，为何还要坚持泰戈尔在生命的最后 16 年间才思枯竭的说法？泰戈尔一生都坚持创作，从未懈怠。如果奥坎波不能意识到这点，她就算不上了解自己深爱的师尊。

不知出于什么原因，维多利亚·奥坎波一直没有修改《自传》第四卷里的错误或更新内容，为将来的出版做准备。要知道，在 1961 年泰戈尔百年诞辰纪念到来之际，英语出版物已经提供了足够翔实可信的作者传记和作品目录。我们需要了解《自传》如何写成，最终版本如何形成，这样才能理解上述错误为什么产生。因为我在布宜诺斯艾利斯查阅到的档案资料数量有限，熟悉内情的人或记忆模糊，或闭口不谈。我的收获不大，而这个领域暂时还没有别的研究者出现。何塞·毕安科认为，《自传》第四卷或第六卷的西班牙语版本也许不是由奥坎波本人完成的，相比另外三卷，这两卷的文字缺乏连贯性。

有一种可能，是以超人般的毅力在布宜诺斯艾利斯组织泰戈尔百年庆典和其他活动后，奥坎波精疲力竭，虽然 1961 年后，她读过相关内容，也注意到自己《自传》里的谬误需要修改，但琐事缠身、力所不及。她的确引用了克里帕拉尼出版于 1962 年的泰戈尔传记的片段。我不清楚在这件事上，她有没有听过别人的意见或只是她个人的决定。在我看来，这个片段跟她的《自传》一点也不协调。在她的《自传》里，我们希望读到她的版本的故事，而不是别人的。克里帕拉尼参考了印度文学院版《泰戈尔百年诞辰卷》收录的奥坎波的英语文章，但读起来，我们似乎在原地转圈子，得不到新见识。《自传》第四卷也受到牵连，结构方面复杂难懂，缺乏精巧。与此同时，这一卷省去了某些打字稿里有的细节，让本该豁然开朗的情节变得迷雾重重。总的来说，《泰戈尔在桑伊斯德罗峡谷》一书虽然有美化细节之嫌，结构却很完整，读起来也令人满意。

尽管存在各种谬误，不可否认的是，奥坎波对泰戈尔的了解很深入。她留给我们颇有见地的文字，评论她读到的泰戈尔作品英译本——《吉檀迦利》《齐特拉》《家庭与世界》《邮局》等——她还利用讲座，让听众感受到泰戈尔的天才和伟大。她提醒听众，他不止是个抒情诗人，虽然抒情诗"最完美地表现出他的个性"，他还是个散文家、小说家、戏剧家、教育家、慈善家、画家、作曲家、讽刺作家……她提醒听众注意，不完整或曲解的译本会造成理解上的偏差。泰戈尔诞辰百年之际，她向师尊表达最高敬意。她组织各种纪念活动，并担任"泰戈尔百年诞辰纪念庆典阿根廷委员会"主席一职。在布宜诺斯艾利斯查阅相关文件时，我读到在她的监督下，《邮局》一剧的西班牙语版成功上演，地点是"塞万提斯国家剧院"，演员来自阿根廷国家喜剧团，由蒂托·卡波毕安科导演。剧本由季诺碧亚·德·希梅内斯译出。为了减少西班牙语过多的矫揉造作，回归原文的简洁质朴，译文做了一些修改。
那时，驻布宜诺斯艾利斯的印度大使馆有一位叫莫里克的文化专
员，曾在圣地尼克坦学校观看过由泰戈尔本人执导的孟加拉语版
《邮局》。他告诉奥坎波，剧中的主角年轻人阿玛尔穿的是睡衣睡
袍，但卡波毕安科担心这样的穿着太随便，怕布宜诺斯艾利斯的
观众接受不了。观众期望看到异国情调的衣着。最后，双方达成
妥协。她希望观众看出，阿玛尔是作者的"自我投射"。她坚持认
为"阿玛尔就是泰戈尔"。泰戈尔怀着和剧中年轻人一样的向往。
阿米尔的一生，便是泰戈尔的一生："他跨越整个世界，为从未谋
面的国王送信。"奥坎波这样做，说明她赞成自我同一性的作用。

　　鉴于此，奥坎波毕生追求的使命，以及她在泰戈尔百年诞辰
时所做的另一次演讲，就显得尤其重要。读过《泰戈尔在桑伊斯
德罗峡谷》原文或孟加拉文版的人，会留意到她在书中引用过一
大段拉妮·昌达《对话罗宾德拉纳特》里的叙述，随后，奥坎波
辩解为何刚开始时，她没有跟别人一道跑去米拉尔利约陪泰戈尔
茶叙。她说自己并非是耍大小姐脾气，而是不愿去打扰，她希望
泰戈尔能宾主尽欢，自由自在。至于《对话罗宾德拉纳特》里将
她和追随泰戈尔的圣女妮韦迪塔进行的比较，她不置一词。奥坎
波会怎么想，泰戈尔又会怎么想，当事人都缄口不语。他赞赏圣
女妮韦迪塔为辩喜（斯瓦米·维威卡南达）所做的事，暗示他的
维佳娅也奉献过。但他是否将失望隐藏在心底，因为他的维佳娅
并没有放弃一切，来印度服侍他，而妮韦迪塔却追随维威卡南达？
在《罗宾德拉纳特与维多利亚·奥坎波的友谊》中，我指出虽有

一些相似，维多利亚·奥坎波和圣女妮韦迪塔在个性上大有不同，她们的师父也属于两类人。奥坎波更有独立精神，她决心以自己的方式行事，从不放弃事业追求。查阅布宜诺斯艾利斯的奥坎波档案时，我读到她对此事的长评，是一份讲稿，题为"罗宾德拉纳特·泰戈尔：一段友谊史"，为纪念泰戈尔百年诞辰而准备。引用《对话罗宾德拉纳特》里泰戈尔的话，大意是维佳娅不知道该为他做些什么，也不愿意为他而牺牲，她随后说：

牺牲？如果我剥夺自己的机会为他（指泰戈尔）做事，那才真是一种牺牲。能做点事是愉快的。我不敢把自己和那两位特殊的英国女性相比，我知道她们想的是什么[1]：圣女妮韦迪塔（即高尚的玛格丽特，把一生献给维威卡南达）和米娜（即斯莱德将军的女儿，将一生奉献给圣雄甘地）。在这两位女士身上，才是真正的牺牲。她们离开自己的祖国和人民，在印度扎根。她们把印度当成家，热爱印度人民……

我嫉妒圣女妮韦迪塔和米娜的好运。我相信，她们也非常乐意奉献自己的生命。我说我嫉妒她们，也许没有准确地表达自己的意思。我不能嫉妒她们，因为我明白，我的"正法"（dharma）（在西方我们叫它性格特征）不允许我成为她们，也

---

[1] 尹锡南译：《印度比较文学论文选译》，成都：巴蜀书社，2012年，第547页。

不允许我步其后尘。① 因为我还不够格。

我和他的友谊一直延续，虽然我们之间相隔遥远，但伴随岁月流逝，我们更加亲密。我想，我也应该完成一项不太重要的使命。这一使命要求我留在世界的这个角落。② 我知道自己也许犯了个错误。人在做出重大决定时，常容易犯错误，要改正已经来不及。

演讲结束前，奥坎波用西班牙语朗诵了英文版《吉檀迦利》中第四十三首，在她眼中，这首诗是这段友谊的最好概括，她希望听众能感同身受。71岁的她，用诗集里的珠玉之言，为她和泰戈尔的交往写下注脚：

那天我没有准备好来等候你，我的国王，你就像一个素不相识的平凡的人，自动地进到我的心里，在我生命的许多流逝的时光中，盖上了永生的印记。

今天我很偶然地翻到了你的签名，书而散落在尘土中，唤醒了我对往日悲喜的记忆。

你不曾鄙夷地避开我童年时代在尘土中的游戏，我在游戏室里所听见的足音和在群星中的回响是相同的。

---

① 尹锡南译：《印度比较文学论文选译》，成都：巴蜀书社，2012年，第548页。
② 同上。

泰戈尔将心事讲给上帝，而奥坎波将这些话念给泰戈尔。她的意思是，泰戈尔的出现如神之显灵，她通过他领悟到神的存在。就像里尔克笔下的葡萄牙修女玛丽安娜·艾尔科佛拉多在信中所写："我的上帝，难以压制的欲望，让一个女人说出她的心事，这句[即爱的语句]已结束、已说完，也许不会在世间流传，却会化为永恒，让神听见。"有趣的是，奥坎波引用"在生命许多流逝的时光中盖上永生的印记"这句，放在《泰戈尔在桑伊斯德罗峡谷》的第二章"阳台"前。根据若热·A.派塔的分析，阳台或窗户在奥坎波的生活中具有象征意义。阳台或窗户是沟通内心世界和外部世界的渠道，让来自浩瀚宇宙的光明照进我们掘出的狭小黑洞，永恒的泰戈尔，正是通过这种方式走入奥坎波的生活。她所描述的对象既现实，又虚拟，让泰戈尔颇费思量。这个复杂和升华的象征，帮助她回想起过去的事，这些事铭刻在她心头，难以抹去，像牢牢粘在信封上的邮票，也像那根抛入萨尔茨堡矿坑的树枝，结满晶体。星辰似乎一问一答。他呼唤她的名字，但她没做好心理准备，对他的呼唤充耳不闻，为此，她心怀歉意。她对他视而不见，但他并没有生气，为此，她心存感激。

对奥坎波的思念，让泰戈尔以一种怪异的方式画出暗色调、充满痛苦、带有紧张感的意象。而泰戈尔式的灵感和影响，也从奥坎波的生活浮出水面，尤其是两人都坚守的理念：光明、广阔空间、自由。如果说奥坎波是泰戈尔身在异乡的缪斯女神，给他带来"性力"，那泰戈尔也是一股不竭的力量源泉。她的朋友、作家胡安·何塞·赫尔南德斯也这么认为。他说，泰戈尔让奥坎波得到启示，像一团火点燃她的内心。"我守护从他那儿学来的所有东西，乐在其中。这种快乐会延续到我生命的最后一息。"1941年，泰戈尔去世后，奥坎波努力恪守诺言，为之奋斗，她用毕生的心血，为自己的师父和引路人建起一座丰碑。她在悼文里写到，泰戈尔曾告诫人们警惕激进民族主义的危险，果然，法西斯主义最终将世界拖入一场大战。他论述自由的价值和邪恶暴政的深意，直到1953年才得以显现，当时，和身为英帝国属地子民的他一样，她反抗暴政，被捕入狱，终于有机会读懂他数十年前的预言。

在《维多利亚·奥坎波的证言》里，奥斯瓦尔多·斯万纳齐尼《维多利亚·奥坎波和印度》一文深入论述了泰戈尔和甘地对奥坎波的精神世界起到的作用。西方学者的眼界尚需拓宽，因为他们对泰戈尔和他的作品知之甚少，也不清楚泰戈尔如何帮助奥坎波塑造起自由意志或《南方》杂志与国际大学所秉承的文化理想有什么共性。约翰·金写过以《南方》杂志为主题的博士论文，他指出了推崇普遍主义的奥尔特加和他编的杂志《西方评论》对《南方》杂志的影响——例如，是奥尔特加让奥坎波认识到把各国的知识分子团结起来的重要性，但约翰·金并没有提到《南方》和泰戈尔的普遍主义的关联。然而，奥坎波离泰戈尔的广阔眼界更近。西方人的"世界大同"只是为西方的某一部分与其他地方搭建桥梁，而泰戈尔想实现的，是真正的"世界一家——从中国到秘鲁，在东方和西方建起一座座桥梁"。迷上泰戈尔、甘地、甘地主义、尼赫鲁和英迪拉·甘地的奥坎波，眼界比许多西方信"普救说"者都要宽。回顾《南方》的历史，约翰·金表示"出于对现代价值的怀疑，奥坎波将注意力投向她的老朋友们，比如泰戈尔（第 270 期，1961 年 3 月至 4 月刊）和尼赫鲁（第 291 期，1964 年 11 月至 12 月刊），《南方》的读者被迫陪她一起回味这两人和他们的信条"。约翰·金肯定忘了，奥坎波并非心血来潮，想起了自己的老朋友。1961 年是泰戈尔诞辰百年。1964 年尼赫鲁去世。奥坎波对他们的崇敬发自内心，自然不会让自己的杂志错过纪念伟人的机会。约翰·金注意到，1964 年 9 月至 10 月刊是为纪念莎士比亚诞辰四百周年。但他却忽视了，1961 年是泰戈尔百年诞辰。当然，泰戈尔和尼赫鲁对世界的贡献绝不仅是几句人生信条，他们是充满活力的现代人，有思想，有行动，不但在他们从事的领域影响深远，还影响了世界各地的人。

埃尔姆赫斯特承认他受到泰戈尔启发，才建起达丁顿庄园，而 1930 年时，奥坎波拒绝了跟随泰戈尔前往圣地尼克坦的邀请，匆匆道别，去纽约和瓦尔多·弗兰克见面，商讨创办杂志社事宜。看上去，她似乎离他而去，却是迂回地走近他，就像船只绕道环球航行。她告诉师父，自己也有需要完成的使命。不管奥坎波是否意识到，维斯瓦巴拉蒂的氛围，为《南方》杂志提供了有益的借鉴。

丹尼尔·V. 维斯本撰文论述博尔赫斯的世界主义时，将泰戈尔称作"奥坎波最崇拜的偶像之一"，而博尔赫斯说泰戈尔是"一个善意的骗子"和"瑞典人的发明"（因为他是诺贝尔文学奖得主）。如果博尔赫斯的世界主义带有（男性的）不敬，那么奥坎波的世界主义无疑带有（鲜明的女性）尊敬。毫无疑问，年轻时，奥坎波对泰戈尔的崇拜如一个痴迷明星的粉丝，她本人也用"偶像崇拜"一词表达她早年对泰戈尔的态度。但我希望读者读到一位 71 岁的老妇回顾她与泰戈尔的友谊时，能体会到她思想上的成熟。

博尔赫斯对师尊出言不逊，奥坎波坚决回击。博尔赫斯的原话是法语，讲给让·德·密尔莱："但我觉得总的来说，泰戈尔是个善意的骗子，或者说是瑞典人的发明。"在奥坎波眼中，这不是一句玩笑话。1972 年，82 岁的她为泰戈尔打响一场保卫战。说泰戈尔是"骗子"，性质很严重。这么一个天才，把财力和精力用于创建圣地尼克坦学校，被授予诺贝尔奖，受叶芝、纪德和胡安·拉蒙·希梅内斯看重。没有人非得喜欢泰戈尔的诗或散文，但如果要对他做出评价，不读他的作品，就没有资格。至于瑞典人的发明一说："瑞典人的确有一些糟糕的发明，贻害无穷。尽管有人拒绝接受诺贝尔奖，比如萨特，但他对该奖的蔑视，更增加了奖项本身的声望。这不像是放弃赢得的彩票奖金。相比接受，放弃诺贝尔奖更让获奖者得意。"

奥坎波对泰戈尔和甘地的崇拜，为她后来对 T. E. 劳伦斯感兴趣铺平道路。她从没见过他，却写出一本《338171 T. E》。她、泰戈尔和 T. E. 劳伦斯都喜欢广阔的空间，而她、甘地和 T. E. 劳伦斯的个性，独立得近乎目中无人。

奥坎波的童话剧《莲池》写于她初次遇见泰戈尔之前，内容取材于佛陀故事，这部剧是否也受到泰戈尔作品的影响？对于这个疑问，她从未承认，但无意识的影响并不能排除。如果把《莲池》译成孟加拉语，在精神境界方面，与泰戈尔的剧很相似，可以冒充"泰戈尔失传的剧本"，就像人们经常发掘出"莎士比亚的失传剧本"。剧中的主角是个叫"雪花"的小男孩，让人联想到《邮局》里的小邮差阿玛尔。"阿玛尔"的意思是"纯净、无瑕"，而"雪花"也有相同的特征。不妨大胆想象一下，《莲池》的主题是爱的重要性，而爱只藏在人的心里，这个主题和泰戈尔的《邮局》一样。

我还觉得，泰戈尔的自传或多或少影响了奥坎波撰写自传的方式。奥坎波细读过泰戈尔的自传英文版《我的回忆》，时常引用里面的话，将其视作模板。此外，泰戈尔有一些自传体文章刊登在《民族报》上，如《我的学校》（1925年1月1日）和《我的生活》（1925年1月10日），也许都在她的脑海生根发芽，给她灵感，激励她坚持用自传体裁创作。第一篇文章里，泰戈尔谈到童年接受过的教育，如何逃离学校、踏上自学之路。"我独自承担校长的角色，发现求学原来是一件如此欢愉的事。"奥坎波也是一个"自学成才者"。第二篇文章里，泰戈尔谈到他的家族对印度社会变革的贡献，以及家庭氛围如何塑造了他。这些描述，一定也让奥坎波联想到她和她的家族。

二十^①

　　尽管存在分隔彼此的遥远距离和影响彼此顺利沟通的鸿沟，罗宾德拉纳特·泰戈尔与维多利亚·奥坎波之间的友谊，以及他们在对方作品中施加的影响，组成了这两位意气相投者丰富醇厚且美丽动人的交往故事。想一想这样的一个故事，这个在阿根廷发生的、泰戈尔、奥坎波和埃尔姆赫斯特之间充满奇妙元素的故事！故事如此的富有戏剧色彩，它以如此丰富的矛盾张力为特色，不时插入魅力四射的精彩瞬间，充满如许的诗情画意。如果我是一个作曲家，我会就此主题创作一部歌剧。开头的日子是奥坎波在甜蜜的美梦中期待着泰戈尔踏上阿根廷的土地，并撰写她关于泰戈尔的第一篇文章。接下来，歌剧推进到泰戈尔和埃尔姆赫斯特在布宜诺斯艾利斯的登岸和她与泰戈尔在广场旅馆的第一次见

---

① 本章为尹锡南所译，参见《印度比较文学论文选译》，成都：巴蜀书社，2012 年，第 415—421 页。

面，其中涵盖了他们在桑伊斯德罗度过的时光，在卡帕马拉兰发生的插曲，最后的结局是客人们在朱利奥·塞萨尔与她挥手告别。埃尔姆赫斯特不合时宜的在场，诸多误会、冲突与和解，月光下可能存在的"阳台场景"（此处似指莎剧中罗密欧与朱丽叶的相恋情境——译者按），在布宜诺斯艾利斯的哈罗德举办的爵士乐晚会，在奥坎波别墅和米拉尔利约花园里的散步，可以想象得出的摩纳哥·埃斯特拉达、胡利安·马丁内斯的声音，罗贾斯和丹维拉的声音，美国的多萝茜·斯特雷特的声音，泰戈尔的绝恋之声和拉努写自贝拿勒斯的声音。所有这一切为音乐的推进提供了大量绚丽斑斓的素材。喜剧因素也不可或缺，如法尼关注埃尔姆赫斯特，《泰戈尔在桑伊斯德罗峡谷》所提到的令人捧腹的奇闻逸事。（试想一下泰戈尔试穿外袍的小插曲吧：帕艮商铺的爱丽丝嘴里含针，以调试外袍的长度为借口，想摸一摸泰戈尔的美髯。）还应该设计这一重要故事的序幕和尾声：一个冬天的下午或黄昏，就在快要跟随 R 夫人学习唱歌时，奥坎波发现了法语版的《吉檀迦利》。泰戈尔在燥热的热带的下午梦着、念着、描绘着关于奥坎波的画像，奥坎波与她仙逝的师尊灵魂对话，或者是在英国一个雾蒙蒙的秋日下午，埃尔姆赫斯特与奥坎波在达丁顿庄园大厅进行一场伟大的二重唱。所有这些场景蕴涵着歌曲的因子。当我努力想象时，我意念中听见的音乐完全与普赛尔歌剧《狄多与埃涅阿斯》相似，只是偶尔迸出一丝莫扎特风格的乐音。但是，很遗憾的是，我不是音乐剧作曲家！如果我能找到一位愿意与我合作的作曲家，我会非常乐意为之撰写歌词！我相信，我受挫的音乐愿望已经部分地实现了，这就是我已将自己研究泰戈尔、奥坎波和埃尔姆赫斯特的第一批成果艺术地编织进我的第二部小说《泰戈尔与维多利亚·奥坎波的友谊》中。

由于两位主人公的特殊身份，整个有关泰戈尔和奥坎波的故事是文学史和文化史上意味深长的一章。这也是一种人类的故事，有着鼓舞和启迪后代的力量，其他人会因此受益匪浅。它不仅让人明白这种友谊是如何开始并建立起来，并且还让人懂得可以怎样增进这种友谊。泰戈尔和奥坎波的友谊不仅是两个不同民族和文化之间的个人友谊，也是男人与女人之间跨越巨大代沟的一种友谊（这本身就是一种了不起的成就）。这是一个具有当代启示的故事，一个充满希望的故事，它在当代的男男女女心中激发出诸多的共鸣之声。某些人可能会对他们能够妥善利用这一历史交往感到惊讶，他们能从其中受益匪浅表明双方具有深厚的艺术创造力。性的吸引或许是关键因素，使他们能在那么多的机会面前超越男女关系而仍旧彼此相惜。当渴望难以满足或一对朋友海角天涯时，这往往在他们心中造成痛楚。如有拒绝或羞辱，他们的关系会走向毁灭。他们俩的这种相互迷恋是一种悖论：尽管他们的关系一直是存在危险因素的冒险行为，然而，即使在困难的情境中，这一关系仍旧转化为隐秘的能量，使其艺术创造增添动力。

我想以表达这样一种希望来结束对泰戈尔和奥坎波交往故事的考察研究。正如我当初努力学习西班牙语以更好地理解泰戈尔心目中那个神秘的"维佳娅"，我也希望，有朝一日，某些阿根廷人也会以泰戈尔的母语致力于研究泰戈尔作品的微言大义。的确，由于奥坎波的努力，至少在有教养的阿根廷人那里，泰戈尔的名字已经熟悉。尽管这样，我还没有听说哪位阿根廷人不辞辛劳地学习孟加拉语，以便能阅读泰戈尔的孟加拉语原著。阿根廷知识分子仍旧主要关注自己的西方人身份，或许可借用目前时髦的一个词语，这是一种"边缘化"的西方人。然而，由于受到强大的"万有引力"吸引，他们都趋向欧洲和北美的西方文化"中心"。这是因为，在西方，学者们对于南亚地区的兴趣往往要么集中在对这一地区历史（无可否认的丰富、复杂且引人入胜）进行学术研究，要么是一种"第三世界主义"心态，将自己的眼光局限在南亚政治和经济话语里。我们时代这种"瘦骨嶙峋和饥肠辘辘"的第三世界主义心态不足以激发真正的文化趣味。不过，在年轻一代中，已经可以感受到风向的转变。因为察觉到世界形势的紧迫性，他们中许多人珍视建立文化桥梁的必要性并持浓厚兴趣，但却不知到哪里去进一步寻求信息和指导或必要的工具。在新的一代教师成长起来之前，我们期盼着出现一些富有大胆冒险精神的人，他们能在自己精神动力的鼓舞下继续前进，做出一些实际成绩，即使他们的这些活动并不马上带来什么经济回报。当前阿根廷面临非常严峻的经济形势，这并不有利于出现这样的积极分子，但在美国可能会出现一位阿根廷的流散者，他将开始这方面的活动；或许会出现另外一个拉美民族，积极分子会首先出现在那里。

　　泰戈尔到达布宜诺斯艾利斯时，希望能访问秘鲁和墨西哥，他心中还有一个愿望，即在印度与南美大陆之间重建文化友谊。

这些愿望只有部分得以实现。除非人们学习外语，否则将不能进一步开展工作。作为孟加拉人，我希望有朝一日能有一些南美国家学者排除翻译的干扰，直接用孟加拉语研究泰戈尔，因为他们能将泰戈尔作品直接翻译为自己的语言。泰戈尔作品值得从孟加拉语直接翻译为西班牙语或葡萄牙语。这些语言不仅在声音模式而且在意象、隐喻和所有微妙意义上都有共鸣特色。正如过去已经发生的那样，它们从丰富而神秘的文化传统而非英语文化传统中汲取力量。正如我现在所做的那样，在用英语写作本书时，我很难拒绝承认英语的价值。作为一种世界性的知识交流语，它的确非常宝贵，因为它具有潜能，尤其是它具有很强的分析能力。然而，我仍坚信，在理解世界所有领域时过分依赖英语是有局限的、会弄巧成拙的行为。这种一味依赖英语的行为会促使人们在思想中形成垄断文化，这相当于心灵的一种欠发达状态。它在试图考察一个外国事物时，会抹杀和"在编辑状态中删除"真正重要的文化差异，从而贬低这一研究对象的价值。这是因为，每一种语言都包含着认识世界的许多方式。令人不安的是，人们习惯于把他们不理解的东西视为无关紧要而"在编辑状态中删除"。

只在众多问题中指出一个。那些曾经导致英语广泛传播的历史因素与权力有关，亦即与历史上大英帝国的强权和美国新霸权存在必然联系。正是因为这种联系的存在，蜷缩藏匿在英语内部的世界观不仅承载着来自殖民主义历史的大量思想残余，还包含着许多令人反感的新殖民主义意识。因为这些联系，世界上某些知识领域已经以这样那样的方式受到干扰侵害（尽管这些知识领域也可能因为同样的联系而以其他方式得到充实）。当人们试图通过英语媒介理解世界上这些知识领域时，从过去遗传而来的弊病痼疾和当今时代的综合征必然会不时地跑出来挡道。

有时候，泰戈尔、奥坎波和埃尔姆赫斯特等三人在桑伊斯德罗会因为这样那样的语言障碍而感到垂头丧气，尽管他们三人都具有很高的英语水平。奥坎波是多么希望泰戈尔懂得法语或西班牙语，泰戈尔非常希望奥坎波学习孟加拉语，埃尔姆赫斯特则后悔他的法语不够理想。"……我想和你谈论一千零一种事情，但我不想将我野蛮的语言强加于你的耳朵。每天我都在诅咒我的法语老师……然而，他们不许我猜测，他们将会死掉……但是，他们不会寿终正寝，因为他们在你我之间筑起了一道铜墙铁壁。"[①] 如果我们记得泰戈尔、奥坎波和埃尔姆赫斯特等人在法语、西班牙语和孟加拉语面前灰心丧气的经历，如果善解人意的朋友尽管英语很棒，但彼此之间仍旧存在很多令人烦恼的裂痕鸿沟，我们也就可以想象得出，尽管英语书籍和英语媒体随处可见，但在新闻媒体、学术著作以及不同族群的人们之间的交流方面，必然会不时地产生交往沟通方面的难题（这些问题或许还会被人掩盖起来）。只有我们当中更多的人自觉学习更多的外语，才能搭建座座坚固耐久的文化之桥。这些文化桥梁可以挑战和质疑那些分裂和统治人性或将自己世界观和语言强加于他人的政客的阴谋诡计。这些政客的世界观被打包在其语言中，这种行为以牺牲其他世界

在你鲜花盛开的花园

---

① 此处引用的书信来自布宜诺斯艾利斯的奥坎波档案馆。

观及其他语言为代价。只有这样，我们才能偿还我们欠着泰戈尔、奥坎波和埃尔姆赫斯特这类高尚之士的债。他们被高尚的梦想所激发，愿以友谊的纽带把不同民族和个人联系起来。这是一种必需的梦想，正如一首流行歌曲所唱的那样：除非我们心中有梦，否则怎使美梦成真？

In Your
Blossoming
Flower
Garden

泰戈尔绘画作品

女性头像，编号2795.16

坐在椅子上的女人像，编号3388.16

男女像，女子头部靠在男子肩头，编号2496.16

坐在椅子上的无头裸女像，编号2567.16

男女像，女子仰头望着男子，编号2594.16

船上的椅状物体及人形，编号2041.16

沙发上带胡须的男子，编号1969.16

椅状动物及另一个物体，编号2560.16

躺椅状动物及两个倚靠的人形，编号1979.16

泰戈尔和奥坎波相关历史照片

维多利亚·奥坎波在花丛前，拍摄时间不详，圣地尼克坦档案室存

维多利亚·奥坎波铜版肖像，保罗·塞萨尔·以路1909年绘于巴黎，布宜诺斯艾利斯档案室存

《民族报》1924年11月7日新闻一则，报道泰戈尔抵达布宜诺斯艾利斯，图片为泰戈尔与里卡尔多·罗贾斯会面，圣地尼克坦档案室存

Año II.　　Buenos Aires, del 10 al 16 de Noviembre de 1924.　　Núm. 96.

Radio Cultura

Revista Semanal de Radiotelefonía, Literatura y Arte

Leq 7092 y 9510. Hecho el depósito que marca la ley y expresamente prohibida la reproducción de los programas de audiciones artísticas.

SUSCRIPCIÓN { Año...　{ $ 6.—　Trimestre...　$ 2.—　| Núm. atrasado $ 1.—
　　　　　　{ Semestre　{ $ 3.50　Número suelto $ 0.20 |

RABINDRANATH TAGORE

Rabindranath Tagore está con nosotros.

Esta noticia encierra para muchos la deleitante alegría que emana de las fiestas silenciosas del espíritu. Difícilmente habrá abrigado jamás el territorio de la República Argentina un hombre tan grande, un corazón tan perfecto, una imaginación tan clara, una inteligencia tan luminosa capaz de bañar en suave luz los misterios más insondables.

¡Rabindranath Tagore! Yo no sé qué labios puedan pronunciar este nombre sin temblorosa reverencia; no sé quién, al pensar en él, no sienta deslumbrado el espíritu y conmovido el corazón; no sé quién haya ejercido en el mundo una influencia más decisiva sobre los corazones...

Rabindranath Tagore está con nosotros. Estoy por afirmar que ha llegado aquí atraído por el inmenso amor que le profesamos; por esa milagrosa fuerza de atracción que tiene todo lo grande, desinteresado y puro. Es su llegada un triunfo misterioso de nuestra voluntad ardiente, la que le ha puesto en camino de estas tierras feraces, donde alien-

DÍMELO

¡No me escondas tú el secreto de tu corazón! ¡Dímelo a mí, que yo soy tu amigo, sólo a mí!... Dímelo tan dulce como te sonríes, que no te oirán mis oídos, sino mi corazón.

La noche es profunda; está la casa silenciosa; el sueño amortaja los nidos de los pájaros. ¡Anda, dime tú, en un llorar vacilante, en un tímido sonreír, en una dulce vergüenza, en un dolor dulce, el secreto de tu corazón!

RABINDRANATH TAGORE.

tan tantos corazones entusiastas, que se sienten atraídos por la perfecta y suave armonía de sus canciones, breves y sencillas, que penetran en los cerebros como una luz y animan las almas en un deseo vehemente de ser buenas.

De juro los que más aman al santo maestro no podrán verle, ni conversar con él, ni oír su palabra, ni besar sus manos sagradas que saben acariciar suavemente a los niños y tenderse hu-

mildes a Dios para implorar la felicidad del mundo; pero hemos de sentir todos la beneficiosa influencia de su espíritu luminoso que tan asombrosa fuerza de irradiación tiene.

Por Rabindranath Tagore hemos aprendido a amar la India y hemos envidiado, con santa envidia, a los afortunados niños que en las Moradas de Paz se educan, dirigidos santamente por él, y que por él han aprendido la ciencia incomparable de dirigir los ojos al cielo, y de mirar con mirada serena, hacia el alma propia, fortalecida por la meditación.

¡Maestro! Muchas cosas tienes que enseñarnos a nosotros, túrbulentos occidentales que arrastramos una vida desalentada por la consecución de los más groseros ideales.

Sea tu visita para nosotros aliento purificador que nos ayude a penetrar el hondo sentido de la vida y nos haga más nobles y más buenos.

¡Maestro! Que tu permanencia entre nosotros sea grata, como tu visita a nuestro suelo es grata a mi corazón.

RAFAEL RUIZ LÓPEZ.

《电台文化》关于泰戈尔逗留阿根廷的报道，1924年11月10日至16日刊，标题与正文间是泰戈尔所创作的一首情歌的西班牙语版，圣地尼克坦档案室存

20世纪20年代时的米拉尔利约，泰戈尔曾坐在画面中的紫芯苏木树下，拉富恩特家族存

20世纪20年代时的米拉尔利约，河畔景色可见，拉富恩特家族存

泰戈尔坐在米拉尔利约的门廊，布宜诺斯艾利斯档案室存

泰戈尔在米拉尔利约门前，身后为那处著名的阳台，右侧为紫芯苏木树，布宜诺斯艾利斯档案室存

泰戈尔和埃尔姆赫斯特在米拉尔利约门前，圣地尼克坦档案室存

泰戈尔和维多利亚·奥坎波在"奥坎波别墅",布宜诺斯艾利斯档案室存

泰戈尔和维多利亚·奥坎波在"奥坎波别墅"，奥坎波坐在草坪
上，圣地尼克坦档案室存

埃尔姆赫斯特在阿根廷，圣地尼克坦档案室存

位于卡帕马拉兰的乡间别墅，布宜诺斯艾利斯档案室存

泰戈尔在卡帕马拉兰时睡过的床，布宜诺斯艾利斯档案室存

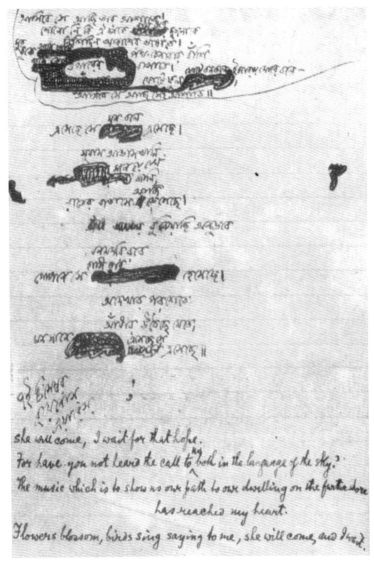

《东方集》中一诗的手稿（一），写于1924年12月7日，下方为英文版本的开头部分，圣地尼克坦档案室存

she comes not, and I wonder if the voice of the dawn
between the ~~cry of the light & the dark~~ was ~~not~~ a deception.
the morning wears on; all my toys I have brought out,
some new, some old, some black, some bright and red, and broken
but she comes not ~~to come to~~ whose play with me.
                                              is

She ~~She~~ has not come.
had
I thought we should sail together along the stream,
  but the boat lies idle at the landing.
They say that the twilight with its scarlet sky
   is the ~~best~~ time for meeting,
         yet she tarries, who dwells in my drea
                        long
The garland of for her wilcome was ready twice ago
                                             twice
              but she has not come.

She _has_ come.
I think I know the ~~fragrance~~ that floats in the night
                  fragrance   upon the breeze of
I guess from the murmur of the forest leaves that her smile is there
The invisible with her touch makes the darkness drunken
      and my heart knows that she _has_ come.

《东方集》中一诗的手稿（二），圣地尼克坦档案室存

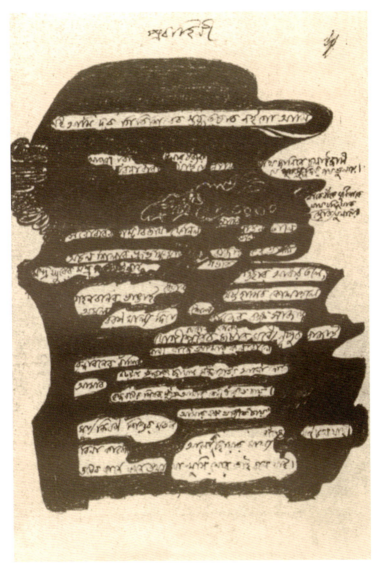

《东方集》手稿，写于1924年12月11日，泰戈尔的绘画艺术已从涂抹中初现端倪，圣地尼克坦档案室存

从马丁角的达纽尔别墅，（1930年4月，泰戈尔与奥坎波在此地重逢），俯瞰地中海，照片由奥古斯丁·列昂拍摄于1910年1月，阿尔伯特·卡恩家族存

达纽尔别墅俯瞰大海的露台，照片由卡米尔·苏瓦乔拍摄于1927年1月至2月间，阿尔伯特·卡恩家族存

1930年5月，法国艺术部部长安娜·德·诺瓦耶、泰戈尔、维多利亚·奥坎波和弗朗西斯·德·克鲁瓦塞在位于巴黎的皮加勒画廊，墙上悬挂的是泰戈尔的画作，布宜诺斯艾利斯档案室存

泰戈尔和奥坎波最后的离别，1930年5月，巴黎，布宜诺斯艾利斯档案室存

030

Dear Gurudev —

Days are endless since you went away.

Our autumn is coming and I hope it will soon pass. But I am afraid I will never learn patience.

Vijaya

Mar del Plata.

Fany nearly cries when she speaks of you.

奥坎波从马德普拉塔（普拉塔河畔）写给泰戈尔的信，正文写在她本人的一张照片背面，1925年2月25日寄出，（即本书通信集中第20封），圣地尼克坦档案室存

奥坎波本人照片侧面，1925年2月25日寄出，圣地尼克坦档案室存

Santiniketan Bengal India

Dec. 30, 1925.

Dear Vijaya

Your cablegram has made me glad.
Last year it was about this time that I was in
San Isidro and I still vividly remember the early
morning light on the massed groups of strange flowers,
blue and red, in your garden, and the constant play
of colours on the great river which I was never tired
of watching from my solitary window. Often I have
a twinge of regret in my mind that I did not stay
longer under your kinder ministration and escape all
kinds of strain that have wearied me and made me work.

I have been trying to secure accommodation in
some steamer sailing for Europe. My intention

泰戈尔致奥坎波的一封信，写于1925年12月30日，（即本书通信集
中第31封），圣地尼克坦档案室存

附：

泰戈尔——奥坎波通信集

一、奥坎波致泰戈尔

[我曾在《罗宾德拉纳特与维多利亚·奥坎波》一书中引用这封信，这是奥坎波写给泰戈尔的第一封信，当时，泰戈尔和埃尔姆赫斯特刚入住广场酒店。虽然这封信保存于达丁顿庄园的埃尔姆赫斯特档案室，与其他致埃尔姆赫斯特的信件放在一起，读起来却不像写给他的信。之前归入相关文件，是因为信和鲜花是一起送到酒店的，因为埃尔姆赫斯特担任泰戈尔的秘书，负责处理诗人的信件（而且泰戈尔那时正身患流感）。]

[布宜诺斯艾利斯，1924 年 11 月 8 日]

我忍不住请求你原谅。坐在你房间里时，我很羞涩、笨拙。我肯定说了不该说的话，忘了期待已久一直想告诉你的事。[1]

怎么努力都无济于事。求求你，原谅我的羞涩、我的笨拙。很高兴见到你，我感到很幸运。我的心在痛，因为没能开口说出一个字来感谢你。

也许我又在打扰你，但我忍不住。给你送去鲜花，我才如释重负，因为你很清楚，在我们眼中，鲜花"不仅是色彩和芬芳"，还是"自由自在的美丽与欢欣"[2]。

维多利亚·奥坎波

周六[3]

1. 奥坎波初次遇见泰戈尔时的羞怯和沉默，请参见《泰戈尔百年诞辰卷》第32—33页，德里，1961年版。

2. 奥坎波此处引用来自泰戈尔《冥想》中《爱的实现》一文："对蜜蜂来说，自然只是色彩和芬芳，以及痕迹或地点，让它们能沿正确的路径找到花蜜。而在人类心中，自然是自由自在的美丽与欢欣。蜂群带着一封用彩色墨水写成的情书，送到人心。"我和几个朋友一直找不到这句话的出处，幸亏泰戈尔专家珊卡·戈什出手相助。

3. 即1924年11月8日，星期六。1924年11月9日，布宜诺斯艾利斯的《标准报》发布消息："诗人希望通过《标准报》的专栏，感谢所有在他最近身体抱恙时，寄来信件和送来鲜花的读者。"

二、泰戈尔致奥坎波

〔此文未注明日期，是泰戈尔给奥坎波的第一封信，写于他在米拉尔利约住下的几天后。奥坎波在《自传》第四卷（1982年）里将写信时间误记为1924年10月。该说法不正确，因为泰戈尔

11 月 6 日才抵达布宜诺斯艾利斯。埃尔姆赫斯特提到过这封"道歉信",他于 1924 年 11 月 14 日,星期五,把信送至奥坎波处(详见存于埃尔姆赫斯特档案室的《阿根廷奇遇记》)。致歉原因是此前一天晚上,两人在交流上出现问题,即文件里所说的"冰山之夜"。]

[桑伊斯德罗,1924 年 11 月 14 日?]

昨晚,当我对你的盛情款待表达我的感谢时,我希望你能充分感受我的心意。

你很难体会我的孤独,这种负担在我一夜之间获得名声后,更沉重地压在我的肩头。我就像一个不幸的国家,在一个不详的日子,以花朵凋零、树木砍伐殆尽为代价,挖出的一处煤矿,赤裸裸地暴露在寻宝者贪婪的眼中。我的市价飞涨,个人价值却被人遗忘。我努力实现自己的价值,坚持不懈。实现价值,需要女人的爱,我一直寻求得到这样的爱。

今天,我觉得这个珍贵的礼物正向我走来,你能奖赏我,奖赏我的心。这令我欣喜异常。我知道,自己正步入人生的另一个阶段,像穿越沙漠的人,比以往任何时候更需要水解渴,但我不知该怎么做,也没有勇气表达,只能感谢走向我、然后带我离开的好运。

罗宾德拉纳特·泰戈尔[1]

1. 签名为罗马字书写的孟加拉语 "Sri-Rabindranath-Thakur"。

三、奥坎波致泰戈尔

［据我推断，写这封未注明日期的信时，奥坎波已经收到泰戈尔给她的第一封信，也收到泰戈尔写给她的第一首诗的英译本。《客人》一诗完成于 1924 年 11 月 15 日，当天晚上，泰戈尔将其译成英文。他也许是在第二天将英译本送给了奥坎波。那么写信时间大概是 1924 年 11 月 16 日，周日的夜里。］

［桑伊斯德罗，1924 年 11 月 16 日？］

今晚，你无须谢我。我能做这些，我应该心存感激。你已经给予我太多、太多，虽然你没有意识到，但我永远不能原谅自己。

我不愿错过和你相关的一切。我也不允许别人夺走和你相关的一切。你住在这里时，快乐与我相随；如果你离去，痛苦接踵而至。但在我内心深处，什么也没有改变。无论你来或去，都不会抹去你在我心头的印记。[1]

今晚，我没有胆量尝试品读你送我的诗[2]。情感这东西，如何用语言表达（尤其他[3]是需要的时候）？我总是很难说出口——甚至用我熟练掌握的语言——情绪波动时，我无法言传，与此同时，各种想法应运而生。为了表达，我必须独自[4]挖掘意义：这就是我写信的原因。

所有人当中，我如何与你交谈？我只能远远望着你，听着

在你鲜花盛开的花园

你说话的声音，默默地领会，深刻的领会让我开怀，知道我离你很近，如果你距我遥远，我会不开心，因为不幸的是，而且这种不幸也许会延续下去，那就是，我对你来说，始终是个陌生人。

但这又有什么关系呢？从你那里得到的，让我感受到丰富的爱，消受越多，给予越多。[5]我能给予的都来自于你……我觉得，什么也给不了你。[6]

我从未奢望让你成为我的客人。这种快乐很强烈，让我彻夜难眠，在白天做梦。我的心情很激动，激动得要用双手紧紧按住，因为担心会有东西从心口涌出。注入他[7]，他喜悦得沉重，恐惧得颤抖。

你要明白一件事——虽然我的部分身心永远无法靠近你——但我仍然忍不住欣喜若狂，因为我能为你奉献绵薄之力[8]。我想我能有用，因为我爱得强烈，害怕自己无用。我围绕[9]着你。我像一条扔在你脚边的围毯，让你的双脚免受寒冻。[10]你只需享受平和、暖意。

我应该为你做些事。但我能够在你来之前，和离开之后，不辱我的使命？

维多利亚

1. 可以将信中的语句和奥坎波致埃尔姆赫斯特的信做个比较："拉比·巴布什么都不用说，什么都不用写，因为这些话已经在我的心田扎根。这就是无论他多么不了解我,却无法摆脱我的原因。我对他怀着爱意,他也如此。他无法剥夺我对他的爱。"(摘自写给埃尔姆赫斯特的信,日期不详,大概是1924年11月14日,周五,或15日,周六,原件现存于达丁顿庄园埃尔姆赫斯特档案室)

2. 她指的也许是翻译后的《客人》(*Atithi*)一诗,("女人,你给我的流亡生活带来温柔的美")。

3. 应为"which(它)",原文误写成"who(他)"。

4. 原文"let alone",应为"left alone",当然她可能想表达的意思和短语"let me be"一样。她这样做,是受了西班牙语动词"dejar"的影响,该词的意思是"to leave(离开)"和"to let,to permit(允许)"。

5. 选自莎士比亚《罗密欧与朱丽叶》第二幕第二场,朱丽叶对罗密欧的表白:"我的赏金像无边际的海,我的爱像深渊;我给予你越多,我得到越多,两者都是无限。"另一封信中,奥坎波也对泰戈尔说过同样的话。

6. 在本书第十八章,我指出,奥坎波这句话也许来自《离别的歌》和《紫荆花集》:"噢,富有的人呀,/我赠给你的,其实是你自己的礼物;/你得到越多,我欠你的越多。"

7. "他(him)"应为"它(it)"。奥坎波习惯分辨词汇是阴性还是阳性,英语将"heart(心)"用"it(它)"替代,而法语词"coeur(心)"和西班牙语词"corazón"都是阳性名词。

8. 可以将此处与她对埃尔姆赫斯特的话做个比较："我的理解和我的爱对他来说无足轻重……唯一能让我开心的事，是我无力办到的事。"（日期不详，"周四早晨"，指的大概是 1924 年 11 月 13 日）

9. 拼写错误"arond"（应为"around"）是受了法语词"arrondir"和"arrondissement"的影响。

10. 这种温柔和嘘寒问暖，奥坎波是从与朱利安·马丁内斯的交往中学来的。

四、奥坎波致泰戈尔

［以下信件，除了第八封完成于 1924 年 11 月 20 或 21 日，其余的信，写作时间均不详，只知道是写于泰戈尔在阿根廷逗留期间。我试图将它们排序，但毫无进展。我无法判断哪一封是泰戈尔离开阿根廷之前，奥坎波写给他的最后一封信。第七封和第九封都有可能。］

［桑伊斯德罗，1924 年 11 月?］

刚才，我说自己感觉很愚蠢，因为无法找到合适的词汇表达我想说的话。我不能陪伴你，这也让我很沮丧。如果我能让你了解我了解你的方式，我会很快乐，无比快乐，因为你就能看到我懂得你的心情、你的思想。在轻松愉快的气氛中，我们能追随与生俱来的那种追随精神。

　　我用自己渺小的[1]方式，体会你昨晚和几分钟前所说的话。我知道，你在某种环境下禁锢太久时间，会有挫败感（但愿这只是我肤浅的认识）。你的身体在不自然的状态下待一段时间，就会疼痛和僵硬。

　　让我担心的是，虽然我的出现能营造出或改善某种环境，但我自己却难以呼吸自如。

　　我很想跟你讨论很多事情。但这些事情沉在我的内心深处，我不能将它们托到水面。你的到来让我心神不定，因为我的羞涩让我似乎身体麻痹。跟你在一起时，我很羞涩，因为一想到可能会惹你不开心，我就欲言又止。交流只有在顺畅的条件下才能继续。

　　你的头脑、精神和灵魂（或英语[2]中表达这些的词汇）都有丰富的乐感，（有时候）你无须聆听来自外界的歌声。[3]

　　但谁会感到惊讶。以我渺小的、非常渺小的方式，有类似的感受：当我们深爱一些东西（或生物?），我们的心中也满含爱意，听不见、看不见从那个东西传递给我们的爱。我们没有空间来容纳这种爱。我们的爱已经侵入所有的角落，没有一处空地用来接收外物。要是我们渴望这种爱，就意味着我们自己的爱还不完整，希望将空出来的地方填满。我们无法爱得彻底[4]，只得寻找补救，这种补救便是接受外界的爱。但如果我们爱得彻底，无须补救，什么都不需要。

　　你的思想让你热情洋溢，如同爱情让人充实。任何人，只要懂得这个道理，就不会被你表面上的冷淡弄得心碎，或被你的忽视搞得痛苦。如果他们有一点心碎，有一点痛苦，这只说明他们太软弱，他们应该学会不屈服于那种软弱。

离开你之前，我要解释一些事——埃尔姆赫斯特很想见到你开心，无论从哪个方面，他都是个大度的人，他想让一切有条不紊。他心地善良。我能感觉到，他努力想让每个人满意。我不知道，如果和你交谈时我说过些什么，让你对他产生这种印象，那其实只是我的印象。我向来口齿笨拙。

维多利亚

1. 手稿上带双下划线。

2. 奥坎波写英语单词时，首字母经常不大写，这大概是受了法语和西班牙语的影响。

3. 可以将此番话与她 1929 年 9 月 25 日写给凯泽林的信做个比较："与其他富有的、自我感觉良好的人一样，你对邻居也不理不睬。"当然，此处她想表达的是一种真切的伤痛。而在本信中，她的话更多的是带着愠怒，希望爱人投来关注的目光。

4. 奥坎波经常使用这个副词，西班牙语中，同义词为"completamente"。

五、奥坎波致泰戈尔

[桑伊斯德罗，1924 年 11 月?]

L.[1]告诉我，你读过我的信后，你说我不了解你！你今晚又说了一次，因为我没来。如果真是这样，让我来回答你的问题。

我不记得信上写了什么，但我清楚记得我想表达的内容。我想说的，是从一开始就想说的，在看到你之前。你是否误解了我？我的信为什么给你留下我误解了你的印象？我又尴尬又愚蠢！我很不开心！但我无法解释今晨发生的事。

今晚，我没来看你，因为我的泪水就快夺眶而出，我为自己感到羞愧。非常、非常羞愧。我说不出话来[2]，感觉受了伤害。原谅我。我很想一直都陪伴在你左右，但我无法挪动脚步。我不习惯哭泣，无法控制自己的时候，我又气又羞。我知道，如果我尝试和你交流，我会像个傻瓜。原谅我。

我在你的《回忆录》中读到这样的话："我没有力量公开展现至高的艺术，有这样的艺术做向导，我的生活充满乐趣，带领我克服所有的障碍、敌意和欺骗，获得内在意义的圆满。"[3]我无比热切地希望，你生活的向导能指引我走向内在意义的圆满。这是你的一个[4]愿望，也是我的，是你唯一在乎的。[5]如果我焦躁，那是因为我担心你遇到麻烦。要是我总是担心麻烦，那是因为我总是渴望看到你开心……也许那会让你产生误解，但我的心依旧坚定，我的心希望你开心。要是那样不好，请原谅我。我的希望不能改变你的生活，于是我只能希望你过得开心！我无意伤害你。

对于你带给我的快乐和痛苦，我想不出该如何感谢。

维多利亚

1. 莱昂纳德·埃尔姆赫斯特。

2. 正确拼写为"stifled"?

3. 引自泰戈尔《回忆录》一书。

4. 笔误，应为"I"。

5. 是否跟上一封信一样，也是一种爱人的愠怒？

六、奥坎波致泰戈尔

［这封和下一封奥坎波的信，均未签名，语句也较凌乱。这封信读起来更像是一首诗。两封信也许写于泰戈尔离开布宜诺斯艾利斯的前一天深夜和当天清晨，直接送至登船的泰戈尔手上。］

［桑伊斯德罗，1924 年 11 月/12 月或 1925 年 1 月初］

3.[1]

我无法入睡。

我在想："世界上距我最近的人，是我感到距离最远[2]的人；

世界上距我最近的人，并不知道他与我如此邻近；

世界上距我最近的人，却并不懂得我这样的人；

世界上距我最近的人，却没有看着我这样的人；

世界上距我最近的人，却并不需要我这样的人。

我只有柔情似水的披风抛给他，可他弃而不用；

我只有相知相识的热情，可他却不闻不问。

我的心是如此沉重啊，此等重量我又怎能承载？

我心烦意乱。拔出那误会之刺吧,做我的友人!"①

1. 是否指凌晨 3 点?

2. "farther"一词是否意为"the furthest"?

七、奥坎波致泰戈尔

[桑伊斯德罗,1924 年 11 月/12 月或 1925 年 1 月初]

6 1/2.[1]

L.[2] 对你忠心耿耿,能帮上你的忙。我也希望用这样的方式来表达自己对你的热爱。

如果有一天,我也能帮上忙,或你有什么急需,请想到我。

你就要离开这个国家,尽管你担心我无法了解你,我的心依然牵挂你。你只需偶尔看一眼这颗心。要是你觉得它值得信任,请让它知晓![3]

如果有朝一日你需要人协助你的事业,请想到我。

我能把你当作我的朋友吗?

1. 是否指清晨 6 点半?

① 尹锡南译:《印度比较文学论文选译》,成都:巴蜀书社,2012 年,第542—543 页。

2. 莱昂纳德·埃尔姆赫斯特。

3. 泰戈尔那时并未将她视作一个睿智而富有才学的女人，这让她深感遗憾。但泰戈尔辩解说，也许他尚未完全了解她，但对某些方面深表赞许。

八、奥坎波致泰戈尔

[此信无疑写于奥坎波收到泰戈尔献给她的《担忧》(*Ashanka*) 一诗（"不是吸引我将航船载满柔情"）的英文版后，大概在 1924 年 11 月 20 或 21 日。而正是这封信，差点让泰戈尔被奥坎波的热情所吓倒，埃尔姆赫斯特在 11 月 24 日写给奥坎波的信中提到此事。]

[桑伊斯德罗，1924 年 11 月 20/21 日]

即使你已经没有机会再次看见印度的天空，你是否会忘记它？[1]

你对于我的意义，就像天空对于你的意义。树木展开枝干，只为沐浴在阳光中，利用每一个蓓蕾、每一片叶子扎下根，也只有这样，我的心和头脑才能延伸向你。一棵树肯定不满足透过窗口眺望太阳。太阳必须照向他，[2]淹没他，通过这种方式，阳光能覆盖甚至最细的树枝，花朵绽放笑脸。是从天空投下的阳光让树木生长。在阳光的作用下，繁花挂满枝头。树木忘不掉太阳，因为太阳赋予树木生命。是太阳让树木忘不掉它。

我高兴地从肖像画上体会到你身上有一种独特的温柔，你应该也能看出。我要你在背面写一首诗，因为我熟悉画中的人，我有些怕你，但不怕他……[3]我的目光聚焦在那张脸上。你走后，我将与空虚的心情斗争，看到那张脸时会更痛苦。我似乎没有希望或可能忘记这一切。

不知你是否觉察到我听你说话时的样子，就在昨天，我试着抓住每一个字。不知你是否觉察到，我总是用这种方式听你说话。你为什么要问是否说得太多？我很痛苦，因为你不能理解我对你的理解。坐在你身边，我幸福地展开呼吸。

你的诗很美，但太阳无法让树木忘记它的存在。你"卑贱的"心[4]并不可怕，因为在我眼中，它是梦中才能出现的财富。让我为它找一个避风港，让我饮下你的痛苦。我没有什么可以奉献。[5]我只能为你的"卑贱"搭一个避风港，分担你的痛苦。

维多利亚

1. 参见《担忧》一诗的英文版，其中有一句为"我最好缄口不语/帮你忘掉我的存在"。

2. "树木"和"太阳"的意象在信中数次以阳性单数形式出现，也许是因为奥坎波习惯法语和西班牙语的用法，采用名词阳性。

3. 指一幅泰戈尔的肖像画（作于1877年2月18日）印刷品，现存布宜诺斯艾利斯奥坎波档案室，装在玻璃相框里，背面有泰戈尔亲笔抄录的《客人》一诗，为孟加拉文，并附孟加拉文签名。

4. 参见《担忧》一诗的英文版，"而是经你许可，让我空手而归/你不顾一切地付出爱情的代价/正好显露我贫乏的内心"一句。

5. 参见《担忧》一诗的英文版，"我不知道该如何牺牲自己/来奉献给你神圣的爱情之火"一句。

九、奥坎波致泰戈尔

［此信中，泰戈尔被称作"Gurudev（师尊）"，应该是他尚在阿根廷时，奥坎波写给他的最后一封告别信。我不能确定，告别信究竟是这一封，还是第九封。］

［桑伊斯德罗，1924 年 11 月/12 月或 1925 年 1 月初］

师尊：

这几天，我一直在喜悦和痛苦中挣扎！喜悦，因为我觉得靠近了你；痛苦，因为你无视我的靠近。喜悦，因为我奉献给你我所能奉献的；痛苦，因为你对我的奉献无动于衷。喜悦，因为我被爱意充盈；痛苦，因为我的爱让我喘不过气来，折磨着我。这是一种无法表达[1]的爱。

我如何喜爱你的作品，多么喜爱你的作品，你以后会知道。这种喜爱能被翻译出。但我担心，你永远都不会知道我如何爱你、多么爱你，因为除了你，没有别人能翻译出我的爱。[2]翻译要花费很长时间，而你总是有新的诗要写。

师尊，我如何才能感谢你赐予我的一切，我如何感谢你？

我感觉自己什么都说不出，我的心和头脑中空空如也。这让我很伤心。

请记住，师尊，你抛下一个人在这里，她努力想表达对你的爱。如果可能，请伸出你的援手。

我向来愚蠢而羞涩。请原谅我。我爱你。什么也不能改变我对你的爱。

请记住，师尊，你接受我微不足道的帮助，就是接受了我的爱，而这就是你带给我的最大快乐。

维多利亚

1. 原文"immediat"为受法语影响造成的笔误。
2. 爱人间的愠怒。

十、泰戈尔致奥坎波

[此信在朱利奥·恺撒号上写成，从里约热内卢寄出。]

[1925年1月5日]

维佳娅[1]，在灰色的天空下，我的日子单调地重复，像一串数不完的念珠。白天和夜里的大部分时间，我都把自己埋在你送的扶手椅里，最终，它让我懂得了波德莱尔诗句中的抒情性，我们曾一起读过他的诗。[2]我本想在跨越两处海岸的间歇，写一点东西——但海风劲吹，我的稿纸悠闲地躺在桌上，一片空白，看起来像一座遥远的无人岛上的沙滩。我的一天中，三分之二拿来睡觉，三分之一读书。我被一种慵懒的气氛彻底[3]包围，就像一个男人过着养尊处优的生活。在过去的两天，我终于能理解为什么中国的男人要抽鸦片，来获得片刻的男性尊严，因为自打他呱呱坠地，就过得身不由己，清醒的时候一刻不得闲。[4]现代的女性总是指责我们动不动就发脾气，像个暴君，她们不明白，这是我们宣泄情绪的方式，我们被逼着要在社会中扬名立万，这对天性是一种压抑和折磨。西班牙哲学家说得很对，是女人让我们成为文明人，[5]她们让我们的人生充满压力，强加给我们一些不该由我们完成的使命。我们要报复，让她们从平凡的女人变成涂脂抹粉的贵妇，把她们装进温室，逼她多愁善感，为她们病态的妆容和香味叫好。生活有必需品，但大脑要悠闲——女人是生活的守护神，她们能享受悠闲；而男人是哲学家，热爱思考，他们终日劳作，为生活提供必需品，并繁衍后代。现代的女性主义者希望在各个领域和男性展开竞争——但这只会让男性提升精力，愤怒的火焰燃得更旺。唯一满意的解决方式是把他们从重要的岗位赶走，让不必要的诱惑吸引他们步入未知的地方。他们是天生的野蛮人，喜欢在思想和梦想的旷野独自流浪。但你希望你的子嗣成为文明人，不受伤病和贫穷困扰。于是你释放这些野蛮的生物，想把他们驯服，满足社会的要求。反社会的人被社会人所俘获。但要适应社会并非一件易事，对于你的吩咐，我们被迫以错误的观念完成，你看不下去，又无法躲起来享受，所以更焦躁不安。我只希望你能看到，莱昂纳德上船[6]来享受后，脾性改善了不少。他突然变成一个天文学家，出没在甲板上层，等着属于南半球的第一颗星星出现。你知道的，男人当秘书是不称职，[7]但当天文学家的话，他们知道如何找到最佳的观测位置。我猜你还知道，我也爱好天文，但身为一个诗人，星座图都在我的脑子里，哪怕身在船舱，也能进行研究。有人劝我，千万不要跟女人开玩笑，但我担心信中有些话，确实带着轻佻的意味。希望你原谅我。你知道，如果一个人并非先知，而被当作先知，他会冒着被误解的风险，发出爽朗的笑声。

吉祥的罗宾德拉纳特-泰戈尔[8]

1. 原文拼写为"Vijoya"，按孟加拉语发音，"Bijoya"似乎更接近。

2. 即《恶之花》中《遨游》一诗。详见前文。奥坎波送给泰戈尔的扶手椅，后来成为诗人的诗作和画作中频繁出现的意象。这把扶手椅现存圣地尼克坦泰戈尔学院的泰戈尔博物馆。

3. 原词"completamente"为西班牙语，意思是"completely"。因为奥坎波很喜欢用西班牙语副词，将其与英语词汇混用。在她写给埃尔姆赫斯特的一封信中，她写道："你对我很（competamente）不公平，但我已经习惯这种误解。"（写于1925年3月4日，寄自桑伊斯德罗，现存达丁顿庄园的埃尔姆赫斯特档案室）

4. 语气谐谑而严肃。我在《罗宾德拉纳特与维多利亚·奥坎波的友谊》一书中写道，泰戈尔对他人的态度因心情或需求而变化。合他心意时，他将女性视作被动的主动，如《人格》中描述或行动的缩影。

5. 西班牙的哲学家无疑指的是奥尔特加；奥坎波也在《自传》第四卷证实了这一点。信中提到的是奥尔特加为奥坎波《从弗朗西斯卡到比阿特丽斯》一书所写的后记，1924 年 7 月在马德里出版。因为泰戈尔不懂西班牙语，一定是奥坎波给他做的介绍。后记中的文字与泰戈尔的话并不完全一致，但有些相似。比如，奥尔特加说"历史以性的节奏前进"。"有些时代，男性的价值占据主导地位，而有些时代，女性的星爬上历史的地平线。以我们的文明为例，第一次中世纪是男性的世纪，女性不参与公共生活。男人们忙于征战，远离女人，手边除了武器，供他们享乐的方式剩下豪饮和歌舞。第二次中世纪——在我看来，这是古代欧洲最吸引人的时代——女性登上历史舞台。这种所谓的'爱的宫廷'，或'礼'文化，在 12 世纪达到极盛，是西方文明发展的决定性阶段之一，现在仍未被承认其应有的历史地位。从'礼'文化衍生出圣弗朗西斯和但丁，阿维尼翁教廷和文艺复兴，然后走向现代文化。"也许奥坎波将这一段的译文讲给泰戈尔听过，奥尔特加说"女性的星爬上历史的地平线"，其中的意象与泰戈尔玩笑话中的星星和天文学一致。奥尔特加提到，女性激励男性超越自我、实现价值，他还在后记中写道："男性要达到完美——不管是在科学、艺术或政治上——离不开女性的帮助。"泰戈尔 1925 年的日记，显然受到奥坎波讲述的奥尔特加的观点或文字的影响，奥尔特加此文名为"论女性在历史中的作用"。

6. 原文为"shiiiiip",模仿法语和西班牙语中长元音"i"的读法。埃尔姆赫斯特也提到过奥坎波将英语中"i"的发音拉长的习惯:"后来她高兴起来,讲故事,大声读自己的独特发音,比如'ship'读成'sheep',我们笑了个够,又跑去讲给师尊听。"

7. 暗指在桑伊斯德罗时,奥坎波和埃尔姆赫斯特之间的摩擦。

8. 签名为孟加拉语。

十一、奥坎波致泰戈尔

[桑伊斯德罗,1925年1月6日]

亲爱的师尊:

我昨天去了你的住处(米拉尔利约)。我承认,这不是个明智的决定。暮光爬上梯级,我知道,它在你无人居住的房间等我前来。一种可怕的孤独感纠缠着我,自从我挥别你和朱利奥·恺撒号,我希望来到你住过的地方,收集欢乐的片段。但这些东西[1]无法安慰我。它们将事情越变越糟。我的心头升起对你的无比思念,这种(难以平息的)渴望让我回想起所有得到的与失去的,叫人承受不了。我空荡荡的心徘徊在墙边、树丛、河畔和天空。那里没有生命的迹象。随后,似乎是一种自我嘲笑,我清晰地回忆起生命的样子,回忆起你的样子,漫步在房

在你鲜花盛开的花园

前和花园中。我像一个胆小鬼逃开，但孤寂并不会远去。我到哪里，它到哪里。我只好徒劳地幻想你并没有真的离开。在可怕的孤寂中，我渴望怜悯，但怜悯不知从何处而来。

我希望自己能走出这片绝望的乌云，我知道，徒劳的伤悲是错误的。但如果你知道你对我意味着什么，你会原谅我的软弱。

我已经开始翻译《红色夹竹桃》。[2]昨天收到一封信，是一个叫鲁斯唐[3]的朋友寄来的，他是位法国[4]教授。他要我写几篇评论当代西班牙文学的文章（当然是用法语写），因为法国人对当代西班牙文学不太了解。我写了篇讲《红色夹竹桃》的，并请他指正我的译文。我想你能尽快和他见面。等我译完，我要他写信给你谈谈他的意见，喜欢或者不喜欢。

亲爱的师尊，不能去欧洲见你，真令我沮丧。非常可惜！我希望你一切顺利，虽然我很伤心，仍愿意为你做一些并非毫无价值[5]的事。我心头的爱[6]能帮助我完成这一切。

你赐予我的，我实在难以表达谢意。

吻你的手，师尊。

维佳娅

1. 原词加有双下划线。

2. 当时，《红色夹竹桃》并未出版，泰戈尔一定是给了奥坎波一册1924年9月期的《维斯瓦巴拉蒂》季刊，收录了这部剧的英文版。

3. 是否指法国教授、政治家马里奥·鲁斯唐（1870—1942）？他数度出任部长，并负责编撰《拉·封丹寓言》。鲁斯唐教授似乎并未和泰戈尔通信，泰戈尔学院档案室没有两人的书信。

4. 受法语和西班牙语影响，信中有些单词奥坎波未首字母大写。

5. 原文中，"unworthy"之后尚有"of my love for you"一句，后删去。

6. 原文中，"love"一词前删去了形容词"great"。

十二、泰戈尔致奥坎波

［这封信完成于朱利奥·恺撒号的甲板，写在信头为"国际大学"的信纸上。存于布宜诺斯艾利斯的书信复印件中，1 月 17 日的便签，被泰戈尔学院档案室归入一份单独的信件，但那并不是一封信，而是附言，曾经附在 1 月 13 日的信的末尾，是那封信的第六页。两份拆开的原件凑在一起，配合得天衣无缝。我在布宜诺斯艾利斯仔细研究过这封信。泰戈尔的孟加拉语签名"Sri"位于便签末尾，日期为月份首字母"J"。这封信 1925 年 1 月 19 日从热那亚寄出，2 月 11 日抵达布宜诺斯艾利斯。］

［朱利奥·恺撒号[1]，1925 年 1 月 13 日］

亲爱的维佳娅：

我漂流在海上，距离你的海岸越来越远，如今，我们天各一方，让我不禁回想起在桑伊斯德罗的日日夜夜。我并非天生喜欢旅行——我已经精力不济，无法领略一个陌生国度的美，在新奇的旅途中，为自己构建一座新的巢穴。[2]所以，当我远离故土，我愿意结识异国的朋友，请他们介绍当地的风土人情。对我来说，拉美世界的精神会永留在我的记忆中，随时浮现出人们的音容笑貌。你将我从客套的款待中拯救出来，让我走入你的心田，并认识你的国家。不幸的是，语言障碍让我们无法自由交流，你熟练掌握的那门欧洲语言，恰好是我的短板。确实很遗憾，你有丰富的思想，渴望与你的朋友分享，我能充分理解这种痛苦，你一定很煎熬，因为你无法告诉我自己的心里话，拨开那层迷雾，让我见识你在文学上的追求和愿景。我很抱歉，不能彻底了解你——这种困难，因为你对文学形象的不同见解而难上加难。这是一种贵族式的荣耀，擅长自我表达，宁可沉默不语，放弃说出缺乏修饰的话。但从见到你的第一眼开始，我就知道你有自己的想法。对我来说，这就像一颗星星，太遥远，所以光线暗淡。[3]我们在一起时，总是玩弄辞藻，在笑声中错过良机，却没有看清对方的样子。笑声也经常扰乱我的心神，卷起尘埃，让我们的视野变得模糊。我的朋友们有所不知，我骨子里是个严肃的人。我们的相识像一笔财富，但这笔财富并不会公开摆放在人来人往的外屋。财富等待去发掘，只有在你我严肃的时候，才能收入囊中。你经常看到我眷恋家乡。这倒不是我对印度有多么迷恋，而是对蛰居在我心中使我获得内心自由的那种完美无缺的真实的迷恋。当我出于某种原因，用自己特别的方式注意自己的个性时，这个真实顷刻间在我眼前消失了。我的真正家乡在那里，它的环境召唤着我，显示自己的优美。因为我在那个旅途上必然会接触到宇宙的普遍真理。在我的心灵里肯定有这样的鸟巢空间的声音，可以自由地降落在她上面。那空间的声音除了光亮和自由，再没有其他的诱惑。任何时候，当这座鸟巢成为空间恶意的冲突场所时，我的心灵就如同候鸟一样，振翅飞向遥远的岸边；任何时候，当障碍停留在我自由光亮的一些日子时，我仿佛感到自己承受着伪装物的重负，犹如晨曦被浓雾所笼罩。我无法看清自己，它像噩梦一样，用自己沉重的虚无令我窒息。我经常对你说，我没有自由去牺牲自己的自由——因为这个自由是我的上帝为他自己服务所提出的要求，我忘记了这个职责，徘徊在一个享乐的牢笼里。然而，现在那个时机永远地结束在一次灾祸中，一股愤怒的力量公然把我摔在倒塌的墙外。

我告诉你这些，是因为我知道，你爱我。我相信天命。我确信，以我卑微的身份确信，上天选择我来到这个世界，不单是生命的延续，而是要完成天赋的使命。于是，我相信从某种程度上，你的爱能帮助我达到圆满。[4]这听上去有些自负，但我们的内心都在呼唤，让人无法遏止。我想说的是，这个呼唤的声音挣脱了我的控制。就像婴儿喊着母亲，是一种本能——不是某个人的呼唤，而是人类的呼唤。这些被赋予天命的人就像

降生的婴儿一样，对他们来说，爱与呵护不止是一种享受，而
是恩赐。除了爱，还包括伤害、羞辱、忽视和排斥，也许将他
们碾压为尘土，但更让生命得到升华。

你的友谊让我有些猝不及防。这份友谊会如鲜花般盛开，
让真相显现，露出一个真实的我，更好地了解我的生活。我朋
友不多，因为很少有人懂我的心意，如果我寡言少语，别人总
觉得我太高傲。所以我面临天降的一段友谊时，总会紧张不安。
但我接受命运的安排，要是你也能鼓起勇气接受，我们会一直
做朋友。⁵

吉祥的罗宾德拉纳特-泰戈尔⁶

1 月 17 日

明天我们将抵达巴塞罗那，后天去热那亚。我会把椅子留
在船舱。过去两周，这把椅子像一处舒适的巢穴，让我休息得
很好，没人打扰，忍不住想感谢那个送我礼物的人。⁷我不知道
什么时候能再给你写信，但我会一直想你。再会了。

1. 泰戈尔的写法是"Giuleo Cesaro"，我按照原文保留，正
确的拼写方式其实是"Giulio Cesare"。这艘英国造的汽船当时属
于一个意大利航运公司，1925 年时，执行往返热那亚和布宜诺斯
艾利斯的运输任务。这艘船后来换过两次东家，1942 年，为红十
字会国际所有。1944 年，在意大利港口城市的里雅斯特，被盟军
的空袭击沉，残骸于 1949 年打捞出水。感谢我的小儿子 I. N.
黛森为我提供上述信息。《东方集》里，有四首诗写于这艘船上。

434

2. 这是一段很有趣的自我评价。泰戈尔的天性，既可以当一个云游的行者，也可以当一个居家男人，两种特质经常会发生冲突。他对旅行的热爱，源于童年时跟随父亲行走于喜马拉雅山间，少年时又独自徜徉在欧洲大陆。他的儿子罗悌·泰戈尔写道："父亲是个酷爱旅行的人。孩提时代，就在家里待不住。他走遍了印度的各个角落，还短暂访问过英国两次。"埃尔姆赫斯特也注意到泰戈尔身上这两种个性："……渴望旅行，渴望再次去欧洲访问，是他骨子里的想法，虽然他总在抱怨，说自己思乡心切，迫不及待想跑回印度，但还是无法停下前往法国的脚步。"（参见1939年2月15日他写给奥坎波的信）泰戈尔常常改变心意，他向往自由的蓝天，也喜欢安宁的巢穴。他对一股脑儿融入"异国"不感兴趣，他更喜欢循序渐进地收获新的旅行体验，一次来一点，免得受不了。比如他的南美之行，他去过好些地方，见过不少人，但保留在他记忆中的，只有一处小地方和一个人。

3. 这表明，尽管两人之间存在交流障碍，泰戈尔仍看出奥坎波在文学上的天赋。他的话也许是对她的回应（参见通信集第七封），当时的他，并非无法参透对方的心意。

4. 泰戈尔认为，女人之爱，如性力女神沙克蒂（Shakti）一样，能激发男人的创造力，助他成就一番事业。他在写于1924和1925年间的文章中提到这个观点，该文后来收入1929年出版的《逗留》。他也写过"印度的理想婚姻"，发表于1925年7月的《维斯瓦巴拉蒂》季刊，后来由凯泽林收入他编撰的《婚姻之书：二十四位当代思想家的全新解读》，1926年在纽约出版。

在你鲜花盛开的花园

5. 他再次回应她的疑问（参见通信集第七封）："我能把你看作我的朋友吗？"

6. 原文签名为孟加拉语。

7. 这句话充分体现了泰戈尔对扶手椅的喜爱。

十三、奥坎波致泰戈尔

［桑伊斯德罗，1925 年 1 月 15 日］

师尊（我无比敬爱的爱人……）：

我必须承认，我非常想你。这让我感觉很不舒服，[1]很不适，因为我无法做其他事情。我不想用伤感的词汇描述我的感受，这样会打扰你。（因为很难在英语中找到合适的表达[2]，所以很令我沮丧）。

你寄自里约的信（1 月 5 日），我今天早上收到了。读到你装在信封里的文字时[3]，我的心跳得很快，怦怦直跳（幸亏我在花园，要不然，我的心会蹿出胸膛撞到天花板！如果真是这样，我的心能撞到天上）。仅仅看着信封，就是一种你想象不到的快乐。（虽然我知道你的想象力宽广得没有边际）。

这么说，最后你通过我送的扶手椅理解了波德莱尔的诗歌！……我希望你能利用这件家具，体会到诗中的抒情意义！我希望，你至少能理解部分含义！凭借这把舒适的[4]椅子……（哎呀！[5]只是一小部分）[6]。我相信会有一种"慵懒的气氛"围绕着你，身旁少了叽叽喳喳的女人，你会感觉如释重负。我觉得你在谈到"男性的尊严"时，有些夸张![7]的确，男性生来无用。的确，逼着他们"成为社会中有用的人"是一件残酷的事！这不是他们真实的形状。我曾在法布尔写昆虫的书中[8]读到过，有一些虫子，当雌性觉得雄性变得无用时，就会轻蔑地吃掉它们的丈夫。我觉得这是最好的解决问题的方式！我的本能（尤其是食人的习性），让我倾向于这种方式，并且希望你也能赞同，因为你是个聪明人（跟你的聪明才智相比，我的本能不值一提），能看懂我的观点。我不仅想把男人们从有用的领域赶走，还想把他们从我的生活中赶走。哲学家、思想家、预言家和诗人拖累了[9]这个世界。但是（请允许我引用你那位男秘书[10]的话）："我能怎么办？"[11]我曾经受过他们的伤害，这种伤害会一直延续。让他们见鬼[12]去吧。

（我觉得，跟来自孟加拉的诗人开玩笑，比跟来自英国的秘书开玩笑更安全……）

我相信，莱昂纳德在船上[13]过得自在。他天文学家的职业生涯才刚刚开始……我敢说，天空中有许多星星正等待他去发现。[14]我向他表达美好的祝愿。他还没空出一分钟的时间给我写信![15]天文学家们都很忙……尤其在他们事业刚起步的阶段[16]！

我从不怀疑你在天文学方面的才华，我能看出你天赋极高。但我担心你是个被宠坏的天文学家。星星们从不需要你去发现它们，星星们会先找到你。你不需要时刻徘徊在上层甲板！……如果天空升起一颗最亮的星星，她很快会降临你住的船舱，恳求坐在扶手椅上的你看她一眼！

胡胡伊的省长（胡胡伊是我国南部的一个省份）昨天来看我。他问了些有关你的事情，问得事无巨细！他说你住在米拉尔利约时，没能来拜访你！私心里，我很庆幸他没来……这位绅士，虽然有才华，又有同情心，却一点也看不懂和听不懂英语[17]。在一小时的时间里，他时而高喊，时而低语，两者交替，[18]迫切地想知道你对转世和死亡的看法。我只好扯着嗓子回答他的问题。这不是一个简单的事。当然，我建议他读你写的《人生的亲证》[19]和其他书。

这位绅士说会寄给我几把在胡胡伊省发掘出土的斧头，古代人打仗用的。这些斧头是西班牙人入侵之前，我们的印第安人[20]做的。收到后，我会转寄到圣地尼克坦。[21]

你的照片下周冲印好。如果需要更多，请写信给我。

种子会直接寄到印度。[22]

你还没有给我你住在这儿时译的最后一首诗（内容与花有关）。[23]请叫莱昂纳德抄录一份给我（等他没有观测星星的时候）。

我在读你的《红色夹竹桃》。虽然说出来会令你感到自负[24]，但我还是要告诉你，师尊，我爱你。

正如书中南蒂妮[25]所说："对无法得知、只能感知的事情，要怀有耐心。"

维佳娅

莱昂纳德告诉我，有一天你跟他讲过《红色夹竹桃》。他是否记录下你说的话？[26]我想看看。

我有意大利的朋友，叫达里奥·尼科德米，写过并排演过一些剧本。[27]我相信他会被《红色夹竹桃》迷住。他虽然写二流剧本，但有能力理解和欣赏一流剧本。他熟悉舞台表演语言，翻译也做得好。

1. 原词"confortable"受法语和西班牙语拼写影响。

2. 奥坎波将"english"改成"English"。

3. 奥坎波将"writing"改成"Writing"。

4. 为法语和西班牙语拼写方式。

5. 即英语语气词"alas"。

6. 为波德莱尔《邀游》一诗的意境，诗人梦想邀请旧日的情侣同去远游，在"我们的官殿"里"悠然相爱"。

7. 原词拼写受法语和西班牙语影响。

8. 让-亨利·法布尔（1823—1915），法国昆虫学家兼作家，绰号"昆虫界的荷马"。奥坎波的引文出自他的代表作《昆虫记》。奥坎波对昆虫习性的描述，后来被泰戈尔用在"印度的理想婚姻"一文中。

9. 在手稿上，奥坎波不太确定写"encumber"或"encombre"。

10. 原文为西班牙语。

11. 这是奥坎波对埃尔姆赫斯特开的玩笑。埃尔姆赫斯特常说："我能怎么办？"在1925年1月18日从朱利奥·恺撒号上写给奥坎波的信中，他写道："……唉，我能怎么办？——你也知道，陪师尊旅行不是一件容易的事。"

12. "damn"一词的委婉用法。

13. 原词"shiiiiiip"，为奥坎波的自嘲。

14. 文中对星星和天文学家的描述，为谐谑用法。星星指代船上的女乘客。

15. 埃尔姆赫斯特给她发过一次电报，抄写过两次（分别在 1月6日和8日），但这些信件她尚未收到。

16. 原词受法语和西班牙语拼写影响。

17. 奥坎波将"english"改为"English"。

18. 原义是"alternately"（取而代之）。

19.《人生的亲证》是泰戈尔在美国期间用英语写的讲稿，1913年首次出版。在布宜诺斯艾利斯的奥坎波档案室，我找到一本1921年的版本，有泰戈尔的孟加拉语签名。在自己的名字上方，他还用孟加拉语写下奥坎波的姓名"维佳娅·奥坎波"。开始页有奥坎波亲笔抄录的《薄伽梵歌》和《奥义书》中的句子。

20. 文中未首字母大写的单词，多半是受西班牙语拼写的影响。

21. 这些由阿根廷印第安人做的斧头似乎并未寄到圣地尼克坦。

22. 圣地尼克坦也未收到任何来自阿根廷的植物种子。

23. 她指的是不是《夕阳的歌》，或别的诗？如果泰戈尔本人翻译过这首诗，我们应该能找到译本。后来，该诗由科什提斯·罗伊译成英语，又由阿尔贝托·吉里转译成西班牙语。奥坎波还记得其他几首诗，都在阿根廷写成，描绘了园中的茉莉花。

24. 指她与埃尔姆赫斯特之前发生过的争吵。他说她是个自负的女人，于是后来，她在信中报复性地称他为"自负的年轻人"，甚至敢说泰戈尔自负！

25.《红色夹竹桃》中的女主人公。

26. 埃尔姆赫斯特确实作了记录，手稿现存达丁顿庄园埃尔姆赫斯特档案室。记录时间为1924年11月4日，这说明记录地点是在安第斯号上。不清楚奥坎波后来是否读到这些记录。

27. 达里奥·尼科德米（1874—1934），意大利剧作家，一家戏剧公司的创始人兼导演。他在巴黎和布宜诺斯艾利斯分别待过一段时间。他的早期作品用法语写成，晚期作品采用意大利语。他喜欢描写和讽刺当时的资产阶级社会。我在1925年6月28日的《民族报》上读到过一篇他写的文章。

十四、电报：泰戈尔致奥坎波

［现存布宜诺斯艾利斯奥坎波档案室。发自热那亚，1925年1月21日到布宜诺斯艾利斯。］

我是你在恺撒号上的客人，感受你充满爱意的服务。

罗宾德拉纳特

十五、奥坎波致泰戈尔

［桑伊斯德罗，1925 年 1 月 25 日］

师尊：

你收到照片了吗？[1]今天寄给你的，是用我自己"廉价的美国[2]相机"照的，我想应该不太糟糕。[3]事实上，我觉得它们还不错，所以选了些送给你。

莱昂纳德发电报来，说你 2 月 18 日[4]打算出发回印度。要是你没有改主意，我想这封信寄到欧洲时，你已经不在那里了。我在报上读到，你很满意这次意大利之行。但我凭经验知道，报纸上的话不可信。我渴望听到你告诉我详情，说说你的感受。我希望你去佛罗伦萨和罗马。[5]今天下午，在一个书商那里，我终于读到《天鹅》[6]。我匆匆翻了几页，当然，不知道原文，所以无法判断语言的准确性。但我迫不及待地想告诉你，这个译本比不上纪德的文笔。[7]纪德的翻译的确很棒，充满灵感。这是我真心推崇的唯一译本。法译《吉檀迦利》第二首非常美妙。我很难想象，还有哪种语言能译得这么好……不过，自然，我这样说是错误的，我必须学点孟加拉语。[8]①

---

① 尹锡南译：《印度比较文学论文选译》，成都：巴蜀书社，2012 年，第545 页。

"我的歌声张开双翅，翼梢直触到你的跟前——这种抚触是我未曾奢望过的。"这句译成法语是"Mon chant largement éployé touche de l'extremité de son aile tes pieds que je désespérais d'atteindre".[9]美感没有丢失。我记得自己第一次读到这首诗时，是法语的，我被诗中的情绪所感染，赶紧合上书，等了片刻，才让心情平复下来。

你永远不知道我是怎么读你的书的，师尊，你从不往心里去。[10]我能强烈地体会到。

我很想读一读《天鹅》中你写的诗的英语译本。我喜欢第十九首："J'ai chéri ce monde et l'ai entouré comme une vrille végétale avec chaque fibre de mon être!"[11]用英语怎么说？

要是你拍了新照片，请别忘了寄给我！我想看看你在意大利和印度时的面容……如果可能的话。我希望你能与心爱的(Poupée)[12]一起出游，希望你能快乐！我们[13]能与无情的动物友爱相处，只要我们[14]爱得足够深沉……我有过类似的体验。

我不能跟一个预言家开玩笑！[15]但是……从我的内心，我觉得自己不是在开玩笑。

我爱你，师尊。

维佳娅

1. 拍摄于阿根廷的照片现存泰戈尔学院。
2. 信中有些单词首字母未大写，是受了法语和西班牙语拼写影响。

3. 我的《泰戈尔在桑伊斯德罗峡谷》一书封面的泰戈尔照片，很可能由奥坎波用她所说的廉价美国相机拍摄而成。

4. 我并未看到原件，但 1925 年 1 月 22 日埃尔姆赫斯特写给奥坎波的信上提过此事，泰戈尔 2 月 18 日并未按计划出行。

5. 泰戈尔访问意大利期间，并未前往佛罗伦萨和罗马。埃尔姆赫斯特写道："墨索里尼希望借泰戈尔来访之机，邀请诗人到罗马，让这座政治首都多一点文化意义。如果可行，他会派出一个特别接待团来抓住诗人。幸亏我们是借道米兰，受到一些朋友的款待，他们警告说，诗人如果在公共场合抛头露面，会有政治上的风险，所以我们接下来只去了斯卡拉，其他地方都没去。我后来才得知，泰戈尔一直想寻找合适的机会与墨索里尼会面，看看他是个怎样的人。但诗人如今思念圣地尼克坦心切，决定从威尼斯随便找艘船出发。加拉拉蒂·斯科蒂公爵和他的妻子冒着极大的风险，在米兰和随后的行程中为我们指路，让我们平安躲过政治的险滩和纠缠，最后，泰戈尔终于登上一艘从威尼斯出发、驶向印度的班轮，舒舒服服地躺在他的扶手椅上。"泰戈尔和埃尔姆赫斯特 1 月 21 日抵达米兰，在斯科蒂家的公爵府喝茶，晚上去斯卡拉歌剧院看威尔第的歌剧《茶花女》。消息不胫而走。1925 年 1 月 24 日的《纽约先驱论坛报》上，刊登了该报驻罗马记者写的报道："罗宾德拉纳特·泰戈尔，印度诗人和哲学家，被罗马当局禁止公开演讲，怕他鼓吹共产主义。泰戈尔曾在都灵和米兰演讲，他用英语向意大利听众表达他对欧洲的担忧，这块大陆缺少爱，

而和平是精神的产物，源于人的内心，无法靠政令获得。"1 月 27
日和 28 日的报道提到由于健康原因，泰戈尔取消了他余下的意大
利行程。

6. 《天鹅》中的诗选自泰戈尔的《天鹅的飞行》（1916），由
卡里达斯·纳格和皮埃尔·让·儒佛从孟加拉语译成法语。我读
到过这本书的第三版。

7. 奥坎波提到的是《吉檀迦利》的法语版，由纪德从《吉檀
迦利》英文版转译而成。

8. 指《吉檀迦利》英文版第二首诗《当你命我歌唱》。

9. 选自《吉檀迦利》英文版第二首诗，在孟加拉语原文中，
并无译文中所提到的展开的翅膀意象，不过在原诗第一节，确实
写到一只飞翔的鸟。

10. "damn" 一词的委婉表达。

11. "我热爱这个世界，用我身上每一根植物的卷须围绕它！"
孟加拉文原诗中其实并没有植物卷须的意象，忠实点的译文是
"噢！我热爱这个世界；用我的生命，一圈圈地包围它。"

12. 南蒂妮的昵称，她是罗俤·泰戈尔和帕勒蒂玛·黛薇的
养女，也是泰戈尔的养孙女。

13. 由奥坎波修改为 "You"。

14. 由奥坎波修改为 "you"。

15. 参见泰戈尔 1925 年 1 月 5 日的信。

十六、泰戈尔致奥坎波

[未注明日期，写于信头为国际大学的信纸上。我在布宜诺斯艾利斯的奥坎波档案室也没有查到该信具体的寄出日期。]

[意大利，1925 年 1 月底]

亲爱的维佳娅，命运又给我开了个愚蠢的玩笑，我病倒了，不得不取消所有的行程，赶回家去。真是遗憾，因为我刚被这个国家的人民真挚的欢迎之情所感动。我应该回去，满足他们的期盼。莱昂纳德和我们的朋友们齐心协力，为我找到一个合适的住处。[1]我很高兴能在欧洲有个小窝，这个国家的人对我非常友好。如果一切准备就绪，明年九十月间我还要来意大利。我记得你说过，那时你也要来欧洲——所以你会再次有我住在你的屋檐下，成为你的客人。我正躺在床上给你写信——我希望你能认出我潦草的字迹。莱昂纳德会给你写信，详述我在意大利的见闻。

爱你的，

吉祥的罗宾德拉纳特-泰戈尔[2]

请代我向丹维拉[3]和法妮问好。[4]

1. 埃尔姆赫斯特 1925 年 1 月 22 日从米兰写信给奥坎波："购买意大利的别墅一事仍在商讨当中，不久后，你能听到更多详情——我考虑在科莫的湖区或别的地方，位于欧洲的中心位置，夏天不太热，我记得那里有蚊子和苍蝇。"他加上一句："你为何不今年过来，亲自挑选，因为他夏天时不在。他决意明年再来意大利。"

2. 签名为孟加拉语。

3. 丹维拉是驻布宜诺斯艾利斯的西班牙外交官，帮过泰戈尔很多忙。

4. 法妮是奥坎波的女佣。虽然泰戈尔和法妮"语言不通，无法展开交谈，却结下深厚的友谊"。

十七、泰戈尔致奥坎波

[从威尼斯寄出，信封印有"威尼斯大酒店"字样，日期为1925年2月2日。这封和上一封写给奥坎波的信，很可能装在一个信封里。]

[威尼斯，1925年2月1日]

亲爱的维佳娅，我明天出发回印度。莱昂纳德会和我们的朋友们商量，找个安静的地方，让我能经常来待一些时间。我记得，你希望明年秋天来欧洲，所以我决定大概九月中旬和你见面，待到十月份的第三周。要是你改变计划，请提前告知我。[1]意大利人对我很好，我觉得意大利的阳光和意大利人的热心肠对我的健康有好处。再见。

吉祥的罗宾德拉纳特-泰戈尔[2]

在你鲜花盛开的花园

1. 从信上不难看出，泰戈尔和奥坎波已经约好 1925 年夏天在意大利见面。

2. 签名为孟加拉语。

十八、奥坎波致泰戈尔

[马德普拉塔，1925 年 2 月 15 日]

亲爱的师尊：

虽然今天我头疼得厉害，我还是想马上写信寄给你。我刚收到你的信，[1]很开心，很感激。

现在轮到我思乡心切了。自从你走后，我就思念你，无法停止。[2]不管发生什么，[3]你都是我的挚友。我给予你越多，我得到越多。[4]没错，我的爱令我受伤……但这只说明我爱你还爱得不够。[5]等头痛缓解，我会再给你写信。

你的维佳娅

他们把照片寄到印度了吗？我（用美国运通）把它们寄到热那亚的。

那些照片是在吉拉尔德斯家的牧场拍的。那里的风景不像卡帕马拉兰那样带有英国风味，对吧？[6]

1. 泰戈尔写于 1 月 13 日的信，邮戳为 1 月 17 日，1 月 19 日从热那亚寄出，2 月 11 日到阿根廷。

2. 参见信件第十二封。

3. 参见信件第十二封最后一句。

4. 莎士比亚《罗密欧与朱丽叶》中朱丽叶的台词。

5. 参见信件第十二封。

6. 泰戈尔不喜欢建在普拉塔河畔卡帕马拉兰地区的马丁内斯·德·奥斯家的庄园,觉得太有英国风味。从奥坎波的语气中,可以看出泰戈尔从未去过圣玛利亚,那里是阿根廷作家里卡尔多·吉拉尔德斯的牧场。保存在泰戈尔学院档案室的照片,有些就是从吉拉尔德斯家拍的米拉尔利约、奥坎波别墅和卡帕马拉兰。

十九、泰戈尔致奥坎波

[孟买,1925 年 2 月 19 日]

亲爱的维佳娅,我刚回到印度。疲惫的感觉尚未散去。威尼斯的医生强烈建议我注意节省有限的体力,但印度人需要我,我得尽我所能去帮助他们。我想明年四月去欧洲,在那里度过夏天。埃尔姆赫斯特已经离开我,不在身边。我很难找到另一个能干的人来填补他的空缺。[1]如果夏天能去欧洲,我会给你发电报。

是你决定,我在《民族报》[2]上发文的稿费,不直接汇给我,而是经由埃尔姆赫斯特转交?我在酝酿一些项目,需要这笔资金,所以我希望定期收到稿费,不要转借他人之手。至少头一

年，埃尔姆赫斯特新婚宴尔，要忙的事情太多，实在不需要再
负担收取我的稿费的重任。不过，我也不擅此道，所以希望你
能帮我打理，我完全信任你。

我不知道一封信需要多长时间才能从印度寄到你手中——
但我希望是在我出发去欧洲之前。[3]如果你没接到电报说我不能
离开印度，说我的欧洲之行取消。

虽然你不常收到我的信，但是请放心，我记得你，亲
爱的。[4]

吉祥的罗宾德拉纳特—泰戈尔[5]

我担心是否能给《民族报》继续供稿——总有一天，一切
变得无关紧要——等到那时，请不要为难他们履行承诺。我的
文章并非必不可少。

1. 1925 年 2 月 7 日，泰戈尔写信给埃尔姆赫斯特，希望他
"一路顺风航行到爱情的彼岸，体会爱的永恒和生活的完满"。埃
尔姆赫斯特和多萝西·司戴德，于 1925 年 4 月 3 日在美国结为伉
俪。泰戈尔是否心怀秘密的愿望，让奥坎波来填补埃尔姆赫斯特
离开留下的空缺？

2. 泰戈尔从不在 "Nacion" 一词的字母 "o" 上方添加变音符号。

3. 奥坎波 1925 年 3 月 20 日收到信，3 月 31 日回信。

4. 孟加拉语意为 "爱"，是泰戈尔唯一教会奥坎波的孟加拉
语单词。

5. 签名为孟加拉语。

二十、奥坎波致泰戈尔

［写于一张照片背后，正面是维多利亚·奥坎波神情忧郁地坐在一个岩坎上，也许是普拉塔河岸。］

［1925 年 2 月 24/25 日］

亲爱的师尊：

自你走后，日子无穷无尽。

秋天正到来，我希望它很快过去。但我担心自己缺乏耐心。[1]

维佳娅

普拉塔河

法妮提到你时，忍不住要哭出来。

1. 原句体现出奥坎波尝试提升自己的英语水平。她起初写的是："I will never learn how to be patient"，后来删去 "how to be"，将 "patient" 改成 "patience"。

二十一、电报：泰戈尔致奥坎波

［电报发自加尔各答，1925 年 2 月 27 日到达布宜诺斯艾利斯，现存于布宜诺斯艾利斯奥坎波档案室。］

爱的致意，来自

拉宾德拉

二十二、泰戈尔致奥坎波

[因为上一封电报（即信件第二十一封）发自加尔各答，并于2月27日到达布宜诺斯艾利斯。此信很可能也寄自加尔各答。]

[加尔各答，1925 年 2 月 27 日]

亲爱的维佳娅：

一些动物用装死的方式从死亡的危险中自救。医生建议我效仿他们装死的方式，不能动、不能说话、不能见朋友。事实上，从各个方面看来，我就像死了一般。因此，我将完全臣服于你送的安乐椅，它一直伴随着我，从一处海岸到另一处海岸。因此，等到明年五月一日，再次离开印度前往意大利前，我不得不修身养性，以积蓄我的精力。"克拉科维亚"为我特别空出一间船舱，曾载我回到印度，这次又将送我去意大利。我希望到那个时候，我有足够的精力去实现我的计划，驶向有人翘首期盼、热烈欢迎我的海岸。

那天，我见了一位了不起的法国妇女，她已经在西藏旅行多年，和当地人相处融洽。[1]她问我《民族报》怎么样，因为编辑在跟她约稿。我对她说这份报纸刊登高质量的稿件，并向她报了你的大名。你可能很快会收到她写的信。

为了写这封信，我违反了医生要我一直躺在安乐椅上、不准坐到桌旁写东西的禁令。我可以口授，但我还是冒着被他批评的风险，亲笔写信给你。用自己的笔，而不假别人的笔，将心里话讲给你听，让我又丢失了一部分活力。

我亲爱的[2]

吉祥的罗宾德拉纳特-泰戈尔[3]

这位法国女士的姓名和地址：

亚历山德拉·大卫-尼尔夫人

法国领事馆

科伦坡　锡兰

1. 亚历山德拉·大卫-尼尔夫人（1869—1969）是一位勇敢的法国探险家。她去亚洲各地游历，到西藏研究风俗、宗教、哲学多年。她能流利地讲西藏各地的方言，在西藏定居，并得到当地喇嘛的信任，甚至收养了一个喇嘛做儿子。她著有《喇嘛》《一个巴黎人在拉萨的旅行》《在神秘与魔幻的西藏》和《藏传佛教的秘密》。

2. 孟加拉语，意为"爱"。

3. 签名为孟加拉语。

二十三、泰戈尔致奥坎波

[圣地尼克坦，1925 年 3 月 4 日[1]]

亲爱的维佳娅：

我躺在你送的扶手椅上，给你写这封信。我恐怕会在躺椅上待更长的时间，大大超出预料。现在的我，比你看见我时，情况更糟糕，而且我确定不会在八月前离开印度，所以我已经叫儿子去退了夏天的船票。

我会寄给你一些短篇小说，希望小说的译本能发表在《民族报》上。[2]如果不行，你可以任意处置，因为都没有出版。

我猜，你应该读了意大利那边的报道，讲他们如何盛情地款待我。这也是为什么我想把自己在欧洲的家安在意大利。我希望埃尔姆赫斯特已经选到一个合适的地方。你收到他的来信了吗？

就写到这里——我的身体又开始不舒服了。

爱你的[3]

吉祥的罗宾德拉纳特-泰戈尔[4]

1. 普拉波哈特·穆科帕德亚和科什提斯·罗伊曾编写《80年年表》，作为1961年出版的《泰戈尔诞辰百年纪念文集》的附录，年表里提到，1925年3月4日，泰戈尔的哥哥乔迪楞德拉纳特·泰戈尔在兰契去世。他写这封信时，是否得知这个消息？当天，泰戈尔也写信给埃尔姆赫斯特："我收到了来自维佳娅的一封信，我非常伤心。我知道，爱是这世上最珍贵的东西，而我却白白浪费它，这让我很受伤。既然我已经离开维佳娅，那她赠送的礼物就不应成为困扰我的负担——我能感受到它的美丽，她痛苦的呐喊越过无尽的时空阻隔，像一颗燃烧的星星——她送我礼物，而我无以回报，我衷心希望她没有遭遇损失，因为爱之痛的神圣乐音会将她的性情打磨成具有永恒价值的和谐之声。"（引自保存于圣地尼克坦泰戈尔学院的书信打印件，原稿存于达丁顿庄园埃尔姆赫斯特档案室）泰戈尔是否收到了奥坎波 1 月 6 日的信（即信件第十一封）？

2. 其中一些短篇小说刊登于《民族报》。

3. 孟加拉语，意为"爱"。

4. 签名为孟加拉语。

二十四、奥坎波致泰戈尔

[桑伊斯德罗，1925 年 3 月 21 日]

亲爱的师尊：

这是一封商务信函，写起来比带文学味的信更难。（糟糕的文学作品容易写）

昨天，收到你从孟买[1]寄来的信后，我去了《民族报》，和米特雷[2]谈了很久。

是的，按埃尔姆赫斯特的安排，由他将稿费转交给你。但鉴于你希望以"定期而非迂回"的方式收到稿费，我和米特雷决定，将稿费直接给我，再由我尽快转寄给你，因为比起《民族报》[3]的人，我更想知道你的行踪。

至于你说："我对与《民族报》长期合作怀有一些担忧"，你大可以消除心头的顾虑。米特雷跟我说，他非常希望你成为他的长期合作伙伴，因为这里很多读者都对你的思想和品格感兴趣。

米特雷也说，按照埃尔姆赫斯特最初的安排，他能每月刊登一篇文章（偶尔两篇）[4]，因为稿件从世界各地寄来，有相当数量的垃圾稿件，他们必须筛选……（当然，他并没有用"垃圾"这个词，但我认为这个描述很恰当）

他还说，《民族报》只刊登没有收入其他报纸、书或杂志的文章。他非常强调这一点。他说你在阿根廷时，破例刊登过你一篇旧作，但从现在开始，他们只接受原创作品[5]。他重复多次，非常希望和你合作，因为有太多人想读到你的大作。

我收到两篇你的文章，一篇刊登于《现代评论》，另一篇登在《维斯瓦巴拉蒂季刊》。我该如何处理？

我想立刻把这封信寄出，因为有艘船[6]今晨出发。其他事项，[7]我这周再写信给你。

你无须太着急寄新的文章来，有四篇尚未刊登（《致孩子》《巨人杀手》《判决》和圣诞节时的讲座内容。[8]）

用我所有的爱思念你。

维佳娅

丹维拉先生向你致以最诚挚的祝愿。法妮总是提到你，叫我把她的爱献给[9]你。[10]

1. 指第十九封信件。

2. 《民族报》的若热·米特雷（见书信第二十六封）。《民族报》由巴托洛梅·米特雷于 1970 年创办，现仍由米特雷家族掌控。

3. 手稿中，"Nacion's"一词的字母"o"上未添加变音符号。

4. "occasionally"一词的头两个字母，因原信件损毁而缺失，但可以根据上下文填补。

5. 一份报纸，坚持要一位身在千里之外的作者寄来原创作品，有些令人忍俊不禁。通常情况下，不管是报纸还是杂志，都习惯于刊登作者的旧作或译作。泰戈尔的大多数作品最初以孟加拉语写成，比如他的文学创作或在圣地尼克坦讲座基础上写的文章。泰戈尔始终坚持自己的作品以母语孟加拉语出版，至于登在《民族报》上的文章，大多需要经过两次转译。《民族报》无法核实译本的准确性或核实作品初次出版时是否为孟加拉语。也许米特雷的意思是："未以英语的形式出版过?"但是也不现实，《民族报》没人能把孟加拉语译成西班牙语，能读到的多半只有英语版本。

6. 见信件第十封，注释 6。

7. 但她似乎并没有抽出时间写信。

8. 其中至少有两篇刊登在《民族报》上。

9. 手稿上，"give"一词加有双下划线。

10. 这封信可能是对通信集第十六封，泰戈尔写给奥坎波一信的回应。

二十五、泰戈尔致奥坎波

[这封信很可能寄自圣地尼克坦。]

[1925年3月31日[1]]

亲爱的维佳娅：

我无法甩掉虚弱。它像一些沉重的东西，堆积起来压住我的胸口。我躺在椅子[2]上动弹不得。身体虚弱时，我的思绪时常游回桑伊斯德罗的阳台，寻找你爱的援助[3]。

我们这里的春天已接近尾声，空气中弥漫着浓郁的杧果花香——痛苦在加剧，烈日将最后的热度投向大地。[4]我们的夏天酷暑难耐，对我的健康没有好处，因此我决定在5月初离开印度。但是医生不允许。所以我将离开的时间推迟到8月，9月初到意大利。你不是说，你那时要去欧洲吗？[5]

你的照片已平安寄到我处[6]。大家都觉得很好看。我上次寄给你的是我在米兰[7]拍的照片。希望你已经收到。冲洗好之后，我会再寄给你一些我在印度拍的照片。你是否收到我那几篇打算登在《民族报》[8]上的短篇小说？你还在读《红色夹竹桃》[9]吗？我的爱人。[10]

吉祥的罗宾德拉纳特-泰戈尔[11]

1. 这封信和第二十四封写于同一天。

2. 大概是指奥坎波送给他的扶手椅。

3. 米拉尔利约的阳台，是泰戈尔和奥坎波都爱引用的意象，如奥坎波《泰戈尔在桑伊斯德罗峡谷》一书。

4. 杧果花香极浓。

5. 说明泰戈尔急切地想再见到奥坎波，既然两人都要前往欧洲，就不应该错过见面的机会。

6. 参见信件第十五和第十八封。

7. 参见信件第十五封。

8. 参见第二十三封信件注释2。

9. 奥坎波是否将《红色夹竹桃》译完？我不知道。在布宜诺斯艾利斯的奥坎波档案室没有发现手稿，至少在1961年泰戈尔诞辰百年时，泰戈尔学院仍无《红色夹竹桃》的法译本。（法译本后来由吉塔·班纳吉—达尔加利安完成，作为她博士论文的一部分）奥坎波是否将自己译的片段寄给一位叫鲁斯唐的法国教授指点，他觉得差强人意，挫伤了奥坎波的积极性？

10. 孟加拉语，意为"爱人"。

11. 签名为孟加拉语。

二十六、奥坎波致泰戈尔

[布宜诺斯艾利斯，5月19/25日]

亲爱的师尊：

非常感谢你寄的照片[1]，很高兴能收到它们。

我有一个非常要好的朋友病了几个月，刚刚去世[2]。我还不能理解死亡，所以很悲伤，心情沮丧。目睹肉体的痛苦是一种折磨，因为无能为力，所以叫人不开心。我还不太能够理解肉体的痛苦的意义。

《民族报》那边事事顺利。他们已经刊登了一篇你的短篇小说[3]，对剩下的也相当满意。我告诉若热·米特雷，我收到那位法国女士寄来的一封信[4]。

我想念你，师尊。为什么你走得如此匆忙？为什么你不等到夏天结束再去欧洲？为什么你总是如此匆忙？为什么应该关心身体健康时，你一点也不关心呢？如果你整个夏天都待在这儿，而不是急匆匆地赶去意大利，对身体没有坏处。亲爱的师尊，请原谅我，但我忍不住想严厉地责备你。

告诉我你的健康状况……如果可能的话，讲些印度的事情。我对那里发生的一切都感兴趣。我通过你爱上印度，就像我全心全意爱你一样。我希望我们再次相见（去印度，和你）。

医生对你去欧洲旅行的事怎么看？

亲爱的师尊，照顾好自己。不能亲自照顾你，我很伤心！要知道，我一心想来照顾你，并为此感到骄傲[5]。我热切地期盼我们很快能再见！多么遗憾啊，桑伊斯德罗[6]的阳台（它正等着你来）离孟加拉国如此遥远。

维佳娅

没有埃尔姆赫斯特的来信。他结婚了吗?[7]

1. 指信件第二十五封里提到的照片。

2. 没有哪个奥坎波健在的朋友或亲戚，在我到布宜诺斯艾利斯时，熟悉信中这个去世的朋友的身份。就连奥坎波的表妹约瑟芬娜·朵拉多都不知道。她是维多利亚和安吉利卡的密友，我拜访她时，她已经85岁高龄，尚能回忆起1925年时所有去世的奥坎波的朋友。她告诉我，即便在1925年，维多利亚·奥坎波也有一个广泛的朋友圈，这大概是无法辨别逝者身份的原因。也许是她认识的法国朋友中的一个。

3. 她指的是《夜幕》，刊登于1925年5月10日周日版的《民族报》（译自泰戈尔提供的英文版本），译者为B. S. 坎罗，由西里奥配插图。据称是泰戈尔特地为《民族报》写的一个短篇小说，但实际上，该小说最初是孟加拉语版本，完成于1895年。当时确实没有在西方出版，但很快就推出英文版本，当年（1925年）由麦克米兰出版公司收入文集《破碎的关系及其他》。

4. 《民族报》的若热·米特雷肯定从奥坎波处得知了关于亚力山德拉·大卫—尼尔夫人的事情。

5. 再次让人联想到她和埃尔姆赫斯特曾经发生过的争吵。

6. 指的是米拉尔利约的阳台？那里已经不是她在桑伊斯德罗的阳台，而属于她的亲戚拉富恩特家族。或者是奥坎波别墅她卧室外的阳台？那是她父母位于桑伊斯德罗的别墅，泰戈尔住在米拉尔利约时，她经常在这里过夜。

7. 埃尔姆赫斯特与多萝西·司戴德于 1925 年 4 月 3 日结婚。

二十七、泰戈尔致奥坎波

[写在信头为国际大学/圣地尼克坦的信纸上，大概写于圣地尼克坦。信封现存布宜诺斯艾利斯。]

[1925 年 8 月 2 日]

亲爱的维佳娅：

我虚弱的身体尚未抛弃我。医生要我保持安静，我也非常乐意，但总有一些人跟我打交道，动机与我相悖。在这个国家，我的时间都消耗在满足各种人的需求上，他们相信自己的需求应该得到满足。除非离开印度[1]，我才能躲开他们。罗曼·罗兰推荐了他在瑞士住处附近的一所疗养院[2]，医生建议我休养一段时间。我们的船 8 月 15 日出发，9 月初到热那亚。我希望你能在那里迎接我。但是我觉得你不会来。[3]既然我有了充足的悠闲时光来培养梦想，记忆中的桑伊斯德罗再次徘徊在我的脑海，细节栩栩如生。你在信中说，我不能在河畔那所美丽的住宅里逗留到夏季，你为此表示遗憾。你不知道，我多么希望能这么做[4]。责任的诱惑把我从毫无结果、自我陶醉的甜蜜边隅驱赶出来。但今天我感到，当我在那儿时，每天在篮子里都装满了闲暇时盛开的诗歌的羞怯之花。我可以告慰你的是，其中许多花，经过劳动的修饰，在我慈善事业的宝塔倒塌之后，仍将永葆鲜艳。很少有人知道，他们应该感谢你赋予我创作诗句的天赋。[5]

我亲爱的[6]

罗宾德拉纳特·泰戈尔

1. 即使在病中或在阿根廷的康复期间，他都坚持接见络绎不绝来米拉尔利约拜访他的人！奥坎波和埃尔姆赫斯特的职责，便是尽量不让他太辛苦。

2. 原文拼写为"sanitorium"，介于"sanitarium"和"sanatorium"之间。

3. 他仍然希望9月在欧洲与她见面，但住进意大利的别墅的计划，因为罗曼·罗兰安排的瑞士疗养院一事而搁浅。6月中旬，他发电报给埃尔姆赫斯特："为了能安静地待在欧洲，恢复健康，我想去罗兰安排的疗养院试一试。如果你能来，我会非常高兴。"泰戈尔是否收到奥坎波的电报，告知她的行程？对此，我只找到一封埃尔姆赫斯特发给泰戈尔的电报，现存泰戈尔学院档案室，是1925年6月5日收到的，电报上说："将与维多利亚一同前往意大利的别墅。"还有一封他写给泰戈尔的信，日期是1925年6月7日，内容是："我从其他渠道得知，你的健康恢复得不错，仍有希望8月来欧洲。所以我电告维多利亚，问她是否愿意租下我为你选的那栋别墅——必要的话，还可以买下。我写信给意大利方面，要他们暂不出售别墅，等我收到你俩的消息。这样行吗？"但我没有找到埃尔姆赫斯特发给奥坎波的电报，也没有找到回电。我不清楚发生了什么情况。是因为泰戈尔的健康状况越来越糟糕，所以选择去疗养院，将别墅一事搁置？抑或是奥坎波无法按计划成行？是资金缺乏，还是她要去参加 1925 年 8 月 29 日由安塞美执棒的清唱剧《大卫王》的演出？或是更复杂的原因，比如她与朱利安·马丁内斯的恋情？总之，泰戈尔的 1925 年秋季访欧之行就此搁浅。

4. 指的是 1925 年 5 月 19 日的信（信件第二十六封）。在泰戈尔 1925 年 10 月 4 日写给埃尔姆赫斯特的信中，他提到奥坎波写的那封信："不久前，我收到一封维佳娅寄来的信，哀叹缺少了她的关心，我的健康每况愈下。她希望我能去桑伊斯德罗度过南美的夏天。偶尔在虚弱的时候，我沉溺于愚蠢的遗憾中——因为没人能有机会让昔日重现或设想未来。这种情况下，我唯一的喜悦是在这个世界上有人因为我存在的事实，能具有终极的价值。

5. 指《东方集》。

6. 原文为孟加拉语。

二十八、泰戈尔致奥坎波

[加尔各答，1925 年 10 月 29 日]

亲爱的维佳娅：

我不想[1]聊我的病情，这已经成为一件老生常谈的烦心事。我无聊地等待夏天来临，打算再去欧洲，接受治疗。

我要送你一本孟加拉语诗集。我真想亲手把书放在你的手上。[2]我把诗集题献给你，虽然你看不懂内容。[3]大部分的诗都是我住在桑伊斯德罗时写的。[4]能读懂这些诗的读者，永远不知道它们与我的维佳娅有关。[5]我希望这本书能长时间陪伴你，而不是我。

我亲爱的[6]

吉祥的罗宾德拉纳特-泰戈尔[7]

1. 原文"donot"中间有铅笔添加的连字符。

2. 指《东方集》。可惜我在布宜诺斯艾利斯的奥坎波档案室并未找到泰戈尔送给奥坎波的这一本《东方集》。我找到初版二印的《东方集》，是后来泰戈尔寄给奥坎波的，有泰戈尔的亲笔题词："给/维佳娅/爱你的/罗宾德拉纳特/7 月 30 日/1940 年。"我还找到同样的初版二印《东方集》，是卡里达斯·纳格送给奥坎波的，题词为"致以友好的问候/国际笔会俱乐部，孟加拉，加尔各答"，时间是 1936 年 9 月 15 日。

3. 《东方集》中，《客人》《担忧》和《骷髅》三首诗由泰戈尔亲自从孟加拉语译成英语，还有一些后来有科什提斯·罗伊的译本。不过奥坎波确实没能读懂诗集中所有的诗。

4. 《东方集》中，有 21 首写于桑伊斯德罗，两首写于卡帕马拉兰，4首写于"朱利奥·恺撒"号上，最后一首似乎写于米兰。

5. 他希望如此！也许1925年10月时，读者尚不知这种联系，但到30年代时，熟悉他的人都知道了这个秘密。

6. 原文为孟加拉语。

7. 签名为孟加拉语。

二十九、泰戈尔致奥坎波

[加尔各答，1925年11月12日]

亲爱的维佳娅：

我希望你已经收到我寄来的书和信。[1]

我感觉自己被放逐到病痛的寂寞中，宛如身处一座孤独的岛屿，被朦胧的阴影和沙哑的低吟笼罩，生命的溪流正潺潺地涌向尽头。当活动受限，人的身子似乎也缩小。这时，他会渴望某人出现在身边，因为她是他活在世上的意义。

我确定明年三月去欧洲。不知你是否有机会来看我？[2]亲爱的。[3]

吉祥的罗宾德拉纳特-泰戈尔[4]

1. 见书信第二十八封。

2. 自上一次在一年前相见，他急切地想再次和她见面。（1924年11月12日），他在米拉尔利约写出献给她的第一首诗

《异国的女人》。

3. 原文为孟加拉语。

4. 签名为孟加拉语。

三十、奥坎波致泰戈尔

[桑伊斯德罗，1925 年 12 月[1]]

亲爱的师尊：

过去几个月中，我非常想你，想得焦躁不安，但我没有勇气写信向你倾诉。

还记得吗，你有一次对我说，说"我并不自负，但很愚蠢"。[2]如果我把我想写的信寄给你，你肯定会觉得我愈加愚蠢了！

我 11 月 13 日在"艺术之友"[3]有次讲座，题为"罗宾德拉纳特·泰戈尔二三事"。[4]现场座无虚席，连阿根廷总统都来了。[5]我朗诵了十首你的诗（选自《吉檀迦利》），是纪德翻译的（纪德的译本我很喜欢）。我不希望你觉得我愚蠢而自负！但我就是想朗诵你的诗，因为我从未朗诵过其他作品。[6]这也难怪！我想我从未如此喜欢诗歌。

我在讲座时向听众解释到（至少我尝试解释），你不像大多数人想象的那样永远不苟言笑。心情愉快时，你充满幽默感。

467

你的幽默像是一种调味品，如柠檬汁一般新鲜和酸爽，但不像（很多西方的作家），无病呻吟或是嫉妒的伪装……

我向他们解释，一开始（……甚至到最后[7]，但我不愿承认）你送给那首法语[8]意为"《怯场》"[9]的诗（英语俚语表达大概是"funk"）。

12 月 28 日

我尝试解释很多事情！希望没有背叛[10]你。

已收到你寄来的信和书[11]。我发现很难用法语和西班牙语来感谢你，我该如何用英语来感谢你呢！找不到合适的词。

我读不懂书中的文字，也不知道写的内容。"我能做什么？"[12]（说这话时，我用的语调与莱昂纳德不同。我的意思是："我应该做什么？"）

记得你跟我提起过卡里达斯·纳格[13]。能安排行程吗？如果发出邀请，他会来做讲座吗？讲什么内容？要不要带上一些孟加拉风格的绘画？[14]（你来阿根廷时，我们也讨论过这个设想）如果他教我，我能学一点孟加拉语吗？当然，如果你能和他一起来，那将是一件幸事。你在这儿有一个家，随时等你回来……还有一位秘书[15]，非常急切地盼你到来。如果一切如愿，我会大喜过望。

我还收到一条来自印度的很漂亮的金色丝巾。再一次……我该如何感谢你呢？我无法用英语表达我的心情——

我把你的最后一篇文章[16]给了《民族报》（安德鲁[17]帮你寄

的），一起给《民族报》的还有你去年圣诞节时的演讲[18]。（你还记得吗？莱昂纳德负责记录，后来从意大利寄给我。）我一直留着，等到今年圣诞节刊登。

随信附上《民族报》的稿费支票。另附一张支票，因为我想订阅几份你们的《书评》和报纸。你能帮我安排吗？我能否成为国际大学的一员？我该怎么做？

我对你的国家和人民很感兴趣，由于相隔遥远，信息有限。我该读些什么？我想多读些东西，好写点稿件。

明年冬天，我会做另一个关于你的讲座。是读者的要求。[19]在第一次讲座，我朗诵过《吉檀迦利》中的诗……（每一首我都喜欢，所以很难抉择）。我朗诵了（第二首）"当你命令我唱歌的时候……"（第三十八首）；"我需要你，只需要你——让我的心不停地重述这句话。"（第五十二首）；"我想我应当向你请求——可是我又不敢——你那挂在颈上的玫瑰花环。"（第五十七首）；"光明，我的光明，充满世界的光明，吻着眼目的光明，甜沁心腹的光明！"（第六十九首）；"就是这股生命的泉水，日夜流穿我的血管，也流穿过世界，又应节地跳舞。"（第七十三首）；"在断念摒欲之中，我不需要拯救。"（第八十七首）"在无望的希望中，我在房里的每一个角落找她；我找不到她。"（第一〇一首）；"我这一生永远以诗歌来寻求你。"[20]

难以向你形容我有多么高兴，因为每一首诗都让我的噪音抓住人心（如法语中所述）——我充满关心和爱意的噪音掠过每一个词！我希望到场的每个人，都跟我一样能体会你的诗歌之美。

很多人问我："罗宾德拉纳特·泰戈尔信仰什么宗教？"在讲座快结束时，我说："我只能以一种方式，用几个字告诉你们泰戈尔信仰什么宗教。那便是圣托马斯对爱的定义：渴望一致[21]。通过欢乐和悲伤，你们能在他的诗中听见他渴望一致。"这也是我想说的！我希望，亲爱的师尊，自己没有背叛[22]你。

用英语写作时，我很笨拙、很尴尬，常常词不达意。"我能做什么？"（此时用莱昂纳德的语调恰到好处）我感到无助。

你知道吗，威尔士亲王到过卡帕马拉兰。[23]他睡在你的房间[24]，还来了很多达官贵人。他每到一处，都有一个私人侦探随行（但不是我们认识的那位了不起的司各特！）你还记得那个恐怖故事吗？有谁知道罗斯玛丽女士和她可怜的孩子们的下落？[25]

我会寄给你一些照片，如果你有新的照片，也请寄给我。

我很想知道你现在感觉如何，健康状况是否有所改善。

再次感谢。你寄给我的书是我最珍贵的财富，我很想了解书中的内容。

亲爱的师尊，我爱你——

维佳娅

又及：

我做有关罗宾德拉纳特的讲座的同一天，收到你的电报，你说打算3月份去欧洲[26]。此话当真？你会在那里待很长时间吗？我希望能去欧洲见你。[27]

1. 受法语影响，原文拼写为"Novembre"，和第三段中的拼写错误一样。"12月"也错拼为"Decembre"。

2. 埃尔姆赫斯特曾说她是个自负的女人，此处，泰戈尔打算安抚她受伤的心灵！

3. "Amigos del Arte"（"艺术之友"）俱乐部设在布宜诺斯艾利斯，得到政府支持，但主要资金来源是"富有的埃利萨尔德，维多利亚·奥坎波的贵族朋友兼竞争对手"。

4. 讲座内容以"罗宾德拉纳特·泰戈尔二三事"为题，刊登于1925年11月15日的《民族报》，详见前文。

5. 或许是塞洛·阿尔韦阿尔，奥坎波的朋友之一，泰戈尔曾见过他。

6. 这番话说于1925年12月。值得注意的是，此前她曾参与奥涅格清唱剧《大卫王》的演出，担任旁白，指挥为安塞美，时为1925年8月29日。30年代时，她还为斯特拉文斯基的舞剧《珀尔塞福涅》担任旁白，由作曲家亲自执棒，她将这两次演出经历写入了《自传》。

7. 她的意思是："直到最后。"

8. 原词未首字母大写，类似的错误在信中屡见不鲜，并未完全标注出。

9. 意为"担忧、恐慌、畏惧"（如她在后文的解释）。

10. 她的意思是："错误的理解，给人错误的印象。"

11. 参见通信集第二十九封。她一定刚收到泰戈尔的来信（写于 1925 年 11 月 12 日），信封现存布宜诺斯艾利斯的奥坎波档案室，邮戳上的日期明确表明：这封信 1925 年 11 月 12 日从加尔各答寄出，1925 年 12 月 26 日抵达布宜诺斯艾利斯。

12. 参见通信集第十三封，注释 11。

13. 卡里达斯·纳格（1891—1966），著名的孟加拉学者，索邦大学博士，曾在加尔各答大学教授历史。他与泰戈尔一起将《鸿雁集》译成法语。他周游世界，1936 年国际笔会在布宜诺斯艾利斯开会时，他代表印度和孟加拉笔会参会。至于奥坎波随后提出的问题，泰戈尔的想法是，卡里达斯·纳格可以教他的维佳娅学习孟加拉语！在奥坎波眼中，如果泰戈尔和纳格一起来到阿根廷，会是件"天大的幸事"。

14. 从蒙得维迪亚前往布宜诺斯艾利斯途中，在"安第斯"号的甲板上，泰戈尔接受了《民族报》记者采访，抵达阿根廷后的第二天，1924 年 11 月 7 日，采访内容发表在《民族报》。泰戈尔希望能在布宜诺斯艾利斯举行一场孟加拉艺术展。在从阿根廷写给帕勒蒂玛·黛薇的信中，他也提到当地人对这场展览充满期待。

15. 原文为西班牙语，意为"女秘书"。

16. 我猜这一定是发表在 1925 年 12 月 13 日《民族报》上的那篇《宗教的意义》。

17. 字母"w"后删去了"s"，也许奥坎波拿不定主意，是否该在词尾加个"s"。查尔斯·弗里尔·安德鲁斯（1871—

1940），同为泰戈尔和甘地的挚友，生于泰恩河畔纽卡斯尔，在剑桥接受教育，是一位虔诚的圣公会牧师，后去印度传教。他对印度怀有深情，扶危济困的壮举为他赢得"穷人之友"的美名。泰戈尔写给他的信件，1928年以《致一位朋友的书信》为名出版。1930年，奥坎波在法国结识他。

18. 1925年12月27日，以"圣诞节"为题发表于《民族报》。详见前文。

19. 似乎并未如期举行。

20. 她只提到8首诗，而在之前的信中，她说自己读过10首。

21. 这是奥坎波惯用的语句，她经常在创作中引用——比如她的处女作《从弗朗西斯卡到比阿特丽斯》中《天堂》一章——但据我所知，她从未说过这句话源于何处，专家们也没有在圣一托马斯·阿奎那的作品中找到这句饱含爱意的话。听从牛津坎皮恩学院专家的建议，我前往位于布宜诺斯艾利斯的"哲学研究所"的图书馆，在费尔南多·托拉、卡门·德拉戈内蒂两位教授的协助下，将《神学大全》梳理了一遍，在第二部分的上半部找到了最接近的表述。奥坎波是否以间接的方式，从年少时读过的圣一托马斯作品的普及版或上教堂时从神父的口中学会这个表达并牢记在心？坎皮恩学院的人告诉我，对圣一托马斯的作品，多明我会的教士比"耶稣会士"理解得更深刻，要是哪位多明我会的专家能点拨一二，我将感激不尽！

22. 参见注释10。

23. 威尔士亲王（即未来的爱德华八世，退位后称温莎公爵）对阿根廷的访问是一件盛事，占据了阿根廷媒体的各大版面。奥坎波提到"我们……去了卡帕马拉兰"，她并非说亲王是她的客人：她只是代表全体阿根廷人。卡帕马拉兰是马丁内斯·德·胡斯家族的乡间别墅，毗邻普拉塔河，1924 年 12 月，泰戈尔和埃尔姆赫斯特在这里住过一周。而奥坎波款待威尔士亲王，是在一个下午，地点是她位于布宜诺斯艾利斯蒙得维迪亚大街的寓所，详情记录在《自传》第四卷和《证词》第九卷，后者由梅耶译成英语，为《维多利亚·奥坎波》一书《国王造访》一节。

24. 指泰戈尔的卧室，带一张有四根帷柱的大床，照片存于奥坎波档案室。

25. 我尚未弄清"了不起的司各特"和"罗斯玛丽女士"是谁。熟悉这些和英国大使馆相关的八卦消息的人，肯定只有贝尔利·艾思顿爵士（1868—1929）和他的妻子希尔达，奥坎波是他们的好友。他们的儿子托马斯·圣·贝尔利·艾思顿认识奥坎波的妹妹，妻子艾薇·多萝西·爱玛生于一户生活在布宜诺斯艾利斯的英国人家庭，也许还能回忆起这些陈年往事，可惜，唉，他们都已作古。只有爱玛的儿子杰瑞米·贝尔利·艾思顿还记得父亲讲过奥坎波妹妹的事。我也和艾思顿爵士的女儿露西·伊芙林·本达聊过，她和泰戈尔一同乘船抵达阿根廷，但往事一点也回忆不起来了。

26. 我在布宜诺斯艾利斯的奥坎波档案室并未找到这份电报。

27. 1926 年时，泰戈尔在欧洲逗留过很长时间，她为何不去，这始终是个谜。

三十一、泰戈尔致奥坎波

[圣地尼克坦，1925 年 12 月 30 日]

亲爱的维佳娅：

收到你的电报，我格外高兴。[1]去年，也是这个时候，我身在桑伊斯德罗。至今我仍清晰记得，晨曦的微光洒落在你的园中，处处奇花异草，红色，蓝色，五彩纷呈。我站在窗前，沉醉于河面碧波荡漾。[2]此刻，我感到一阵懊悔，有你温柔相伴，我却没能多待些日子，逃离各种令人疲倦[3]的压力。

我一直打算搭乘汽船前往欧洲。我计划明年 3 月出发，却被告知直到 5 月才有空余的船票。我急切地希望在欧洲找一处安静的地方待一阵子，接受适当的药物治疗。罗曼·罗兰在他位于瑞士的住所附近为我安排了一个疗养院，希望价钱不要太昂贵。[4]

不久前，我收到埃尔姆赫斯特的信——他正幸福地期待家庭新成员的到来。[5]

爱你的[6]

吉祥的罗宾德拉纳特-泰戈尔[7]

在你鲜花盛开的花园

1. 在泰戈尔学院档案室，我并未找到这份电报。电文大概是传达新年祝福。

2. 指 1924 年。这条河在米拉尔利约附近。如今，河道位置有所改变，但从米拉尔利约的阳台俯瞰河岸，风景仍然非常壮观。我在 1985 年 5 月（南半球的秋天）的一天来到这里，领略过那般景致，并铭记于心。也正是那时，我才体会到奥坎波的话——这里的风景，因为泰戈尔的到来而增色，在文字中永存。

3. 泰戈尔好像写了单词"me"，后来删去。

4. 泰戈尔确实见到了他仰慕的对象，著名的法国作家和思想家罗曼·罗兰（1866—1944），时间是 1926 年，在瑞士维尔纳夫。但他并没有住进疗养院，而是一直待在公寓，在"维克多·雨果住过一段时间的那个房间"。

5. 在埃尔姆赫斯特 1925 年 10 月 22 日致泰戈尔的信中，他提到孩子即将出生。另外还有一封信，埃尔姆赫斯特写于 11 月 10 日。两封信现存泰戈尔学院，表现出准父亲的喜悦之情。

6. 原文为孟加拉语。

7. 签名为孟加拉语。

三十二、泰戈尔致奥坎波

[圣地尼克坦，1926 年 2 月 24]

亲爱的维佳娅：

我寄给你的照片是昨天拍的，但袍子是在桑伊斯德罗时，你送给我的礼物。[1]

在旺季想买到汽船票非常困难，尤其还要满足我的特殊要求。不过最后，一位意大利汽船的船长同意为我腾出些空间，这样的话，我4月15日或者下个月初就可以出发了。[2]我内心的伤痛未得到丝毫减轻，但愿在欧洲能得到适当的治疗。[3]

等返回加尔各答[4]，我再读你的演讲稿的译文，寄给你一份国际大学会员的会费收据。我很疲惫，似乎只能在旋转的梦境和摇曳的诗歌里挥霍光阴。[5]

吉祥的罗宾德拉纳特-塔库尔[6]

1. 1925年12月（参见信件第三十封），泰戈尔收到奥坎波的来信，答应了她邮寄照片的要求。泰戈尔的信现存布宜诺斯艾利斯的奥坎波档案室，相册里的照片上，他身穿一件黑色长袍，坐在长椅上，面容英俊，若有所思。身后是插着树叶的花瓶。这应该就是信中所提到的照片。

2. 5月中旬时，他仍未出发。

3. 泰戈尔1926年的欧洲之行的行程异常繁忙，终于，到10月末，他抵达匈牙利时，身心俱疲，在巴拉顿菲赖德的一个疗养院里休养。

4. 奥坎波也许寄给泰戈尔一份她1925年11月13日演讲的讲稿。泰戈尔学院的档案室找不到这份讲稿，或许它未从加尔各

答寄到圣地尼克坦。(译者大概是泰戈尔的侄女英迪拉·黛薇·乔德胡纳妮或卡里达斯·纳格)

　5. 原文为孟加拉语。

　6. 签名为孟加拉语。

三十三、泰戈尔致奥坎波

[从上一封信到现在,他们彼此的通信往来已中断三年。这封信写在邮轮公司专用信笺上,地点或许是海上,泰戈尔从日本前往加拿大的途中,当时他接受加拿大全国教育委员会的邀请,去参加一个会议。他3月1号出发,3月末到达日本,短暂逗留后,继续向加拿大航行,并在4月初抵达。我在布宜诺斯艾利斯的档案室见过这封信,信封完整,邮票和邮戳模糊,但仍能看出信是在1929年4月28日寄到布宜诺斯艾利斯。地址有一个细小的错误:蒙得维迪亚街1375号,而奥坎波的公寓是1875号。]

[1929年3月31日]

亲爱的维佳娅:

　再三搁浅之后,我终于开始了去西方的旅行。这次是到达最北的地方——加拿大。4月初,我接到邀请,去温哥华参加一个教育性的会议,再从那里去洛杉矶,花六周的时间去大学演讲,以及其他事项。[1]我们的船离开孟买时,历史再次重演——我又患了轻微流感。在客舱里,我的生命如同行尸走肉。更不幸的是,就算是历史重演，却少了其中最重要的部分。生活的缺憾靠意志填充，我们的记忆用梦想点缀——偶然的事件接踵而来，那些片段亦不会冲散，只会根植于印象深处。像大树枝繁叶茂，用绿荫庇护着枝头歌唱的鸟儿。[2]

爱你的[3]

罗宾德拉纳特·泰戈尔

6 月底前，我的通信地址是美国运通公司

洛杉矶　美国[4]

1. 泰戈尔 1929 年的加拿大和美国之旅，参见克里帕拉尼写的《罗宾德拉纳特·泰戈尔》第二版。他在维多利亚市和温哥华市的演讲吸引了大批热情的听众，但他入境时受到美国移民局的刁难，他视为奇耻大辱，为此取消了在美国许多行程，提前离开。

2. 他对奥坎波的怀念没有减少分毫。

3. 原文为孟加拉语。

4. 他后来提前离境。

三十四、奥坎波致泰戈尔

［信封上印有地址："鲁菲诺·德·埃利萨尔德街 2829 号。"这是奥坎波在布宜诺斯艾利斯巴勒莫区新修的住宅。］

［布宜诺斯艾利斯，1929 年 7 月 13 日］

亲爱的师尊:

我刚从欧洲之旅回来。¹一到家就看到你的信在等着我。²遗憾的是,拖得太晚而不能回信,哪怕是电报。听说你已经在去圣地尼克坦的路上。³感谢你给我的书。⁴你知道,我爱你给的一切。

我 3 月在伦敦待了一周,想再次见到伦纳德。我本应该很高兴,可我弄丢了他的地址,也找不到办法联系他……⁵你能给我他的地址吗?凯泽林正在布宜诺斯艾利斯做演讲,如你所知,他很倾慕你。和你一样,他也是一个不同寻常的人。我想知道你对他做何感想。⁶你待在桑伊斯德罗的那些日子,是我今生最美好的时光,⁷我始终思念那段日子,也思念你。

维佳娅⁸

1. 15 年后,她再次踏上欧洲的土地。她遇见凯泽林,结识德里厄·拉罗谢尔,并在巴黎交到不少朋友。

2. 参见信件第三十三封。

3. 参见信件第一封和第三十三封。但我没见到这份电报。

4. 极有可能是《泰戈尔生日书》,这本书收录罗宾德拉纳特·泰戈尔的英文作品,1928 年在伦敦出版。有一册现存布宜诺斯艾利斯奥坎波档案室,用孟加拉语签赠给"维佳娅",落款"泰戈尔"为罗马字母,日期为 1929 年 1 月 1 日。

5. 然而事实是,如我在书中指出的那样,大部分时间,她都在伦敦与拉罗谢尔度过。

6. 她与凯泽林的关系在前文提过。从她的角度，整件事的来龙去脉可参考她的《自传》，在迈耶为奥坎波撰写的传记里也可体会一二。留在布宜诺斯艾利斯期间，凯泽林与奥坎波关系不睦。泰戈尔和凯泽林1911年在印度相遇，1921年在德国达姆施塔特重逢。凯泽林很真诚地仰慕泰戈尔，但与泰戈尔的"风格"截然不同。他贪吃、嗜酒；奥坎波虽然喜欢读他的作品，而他的本尊，让人联想到成吉思汗、帖木儿、酒神巴克斯和《巨人传》里的庞大固埃。泰戈尔曾为凯泽林编的《婚姻之书》贡献了《印度的理想婚姻》一文。

7. 她如此比较，或许因为她联想到了自己在法国与凯泽林的遭遇？

8. 手稿上，她本打算写"Victoria"，但将字母"c"改成了"j"。对心目中的师尊来说，她是他的"维佳娅"。

三十五、电报：泰戈尔致奥坎波

［我并未在布宜诺斯艾利斯找到这份电报，电文保存在泰戈尔学院档案室，发给住在巴黎弗德兰大道86号的奥坎波。日期在1930年3月末或4月初。泰戈尔在马赛港下船，取道前往英国，他5月份要去牛津大学做"希伯特演讲"。这期间，他在达纽尔别墅住过，这座别墅建在地中海岸边，为阿尔伯特·卡恩家族所有（1920年，泰戈尔曾在巴黎郊外，塞纳河上勃朗艮的阿尔伯特·卡恩家做客）。泰戈尔带了些素描和油画，希望在巴黎

举办画展。他如何得知奥坎波身在欧洲，至今仍是一个谜。两人的信件没有提供任何线索；也许他们还有很多电报往来，只是已无从查找。]

你不来马丁角的达纽尔别墅看我吗？

爱你的

罗宾德拉纳特·泰戈尔

三十六、电报：奥坎波致泰戈尔

[电报现存泰戈尔学院档案室，从巴黎发出，1930 年 4 月 8 日到达马丁角。电文背面也许是泰戈尔的复电草稿。]

刚从柏林回来[1]，电报已到，非常想见到你，望回信。

维佳娅

1. 之前，奥坎波和德里厄·拉罗谢尔去了柏林；拉罗谢尔先返回巴黎，而她继续在柏林待了一段时间。

三十七、电报：泰戈尔致奥坎波

[我没见到此份电报的原件，下一封电报的草稿也在电文背面，泰戈尔收到奥坎波的电报后，随即回复，所以日期大概是

1930 年 4 月 8 日或 9 日。]

我在此地，[1] 愿尽快来。

1. 指马丁角。

三十八、泰戈尔致奥坎波

[达纽尔别墅，马丁角，1930 年 4 月 9 日]

亲爱的维佳娅：

经过那么多次徒劳无功之后，我迫切地想要见你，就在绝望地快要放弃的时候，我意外获得你准确的地址，[1]收到你的回复，我心里极度喜悦。[2]途中遭遇不少小事故，耗费双倍的时间才完成航行；船底渗水，幸亏水泵没日没夜地抽水，才免遭倾覆之灾。祸不单行，在火车站，装护照的小包又被偷走，我们得等英国领事送来新的护照才能继续行程。[3]于我而言，比较幸运的是可以安静地准备牛津大学的演讲。[4]儿子跟媳妇与我同行，他们负责安排去瑞士的事宜。[5]我们住在阿尔弗雷德·卡恩的漂亮别墅，[6]附近有一个酒店，你来的话可以住。别犹豫，因为时间仓促，我太想见到你。

爱你的

罗宾德拉纳特·泰戈尔

在你鲜花盛开的花园

1. 位于弗德兰大道的公寓是一个朋友租给她的；泰戈尔如何得知地址，仍是一个谜。

2. 参见电报第三十六封。

3. 至少他不用像 1929 年去美国时，受入境处移民官员的刁难。

4. 指"希伯特演讲"。

5. 奥坎波应该在马丁角见过罗悌·泰戈尔，但从未见过他的妻子帕勒蒂玛·黛薇。我在奥坎波 1955 年 3 月 27 日写给埃尔姆赫斯特的信中读到："请告诉我，拉努是谁？我在马丁角见过罗悌，在布宜诺斯艾利斯见过克里帕拉尼夫人。但不记得拉努。或者帕勒（你怎么拼这个词？）……"拉努肯定是拉努·穆克吉女士，而"帕勒……"是帕勒蒂玛·泰戈尔。

6. 这一定是泰戈尔的笔误。泰戈尔和家人所居住的别墅的主人叫阿尔伯特·卡恩，而非阿尔弗雷德·卡恩。阿尔伯特·卡恩（1860－1940）是个有趣的人，1920 年时，泰戈尔曾在他位于巴黎郊外的家中住过。30 年代大萧条时期，阿尔伯特破产，将宅子出售，花园凋敝，如今，那里成为一处博物馆。我写本书的时候（1986 年 2 月），博物馆正举行展览，别墅主人与泰戈尔的友谊是展览主题之一。而在《自传》中，奥坎波则将阿尔伯特·卡恩与奥托·卡恩弄混淆，奥托·卡恩是个百万富翁兼艺术赞助人，1930 年时，奥坎波曾在他位于纽约长岛的家中共进午餐，并结识了俄国电影导演谢尔盖·爱森斯坦。

三十九、奥坎波致泰戈尔

〔信的原件我没有找到，也不在泰戈尔学院档案馆。奥坎波的引用来自《泰戈尔在桑伊斯德罗峡谷》一书以及她发表在《泰戈尔百年诞辰纪念文集》的文章。这封信的西班牙语版本后来收入奥坎波的《自传》。我没有在布宜诺斯艾利斯的档案室发现手写原稿，只在法语打印稿上找到其英文版本，属于典型的奥坎波行文风格，有很多典型的语法和用词错误。我想，原稿多半是法语，否则很难解释，她如此努力地纠正英文版中的错误。信并非直接打印而成，而是先在打字机上译成英语，也就是说，最初的版本是法语。信中引用的《普拉塔河畔的泰戈尔》一文和原文并非字字对应，这也印证了我对原稿是法语的猜想。因为这封信在奥坎波与泰戈尔的关系中很重要，解释了她为何前往美国，没有陪他去牛津大学。这封信的缺失，既遗憾又神秘。遭遇相同命运的还有奥坎波 1930 年 5 月写给泰戈尔的另一封信。这些信件是否保存在 A. 威廉斯手中，那时候，他正担任泰戈尔的秘书？（反正没有保存在泰戈尔学院的 A. 威廉斯的文件里）我注意到，跟出版的西班牙语版《回忆录》相比，英文版的措辞有些许变化：二者的不同激起我的好奇心，我此前关注了很久。还有一点，信件上未注明确切日期，我只好以自己的猜测来给信件排序。〕

〔马丁角，1930 年 4 月[1]〕

485

亲爱的师尊：

我必须向你解释去美国的原委。

瓦尔多·弗兰克（他是少数对南美持友好态度的、有才华的美国人之一）来到布宜诺斯艾利斯做演讲。[2]通过他，我看到一个全新的美国和从未梦想过的美洲。我们如兄妹一般，生活境遇迥异，犯过一样的错误，有相同的嗜好与信仰。我们都是孤儿。原因在于遥远的欧洲。我们都是她的孤儿。她的幻象吸引又[3]拒绝我们[4]。我们的根和内心因她而隐隐作痛。弗兰克和我一见如故，像流浪在美洲的两个孩子，紧握着双手。

这份情谊，缘于彼此惺惺相惜。我们本南北各异，相遇后却异常激动。而这孤儿般的感受某一天会在美洲大陆消失，因为有太多人怀着相同的感受。

这听上去有些孩子气，但我确实找不到更合适的字眼来表达。

我们怀念欧洲，但身在欧洲时，她却无法给予我们精神的滋养。我们觉得自己更属于美洲，"粗犷的、未开化的、混沌的、纷乱的美洲"。美洲[5]对我们来说，意味着苦难，但我们做好了承受苦难的准备，哪怕事与愿违。

我们想办一份双语杂志（西班牙语[6]和英语），和美洲文化相关，挑选南北美洲最优秀的文学作品……有些人觉得这个想法很愚蠢，也有些人说会收效甚大。[7]

瓦尔多正在研究南美的历史，他打算写本书。[8]他觉得我能帮上忙，想向我请教。我答应过要去纽约看他。我很犹豫，因为我想去欧洲见你。[9]

如果要创办杂志，我必须去见他和其他朋友，讨论相关事宜。[10]我觉得他写南美的书很重要。我觉得我们的杂志也很重要。[11]

我正琢磨，如何赶去纽约，待一周又回来。我实在想不出别的办法。[12]

今天下午就把事情谈完。请少安毋躁。[13]我将尽我最大努力，为你安顿好在巴黎的一切。[14]

爱你的维佳娅

1. 原文为法语。"马丁角……1930 年"由奥坎波手写，而非打印稿。但我很确定，这封信写于 4 月，而非 5 月；写于马丁角，而非巴黎。我们知道，奥坎波经常将日期记错。在《自传》中，她说自己在巴黎见了泰戈尔最后一面，地点是巴黎北站，时间是 1930 年 6 月。这个说法有待商榷，因为泰戈尔 5 月 11 日已经离开巴黎，前往伦敦。信上的最后一句："我将尽我最大努力，为你安排好在巴黎的一切"，说明这封信写于泰戈尔 5 月 2 日在巴黎举办画展之前。但也有可能写于 5 月 1 日。A. 威廉斯 1930 年 5 月 24 日从牛津写给奥坎波的信上，是否提及这两封已散佚的信？——"你出发去北美之前，能给师尊写来那封信，实在令人感激。你的沉默让他很担忧，读到你的信，他欣喜异常。"（A. 威廉斯的信现存布宜诺斯艾利斯的奥坎波档案室）泰戈尔 5 月 11 日离开巴黎，几天后，奥坎波前往纽约。威廉斯提到的，或许是奥坎波离开欧洲前写给泰戈尔的另一封信。威廉斯还写道："你让师尊转告我，说你仍然记得我，这真让我高兴。"他说的也许是奥坎波5月2日写的信，早已散佚。有证据表明，出发去纽约前，奥坎波给泰戈尔写了另一封信，此时泰戈尔和威廉斯都在英国。当然，这封信也没有保存在泰戈尔学院档案室，可能已经遗失。

2. 奥坎波第一次遇见美国作家瓦尔多·弗兰克（1889—1967），是他1929年去布宜诺斯艾利斯做演讲之时。从1929年6月到12月，弗兰克在拉美国家巡回演讲，文稿于1930年在马德里出版。

3. "et"为法语，意为英语"and"。

4. 西班牙版本的表述为"al mismo tiempo"（at the same time），而非英文版中的"in the same way"。

5. 原文为西班牙语。

6. 原文首字母未大写。

7. 这一版本与西班牙语《自传》的描述相符，但和《泰戈尔在桑伊斯德罗峡谷》一书的描述仍有出入。创办杂志的目的是为了应对美洲的问题，同时将欧洲出版的优秀作品介绍给美洲的读者，并未提到有些人觉得这个想法很愚蠢。我认为，英语版更接近原义。创办杂志的想法由弗兰克提出，他希望构建一种泛美洲文化。将欧洲的优秀作品介绍到美洲是19世纪阿根廷人的理想，比如阿根廷政治家、教育家、总统萨米恩托，而奥坎波从童年时代就熟悉这样的理想。双语杂志是弗兰克的点子。起初，奥坎波只专注于将欧洲出版的好作品介绍到美洲。所以，我认为奥坎波在《泰戈尔在桑伊斯德罗峡谷》中的描述带有修饰成分，或许她渐渐改变了主意。《普拉塔河畔的泰戈尔》一文则为这个主题提供了第三个版本！"我们打算办一份双语杂志，应对美洲的问题，出版我们能发掘的优秀文学作品。这肯定会收效甚大。"所以她在信上究竟给泰戈尔写了什么？很遗憾，我们无从得知。

8. 指《拉美：肖像和前景》，完成于 1930 至 1931 年间，1931 年在纽约、1932 年在伦敦出版，书中对奥坎波不乏溢美之词。1942 年，弗兰克再次来到布宜诺斯艾利斯巡回演讲。三位南美女作家：加布里埃拉·米斯特拉尔、维多利亚·奥坎波和玛利亚·罗萨·奥利弗，将她们合著的《南美之旅》一书题献给他。

9. 暗示她并未打算去欧洲见泰戈尔，两人的会面纯属意料之外。

10. 奥坎波并没有与弗兰克的每个朋友都相处愉快。弗兰克后来回忆道："……我介绍她认识塞缪尔·格卢斯堡（他们之前没有见过面）。他来自不同的文化背景，彼此取长补短。维多利亚喜欢经典作品，熟悉巴黎和伦敦最新的艺术和文学思潮。而格卢斯堡了解社会人情，对美洲的未来充满憧憬。维多利亚创办了《南方》杂志，充分展示了美洲文化。格卢斯堡身为犹太移民，像一位先知；维多利亚·奥坎波则是品位高雅的公主。文化融合，确实是一个梦想，虽然《南方》扮演了重要的角色，但南美的文化仍有待发掘和推广。《南方》创办伊始，玛利亚·罗萨·奥利弗对左派持同情态度，在弗兰克眼中，"她对杂志的定位与我相同，而维多利亚跟她合不来。维多利亚、格卢斯堡和玛利亚·罗萨·奥利弗的分歧是一种象征，说明美洲的'各部分'还没做好联合起来的准备。"令人讽刺的是，直到现在，北美和南美似乎也没有一起健康发展的样子。北美对南美的剥削，仍是热度不减的议题，双方如何一起和谐成长？奥坎波坚持己见，弗兰克则失望自己的泛美洲文化理想无法实现，但他还是鼓励奥坎波坚持将《南方》杂志发展壮大，并提供力所能及的帮助。详情参见奥坎波的《自传》和梅耶撰写的奥坎波传记。

11.《南方》对阿根廷和整个拉美世界的重要性毋庸置疑。

12. 那时，她是否打算急匆匆赶去纽约，待上一周，然后返回欧洲与泰戈尔见面？她写这封信时，仍希望能陪他到牛津大学演讲或陪他去印度。在没有航班的时代，这样的行程安排可能吗？抑或有其他不为人知的原因，让他们1930年时不能多见几面或陪他回到圣地尼克坦学校。奥坎波或许来不及陪泰戈尔去牛津做"希伯特演讲"，但我实在弄不明白，她为什么没去圣地尼克坦小住。是因为接下来几个月里，她一直忙着编纂《南方》杂志，还是别的因素？她在1930年6月返回阿根廷，而泰戈尔忙于欧洲之行，访问俄国，到美国，1931年1月才回到印度。《南方》创办于1931年初。我们只能推测，杂志社事务繁忙，耗费了奥坎波太多的精力，让她错失了与泰戈尔见面的机会。她天性羞怯，但只要专注于一件事，就心无旁骛。她去纽约前写给 A. 威廉斯的信足以证明这一点。

13. 打印稿上，奥坎波将"disturbed"改为"upset"，与西班牙语版本的原义有些许出入。

14. 指泰戈尔在巴黎的画展。多亏她帮忙，画展虽然准备仓促，却大获成功。她还把他介绍给纪德、瓦莱里等法国作家。

四十、奥坎波致泰戈尔

［我在前面的介绍中提过，不太可能准确地标明第三十九、四十和四十一封信的先后顺序，我只能根据这三封信在内容上的联系，尽我所能，理出一种顺序。奥坎波在她的《自传》中写道，之前的信（原件似乎已遗失）是在马丁角的酒店写的。发生过的事，我们往往会在具体日期上犯错误，但对于重要的事件和决定，我们却始终记得发生地——我决定看看这三封在马丁角写的信，哪个是第一封。我相信，头一封信解释了奥坎波去纽约的原因，却对搭火车回巴黎毫无紧迫之感。这封信以"为什么你明天不跟我搭火车去巴黎呢?"作为结尾。换言之，这封信可能是奥坎波在马丁角的最后一天写的。请注意，她是坐轿车从巴黎到马丁角的，而她现在打算坐火车返回巴黎。坐轿车让她很疲惫，这也是她改乘火车的主要原因。还有就是，她急着赶回去安排泰戈尔的画展。显然，在1930年的时候，坐轿车出行一定比坐火车出行耗费的时间多得多。我认为第四十封和第四十一封信一定是同一天写的，第四十封写于早晨，而第四十一封写于晚上。这期间，泰戈尔和奥坎波也许在下午见过面，讨论可以到达巴黎的火车;泰戈尔也许表达了想绕路去蒙彼利埃的想法;奥坎波也许打听了列车班次。

他们是否在她住的旅馆或者达纽尔别墅一起吃过饭，我们不得而知。奥坎波对安德鲁斯的态度也发生了变化，头一封信中的微词变成些许赞赏，这足以说明她对他心存一些歉意。]

[马丁角，1930 年 4 月]

亲爱的师尊：

我知道安德鲁斯先生也许是心血来潮，但我确实希望你能够尽快到达巴黎。为什么不订在周日出发呢?[1] 如果你现在要车票，一点难度也没有。

我很乐意和你待在巴黎，至少可以待两三天。我在那儿有一些值得信赖的好友。他们能在很多地方帮助你……（我指的是你的画展或其他需要）——

何不到来我这儿，你们所有人，今晚 8 点与我共享晚餐——没人会这么早用餐，我们可以享受一顿安静的晚餐——当然，如果你想我过去，我也愿意。

不管怎样，我今天下午要见到你。

爱你的

维佳娅

为什么你明天不跟我搭火车去巴黎呢?

1. 从奥坎波写给埃尔姆赫斯特的一封信中，可以看出泰戈尔确实搭乘了一辆周日出发的火车，这封信现存达丁顿庄园的埃尔姆赫斯特档案室。信中包含对安德鲁斯的风趣的描述。信件写于

"巴黎 周日晨"，日期由档案室管理员标注，大意为："师尊会搭乘今天的'蓝色列车'（我猜，安德鲁斯先生多半不会高兴……）每次我当着安德鲁斯的面问师尊：'你什么时候去巴黎?'师尊回答：'尽快吧，大概是周日。'安德鲁斯就会用低沉、醇厚、神秘的语调插上一句：'是周二。'然后他微微抬起头，仰望着天花板——就好像他在寻找伯利恒上空那颗璀璨的星星——沉吟半晌，他垂下头，目光仁慈地望着我。这让我感到，是不是犯了什么过失（她本打算用'罪过'这个词），十分无助。当然，安德鲁斯先生是个好人，他以一种情人般的嫉妒热爱着师尊。我们不应该对他，对这个可怜人如此刻薄……至少我们必须尝试不那么刻薄！但我猜这不是件容易的事！这种事儿（对师尊'颐指气使'）会惹威廉斯不高兴，惹你不高兴，惹我不高兴……但状况无法改善。说实话，提到安德鲁斯先生，我的心里更多是生气，而非悲伤。我也不知道为什么，他让我觉得举止失礼……或者亵渎。你说呢?"

四十一、奥坎波致泰戈尔

[马丁角，1930 年 4 月]

亲爱的师尊：

　　去蒙彼利埃[1]的话，你得坐 2:05 从芒通出发的火车，晚上 7 点 24 分先到马赛，然后，坐另一列 7 点 45 分出发的火车，晚上

11点到蒙彼利埃。别坐夜班车，那太累了。

从马赛到巴黎的火车服务周到。

一列是早上 6 点出发，晚上 7 点到达；另一列是早上 9 点 55 分出发，晚上 10 点到。

最后一列中午 12 点零 6 分出发，晚上 11 点 10 分到达。你可以自由选择。

蒙彼利埃并不顺路，所以很难安排行程，他们告诉我说，蒙彼利埃离这儿有四百公里。

晚安，祝你好梦。我正帮你回信。[2]

爱你的

维佳娅

我喜欢安德鲁斯。他似乎很崇拜你……我很高兴——[3]晚餐后，如需我的车送他回酒店，请告知司机具体时间。

1. 泰戈尔希望在前往巴黎的途中，顺便去蒙彼利埃，是打算拜访他的朋友帕特里克·格迪斯（1854—1932），格迪斯是英国著名的生物学家、社会学家、城市规划师和教育家，在蒙彼利埃建了一所苏格兰学院，印度学系也在那时创办。这所学院至今仍然存在。《帕特里克·格迪斯的世界》一书的作者菲利普·博德曼当时曾在苏格兰学院执教，他后来告诉我，泰戈尔既没有在 1930 年 4 月，也没有在 5 月到过蒙彼利埃。他写道："……当时我一个人在那儿，本以为能见到泰戈尔，但诗人却没有来，令人失望。"从这封来自博德曼先生遗物的信件中我们得知，泰戈尔希望在 6 月和格迪斯在伦敦见面。我很感激博德曼先生告诉我这个信息。格迪斯也是杰出的孟加拉科学家 J. C. 博斯的朋友，博斯曾去印度展开学术研究，当过 11 年鳏夫，于 1928 年再婚。在他第二任妻子的经济支持之下，苏格兰学院在 1930 年竣工。博德曼的书中有一张 1930 年竣工时的苏格兰学院的照片，以及一张拍摄于 1930年春，以建设中的印度学院为背景，格迪斯和友人在花园的照片。

　　2. 奥坎波正帮泰戈尔回复收到的法语信件。

　　3. 参见第四十封信，注释 1。

四十二、泰戈尔致奥坎波

［美国运通公司，海伊市场六号街，伦敦，1930 年 5 月 14 日］

亲爱的维佳娅：

　　自从来到这个国家，我从未享受过自己主宰的时光。我心烦意乱。[1]

　　我不知该和你说什么好。我所谓的画家名气来得太突然，千万不要当真。[2]你本人和这次画展，和我画的那些画的关联，我一直都忘不掉。我希望能把自己的感受和你分享——但我只会开开玩笑，搪塞过去，因为我是个严肃的人，因为以聊天的方式说出来的东西毫无深度。[3]说实话，在西方的日常社会生活中，[4]不可能以简单、自然和真挚的方式深入交流。这就像死海里面的盐水，让每样东西，无论有多重，都能够浮在水面。不

在你鲜花盛开的花园

知你在哪里——我希望，我们能在印度相见。[5]

爱你的[6]

吉祥的罗宾德拉纳特-泰戈尔[7]

1. 泰戈尔 5 月 11 日到达英格兰，然后在伯明翰附近伍德布莱克的教友会定居地待了几天，并得知印度政坛最新的消息，比如逮捕和拘留议会领袖，以及英国驻印政府所推行的镇压措施。

2. 指他在巴黎画展的成功。

3. 参见第十二封信。

4. 泰戈尔的比喻有些夸张，但他的确很不安：许多印度人在西方的社交场合感到拘束，尤其在午餐会和鸡尾酒会上，礼节性的交流肤浅而难以深入，阻碍人们表达真实的想法。

5. 他们仍希望很快在印度重逢。

6. 原文为孟加拉语。

7. 签名为孟加拉语。

四十三、电报：泰戈尔致奥坎波

[电报现存泰戈尔学院档案室，发自纽约，1930 年 5 月 24 日到达牛津。]

地址 雪莉—荷兰公寓[1]

爱你的　奥坎波

1. 奥坎波当时下榻在纽约第五大道的雪莉—荷兰公寓，房间俯瞰中央公园。

四十四、泰戈尔致奥坎波

［美国通运公司，海伊市场六号，伦敦，1930 年 6 月 2 日］

亲爱的维佳娅：

自从来到这个国家，我从未有过片刻休息。马不停蹄，让我思乡心切，但我没有退路。

伯明翰艺术馆即将展出我的画作。他们对我的画表示赞叹，但我知道自己名不副实。他们难道是惊讶地看到了我的另一面，身份发生转变，从诗人到画家？

最近，我不幸被流感击倒，在卧室休息几天后，我才出门，见到太阳[1]。病魔虽然离去，我的身体依然虚弱，夺走我的工作热情，加重我的行动负担。

出乎我的意料，我在牛津的演讲大受听众欢迎。希望你为我高兴。[2]

我听说，由于我的原因，耽误了你去美国的行程。我希望你能弥补失去的时间，并且原谅我。我太自私，总是为了一己之私，消耗你的精力。我就是这样一个以自我为中心的物种。[3]

爱你的

吉祥的罗宾德拉纳特-泰戈尔[4]

1. 泰戈尔名字中，"Rabi"意为"太阳"。

2. "希伯特讲座"在 5 月 19 日、21 日和 26 日举行。1930 年 5 月 24 日，A. 威廉斯写信告诉奥坎波："演讲很成功，师尊比以前更有名。牛津那些高傲的教授不得不承认，师尊兼具诗人与哲学家的才华。"

3. 当然指男性！

4. 签名为孟加拉语。

四十五、奥坎波致泰戈尔

[写于信头为格雷斯船运公司"圣塔克拉拉轮"的信笺上，奥坎波正从美国返回南美。这艘船经过巴拿马运河，沿着南美洲海岸到达瓦尔帕莱索。]

[太平洋圣塔克拉拉，1930 年 6 月 14 日]

最亲爱的师尊：

阿里安姆写信给我。[1]你在牛津的演讲如此成功，我真开心。我读了你题为"印度情况"的文章，非常喜欢。[2]

我在纽约忙得不可开交，见很多人，谈很多事儿！[3]我累得要死，在这艘小小小小的船上[4]睡了一整天。

我在纽约只待了 15 天，美国有很多东西我喜欢，也有很多东西我不喜欢。但所有的国家都这样……所谓人无完人。

你在英国的画展怎么样？[5]请告诉我一些详情，我迫切地想知道。

你现在要去哪儿？你打算做什么？[6]

你见过卡恩，见识他的本事了吗？[7]

你的演讲稿是否出版？我如何能买到？[8]

亲爱的师尊，我很想你，希望你也能有一点点想我。

我们什么时候能再见面？你打算什么时候返回圣地尼克坦？

安德鲁斯先生一切可好？听说他刚出版一本讲圣雄甘地的书[9]。我回布宜诺斯艾利斯就去买。[10]

你有没有再和"听，亲爱的诗人"见面？[11]

爱你的

维多利亚

1. E. 阿里安姆·威廉斯（1889—1967），本名"E. W. Aryanayakam"，锡兰人。1924 年，他作为教师来到圣地尼克坦学校，1930 年至 1934 年间，不定期担任泰戈尔的秘书。他在 1930 年 5 月 24 日曾写信给奥坎波，这封信现存于布宜诺斯艾利斯的奥坎波档案室。罗饶·哈言诺克齐在《孟加拉之火》一书中这样描绘阿里安姆："他是一个身材高大的人，像印度版的阿多尼斯神，外貌英俊，一举一动都透着高贵。我们戏称他为'征服者威廉'，他很得意。"

2. 针对英国驻印政府推行的镇压措施，泰戈尔撰文加以谴责，文章刊登于 1930 年 5 月 16 日《曼彻斯特卫报》。

3. 关于奥坎波的第一次纽约之行，详见《自传》第四卷或奥

在你鲜花盛开的花园

坎波传记。

4. 奥坎波曾习惯将"i""e"字母误用。

5. 泰戈尔在伯明翰和伦敦举行的画展大获成功。他上一封致奥坎波的信（即第四十四封），写到他的画赢得了观众的"赞叹"，但奥坎波当时还没有收到那封信。

6. 在达丁顿庄园休养一段时间后，泰戈尔开始了繁忙的欧洲之行，随后去俄国。他在秋天拜访美国，直到1931年1月才返回印度。

7. 关于阿尔伯特·卡恩，请参考书信第三十八封之注释6。"power"一词在奥坎波的手稿上加了双下划线。奥坎波此处说了句玩笑话，意指为泰戈尔在巴黎筹备画展一事，一向神通广大的卡恩却"缺少本事"。阿里安姆·威廉斯也在致奥坎波的信中提到此事，该信1930年4月28日写于巴黎，再次提到卡恩指出了他的无能："你一个人就能完成的事儿。卡恩先生今天早上来，见了师尊。听说师尊的画展已经安排好，他简直不敢相信自己的耳朵。我真想让你看看卡恩先生那天早上的脸色！这个可怜的人！"

8. "希伯特讲座"的讲稿刊登于1931年出版的《人类宗教》一书。

9. 有可能是C. F. 安德鲁斯所编撰的《圣雄甘地：他的故事》，书中引用了甘地所写的两本书中的内容，那年春天刚好出版，引起奥坎波的关注。但如果是年底才出版的，则是C. F. 安德鲁斯所编撰的《圣雄甘地的思想：包含他的作品选集》一书。

10. 布宜诺斯艾利斯。

11. 指诗人安娜·德·诺阿耶（1876—1933），她是泰戈尔的崇拜者，为泰戈尔在巴黎的画展手册撰写了序言。诺阿耶生于罗马尼亚，在法国长大。奥坎波曾带泰戈尔到诺阿耶在巴黎的家。"跟平时一样，安娜躺在床上，我走出房间时，听见她急急地喊：'听我说，亲爱的诗人……'。'亲爱的诗人'后来告诉我，他整个下午（到傍晚）都在听安娜倾诉，一个词儿也插不进去。"

四十六、电报：奥坎波致泰戈尔

〔电报现存圣地尼克坦泰戈尔学院档案室，从利马发至伦敦（美国运通公司，海伊市场六号，伦敦），奥坎波正在返回阿根廷途中，于1930年6月17日收到。在利马逗留的详情可参考奥坎波《自传》第四卷。圣塔克拉拉号在卡亚俄湾的一个港口下锚，装载货物，奥坎波和她的朋友以及旅伴德里亚·德·卡里尔在利马附近的一个酒店里住了一晚。〕

在回布宜诺斯艾利斯的路上。

爱你的

维多利亚

四十七、奥坎波致泰戈尔

〔两人已中断通信四年。该信写于驶往欧洲的"阿科纳船长"号上。"阿科纳船长"号隶属于一家名为"汉堡—南美汽船公司"

的德国船运公司，信写在印有这艘船照片的明信片上，贴有德国邮票，从背面开始写，写到正面。]

亲爱的师尊：

我再次回到法国，[1]希望本月 21 号到达。我也希望能去英国见莱昂纳德。[2]你怎么样？一切都好吧？虽然我没给你写信，却一直想念你。[3]

亲爱的师尊，如果你能写几句，请寄到：巴黎马拉科夫大道 27 号。感激不尽。

> 爱你的维佳娅
>
> 大西洋上
>
> 1934 年 6 月　法妮[4]向您致意

1. 在泰戈尔的印象中，这是她 1930 年后第一次到欧洲，但她其实每年都来。（详见卡洛斯·亚当写的《奥坎波年表》，刊登于《南方》杂志第 346 期）1931 年，她就在巴黎听过甘地的演讲。

2. 她确实去达丁顿庄园拜访了埃尔姆赫斯特。访客签名簿上有她 1934 年 7 月 5 日的签名，妹妹安吉利卡·奥坎波、堂妹约瑟芬娜·多拉多与她一同前往。

3. 他们最近一次通信是 1930 年 6 月。

4. 指奥坎波的女佣法妮。

四十八、泰戈尔致奥坎波

［该信未留日期，写在信头为圣地尼克坦"丰收节"的信纸上，由泰戈尔学院档案室标注写于 1934 年 7 月 9 日。我在布宜诺斯艾利斯找到相配的信封，收信人地址是：巴黎马拉科夫大道 27 号，并贴有航空邮票，盖着加尔各答邮局的邮戳，盖戳时间为 1934 年 7 月 10 日。根据《泰戈尔百年诞辰纪念文集》，6 月 28 日至 7 月 14 日，泰戈尔住在圣地尼克坦学校。这封信很可能在圣地尼克坦写成，由别人带去加尔各答寄出的。］

［1934 年 7 月 9 日］

亲爱的维佳娅：

最近我一直想找你的地址，但没有找到。[1]我常想与你再次相见，但机会越来越渺茫。今天早上，在给埃尔姆赫斯特[2]的信中，我回忆起一个圣诞节的清晨，那座阿根廷的美丽花园，是好心的你为我提供的一处庇护所。直到现在，悲伤的情绪仍然萦绕在我的心头，哀叹昔日不再来。真是个奇妙的巧合，我刚寄出那封信，就收到你的明信片，[3]让人联想到你对莱昂纳德的关心。

上个月，我去了趟锡兰，带了一些歌手和圣地尼克坦学校的女学生。我们表演的节目引人入胜、大受欢迎。[4]要不是费用太大，我真想带他们去巴黎。我相信，法国的观众看到这些蕴含东方异域之美的节目,[5]一定会很愉悦。

我衷心希望你能够把印度放在你远游的计划里,到圣地尼克坦找我。为什么不可能呢?从 11 月中旬到年末,你会发现那里气候宜人,我也会尽力让你住得舒适。

我会寄给你在锡兰拍的照片,希望你能收到。[6]

爱你的

罗宾德拉纳特·泰戈尔[7]

1. 泰戈尔为何找不到奥坎波的地址(或奥坎波为何不让泰戈尔知道她的地址),我不得而知!

2. 埃尔姆赫斯特为《泰戈尔诞辰百年纪念文集》所写的文章中,引用了这封泰戈尔寄给他的信,但他误认为这封信写于 1930 年。

3. 参见书信第四十七封。

4. 泰戈尔 1934 年 5 月至 6 月的锡兰(今斯里兰卡——译者按)之行,请参见《泰戈尔诞辰百年纪念文集》或克里帕拉尼撰写的泰戈尔传记。圣地尼克坦学校的学生表演的泰戈尔神话舞剧《解除诅咒》最受观众欢迎。

5. 泰戈尔是否希望奥坎波能帮他筹备,就像四年前她为他筹备在巴黎的画展一样?

6. 照片采用海运邮件,而信采用航空邮件。信封上写有“照片由平信寄出”字样。

7. 原文为孟加拉语。

四十九、奥坎波致泰戈尔

[写于《南方》杂志稿笺上，印有地址：布宜诺斯艾利斯维亚蒙特街北 548 号。]

[布宜诺斯艾利斯]

亲爱的师尊：

我一直很想你，希望能再见到你。

卡里达斯·纳格和索菲亚·瓦迪亚夫人来参加国际笔会俱乐部的活动。[1] 听别人提起印度或见到印度人，我就会想到你，因为你在我心里就代表印度。

爱你的

维多利亚

1936 年 10 月[2]3 日

1. 索菲亚·瓦迪亚夫人（1901—1986）是孟买的国际笔会中心的官方代表，纳格则是加尔各答的国际笔会中心的官方代表，两人都出席了 1936 年在布宜诺斯艾利斯举行的国际笔会年会。这本来可以是一次聚集全球文学精英的盛会，但纳粹主义抬头，加上西班牙内战爆发，"让会议充满火药味。参会者包括像前未来派艺术家菲力波·马利内提和诗人朱塞培·翁加雷蒂这样的法西斯分子，德国种族主义政策的受害者如斯蒂芬·茨威格和埃米尔·

路德维希（其作品随后在《南方》杂志发表），以及法国自由派作家如雅克·马里坦、儒勒·罗曼和带犹太血统的本雅明·克雷寥。马利内提公开批评奥坎波，双方展开激烈辩论。《南方》杂志旗下的文人非但没有走到一起，反而分裂成了不同的阵营"。何塞·毕安科也在《维多利亚》一文中回忆当时的情景，马利内提和奥坎波的分歧越来越大，来自印度的代表试图调和气氛，代表是"一个非常漂亮的女人，眉间点了一个红印，每次出现，都披着奢华的纱丽"。这说的肯定是瓦迪亚夫人。她让会议的气氛缓和了不少。

2. 原文为受法语影响的英文拼写。

五十、泰戈尔致奥坎波

［写于信头为丰收节的信纸上，从圣地尼克坦寄出。从现存布宜诺斯艾利斯的信封上，能看到收信人地址为奥坎波位于维亚蒙特街的杂志编辑部，盖有圣地尼克坦的邮戳，时间是 1936 年 10 月 20 日。］

［1 圣地尼克坦，1936 年 10 月 19 日］

亲爱的维佳娅：

非常高兴你还记得我。卡里达斯·纳格博士动身去阿根廷前，来看过我。我有些伤心，你的同胞居然没有邀请我去。要是他们提出来，我向你保证，立马就出发。[1]

我仍然珍藏着希望，但愿能有机会跨洋过海，在我辞世以前与你再次相见。①

爱你的

罗宾德拉纳特

1. 但他能适应会议的气氛吗？

五十一、奥坎波致泰戈尔

[写于《南方》杂志稿笺。]

[布宜诺斯艾利斯，1936年12月¹2日]

亲爱的师尊：

我刚收到你的信，我很抱歉，我们以为你不愿来参加笔会的年会。²

文森特·法托内先生要来印度，研究你的哲学，如果他能见你和你的朋友，我会很高兴，所以我给了他这封信。³我真嫉妒法托内先生，他能见到你，亲爱的师尊，还有你身旁的一切，你身边的每个人。

---

① 此句参见尹锡南译：《印度比较文学论文选译》，成都：巴蜀书社，2012年，第546页。

我也希望我们能再次相见，在欧洲或印度。

爱你的

维佳娅

1. 原词似乎为西班牙语简写形式。

2. 原词拼写受法语影响。

3. 文森特·法托内（1903—1962），杰出的阿根廷学者，毕生致力于研究印度宗教和哲学，撰写了数本专著。1937 年，他曾去印度加尔各答研究印度哲学。他于 1957 至 1960 年间担任阿根廷驻印度大使，后在布宜诺斯艾利斯大学当教授，直到去世。感谢卡门·德拉戈内蒂·德·托拉教授为我提供她《法托内在印度》一文的打印稿，里面提到法托内生平的更多细节。1937 年，法托内是否在圣地尼克坦或加尔各答拜访过泰戈尔，不得而知。圣地尼克坦学校的档案没有相关记录。

五十二、奥坎波致泰戈尔

[写于印有"雷努阿尔路 31 号"的信纸上。]

[巴黎，1938 年 12 月[1]20 日]

亲爱的师尊：

莱昂纳德一定告诉了你，我到巴黎了。[2]

德·西哀士伯爵和他的妻子（她是个阿根廷人）要去印

度。[3]我嫉妒得要命……但要是他们没有拜访你，没有看到"圣地尼克坦"，我会为他们感到难过！这就是为什么我给了他们这封信让他们带给你的原因。当然，如果能和他们一起畅游你美丽的国家就更好了。我很想有机会去看看……但我更想再次见到你，亲爱的师尊。自从我们分别后，发生了很多（甚至是匪夷所思的）事情。[4]

请写给我几句，说说你的近况。

我相信我的朋友们会很欣赏那里的风光，所以我希望他们能见到你。

爱你的

维佳娅

1. 原文拼写受西班牙语影响。

2. 埃尔姆赫斯特正访问印度。

3. 德·西哀士伯爵（1893—?）和他的阿根廷籍妻子卡门·莫尔泰杜（1895—?），的确在1938年12月到1939年1月间去了印度，但他们没有见到泰戈尔。后来，我打电话给伯爵夫人，证实她和丈夫访问了加尔各答，但她说泰戈尔那时不在那儿，只好怏怏而别。她说当时很失望，没有机会去圣地尼克坦拜访泰戈尔。

4. 指当时的政治局势？

五十二、电报：奥坎波致泰戈尔

［现存泰戈尔学院档案室，发自巴黎，1939年1月1日圣地

尼克坦收。]

新年快乐

爱你的

维多利亚

五十四、泰戈尔致奥坎波

[写在信头为丰收节的信纸上，很可能是在圣地尼克坦写的。]

[1939 年 1 月 26 日]

亲爱的维佳娅：

前段时间，我见到你的同胞，是一位女士，从那时开始，我就期待能收到你的信，最后果然如愿，我感到很高兴。[1]从现在起，我要珍视每一次期待，说不定能在我这儿迎接你。我经常陷入梦境，梦见在阿根廷的那些日子，因为有你的关怀而快乐无比。那里奇妙的气氛和意料之外的经历，始终萦绕在我的心头，形成一抹乡愁。现在，该轮到你履行你我相见的承诺了，我向你保证，能让你的生活变得与众不同。

我还在继续工作，尽管我知道，智慧的灯已经熄灭，生命的白昼正渐渐滑入宁静的星夜。

爱你的

罗宾德拉纳特·泰戈尔

1. 泰戈尔指的是奥坎波的上一封信。但那位阿根廷女人显然不是德·西哀士伯爵的妻子。伯爵夫人告诉我，信中提到的阿根廷女人也许是刚刚过世的阿德丽娜·德尔·卡里尔·德·吉拉尔德斯，她是作家里卡尔多·吉拉尔德斯的遗孀。阿德丽娜当时正在印度，待了好几年，收养了一个印度男孩，她的养子如今定居在阿根廷。

五十五、奥坎波致泰戈尔

［写于印有"雷努阿尔大街 31 号"的信纸上。］

［巴黎，1939 年 2 月 23 日］

亲爱的，亲爱的罗宾德拉纳特：

我的心头也罩着一抹乡愁，自从 15 年前[1]你离开桑伊斯德罗后，就一直挥之不去（多么长的时间呀，长得让人感觉不真实）。那些在"米拉尔利约"的日子，是我最快乐的日子。每次靠近那栋房子，或走进花园，我就有一种刺痛感，往事历历在目，但"再也不会"带来甜蜜和幸福。

能有你住在这儿，每天早晨、每天中午、每天晚上能见到你，看到你的身影，听见你的声音……真是一种令人难以忘怀的快乐！我爱你，非常非常爱你。我希望你能知道。

莱昂纳德到了后给我写了信，告诉我你健康状况良好。[2]我也许 3 月要去伦敦，我和他可以长谈，聊聊你和圣地尼克坦。[3]

在你鲜花盛开的花园

我很想在《南方》上发表我写的评论你作品的文章，你想不想写点什么？[4]

甘地现在干什么，你对他的感受或"想法"是什么？我很想知道。[5]

我在朋友家见到勒内·格鲁塞（赛努奇亚洲博物馆的馆长），他告诉我明年7月会在巴黎举行一次宗教大会。他问我你能否或愿意出席。我说不知道，但可以问问。所以我就来信问你。[6]

我的朋友西哀士伯爵去圣地尼克坦了吗？[7]

请给我写几句。如今我在欧洲，觉得印度没有那么遥远了。年底时，如果世界还没有被欧洲战争彻底搅得天翻地覆，我也许会去印度。

爱你的

维佳娅

1. 事实上，泰戈尔是14年前离开阿根廷的。

2. 她指的很可能是埃尔姆赫斯特1939年2月11日写给她的信，里面提到："……我刚从印度回来，可以告诉你所有与诗人相关的消息。"

3. 1939年3月8日，她写信给埃尔姆赫斯特："我很快要去英格兰，但时间说不一定。"可惜的是，奥坎波并未在1939年的达丁顿庄园来宾签到簿上签名，但从埃尔姆赫斯特1939年6月15日写给奥坎波的信中，可以看出奥坎波6月时去了达丁顿庄园，两人之前也在巴黎见过面。在信中，埃尔姆赫斯特期待在达丁顿庄园迎接奥坎波，并教她如何从伦敦搭火车到托特尼斯。他还写道："巴黎面晤，值得纪念。我希望去你的国家，见到那里的一切。"

4. 她的《南方》创刊八年后，她终于邀请泰戈尔为杂志撰稿，但泰戈尔并未回应。

5. 奥坎波对泰戈尔和甘地两人在思想上的不同点很感兴趣，写过好几篇论述文章。

6. 巴黎的赛努奇亚洲博物馆专藏中国艺术品，法语"conservateur"意为"馆长"。奥坎波1939年2月10日写给埃尔姆赫斯特的信中提过她与这位馆长的交谈，她也询问埃尔姆赫斯特，泰戈尔的健康状况是否允许他远行。埃尔姆赫斯特在1939年2月15日的回信中写道："诗人年事已高，不能旅行。但也很难说。他比你上次见到时明显老多了，但还是热爱旅行，再次访问欧洲是他的心愿，虽然一出门他就会思乡心切，还没走完到法国的一半路程，就迫不及待地想返回印度。反正，我觉得可以试一试，把这件事儿讲给他听。两年前，他还坐飞机去波斯呢。"埃尔姆赫斯特把泰戈尔去波斯的时间弄错了，那是在1932年。不过，泰戈尔心情复杂：一方面，是赛努奇亚洲博物馆的馆长诚邀他出席宗教大会，而他却未能受邀参加1936年在布宜诺斯艾利斯召开的国际笔会年会。

7. 显然，奥坎波记忆有误，她并未收到泰戈尔或西哀士夫妇的消息。在她1939年2月10日写给埃尔姆赫斯特的信中，她询问他是否知道伯爵夫妇去加尔各答或圣地尼克坦见过泰戈尔。埃尔姆赫斯特的回信是："据我所知，在我离开时，你的朋友并未拜访诗人。"

五十六、泰戈尔致奥坎波

[这是我唯一未读到原件的信。我在布宜诺斯艾利斯找到这封信的信封，但信纸缺失，也许是错放到了其他地方。]

[圣地尼克坦，1939 年 3 月 14 日]

亲爱的维佳娅：

我经常感觉你就在身旁，我们之间的距离曾经近在咫尺，如今却绝望地越拉越开，但你的气息仍然像上天的礼物，让我的思绪免于枯竭。可惜，偶然间收获的珍宝，无法再追寻，当我的心渴望拥有你时，才发现已经永远失去。照片上那栋毗邻滔滔河水的房子，是你为我们找的住处，环境独特，园中的仙人掌摆出奇异的造型，带来一种遥远的异国情调，在我看来，这是一种跨越重重障碍而发出的邀请。我在这里流连忘返，像是身在远离尘嚣的金银岛，处处充满谜团——这就是我在阿根廷的奇遇。也许你知道，那些阳光灿烂的日子和悉心的关照，始终盘旋在我的脑海——成为我最好的回忆——逃亡者寻找到遮风避雨之处。虽然我们被不同的语言分隔，[1] 我仍然渴望你的造访。

最爱你的

罗宾德拉纳特·泰戈尔

1. 泰戈尔并未回应奥坎波。他没有提到给《南方》撰稿，去巴黎参加宗教大会，论及甘地和他之间的不同点，或西哀士夫妇的印度之行。他只谈到自己跟奥坎波当初在阿根廷如何相识，在他眼中，这件事如同一件伟大的艺术作品，意义深远，应该装框珍藏在美术馆。他谈到自己的艺术创作，在奥坎波的影响之下完成的诗作，虽然对方永远难以理解孟加拉语的深意。跟莎士比亚一样，他希望他的爱在"翰墨里永久放光芒"，也希望"你将在这里找着你的纪念碑，魔王的金盔和铜墓却被销毁"。

五十七、奥坎波致泰戈尔

［可推断出本信写于 1940 年，信封仍存。］

［桑伊斯德罗，1940 年 6 月 8 日］

亲爱的、亲爱的师尊：

整个世界正在走向魔境（我不知道英国人是否使用这样的表达法，我不在乎）。

我们似乎变得非常糟糕，全世界都是。阿根廷[1]到处贴着纳粹的宣传画，愚蠢的人们信仰这个。[2]欧洲的情况会让你恶心一辈子（要是你有机会亲眼见到的话）。

亲爱的师尊，我一直想念你，想起在桑伊斯德罗时的快乐时光。

告诉我，你题献给我的诗集名字叫什么？[3]

爱你的

维佳娅

鲁菲诺·德·埃利萨尔德大街 2847 号[4]

布宜诺斯艾利斯

我的心和法国、英国在一起。印度的情况怎么样。我很想知道，为了写评论。印度人民怎么想？

1. 原文"the Argentine"为"the Argentine Rupublic"（阿根廷共和国）的简写。

2. 1940 年，奥坎波和别人创办"阿根廷行动"组织，该组织旨在关注纳粹—法西斯在阿根廷的渗透。

3. 1925 年，泰戈尔将诗集送给奥坎波时，的确没有告诉她书名。不过奇怪的是，她会在时过境迁，这么一个节骨眼上提出这个问题。1930 年，他们曾在巴黎见面，她大可在那时向他提问。是因为她弄丢了泰戈尔送她的《东方集》吗？因为我在布宜诺斯艾利斯没有找到这本书，只有 1936 年时卡里达斯·纳格送她的那本，还有一本是 1940 年 7 月 30 日泰戈尔签名赠送她的。

4. 地址门牌号与印在信件第十四封上的地址有些差异，但应该指的是同一栋奥坎波在布宜诺斯艾利斯巴勒莫奇科区盖的现代风格的住宅，由亚历杭德罗·布斯蒂略设计，被瓦尔多·弗兰克在《西班牙裔美洲人》一书中详细描绘过。

五十八、泰戈尔致奥坎波

〔写于信头为丰收节的信纸上，由泰戈尔学院档案管理员标注日期为 1940 年 7 月 10 日。原件信封仍在阿根廷。收信人地址为"鲁菲诺·德·埃利萨尔德大街 2847 号"，盖有圣地尼克坦的邮戳，日期为 1940 年 7 月 11 日。〕

〔圣地尼克坦，1940 年 7 月 10 日〕

亲爱的维佳娅：

分别这么长时间，你还能挂念我，真让我高兴。[1] 当世界的气氛变得阴郁，离散的心灵很自然地渴望靠在一起，回忆那些快乐的日子，增强时间的价值。我的脑海中经常出现那栋河畔的房子，很遗憾，当时的我愚蠢而心不在焉。我没有收到你送给我的珍贵礼物。也许这就是命运吧，悔之晚矣。[2]

你问我题献给你的那本书的书名，叫"东方"[3]。

爱你的

罗宾德拉纳特

1. 我要借这个机会指出，此信的西班牙语译文收录入奥坎波的《自传》第四卷，也许是编辑将原文中的"me"误理解为"one"，故译作"pensar en uno"，读起来意思变成"分别这么长时间，你还能挂念一个人，真让我高兴。"

2. 有趣的是，泰戈尔并未回答奥坎波所提出的"印度人民怎么想?"的问题。他只是关心世界政治局势越糟糕，人们越珍视友谊。他并非不关注全球正在陷入的动荡，他一直都在用自己的头脑和作品回应这个问题，熟悉他作品的人都能看出。1941 年时，他还做了题为"文明的危机"的演讲。1939 年 12 月 27 日，他写信给埃尔姆赫斯特："……至少我们能看到，文明的思想和规划并没有被战争的激情所淹没。你的信给了我新的希望，我一直相信，欧洲文明在精神层面是一个整体——西方苏醒的人性，绝不会被外交阴谋碾碎。"尽管他在思考当时的政治和道德危机，他并不想在给维佳娅的信中写到这些内容（而这也是他的最后一封信）。世界动荡不安，诗人也行将告别人世，他只想表达对她的思念之情和错失的两情相悦的良机。

3. 泰戈尔的回答并不完整。《东方集》题目中"Purabi"一词的确意为"东方的"，但也是一曲挽歌，与书中内容有联想意义。奥坎波多年后才得知，这是一种"东方的"，而不是"西方的"音乐!

五十九、电报：奥坎波致泰戈尔

[现存泰戈尔学院档案室，发自布宜诺斯艾利斯，1940 年 10 月 1 日加尔各答收。电报是由奥坎波发出，因为她从新闻得知泰戈尔的健康状况不佳。1940 年 9 月 26 日，他在噶伦堡突发急病，被送至加尔各答治疗。]

希望你康复，爱你，想你，请回电维亚蒙特 548 号[1]

维多利亚·奥坎波

1. 当时《南方》杂志所在地。也许有电报回复，可惜未保存下来。我在布宜诺斯艾利斯没有找到。

六十、电报：奥坎波致泰戈尔

〔现存泰戈尔学院档案室，发自布宜诺斯艾利斯，1940 年 12 月 31 日圣地尼克坦收。泰戈尔被送至圣地尼克坦休养，奥坎波一定看了相关新闻报道。〕

祝愿你早日康复

爱你的

维多利亚·奥坎波

尾 声

一、电报：奥坎波致泰戈尔家族

[因为健康状况恶化，1941 年 7 月 25 日，人们将泰戈尔从圣地尼克坦学校送到加尔各答。7 月 30 日晨被抬上手术台，做外科手术之前，他念了一生中最后一首诗。术后，情况并未见好转。他的病情越来越糟糕，渐渐失去意识。1941 年 8 月 7 日，他在位于加尔各答的祖宅与世长辞。此封电报现存泰戈尔学院档案室，发自布宜诺斯艾利斯，1941 年 8 月 10 日送至圣地尼克坦。]

思念你和你的一切

维多利亚·奥坎波

二、罗悌德拉纳特·泰戈尔致奥坎波

[这是诗人儿子寄给奥坎波的信，现存布宜诺斯艾利斯奥坎波档案室，写在信头为"国际大学"的信纸上。收信人地址为鲁菲诺·德·埃利萨尔德大街 2847 号，邮戳为"圣地尼克坦"，1941 年 10 月 18 日由邮政检查员拆封过检。]

[1941 年 10 月 17 日]

亲爱的夫人：

您发来电报，对我父亲的离世表达哀悼之情，让我们真切地感受到，他在天南地北的人们心中占据多么重要的地位。对您，他的爱从未消减。您也许会感到欣慰，因为您送给他的躺椅，跟随他漂洋过海，从南美来到印度，始终是他的心爱之物，一直伴他到生命的最后一刻，他无法端坐为止。大约是他去世前的一个月，一天清晨，他兴致高昂地坐在椅子上，写了一首诗。我希望在下一封信里，将这首诗的译文寄给您。[1]

他的去世，让我们的心突然变得空空荡荡，但很快，我们发现他并没有离开，他的精神永存人间。我们不再悲伤——而是抖擞精神，追随他的脚步，继续他生前开创的事业。希望您的良好祝愿，能安慰父亲的在天之灵。

谨致问候

罗悌德拉纳特·泰戈尔

1. 在后一封信中，罗悌·泰戈尔将该诗的译文寄给奥坎波，但这首诗并非在躺椅上写成，而是写于 1941 年 3 月 26 日，诗人去世的四个月前。

三、罗悌德拉纳特·泰戈尔致奥坎波

〔此信现存布宜诺斯艾利斯的奥坎波档案室，写于信头为"风筝节"的信纸上，1941 年 11 月 4 日从圣地尼克坦寄出。罗悌·

泰戈尔将信寄至"鲁菲诺·德·埃利萨尔德大街 2847 号",但该地址被划去,改为维亚蒙特街 548 号,由邮政检查员拆封过检,1942 年 3 月 18 日到达布宜诺斯艾利斯。]

[1941 年 11 月 3 日]

亲爱的夫人:

随信寄来我父亲在"空椅子"上写的诗的译本,写于他去世前几天。只是直译,少了原诗中的凄婉意境。[1]

同时寄来一份特刊,您也许会感兴趣,里面收录父亲的生平、作品和大量照片。

祝好

您忠实的

R. N. 泰戈尔

1. 译者为科什提斯·罗伊,题为"空椅子"。如前所述,这首诗并非写于泰戈尔去世前几天而是四个月前,即 1941 年 3 月 26 日。翻译也不是直译。

四、奥坎波致罗悌德拉纳特·泰戈尔

[该信现存泰戈尔学院档案室,写在信头为"普拉塔河的维多利亚别墅"的信纸上。]

[1942 年 3 月 23 日]

亲爱的朋友（希望你不介意我这样称呼你）：

非常感谢你的来信、诗和月刊，我非常、非常感兴趣。我很高兴看到师尊的照片。照片很漂亮。我是多么懊悔啊，师尊在世时未能去印度！我们总以为还有机会，能完成人生的心愿，可我们浪费了太多时间。我非常爱他。

他对这场可怕的战争有何感受？

我不知道这封信要几个月时间才能送到你的手中（如果不寄丢的话）。

我办讲座、写东西纪念他。你是否收到《南方》杂志？[1]

我从不知道师尊和劳伦斯上校见过面。我很想知道他对那位的看法（我觉得挺不错）。他跟你聊过吗？他们是在哪儿见的面？[2]

如你时间充裕，请回信。

再次感谢。

你忠诚的

维多利亚·奥坎波

1. 悼念文章发表在《南方》杂志，后收入《证词》第二卷，但我在布宜诺斯艾利斯时，并未找到奥坎波讲座的文字稿。

2. 泰戈尔和 T. E. 劳伦斯于 1920 年 6 月在英国见过面，罗悌德拉纳特·泰戈尔后来将详情写入回忆录《时间的边缘》中。奥坎波也是 T. E. 劳伦斯的崇拜者，但无缘一见，只在 1942 年时写过一本小说纪念这位奇人。

五、电报：奥坎波致罗悌德拉纳特·泰戈尔

［电报现存泰戈尔学院档案室，发出地不详，于 1942 年 3 月
30 日送至圣地尼克坦。内容与 3 月 23 日的信件大意一致，也许
奥坎波是担心信件投递时间过长，或因为战事无法送达。］

感谢邮寄的月刊和诗，铭记亲爱的师尊。

维多利亚·奥坎波

译后记

　　《在你鲜花盛开的花园：泰戈尔和维多利亚·奥坎波》一书的翻译，从 2016 年初开始，至 2017 年初结束，其中有一些文字，甚至完成于 2016 年暑假期间重庆轻轨六号线的车厢里。这样做，更多的是为了不浪费通勤的时间，能尽快完成翻译，让这样一颗遗落的珍珠尽早与读者见面。

　　对译者而言，每译一本书，都是踏上一段未知的旅程，这本也不例外，泰戈尔与奥坎波的情感纠葛自不必说，单是书中对印度和阿根廷作家群像和文坛生态的描绘，就足以叫人大开眼界。但从翻译角度出发，仅仅是几乎出现在每一页上的专有名词，就让译者的工作量倍增。此外，作者还引用了大量的泰戈尔诗歌、散文和戏剧片段，其中包含浓郁的美感。译者面临的任务，是要尽可能还原文字之美，但难免力有不逮，时间紧迫，因此在翻译时，也查阅了大量资料，以完善译本的质量。译者在查阅资料时发现，四川大学南亚研究所尹锡南教授早在 2012 年便译过该书第二十章。① 读了该章译文后，深感尹锡南教授对此章翻译的用心。珠玉在前，因此承蒙尹教授首肯，本书第二十章全部译文采纳其译著即《印度比较文学论文选译》中"泰戈尔与维多利亚·奥坎波：历史交往的文化启示"一节。译者在翻译中还参考了尹教授该书附录论文《泰戈尔与维多利亚·奥坎波的跨国情缘》中的某些译文。译者在此谨向原译者尹锡南教授致以最诚挚的谢意！

　　四川外国语大学教育学院 2015 级朱宇煊、余静、赵武慧婧、贾东晓、刘星利、符清华六位同学，也参与了本书的资料收集、整理和前期翻译工作，在此也对这六位同学的工作表示真诚的感谢。全书篇幅较大，译者在翻译中进行了多次订正、补充和润色，力求准确、流畅、忠实原文。当然，本人才疏学浅，如果文中仍存谬误，或者译文仍有不尽如人意之处，当归咎于我，并恳请各位方家不吝指正，以便有机会再版时译者修改。

一　熙
2018 年 12 月 28 日

---

① 该章转引译文参见：尹锡南译：《印度比较文学论文选译》，成都：巴蜀书社，2012 年，第 415—421 页。

图书在版编目（CIP）数据

在你鲜花盛开的花园：泰戈尔和维多利亚·奥坎波/
（英）凯塔姬·库萨里·黛森著；一熙译. —成都：四川
人民出版社，2019.7
ISBN 978－7－220－10805－1

Ⅰ.①在…　Ⅱ.①凯…　②—…　Ⅲ.①泰戈尔
（Tagore，Rabindranath 1861－1941）－生平事迹②维多利亚·
奥坎波－生平事迹　Ⅳ.①K833.515.6②K837.835.6

中国版本图书馆 CIP 数据核字（2018）第 106548 号
图进字 21－2017－660

ZAINI XIANHUA SHENGKAIDE HUAYUAN

在你鲜花盛开的花园

泰戈尔和维多利亚·奥坎波

[英] 凯塔姬·库萨里·黛森　著　一熙　译

责任编辑	江　澄　谢　寒
封面设计	张　妮
内文设计	戴雨虹
责任校对	舒晓利
责任印制	李　剑

出版发行	四川人民出版社（成都槐树街 2 号）
网　　址	http://www.scpph.com
E-mail	scrmcbs@sina.com
新浪微博	@四川人民出版社
微信公众号	四川人民出版社
发行部业务电话	(028) 86259624　86259453
防盗版举报电话	(028) 86259624
照　　排	四川胜翔数码印务设计有限公司
印　　刷	成都蜀通印务有限责任公司
成品尺寸	145mm×210mm
印　　张	17
插　　页	32 页
字　　数	350 千
版　　次	2019 年 7 月第 1 版
印　　次	2019 年 7 月第 1 次印刷
书　　号	ISBN 978－7－220－10805－1
定　　价	58.00 元